U0560446

本书为国家社科基金后期资助项目"近代法国城市化进程中的游戏和休闲研究"（21FSSB017）最终成果。

国家社科基金
GUOJIA SHEKE JIJIN HOUQI ZIZHU XIANGMU
后期资助项目

近代法国城市化进程中的
游戏和休闲研究

唐运冠　著

ZHEJIANG UNIVERSITY PRESS
浙江大学出版社
·杭州·

国家社科基金后期资助项目
出版说明

　　后期资助项目是国家社科基金设立的一类重要项目，旨在鼓励广大社科研究者潜心治学，支持基础研究多出优秀成果。它是经过严格评审，从接近完成的科研成果中遴选立项的。为扩大后期资助项目的影响，更好地推动学术发展，促进成果转化，全国哲学社会科学工作办公室按照"统一设计、统一标识、统一版式、形成系列"的总体要求，组织出版国家社科基金后期资助项目成果。

全国哲学社会科学工作办公室

目　录

绪　论

一、游戏、休闲与文明

游戏和休闲绝非小道。它们是推动文明进步的重要力量,也是认知和反思文明发展的一面镜子。不过,游戏自古有之,休闲则是近代城市社会的产物。

在西方的前现代社会,游戏在人们的日常生活中占有举足轻重的地位。一方面,它渗透到日常生活的方方面面,游戏与劳作之间往往没有判然的分界线。游戏不是一种道德存在,而是日常生活的空气。另一方面,它还与农业社会的世界观紧密相连,并通过特有的宗教和社会功能把人们凝聚到一起,以应对无所不在的实际和想象的危险。现代社会轻视游戏,其根本原因是工业化的时间节奏造成了游戏的道德化。现代时间还促成了休闲的兴起,而在成年人的世界里,游戏则必须归入休闲的范畴才具有存在的合法性。

在传统游戏变成现代游戏和休闲的过程中,城市起到了决定性的作用。随着城市取代乡村成为主导文明发展的力量,近代西方人的生活发生了根本性变化。首先是人与环境的关系。城市居民不再像农业社会那样紧密依靠既提供生存所需、又处处潜藏着危险的自然环境,这改变了他们对自然的认知和想象,游戏也不再具有通过其宗教性来处理人与环境的关系的作用。其次是人与人之间的关系。人们不再需要紧密依靠身边的集体,家庭和个人日趋独立,游戏也因而失去了其作为社会纽带的功能。最后是时间的节奏。农业社会的时间随意、不精确,对人的活动也没有强制性约束。工业集中的城市社会带来了精确且有约束力的现代时间,创造价值成为城市时间的意识形态。在这一背景下,不能创造价值的游戏变成了不道德的活动,失去了存在的合法性,充当调节工具的休闲应运而生。

休闲还与城市社会特有的情感有关。城市生活以原子化的现代家庭为基本单位,强调私人生活和私密性。私人化的休闲既满足了城市的私人生活需要,也有效地促进了近代家庭情感的升温。但人是群居动物,独居的个人拥有强烈的集体情感需要。起源于中世纪游戏的竞技体育作为最受欢迎的大众休闲,它在特定的时间和空间里保留了传统的公共社交属性,为孤立的现代人提供了弥足珍贵的情感依托,并反过来塑造了现代人的情感世界。

不过,这是现代意义上的休闲了。当休闲在城市化的宫廷贵族中诞生之时,它与现代休闲存在着重要的区别。宫廷是近代法国城市社会一个特殊的存在,宫廷贵族也是唯一超脱于上述城市时间伦理之上的群体。这些贵族离开了他们的乡村地产,又被禁止经商,因而有大量的空闲时间需要打发。休闲在他们那里是一种消磨时间的活动,而不是调节劳动的工具。宫廷贵族还认为,第三等级的体力劳动才是工作,而贵族的智力活动不属于该范畴——它是消磨时间的休闲。从这个意义上说,近代西方的许多重大科学和人文成果都是在休闲中产生的。

对游戏史和休闲史的研究还可以引向其他历史问题。在法国,宫廷既相对独立于城市,又对城市风尚起着引领作用。宫廷像一个强力磁场,拥有巨大的向心力和吸附力,它的游戏文化也对近代法国游戏和休闲的转型产生了深刻影响。但若以此认为城市(尤其是资产阶级)对宫廷亦步亦趋,那就大错特错了。西方史学界有一派观点认为,不同于推崇资产阶级文化的英国和美国,在近现代的法国,资产阶级的形象暧昧,面目模糊不清,没有人承认自己属于这个群体。学者甚至因此断定法国不存在资产阶级。同时,无论是大革命之前还是之后,法国主流社会均通过否定资产阶级来表达他们所珍视的源于贵族制度的价值观。[1] 然而,本书通过对游戏和休闲史的研究发现了近代法国资产阶级与众不同的文化自觉:从 18 世纪开始,他们有意无意地选择猫作为宠物,而猫自中世纪以来都被视为一种邪恶的动物,它们在节庆狂欢中被虐待和屠杀,在启蒙时代亦同时被精英和大众所厌弃。笔者因此把宠物猫视作近代法国资产阶级"静默"的文化宣言。受资产阶级文化潜移默化的影响,猫的形象在 19 世纪的法国有明显改观。沿着这条道路,我们或许可以重新思考"法国性"或"法兰西的特性"的问题。

中国近四十年快速的工业化和城市化,使许多中国人有机会较完整地经历了西方数百年的文明旅程,其中就包括游戏的衰落和休闲的兴起。笔者小时候在农村,大人们经常聚在一起通宵打牌,或整天喝酒划拳,而没有丝毫道德上的负担(至今在许多农村仍旧如此)。然而,笔者每次说起学校的体育课,大人们便嗤之以鼻:什么体育,还不如下地干活,既锻炼身体又有实际产出。在农民的世界里,游戏与劳作的时间划分十分随意,而专门花时

---

① 萨拉·梅萨:《法国资产阶级:一个神话》,郭科、任舒怀译,杭州:浙江大学出版社,2018 年。

间锻炼身体是不可思议的。现如今,笔者的父母跟随子女进入城市,他们的观念也适应了城市生活的节奏,对笔者在工作之余去打球、登山不再有怨言。2007年至2016年,笔者在杭州求学、工作,有几年时间,几乎每个周末都跟随浙江大学人文学院的陈辉老师去登山,从而亲眼见证了那些年杭州人休闲生活的迅速兴起:登山人数明显增多,杭州群山上的土路变成了清一色的石板路,相关设施越来越齐全,周边村庄里的民宿、农家乐遍地开花。然而,与西方国家相比较,中国的休闲产业仍在起步阶段,对休闲文化的研究亦是如此。

中国的迅速崛起并非没有代价。一方面,作为后起国家,我们急切地追求现代化,被动地接受了西方现代文明的许多成果,而未经过充分的消化吸收。它们需要在本土文化的土壤里扎下根来,才能成为我们自己的东西。否则,我们的发展必将遇到许多问题。另一方面,短时间的快速发展也会掩盖许多问题(如西方国家自二战以来面临的后现代问题)或导致这些问题未被充分暴露,但它们不会自动消失,而是潜伏下来等待爆发的时机。研究西方国家近代化进程中面临的社会文化问题,对发现和解决中国自身的问题自有裨益。

比如,现代体育在中国是舶来品。我们接受的是业已成形的现代体育形式,而没有经历较完整的本土培育过程,因而我们对体育的理解与西方国家存在明显差异。在西方,备受大众欢迎的足球等运动项目既是竞技体育,也是游戏和休闲。这是因为,这些项目本身就起源于中世纪的游戏。它们尽管在现代化的进程中变成了体育活动,但仍旧在许多方面保留了游戏的特性。因此,英语可以说 play football、play basketball,法语可以说 jouer au football、jouer au basket-ball,但汉语却不能说"玩足球""玩篮球",而是"踢足球""打篮球"——"游戏"不见了! 语言反映了认知的巨大差异。无论是在个人、社会还是国家层面,我们早已习惯于用功利的眼光看待各种体育活动,包括锻炼身体、商业牟利、为国争光等。而在西方国家,从中世纪的"游戏"传承下来的社会和文化内涵(尤其是公共社交性)是大众参与程度极高的球类运动取得成功的决定性因素。在中国,我们一直在追问,足球这样的体育项目受到社会各界高度重视,政府政策层出不穷,民间投资不计成本,球迷为数众多,但它为何长年裹足不前甚至倒退呢? 游戏史和休闲史的研究或许能为我们思考和解决类似的问题提供不同的视角。

二、社会文化史视野下的游戏和休闲研究

西方历史学界很早就对游戏史研究产生了兴趣,荷兰学者约翰·赫伊

津哈（Johan Huizinga）是其中的杰出代表。他在 20 世纪 40 年代出版的《游戏的人》一书中把"游戏"放在与"理性"和"制造"同等的地位上，认为三者都是人的基本存在方式，而"文明是在游戏中并作为游戏兴起和展开的"。① 不过，真正严肃的游戏史研究始于 20 世纪 60 年代社会文化史研究兴起之后。迄今为止，这些研究主要采用两种路径：第一种重点研究狂欢游戏。这类研究主题突出，材料集中，并能与文化人类学、文艺学等形成跨学科互动，吸引了许多史学大家的关注。爱德华·汤普森的《共有的习惯》、彼得·伯克的《欧洲近代早期的大众文化》、埃马纽埃尔·勒华拉杜里的《罗芒狂欢节》、娜塔莉·泽蒙·戴维斯的《法国近代早期的社会与文化》、罗贝尔·米桑布莱德的《1400—1750 年法国的大众文化和精英文化》等都有许多关于狂欢游戏的论述，雅克·勒高夫也召集过一场以吵闹游戏（charivari）为主题的学术研讨会。② 总的来说，这些学者显著借鉴了弗雷泽的文化人类学和巴赫金的文艺学研究，从历史学的角度考察狂欢文化的社会文化内涵。第二种主要关注各种日常游戏，相较而言，这类游戏主题琐碎，材料分散，很难吸引主流历史学家的关注。较有代表性的成果包括奥利维耶·格吕西的《旧制度时期巴黎和宫廷赌徒的日常生活》、让·米歇尔·梅尔的《13—16世纪法兰西王国的游戏》和《中世纪社会中的游戏和人》、伊丽莎白·贝尔马的《从前的游戏》、米歇尔·芒松的《永恒的玩具》等。③

　　这两类研究泾渭分明，互不干涉，仿佛分属两个毫无瓜葛的学术领域。在少数能较好地把二者有机结合起来的学者当中，最著名的是法国历史学家菲利浦·阿利埃斯（Philippe Ariès）。事实上，阿利埃斯也是游戏的社会

① 约翰·赫伊津哈：《游戏的人：文化的游戏要素研究》，傅存良译，北京：北京大学出版社，2014 年。

② 爱德华·汤普森：《共有的习惯》，沈汉、王加丰译，上海：上海人民出版社，2002 年；彼得·伯克：《欧洲近代早期的大众文化》，杨豫、王海良等译，上海：上海人民出版社，2005 年；埃马纽埃尔·勒华拉杜里：《罗芒狂欢节：从圣烛节到圣灰星期三，1579—1580》，许明龙译，北京：商务印书馆，2013 年；娜塔莉·泽蒙·戴维斯：《法国近代早期的社会与文化》，钟孜译，北京：中国人民大学出版社，2011 年；Robert Muchembled, *Popular Culture and Elite Culture in France 1400-1750*, trans. Lydia Cochrane, Louisiana: Louisiana State University Press, 1985; Jacques Le Goff et Jean-Claude Schmitt (eds.), *Le charivari: actes de la table ronde organiséœ*, Paris, 25-27 Avril 1977, Paris: École des Hautes Études en Sciences Sociales, 1981.

③ Olivier Grussi, *La vie quotidienne des joueurs sous l'Ancien Régime à Paris et à la cour*, Paris: Hachette, 1985; Jean-Michel Mehl, *Les jeux au royaume de France: du VIIIe au début du XVIe siècle*, Paris: Fayard, 1990; Elisabeth Belmas, *Jouer autrefois: essai sue le jeu dans la France moderne XIVe-XVIIIe siècle*, Seyssel: Champ Vallon, 2006; Jean-Michel Mehl, *Des Jeux et des Hommes dans la Société Médiévale*, Paris: Honoré Champion, 2010; 米歇尔·芒松：《永恒的玩具》，苏启运、王新连译，天津：百花文艺出版社，2004 年。

文化史研究路径的开创者。早在1960年出版的《旧制度下的儿童和家庭生活》一书中,他专门用一章来探讨游戏(包括日常的小游戏)与近代法国社会文化观念演变之间的关系。他着重指出,在近代以前,法国曾经存在一个"游戏共同体"(communauté des jeux),其基本特征是无论阶级、性别、年龄,所有人都共享同样的游戏文化。这主要表现在两个方面:首先,不同阶级、性别、年龄的人经常聚在一起玩游戏,并在游戏中扮演不同角色。其次,不同阶级、性别、年龄的人都玩同样的游戏,贵族不会因为跟平民、成年人不会因为跟儿童玩一样的游戏而难堪。然而,这个"游戏共同体"在近代早期开始分裂,贵族男性转而崇尚智力游戏,简单、幼稚的游戏变成了妇女和儿童的专属领地,需要动手的"粗俗"游戏则留给了平民。[1] 1982年,阿利埃斯在他参与主编的论文集《文艺复兴时期的游戏》的前言中进一步指出,游戏史就是游戏在现代化进程中由"严肃"(sérieux)变成"浅薄"(frivole)的历史:游戏在成年人的世界里逐渐丧失了独立存在的合法性,它必须依赖严肃的工作才具有存在的价值。基于这种理解,阿利埃斯提出,人们可以通过游戏史研究来考察近代社会的演变和反思现代性的问题。[2] 阿利埃斯的探索具有重要的开拓意义。一方面,他凸显了游戏史研究特殊的学术价值,在开辟全新研究领域的同时,也显著提升了游戏(包括日常游戏)研究的学术地位。另一方面,他在家庭史和私人生活史的框架下开展研究,把游戏的历史演变与西方文明的现代化历程结合起来,开创了游戏史研究的新文化史路径,为后来者指明了可行的方向。

阿利埃斯的研究尽管富有启发意义,但也存在明显的问题。阿利埃斯主要提供框架思路,具体研究不足(他在《旧制度下的儿童和家庭生活》一书中的游戏史研究主要集中在17世纪),未能充分看清游戏在18世纪以后的发展脉络,其关于游戏由"严肃"变成"浅薄"或无意义的论断未免有失草率。首先,这一论断过于简单化,它忽略了问题的多面性和复杂性。其次,现代体育和休闲产业及新近出现的电子竞技产业,极大地挑战了现代游戏"无意义"的论断,也表明了反思和超越阿利埃斯的必要性和可能性。

休闲史研究同样受到西方历史学界的广泛关注,著名的研究者包括诺

---

[1]　Philippe Ariès, *L'enfant et la vie familiale sous l'Ancien régime*, Paris: Seuil, 1973, pp. 90-140. 中文译本参见菲利浦·阿利埃斯:《儿童的世纪:旧制度下的儿童和家庭生活》,沈坚、朱晓罕译,北京:北京大学出版社,2013年,第97—151页。

[2]　Philippe Ariès, "Du sérieux au frivole", in Philippe Ariès et Jean Claude Margolin (eds.), *Les jeux à la Renaissance*, Paris: Vrin, 1982, pp. 7-15.

贝特·埃利亚斯、彼得·伯克、阿兰·科尔班等,但他们的研究都把休闲当作一个完全独立的范畴,而未将其与游戏联系起来。乔治·维加埃罗尽管在他的体育史研究中尝试改变这一状况,但他对游戏到体育的演变过程仍旧语焉不详。①

本书把游戏和休闲当作一个整体,并将其放到近代法国城市化的背景下进行研究,旨在通过游戏和休闲探讨法国在城市化进程中遇到的问题,分析游戏和休闲在这些问题的解决过程中扮演的角色,特别是它们如何帮助法国人在生活方式、思想观念、文化取向等方面完成近代化的转变,以更好地了解它们在近代法国的发展历程及其与整体文明史的联系。这一方面可以纠正学界把游戏和休闲割裂开来的普遍做法,解决游戏史和休闲史研究的碎片化问题;另一方面也有助于超越阿利埃斯的研究范式。

本书主要基于中国学者的学术关怀,努力从文明史的高度考察法国游戏和休闲的近代演变。在具体研究中,本书将特别注重所研究时代的人的观念,努力避免先入为主的现代观念所造成的偏差。

---

① Norbert Elias and Eric Dunning, *Quest for Excitement*: *Sport and Leisure in the Civilizing Process*, Oxford: Blackwell, 1986; Peter Burke, "The Invention of Leisure in Early Modern Europe", *Past & Present*, No. 146 (Feb., 1995), pp. 136-150; Alain Corbin, *L'avènement des Loisirs*, *1850-1960*, Paris: Aubier, 1995; Georges Vigarello, *Du Jeu Ancien au Show Sportif*: *La Naissance d'un Mythe*, Paris: Seuil, 2002.

第一章　中世纪的游戏和社会

本书主要探讨近代法国城市化进程中的游戏和休闲,而在进行这一探讨前,有必要先了解它们在中世纪的状况。在 16 世纪中叶以前,法国是一个以农业为主的社会,农业社会的世界观主导着人们的日常观念和行为。这个社会只有游戏,没有休闲——休闲是近代城市的产物。因此,本书的研究要从中世纪的游戏开始。

第一节　中世纪的游戏观念

一、游戏的概念

何为游戏?

什么是游戏? 本书面临的第一个重要任务是界定研究范围。解决的办法无非两种。

第一种办法是采用现代的定义。作为一个中国学者,如果采用这种办法来研究法国早期的游戏,首先遇到的问题就是:现代的游戏定义是否具有普适性? 换言之,汉语的"游戏"、英语的"play/game"、法语的"jouer/jeu"等是否完全等同?

中国社会科学院语言研究所词典编辑室编的《现代汉语词典》(第 7 版)对"游戏"有两个解释:一是作为名词,指一种"娱乐活动",包括康乐球等"某些非正式比赛项目的体育活动";二是作为动词,这时它跟"玩耍"同义。《汉语大词典》除了上述两个解释之外,还提供了两个引申义:一是指"绰有余力而不经意为之",即能够轻松地完成某件事情;二是等同于"戏谑",或不郑重、不严肃。① 网络版《辞海》为"游戏"提供了更加与时俱进的新解释:"文化娱乐的一种。有发展智力的游戏和发展体力的游戏。前者包括文字游

---

① 中国社会科学院语言研究所词典编辑室编:《现代汉语词典》(第 7 版),北京:商务印书馆,2017 年,第 1587 页;《汉语大词典》编辑委员会、《汉语大词典》编纂处编纂:《汉语大词典》卷五,上海:汉语大词典出版社,1990 年,第 1510—1511 页。

戏、图画游戏、数字游戏等,习称'智力游戏';后者包括活动性游戏(如捉迷藏、搬运接力等)和非竞赛性体育活动(如康乐球等)。另外还有电子游戏和网络游戏等。"①

《牛津高阶英汉双解词典》中,英语单词 play 也有名词和动词之分。除习语词组之外,作为名词的 play 有 7 种含义,其中包括:一、(儿童的)游戏,玩耍,娱乐;二、戏剧,剧本;三、比赛,赛风,比赛中的表现或动作;四、间隙,活动空间;五、活动,作用,影响;等等。作为动词的 play 除了上述相关含义外,还有以下含义:一、假装,装扮;二、赌(某事物);三、触,带,踢,击(球等);四、播放;等等。②

《拉鲁斯法汉双解词典》中,除习语词组之外,法语名词 jeu 有多达 19 种解释,其中包括:一、游戏,玩耍,娱乐;二、欠严肃的态度,随随便便的行为;三、比赛,竞技;四、赌博,赌注;五、演奏手法,表演技法;等等。动词 jouer 除上述相关含义外,还有以下含义:一、表演,演奏,扮演;二、拿……冒险;三、演出,放映;四、欺骗,愚弄;等等。③

尽管这种比较把问题过度简单化了,但我们仍能从中看出中西游戏概念的大致轮廓。就名词的"游戏"而言,汉语释义中的"娱乐活动"看似能把西文中主要的定义都包含进去,包括戏剧、竞技乃至赌博。但仔细分析则不然。比如在体育活动领域,几种汉语词典的释义都特别说明只有"非正式比赛"或"非竞赛性"的项目才算是游戏,但英语和法语词典则没有此种限定。相应地,在动词的词性上,英语的 play 和法语的 jouer 可以表示从事球类运动或乐器演奏之类的动作,汉语的"游戏"则不行——尽管近年在口语里有人也用"玩"来取代(如"玩球",甚至可以说"玩音乐"),但它的非正式和不严肃的意味要浓重得多。另外,西方语言内部也存在差异。英语词典在 play 的"游戏"释义之前专门加了一个"儿童的"作为限定,汉语词典和法语词典则没有。法语名词 jeu 和动词 jouer 都具有"赌博"的含义,英语 play 则只有作动词时才有该含义。显然,在不同语言的词典中,"游戏"并没有普遍适用的解释。

相比于词典,一些学者对"游戏"的定义更具普适性。20 世纪 40 年代,

---

① https://www.cihai.com.cn/baike/detail/72/5620404,引用日期:2021 年 5 月 22 日。

② 霍恩比:《牛津高阶英汉双解词典》(第 9 版),李旭影等译,北京:商务印书馆,2018 年,第 1621—1623 页。

③ 《拉鲁斯法汉双解词典》,薛建成等编译,北京:外语教学与研究出版社,1999 年,第 1072—1073、1077 页。

赫伊津哈在《游戏的人》一书中分析了游戏的几个重要特征:第一,游戏是自愿的行为。第二,游戏"只是一种假装",它是非功利的。第三,游戏的时间和空间与平常生活的时空隔离——他指的是诸如竞技场、牌桌、舞台等专门的游戏场所,甚至包括法庭、庙宇。第四,游戏创造秩序,并且它本身就是秩序。① 10 多年后,法国学者罗歇·凯卢瓦(Roger Caillois)在赫伊津哈的基础上总结了他认为更切合游戏特征的六大要素:第一,自由性,即非强制性;第二,隔离性,即事先限定了时空范围;第三,不确定性,包括游戏过程和结果的不确定性以及给予游戏者自由发挥的空间;第四,非生产性,即不创造任何新的东西,除交换财产外,游戏结束时的情形与开始时完全相同;第五,规则性,即日常法则失效,同时确立唯一适用的新法则;第六,假装性,即进入第二现实或自由的非现实情境。② 对本书而言,赫伊津哈的游戏定义过于宽泛了,因为他的宗旨是探究"文化的游戏要素"。凯卢瓦的定义较符合现代人对游戏的理解,似乎也更符合本书的诉求。

　　然而,如果采用现代学者的定义,本书的研究将很快陷入困境。比如,若按照自愿或非强制性的原则,那么在中世纪人们的生活中占据重要地位的各种狂欢游戏将被排除在外。因为如后文所见,在 16 世纪以前,许多地方的教会都曾规定所有教士都必须参加愚人节的狂欢,违者将受到处罚,一些地方还发生了狂欢者把教士强行拖出来参加游戏的情形。狂欢节的游行和吵闹游戏也都存在类似情况。时空隔离的原则则会把骑士比武、苏勒球赛等排除出游戏的范畴,因为现代人熟悉的绝大多数专门的游戏场所在中世纪并不存在,在当时,游戏的时空往往与生活的时空直接重叠。非功利性或非生产性的原则也有很大的问题,因为中世纪的许多游戏普遍拥有不同于今日的重要的现实功能,它们的效用远不能用功利性的现代物质标准来衡量。也许有人会说,人们在节庆中的狂欢活动不算游戏,甚至一些西方的历史学者也持这种看法,并在他们研究早期游戏的著作中把狂欢游戏甚至骑士比武排除在外(但研究狂欢游戏和骑士比武的学者却往往把自己的研究对象视作游戏)。对他们来说,采用现代的游戏定义似乎顺理成章。这种做法包含了一个基本的假设,即人类对游戏的理解历来如此,亘古不变。本书认为,这种做法至少存在两个问题:首先是时代错置,它明显是把现代人对游戏的定义强加给古人,因为人们对游戏的理解会跟随时代变迁而发生

① 约翰·赫伊津哈:《游戏的人:文化的游戏要素研究》,第 1—29 页。
② Roger Caillois, *Man, play, and games*, trans. Meyer Barash, Champaign: University of Illinois Press, 2001, pp. 4-10.

重要的变化,而明确的范畴界定本身就是现代社会的产物。彼得·伯克的研究也表明,在中世纪和近代早期的欧洲并不存在现代意义上的"休闲"(leisure)观念,而现代意义的"体育"(sport)则要等到 19 世纪初才在英国出现,此时它指的是专业化、竞技化的游戏。[①] 其次是这种做法还会遗漏掉至关重要的历史信息。因为游戏概念的演变本身也是历史进程的组成部分,且这种变化与社会整体的发展密切相关,所以研究游戏概念的演变可以增进对人类历史进程的理解。若采用现代定义来研究早期的游戏,显然无法实现这一目标。

鉴于上述原因,本书将不采用现代的游戏定义,而遵照当时法国人的理解来界定研究范围。从中世纪到近代的游戏概念的演变也将是本书重点研究的内容。

中世纪的游戏概念

那么,中世纪的法国人(及其他欧洲国家的人)认为哪些东西算游戏呢?我们首先可以从词源学上发现一些蛛丝马迹。在现代的球类竞技体育中,人们把比赛称作 game。但当人们想淡化其竞技色彩时,也会说"it's only a game",这里的 game 却是指"游戏"——这个含义比"比赛"这个在竞技体育中专用的解释更古老,并包含了"玩玩而已,别太认真"的意思。更有趣的是,这句宽慰之语背后的意思却是,在正常情况下没人会把体育竞赛当作游戏。该词的这一用法印证了彼得·伯克的观点,即现代竞技体育在古代乃是游戏。

法国历史上最权威的《法兰西学院辞典》在 17—18 世纪时对 jeu(游戏)一词的解释的变化,也给了我们十分有用的提示。1694 年版的《法兰西学院辞典》称,jeu 作复数(jeux)时指"大型公共游戏表演(spectacle public),如赛跑、摔跤、角斗等"。在 17 世纪以前,spectacle 这个词(与它具有相同含义的是 magnificence,16 世纪下半叶梅蒂奇摄政时代就经常使用这个词)也频繁地被用来描述在国王或贵族的入城式、婚礼、庆生等场合举行的各种娱乐表演,包括演戏、舞蹈、游行、骑士比武、骑士竞技游行等。到了 1778 年,《法兰西学院辞典》却给"大型公共游戏表演"加上了"古人的"作为定语。此外,在 1694 年版的辞典中,jeux 还指"在剧场里或道路上进行的表演(representations)",这条释义的例句中有一则是"这时全城到处都在玩游

---

① Peter Burke, "The Invention of Leisure in Early Modern Europe", *Past & Present*, No. 146 (Feb., 1995), pp. 136-150.

戏"(il se faisoit en ce temps-là des jeux partoutes les villes)——这显然包括了特定节庆里的狂欢游行。1778 年版的辞典中则完全删除了这个解释。现代《法兰西学院辞典》在上述方面均沿袭了 1778 年的版本。① 可以说，1694 年版的辞典保存了法国人关于作为游戏的传统狂欢游行的最后记忆，这些狂欢游行正是在路易十四时期被最后压制的(见后文)。尽管狂欢节庆祝后来在法国重新出现，但已不可同日而语。因此，大型公共演出以及狂欢节庆祝里的游行在 18 世纪以前也是游戏。

我们可以以戏剧为例来展现古今游戏概念的不同。按照凯卢瓦的定义，现代戏剧显然不是游戏。但在现代英语和法语词典中，"游戏"的释义中却包含了"戏剧"。这是为何？因为学者的定义参照的是纯粹的现代标准，而词典的编纂则兼顾了历史文化因素——或者说，历史在现代大众文化中留下的记忆。

关于中世纪的戏剧乃是游戏这个问题，可以从词源学上获得最直观的证明。在法国，现存资料表明，一直到 16 世纪，许多法语戏剧均以"游戏"(jeu)命名，比如《亚当戏》(*Jeu d'Adam*)、《圣尼古拉戏》(*Jeu de saint Nicolas*)、《林中小屋戏》(*Jeu de la Feuillée*)、《罗班与玛丽昂戏》(*Jeu de Robin et Marion*)等。让-皮埃尔·博尔迪耶证实，中世纪最常用来描述戏剧的拉丁词语是 ludus，法语是 jeu，而中世纪法语还有一个(现在看来)较准确的形容戏剧的词语 jeu par personnages(角色扮演游戏)。② 美国中世纪研究专家韦尔代尔·A.科尔韦指出，在英语中，中世纪最经常用来形容戏剧、也最具有表现力的词语是拉丁文 ludus 的英文形式 play 和 game，甚至到了 16 世纪都还使用 Cristemasse game 来指代在圣诞节表演的戏剧，17 世纪初还使用 gamesters 来表示戏剧演员。德语中的 spiel 也是如此。③

来自法国诺曼底圣莫尔(St. Mor)的乡村贵族吉尔·德·古贝维尔(Gilles de Gouberville，1521—1578)记于 1549—1562 年的日记④为我们提供了更直接的日常生活的证据。据笔者统计，在这 13 年的日记中，古贝维

---

① *Le dictionnaire de l'Académie Françoise*, *dedié au Roy*, t. 1, Paris: Jean Baptiste Coignard, 1694, p. 585; *Dictionnaire de l'Académie Françoise*, *nouvelle édition*, t. 1, Nismes: Pierre Beaume, 1778, p. 672. 现代《法兰西学院辞典》参考的是电子辞典。

② Alain Viala (ed.), *Le théâtre en France*, Paris: PUF, 2009, p. 41.

③ Verdel A. Kolve, *The Play Called Corpus Christi*, Stanford: Stanford University Press, 1966, pp. 13-16.

④ Gilles de Gouberville, "Le journal du sire de Gouberville", in Eugène de Beaurepaire (ed.), *Mémoires de la société des antiquaires de Normandie*, t. 31 & 32, Caen: Henri Delesques, 1892 & 1895.

尔提到戏剧 14 次,①其中就有 4 次直接用 jeu、2 次用动词 jouer 的某种变体来表示。比如,1551 年 6 月 7 日,主日(星期日),古贝维尔的助手兼密友康特皮去瑟堡(Cherbourg)观看关于雅各的十二个儿子的"游戏"(les jeuz qu'on y faisoyt des douze filz de Jacob)。接下来的两个主日,他所在的圣莫尔都有人去瑟堡看神迹剧(miracle),推测看的应是同一出戏。② 因而在这里,jeu 和 miracle 是可以互换的。1554 年平安夜,除了他自己生病在家之外,圣莫尔的好些人都到迪哥维尔看戏去了(furent à Digoville pour ce qu'on y jouet)。我们之所以知道 ce qu'on y jouet 指的是演戏,是因为在前一年的平安夜,圣莫尔同样有好些人到迪哥维尔去望弥撒,以便观看弥撒结束后表演的道德剧(moralité)。③ 1559 年 9 月 17 日,主日,让·奥夫雷列神父和让·弗雷列神父去瓦洛涅也是为了看戏(partys aulx jeux),因为刚刚有人在前一个主日去同一个地方看了神迹剧。④ 1560 年 8 月 7 日,有个人从瓦洛涅途经圣莫尔返回瑟堡,他带着一张魔鬼面具,给将要表演一出什么疯剧的瑟堡人使用(pour ceulx de Cherbourg qui doybvent jouer je ne sçay quelle follye)。这张面具很快派上了用场,因为接下来的圣母升天节和主日,都有人去瑟堡看戏了(allèrent aux jeux)。⑤ 而我们知道,在 17 世纪上半叶,戴面具仍旧是法国人在戏台上变换身份的必要手段(见下文)。在这里,我们仍需要经过一番分析才能确定这些 jeu 和 jouer 指的是戏剧。而对日记的作者来说,他在使用这些词时显然并没有多少踌躇,表明当时的人们对此表达已习以为常。一直到 17 世纪初,许多法国作者都有同古贝维尔一样的表达习惯(见下文)。

以上证据足以证明,在 17 世纪初以前,法国人仍然把戏剧视作游戏。还有另外一个问题,即 jeu 和 play/game 是否只是在西欧民族语言尚不成熟的条件下对拉丁文 ludus 的简单直接的翻译,它所表达的其实是戏剧艺术而非游戏? 答案是否定的。

首先,中世纪的人并不把戏剧视作文学或艺术。现代戏剧研究者在讨论中世纪的戏剧时往往先入为主,把现代的戏剧概念强加于中世纪。在法国学者亨利·雷伊-弗洛看来,这些学者固执得令人吃惊,因为他们坚持把

---

① 当地人对戏剧的热情远比这个数字呈现出的来得强烈,因为从日记的记载看,圣莫尔没有戏剧演出,人们需要到附近的瑟堡、瓦洛涅等地去观看,这至少有两到三个小时的路程。

② Gilles de Gouberville, "Le journal du sire de Gouberville", t. 32, pp. 163, 165, 167.

③ Gilles de Gouberville, "Le journal du sire de Gouberville", t. 31, pp. 61, 145.

④ Gilles de Gouberville, "Le journal du sire de Gouberville", t. 31, pp. 516, 518.

⑤ Gilles de Gouberville, "Le journal du sire de Gouberville", t. 31, pp. 584-586.

中世纪的 ludus 翻译成 théâtre liturgique(礼仪戏剧),而拒绝将其简单直接地翻译成 jeu。① 在这里,我们必须把戏剧和剧本区分开来,因为传统的研究往往把剧本等同于戏剧,但它事实上只是戏剧的一个组成部分——在中世纪,剧本普遍不具有文学性,它甚至只是戏剧无足轻重的组成部分。关于这个问题,亨利·雷伊-弗洛作了相当精到的阐述。他指出,在中世纪,戏剧的技术(布景、器械等)可以重复,但文本在原则上必须是新的、没用过的。那时的剧本只为演出一次而创作,人们很厌恶用已经表演过的剧本来演出。所以从严格意义上说,中世纪的戏剧并非文学。剧本的文学化开始于它被第二次上演之时。② 让-皮埃尔·博尔迪耶也证实,中世纪的剧本不仅十分简单,而且更新得很快,在 1488 年一出戏剧的对白里,20 年前的剧本已被认为"太旧",不适合演出。③ 中世纪的戏剧之所以很少流传下来,并不仅仅是因为保存手段的不成熟,更重要的是因为剧本的无足轻重和其非文学性。正因为如此,即便是在印刷术已经相当发达、传世文献已经十分丰富的 16 世纪到 17 世纪初,法国存世的剧本仍十分稀少。17 世纪初在法国名噪一时的剧作家亚历山大·阿尔迪自称创作了五六百种剧本(这个浮夸的数字本身就表明了剧本的随意性),而留存下来的只有 34 种。④ 17 世纪 30 年代,剧本文学化初期,巴黎著名的蒙多里剧团的一位女演员在抱怨高乃依的剧本太贵时说:以前为他们连夜拼凑起来的剧本只要 3 埃居,现在高乃依的剧本却收他们很多钱。⑤ 中世纪的很多戏剧演出可能根本就没有剧本。亨利·雷伊-弗洛指出,就这一点而言,意大利喜剧确实是中世纪戏剧的继承者,因为它竟至于拒绝文本,而把即兴表演放在首位。⑥ 在 16 世纪下半叶至 17 世纪 20 年代以前,意大利剧团在法国极受欢迎,从中或可窥见当时的法国人对戏剧和剧本的态度。在戏剧专业化的过渡阶段,即开始出现职业演员和剧作家的那几十年,没有人把这两种人视作艺术家、文学家或地位崇高的人——职业演员的名声再大,也仍旧被上流社会排斥在外;职业剧作家尽管被称作"诗人"(主要是因为当时的剧本是用诗体创作的,而非因为剧本

① Henri Rey-Flaud, *Pour une dramaturgie du Moyen Age*, Paris: PUF, 1980, p. 82.

② Henri Rey-Flaud, *Pour une dramaturgie du Moyen Age*, p. 77.

③ Alain Viala (ed.), *Le théâtre en France*, pp. 67-68.

④ W. L. Wiley, *The Early Public Theatre in France*, Cambridge: Harvard University Press, 1960, p. 252;陈杰:《十七世纪法国职业文人剧作家的诞生》,《外国文学评论》2016 年第 4 期,第 180—192 页。

⑤ Jean Regnault de Segrais, *Oeuvres de Monsieur de Segrais*, t. 2, Paris: Durand, 1755, pp. 143-144.

⑥ Henri Rey-Flaud, *Pour une dramaturgie du Moyen Age*, p. 77.

的文学性），上流社会对他们（甚至包括高乃依等人）卖文为生的行为却极为鄙视。演员和剧作家的这种地位反映了人们对戏剧和剧本的普遍认识。

中世纪的戏剧在各个方面都跟后来作为艺术的戏剧十分不同，这既表现在前面所说的剧本上，也表现在戏剧演出的方方面面。近半个世纪以来社会文化史的发展改变了传统戏剧史研究片面强调剧本的倾向，戏剧的演出受到越来越多的关注，这使我们对中世纪以降的戏剧表演情境有了更全面深入的认识。我们可以跟随拉伯雷的描述，对 16 世纪中叶以前的戏剧演出情境有一个基本的了解。《巨人传》第四部第十三章写道，为了给人们提供"消遣"（passetemps），晚年退隐普瓦图的维庸大师用当地的方式和方言排演（entreprint faire jouer）了一部《耶稣受难》剧。角色分派妥当，演员（les joueurs）也齐了，场景也布置好了。维庸告知当地的市长和官员，这出神秘剧可以在尼奥尔集市收市时上演，现在只剩下各个角色的服装需要解决。市长和官员下令各方为此提供帮助。为了给一个扮演圣父的老农民罗致衣服，维庸要求当地方济各会的当家神父塔波古借给他一件法衣和一件披肩。但塔波古拒不答应，称本省会规严禁把任何东西赠给或借给演戏的人（les jouans）。维庸说会规只涉及闹剧、滑稽戏和海淫的戏（jeuz dissoluz），但塔波古坚决不借。维庸誓言报复。趁塔波古外出时，维庸组织演员们在城里和集市上排演了一次魔鬼出巡，最后在城外一个农家旁边的大路上，对着归来的塔波古和他的坐骑狂喷烟火，受到惊吓的马匹把塔波古摔下来，把他踢得脑袋分家、四肢断裂、一命呜呼。最后，维庸心满意足地称赞演员们"演得真好"（que vous jourrez bien）。①

这段描述几乎包含了我们想知道的关于中世纪戏剧演出的全部细节。除了像几乎同时的古贝维尔一样用与"游戏"（jeu 或 jouer）有关的词语来描述戏剧、演员、表演之外，这些细节还包括以下三个方面，它们从不同角度证明了中世纪戏剧的游戏属性。

第一，戏剧演出的时间和空间。时间上，中世纪的戏剧基本上都是在节庆场合演出的，特别是在愚人节（La fête des fous）和狂欢节期间。② 对于这个问题，国内外的许多学者都已有详细讨论。我们还可以从古贝维尔的日

---

① François Rabelais, *Le quart livre des faicts et dicts heroiques du bon Pantagruel*, Paris：Michel Fezandat, 1552, pp. 29-32；中文译本参见拉伯雷：《巨人传》第四部第十三章，成钰亭译，上海：上海译文出版社，1981 年，第 723—726 页。

② 中世纪集市与节庆无异，而据成钰亭译本的注释，尼奥尔集市一年只举行三次，可算是盛大的节庆。

记得到印证：他的14次戏剧记录绝大部分发生在节日（圣诞节、圣母节等）和主日，唯一一次例外是1555年2月12日（星期三）在布雷的圣戈梅修道院跟国王和王室成员一起观看一出法语喜剧。[①] 而在空间上，维庸的魔鬼出巡表明，中世纪的戏剧不是在现代式的专门剧场里演出，而是走街串巷，把整个社群的空间当作戏剧的舞台。[②] 让-皮埃尔·博尔迪耶提到，1372年，菲利普·德·梅齐耶尔在阿维尼翁的科尔德利耶修道院组织的一场圣母戏就包含了演员或怪物的游行。[③] 这类戏剧游行在中世纪的愚人节等狂欢活动中同样十分普遍。[④] 韦尔代尔·A.科尔韦的研究指出了另外一个重要的事实：中世纪的英国还在使用procession、pagent、show等词语来指称戏剧，[⑤]这反映了当时的人们对戏剧演出方式和演出空间的理解。

第二，戏剧的内涵。戏剧研究者普遍把中世纪的戏剧分成宗教剧、世俗剧等种类。大致来说，宗教剧与基督教《圣经》的内容有关，世俗剧则被理解为“没有宗教说教”的戏剧。但这些学者也意识到，所谓的“世俗剧”也与节庆紧密联系在一起。[⑥] 把西欧中世纪的宗教等同于基督教，这种做法可能与将中世纪看作“黑暗世纪”的传统看法有关，即认为中世纪是基督教会实施文化专制和思想钳制的时代。事实上，近几十年的社会文化史研究已经彻底颠覆了这种刻板观念，它们表明，当时的基督教远远没有人们想象的那种绝对统治力，而中世纪事实上在诸多方面孕育着西方现代文明。[⑦] 因此，将中世纪的宗教等同于基督教的做法值得商榷。本书想强调的是：其一，节庆的演出场景决定了中世纪的所有戏剧都具有宗教性；其二，这种宗教内涵绝非局限于传统上理解的基督教，因为中世纪的基督教包含了大量的民间

---

① Gilles de Gouberville, “Le journal du sire de Gouberville”, t. 31, p. 249.

② 尽管上文所引的《巨人传》段落提到了“剧场”（le theatre），但该词的含义并不明确，笔者认为它可能只泛指用于演戏的场所，而未必是后来的剧院（后面的魔鬼出巡可以佐证），而巴黎乃至全法国第一个专门剧院也是在1548年才出现（详见下文）。

③ Alain Viala (ed.), *Le théâtre en France*, p. 48.

④ 参见拙文《节庆游戏与“共同体”生活——法国中世纪的愚人节研究》，《浙江大学学报（人文社会科学版）》2013年第5期，这里不再一一举例。

⑤ Verdel A. Kolve, *The Play Called Corpus Christi*, p. 13.

⑥ 参见李道增：《西方戏剧·剧场史》上册，北京：清华大学出版社，1999年，第112—116页；郑传寅、黄蓓：《欧洲戏剧史》，北京：北京大学出版社，2008年，第88—114页。

⑦ 参见勒华拉杜里关于蒙塔尤、金斯伯格关于弗留利等地的宗教观念的微观研究（埃马纽埃尔·勒华拉杜里：《蒙塔尤：1294—1324年奥克西坦尼的一个山村》，许明龙、马胜利译，北京：商务印书馆，1997年；卡洛·金斯伯格：《夜间的战斗：16、17世纪的巫术和农业崇拜》，朱歌姝译，上海：上海人民出版社，2005年），及本内特、乔丹等关于欧洲中世纪的研究（朱迪斯·M.本内特等：《欧洲中世纪史》，杨宁、李韵译，上海：上海社会科学院出版社，2007年；威廉·乔丹等：《企鹅欧洲史·中世纪盛期的欧洲》，傅翀、吴昕欣译，北京：中信出版社，2019年）。

宗教成分(或"异教"成分,它们将成为此后宗教改革重点剔除的内容),而后者主要通过狂欢文化的方式呈现出来。让-皮埃尔·博尔迪耶也指出,中世纪的戏剧并无宗教剧与世俗剧、严肃剧与喜剧之分,而大都是混合剧,且几乎所有重要的宗教剧都带有喜剧成分。① 换言之,与节庆的紧密联系决定了中世纪的戏剧普遍具有狂欢色彩,而这正是这个时期的戏剧被视作游戏的一个重要原因。这种狂欢性不仅存在于拉伯雷笔下的神迹剧《耶稣受难》中,也存在于 13 世纪的《圣尼古拉戏》《林中小屋戏》等所有被现代学者视为具有较高艺术性的早期法语戏剧中。② 许多因为没有剧本(拉伯雷笔下维庸的《耶稣受难》似乎也没有剧本)而历来未被纳入戏剧史研究视野的狂欢游戏亦是如此。比如 1497 年梅斯的狂欢节巨人游行。在肥美日,人们做了一个男巨人,让他穿上华丽的衣服、手提一根巨棒,把他从一位助理法官(eschevin)家里领出来进行游行。第二天,他们又做了一个女巨人放在另一个助理法官家里。肥美星期二这天,人们敲锣打鼓,把男巨人领到女巨人家中,让他们订婚、举行婚礼并跳舞。随后人们在市内举行盛大的凯旋游行,男巨人领着女巨人,后面跟着那两位助理法官和梅斯的其他法官。到了某个地方,一大群乔装打扮的"街坊"迎过来,把男女巨人领到大教堂前面,由一位愚人"神父"给他们念祝辞,并给众人讲有关巨人结婚的笑话。所有人都跟在后面观看。返回后,人们在女巨人家的院子里表演了一出"极好极欢乐"的滑稽剧。最后男女巨人被送到男方家中,让他们躺在一起,"做生小孩的事情"。③ 整个游戏过程与维庸《耶稣受难》的魔鬼出巡异曲同工,从中也不难看出它的戏剧特征。此外,这种狂欢游戏尽管没有基督教的说教色彩,但民间宗教的意涵表现得再明显不过。特别值得一提的还有 1393 年在法国王宫举行的一场闹婚狂欢:在伊萨博王后为她一名曾两次失去丈夫的女官举行的第三或第四次结婚的典礼中,法国国王查理六世和若干高级贵族化装成浑身是毛的野蛮人,一边不知所云地嚎叫,一边挥舞着狼牙棒,"像魔鬼一样"疯狂地舞蹈,还做各种粗野下流的动作。这时国王的兄弟奥尔良公爵突然冲进来,他将手中的火把朝野蛮人身上扔去,导致四位表演者当场被烧死,国王因为躲在贝里公爵夫人的大裙摆下而躲过一劫。这类闹婚狂欢

---

① Alain Viala (ed.), *Le théâtre en France*, p. 44.

② 详见 Alain Viala (ed.), *Le théâtre en France*, pp. 41-96。

③ J. F. Huguenin, *Les Chroniques de la Ville de Metz 900-1552*, Metz: S. Lamort, 1838, p. 622.

在中世纪法国民间也十分常见，它具有安抚亡灵等特殊的宗教意味。① 描绘这场狂欢的一幅中世纪绘画被乔迪·恩德斯新近主编的《欧洲戏剧文化史·中世纪卷》用作封面插图，表明作者也把它视作戏剧。②

第三，演员与观众之间的关系。总体上说，中世纪不存在职业的戏剧演员，也没有专门的戏剧观众。在拉伯雷笔下，在维庸的戏中扮演"天父"的是一位老农民，其他角色的扮演者尽管并未提及，但估计也是来自本地社群的普通成员。在中世纪，包括戏剧演出在内的节庆活动是由被称作"狂欢社团"（société joyeuse，英文一般作 festive societies）的青年兄弟会（后来逐渐变为成年人的社团）主导的，这些社团往往按地域或行业进行组织，并享有官方认可的节庆狂欢和戏剧表演特权。比如从 1402 年起至 1548 年，巴黎的耶稣升天兄弟会（la Confrérie de la Passion）得到国王特许，拥有表演耶稣、圣徒、圣物的垄断权。③ 而"青年"在当时更多的是单身而非年龄的概念。正如格林贝格所说，男性"默认的青年时代从……能携带武器的年龄到结婚为止"，青年相对的自由赋予了他们"管理群体生活，应对某些自然和超自然力量，并处理本地社群与外部的关系"的特殊使命。④ 这使戏剧表演成为一种公共生活（包括宗教的和世俗的）管理的手段，演员也不会获得直接的报酬。因此，中世纪末，当一个以演魔鬼而知名的补鞋匠要求为演出获得补偿时，人们觉得此事实在稀奇，因而特地把它记录下来。⑤ 此外，社群的其他成员也并非被动的"观众"：他们有义务为"演员"提供相应的道具（并以此加入了戏剧表演），拒绝提供道具的人将受到惩罚，而惩罚者无须对由此

① 关于该事件的描述和分析，参见让-皮埃尔·里乌等主编：《法国文化史》卷二，傅绍梅、钱林森译，上海：华东师范大学出版社，2011 年，第 314 页；Susan Crane, *The Performance of Self : Ritual, Clothing, and Identity During the Hundred Years War*, Philadelphia: University of Pennsylvania Press, 2002, pp. 155-162; J. R. Veenstra, *Magic and Divination at the Courts of Burgundy and France : text and context of Laurens Pignon's Contre les Devineurs* (1411), Leiden: Brill, 1997, pp. 89-96。
② 参见 Jody Anders (ed.), *A Cultural History of Theatre in the Middle Ages*, London: Bloomsbury, 2017。
③ 参见拙文《法国中世纪晚期的狂欢文化研究》，《史学月刊》2017 年第 2 期；Alain Viala (ed.), *Le théâtre en France*, pp. 72-74。
④ Martine Grinberg, "Carnaval et société urbaine XIVe-XVIe siècles: le royaume dans la ville", *Ethnologie française*, No. 3e (1974), pp. 215-244.
⑤ Alain Viala (ed.), *Le théâtre en France*, p. 71.

造成的后果负责。① 维庸通过"借道具"和魔鬼出巡，把塔波古神父强行拉入戏剧表演之中，从而模糊了所谓的"演员"与"观众"之间的界限。当塔波古神父拒绝履行传统义务时，维庸和他的演员借演戏之机给予了他"应得"的惩罚，而他们也不用为神父之死负责。可以说，在中世纪的戏剧表演中，演员和观众乃是一个统一体，他们之间远远没有后来那种清晰的界限。

在中世纪晚期，唯一不完全属于上述戏剧范畴的可能是教会学校的戏剧。它们一般是用拉丁语搬演古希腊和古罗马的戏剧，这使它在学校的围墙之外又竖起一道语言的隔墙，从而把自己排除在大众文化的范围之外。

二、游戏的伦理

总的来说，中世纪法国人对游戏伦理问题的看法可以分为两种：话语的和实践的。游戏伦理的话语权主要掌握在基督教道德家手中，他们基于宗教立场，对教士和基督徒的游戏实践提出他们的看法。不过，在宗教改革以前，这些话语对日常生活中的游戏实践并没有实质性的影响。

宗教道德家的话语

在中世纪的法国，基督教是"人们呼吸的空气"②，教士则是三级制度下的第一等级。同时，教士阶层还是中世纪文字知识的主要掌握者。因此，基督教会也就掌握了主要的游戏伦理话语权。综合来看，基督教神学家对游戏的看法可大致分为两种：较严苛的和较宽容的。

较严苛的基督教神学家对游戏持敌视乃至完全否定的态度。他们认为游戏是"魔鬼的礼物"，是魔鬼用来引诱世人的工具，因为游戏会让人放松警惕，这时魔鬼就会乘虚而入，把人诱入罪恶的深渊。因此，虔诚的基督徒应当禁绝一切游戏行为。早在公元 4 世纪的时候，圣安布罗斯和圣克里索托姆就持这种观点。他们甚至从《圣经》里面找到了依据，因为耶稣说："你们嬉笑的人有祸了，因为你们必将哀哭。"这里的"嬉笑"被理解为游戏放纵，

---

① 巴赫金也指出，利用魔鬼出巡的游戏来索要物品（有时还会因为强行索要而涉及暴力）是中世纪法国人常见的习俗（参见巴赫金：《弗朗索瓦·拉伯雷的创作与中世纪和文艺复兴时期的民间文化》，李兆林、夏忠宪等译，石家庄：河北教育出版社，1998 年，第 307—309 页）。今天西方国家万圣节时小孩的讨物游戏就是这种节日传统的延续。

② 吕西安·费弗尔：《16 世纪的不信教问题：拉伯雷的宗教》，赖国栋译，上海：上海三联书店，2011 年，第 346 页。

"哀哭"则意味着灵魂得不到救赎。① 勒高夫的研究表明,禁止僧侣嬉笑是中世纪修会规章中常见的内容。耶稣在尘世生活中是否笑过,到中世纪末都还是一个重要的神学问题。②

尽管此种严苛的观点并非主流,但在整个中世纪,它一直为部分基督教神学家所继承。14世纪初有一本使用古普罗旺斯语制作的抄本,它专门教导人们如何抵御魔鬼的各种诱惑,可视作上述伦理观念在中世纪晚期的回响。书中包含两页共八幅连环插画(图1-1、图1-2),以最直观的方式表现出对游戏的憎恶。第一页的第一幅是一个人对镜梳妆(象征虚荣),持镜子的是魔鬼;第二幅是一位贵族在狩猎,魔鬼化装成侍从跟在他身后;第三幅是欢宴的场面,一群魔鬼在旁边吹号奏乐;第四幅是骑士比武,一队骑士从城墙下面经过,许多贵妇坐在城墙上观看,贵妇头上有两个魔鬼在吹号,骑士上方还有若干个魔鬼探出脑袋,随时准备攫走骑士的灵魂。第二页的插画延续了之前的场景:第一幅是一群骑士在用剑和狼牙棒比拼,两个魔鬼从天上俯冲下来,准备抓走一名骑士的灵魂,而右侧一名骑士身后的马背上也坐着一个魔鬼;第二幅是五个男女在跳舞,后面有两个魔鬼吹着长号,前面有另一个魔鬼在领舞,它腰间垂下一根巨大的阳具,暗示游戏与性的放纵之间的关联;第三幅是一名骑士半跪在地上向一位贵妇求爱,他们身后各站着一个魔鬼;而在最后一幅画中,这名骑士躺在床上即将死去,一个魔鬼正在把他的灵魂拖走——魔鬼用铁链拴住灵魂的脖子,把它从死者嘴里拽出来,修女和情妇站在旁边爱莫能助。③ 在这里,除了第一幅和最后两幅之外,其余插画均与游戏有关,最后一幅则可看作前面所有活动的最终结局。这些插画的寓意十分明显:游戏的放纵是魔鬼对人类的诱惑,不能抵御诱惑的人必将坠入地狱。

---

① Saint Jean Chrysostome, *Oeuvres Complètes*, t. 7, traduit par M. Jeannin, Bar-le-Duc: L. Guérin, 1865, p. 51;圣多玛斯·阿奎那:《神学大全》第十一册,周克勤等译,台湾:中华道明会、碧岳学社,2008年,第456页;《路加福音》6：25。
② 雅克·勒·果夫:《中世纪的笑》,简·布雷默等编:《搞笑——幽默文化史》,北塔等译,北京:社会科学文献出版社,2001年,第58、63页;Jacques Le Goff, "Jésus a-t-il ri?", *L'histoire*, No. 158 (sept. 1992), pp. 157-161。
③ Matfre Ermengaud, *Le Breviari D'amor*, London: The British Library, Ms. Royal 19. C. I., ff. 204-204v. 最后一幅插画还呈现了一个很有意思的细节:魔鬼把骑士的灵魂往床尾拖去,此时修女站在床头,情妇站在床尾。而在格林童话《死神教父》中,死神站在病人床头表示病人可救,站在床尾则表示病人必死。保罗·乌切洛(Paolo Uccello)创作于1468年前后的祭坛组画《被亵渎的圣饼的神迹》(*Miracle of the Desecrated Host*)中,最后一幅同样表现了基督徒临死时的场景:魔鬼守在床尾,但死者的灵魂被床头的天使接引上天堂。可见,情妇在这里成为魔鬼的同党。

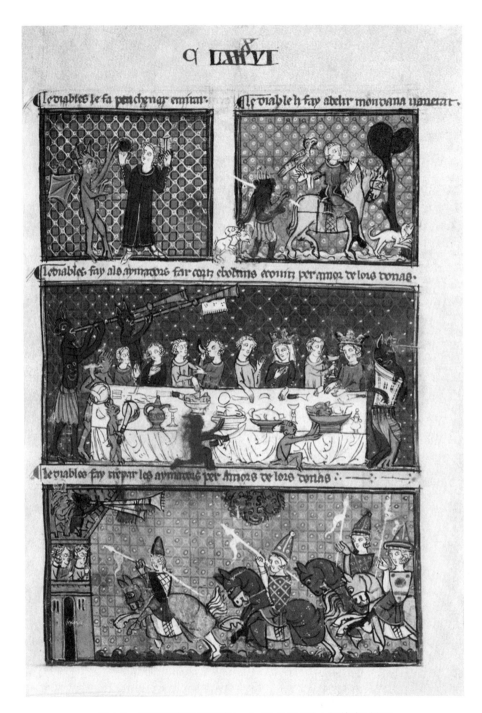

图 1-1　游戏是魔鬼的诱惑(一),14 世纪《爱之祈祷书》插画

图 1-2　游戏是魔鬼的诱惑(二),14 世纪《爱之祈祷书》插画

我们由此联想到了中世纪一些教会人士对骑士比武的态度。12世纪，教皇曾严厉谴责骑士们冒着死亡和被罚入地狱的危险玩这种可恶的游戏。1240年诺伊斯的比武导致60名骑士死亡，有人看到魔鬼"化身为乌鸦和秃鹫"在成堆的尸体上面盘旋，发出可怕的叫声。14世纪中期黑死病横扫欧洲的时候，又有人将它归结为上帝对骑士比武引起的紊乱的惩罚。① 此外，还有人把老式网球②和苏勒球看作是魔鬼玩弄人类灵魂的游戏。13世纪早期的一位修士讲述了这样一则故事：在巴黎，有一个年轻的神学学生记忆力极差，被同学讥作"白痴"。一天，魔鬼给了他一块魔法石，说："只要握住这块石头，你就能知道一切。"学生接受了礼物，马上变成一名出色的学者。但不久他就得病死去。一群魔鬼抓住他的灵魂，在一个充满硫雾的山谷里用它来打网球，它们尖利的爪子令这个灵魂遭到无以复加的可怕折磨。15世纪中叶则有一首诗描写犹大死后下地狱，许多魔鬼把他的灵魂当成苏勒球踢来踢去。③ 中世纪还有许多表现异教徒（如罗马士兵）在基督受难的十字架底下玩游戏的插画，以表明游戏与基督教伦理格格不入。④

不过，绝大多数基督教神学家对游戏的态度要宽容得多。他们承认，游戏尽管并非人类最佳的存在状态，但却是必需的。他们把游戏的起源跟原罪紧密联系在一起，认为于创世之初，生活在伊甸园里的人类始祖并不需要游戏，因为他们处在一种完全自足的状态之中——他们当然也要劳动，但这些劳动本身就是愉悦的，丝毫不会使人劳累。正因为如此，有些神学家宁愿使用"活动"（activité）而不是"劳动"（travail）一词，因为后者在当时的文化语境里已包含了会使人劳累的含义。更重要的是，他们认为，起初人类的灵魂和身体是完全和谐的，因而即使在劳动之中消耗了能量，这种和谐也能够提供源源不断的能源补充，永远不会使人疲乏。但这一切都因为人类的原罪而发生了改变。被逐出伊甸园后，人类不仅必须辛苦劳作，而且人的灵魂和身体也发生了分裂，两者永无休止的缠斗很快就消耗掉人的精神和体力。这就使得游戏成了必需。游戏的功能是让人把精力从工作上面转移开去，

① Jean Jules Jusserand, *Les sports et jeux d'exercice dans l'ancienne France*, Paris: Librairie Plon, 1901, pp. 44-45.
② jeu de paume，直译为"掌球"，16世纪以前是徒手玩的游戏。
③ Wilhelm Fink Verlag, *Tennis: a Cultural History*, translated by Heiner Gillmeister, London: Leicester University Press, 1997, p. 1; Jean Jules Jusserand, *Les sports et jeux d'exercice dans l'ancienne France*, p. 271.
④ 例如15世纪中叶的《艾蒂安骑士的日课经》中让·富凯绘制的一幅题为"耶稣受难"的插画（Jean Fouquet, *La Crucifixion*, https://fr.wikipedia.org/wiki/Livre_d%27heures_d%27 C3%89tienne_Chevalier#/media/File:La_Crucifixion.jpg，引用日期：2016年5月17日）。

在愉悦中恢复精神和体力，以便回到工作当中。所以，游戏也经常被称作récréation（"再创造"，引申为"娱乐"）和 divertissement（"转移"，引申为"消遣"）。这些神学家还喜欢用弓箭作比喻：弓必须张弛有度，方能适得其用。1444 年，当教会的愚人节狂欢受到很多人谴责时，巴黎神学院还曾为这种由低级教士主导、高级教士也参与其中的传统游戏进行辩护。他们用酒桶来作比喻，称紧箍的酒桶需要定期放气，否则就会因过度胀气而爆炸。游戏对人的意义也是如此。因此，中世纪的神学家普遍承认游戏的必要性，但又认为游戏必须"适当"，并规定了"适当"游戏的诸多条件。总结起来，这些条件主要包括以下几个方面：第一，关于游戏的时间，首先是不能在应进行宗教活动的时间内游戏，其次是游戏时长要以恢复精力为限度；第二，关于游戏的地点，即不能在教堂等神圣的空间内游戏；第三，关于游戏的类型，要选择最纯洁的游戏。① 这最后一点需要特别说明。

　　除了认为游戏起源于原罪之外，基督教神学家还从道德的角度把游戏分为两种："无邪"（innocent）或"诚实"（honnête）的游戏，以及"邪恶"（mauvais）或"罪恶"（criminel）的游戏。"邪恶"或"罪恶"的游戏主要是指掷骰子或纸牌之类的"运气"游戏（jeu de hazard）——它们在中世纪经常被称作"命运"游戏（jeu de sort），这个名称具有明显的宗教意味。② 不过，这些游戏之所以"邪恶"，主要不是因为它们被用来赌钱。相反，在"诚实"的游戏当中，赌钱通常是被允许的。基督教神学家认为，运气或命运的唯一和最终决定者是上帝，因而运气或命运也是神意的体现。神意是极其严肃的，必须给以最虔敬的对待。然而在运气游戏中，每一次掷骰子、每一次分牌都是一次判定，这是对神意的严重滥用，违反了摩西十诫之第三诫"不可妄称神的名"，因而是极恶劣的亵渎行为。基于此种理解，他们把动作游戏（相较于言语游戏而言）分为技巧型游戏、运气型游戏和混合型游戏三种。技巧型游戏比如网球、赛跑、角斗、骑士比武、狩猎，它们不包含运气或命运的成分，因而属于"被允许"的"诚实"的游戏。运气型游戏自然应当"被禁止"。混合型游

---

① 关于以上游戏伦理的讨论，参见圣多玛斯・阿奎那《神学大全》第十一册，第 456—460 页；Jean Frain Du Tremblay, *Conversations Morales sur les Jeux et les Divertissemens*, Paris: André Pralard, 1685, pp. 16-30; Jean Baptiste Thiers, *Traité des Jeux et des Divertissemens Qui Peuvent Etre Permis*, Paris: Antoine Dezallier, 1686, pp. 1-6, 64-65, 276, 392; Nicolas de Lamare, *Traité de la Police*, t. 1, Amsterdam: Aux Dépens de la Compagnie, 1729, pp. 409-419; Natalie Zemon Davis, "The Reasons of Misrule: Youth Groups and Charivaris in Sixteenth-Century France", *Past & Present*, No. 50 (Feb., 1971), p.48。
② 这些游戏在 16 世纪以后普遍被称作赌博游戏（jeu d'argent），反映了游戏伦理世俗化的过程。

戏(如纸牌智力游戏)则介于二者之间,属于可以"容忍"的范围。①

游戏者的伦理观

尽管中世纪的基督教神学家费尽周章,对游戏伦理作了诸多规定,但人们在现实生活中奉行的游戏伦理却与此大相径庭。掷骰子等运气游戏大行其道,骑士比武风靡整个上层社会,一年当中众多的狂欢节庆更是吸引了包括教士在内的所有阶层。此外,教会的空间也是人们钟爱的游戏场所:教堂里每年都会举行"愚人节"狂欢;教堂后面的墓地和修道院的回廊则是最理想的玩网球的场地。在用于日常祈祷的日课经中,有大量插画表现了人们纵情游戏的情景。这些情况都表明,宗教神学家的游戏伦理主张在日常生活中并没有产生实质性的影响。

如前所述,中世纪的"教会"把骑士比武视作魔鬼的诱惑。有些地方的教会甚至拒绝在其墓地里埋葬在比武中死亡的骑士,但这些规定极少真正得到落实,绝大多数因此丧命的骑士都得到了体面的安葬。即便是没能埋入教会墓地的极少数骑士,他们也在骑士中间赢得了极高的声誉。而在骑士贵族的不断挑战下,历任教皇禁绝骑士比武的努力也宣告失败,这些禁令最终由阿维尼翁(Avignon)教皇让十二世于1316年撤销。② 骑士贵族为何敢于挑战教皇的禁令?难道他们不信教,不怕遭到惩罚并因此坠入地狱?事实绝非如此。在游戏的宗教伦理方面,骑士们自有一套不同于"教会"的看法。他们并不认为游戏与信仰之间存在冲突。在教皇仍试图禁止骑士比武的13世纪,在骑士阶层中广为流传的一则故事就典型地反映了这种状况。这则故事称,一名既虔诚又勇敢的骑士去参加比武时,路经一座教堂,里面正好在举行圣母弥撒,他就进去参加了。漫长的弥撒结束后,他继续赶路,迎面遇到比武归来的同伴,才知道比武已经结束。他尽管坚称自己的选择是正确的,但仍旧为错过空前的比武盛会万分懊恼。就在这时候,奇迹出

① O. Gouyn, *Le Mespris et Contennement de Tous Jeux de Sort*, Paris: Charles L'Angelier, 1550; Lambert Daneau, *Deux Traitez Nouveaux Très Utiles pour Ce Temps*, le Premier Touchant les Sorciers, le Seconde Contient une Brève Remonstrance sur les Jeux de Cartes et de Dez, Genève: Jacques Baumet, 1579, pp. 133-160; *Résolution sur le Jeu de Hazard Faite en Sorbonne le 25 Juin 1697*, Paris: Jean Boudot, 1698. 这些16—17世纪的作品反映了一些宗教人士运用传统世界观规范时下游戏行为的最后努力,因而总体上仍可认为它们体现了中世纪的观念。

② Christopher Daniell, *Death and Burial in Medieval England: 1066-1550*, London: Routledge, 1997, pp. 104-105; Laura Vivanco, *Death in Fifteenth-Century Castile: Ideologies of the Elites*, London: Tamesis, 2004, pp. 70-71; Richard Barber and Juliet Barker, *Tournaments: Jousts, Chivalry and Pageants in the Middle Ages*, pp. 139-141.

现了:圣母当众显灵,她身穿盔甲、手持长枪亲自与他比武,弥补了他的遗憾。最后这名骑士变成了圣人。正如让·朱尔·朱瑟朗(Jean Jules Jusserand)所指出的,在骑士们的伦理观念当中,比武与宗教虔诚毫不冲突——它不仅不会使他们坠入地狱,反而有可能成为他们通往神圣的捷径。① 在教会于16世纪全面取缔"愚人节"并禁止教士公开游戏之后,教会的伦理主张也只对教士阶层产生约束力。

面对游戏的冲动,人们总会有一套能够满足自身需要的解释方式。但在大多数时候,游戏者的宗教观并没有这么直观,而是需要进行更深层次的挖掘。如前所述,运气游戏除了被称作 jeu de sort 之外,也被称作 jeu de hasard。两者的区别在于,sort 专指由神决定的命运,hasard 则更偏重不带宗教色彩的冒险或碰运气。游戏者使用的一般都是后面这个名称。在16—17世纪,随着游戏的世俗化,人们也逐渐不再使用 jeu de sort 这个名称。当运气游戏被用作赌博时,它则有了一个更世俗化的名称:jeu d'argent,即金钱游戏。因此,尽管存在宗教上的戒律,但那些极端宗教道德化的游戏观念远没有达到深入人心的程度。事实上,人们在游戏的时候根本不会理会那些伦理规范,只有在赌咒发誓时才会偶尔想起。1610年一则日记的作者曾经用极骇人的笔调,描述了一个品行恶劣的赌徒在监狱里遭受天谴,"不可思议地"突然死亡的恐怖事件。这个嗜赌成性的赌徒曾经发誓戒赌,声称如果再赌的话,就把自己交给魔鬼,让可怕的诅咒落到自己的身体和灵魂上面。但他违背了誓言。一天,在他与同室囚犯玩纸牌赌钱的时候,神罚降临了:他胳膊支在桌子上,两眼盯着帽子里的牌;别人以为他睡着了,推了他一把,才发现他的身体已经僵硬。② 可以想见,类似的例子在中世纪并不稀奇,但它们至多只会引起一时的议论和恐慌,而不会产生广泛持久的效果。

通过吉尔·德·古贝维尔的日记,我们发现了节庆与特定游戏的特殊联系(见下文),它实际上意味着许多游戏都具有某种特定的宗教功能。例如,三王节的队列游行、苏勒球等节日的对抗性游戏、圣约翰节(仲夏节)的篝火游戏,以及愚人节和狂欢节的游戏狂欢等,都具有通过酬神仪式祈求平安和丰产的意义,甚至骑士比武的盛会也具有这方面的功能。这些内容将

① Jean Jules Jusserand,*Les sports et jeux d'exercice dans l'ancienne France*,pp. 46-48.
② Pierre de L'Estoile,"Mémoires et journal de Pierre de L'Estoile,règne de Henri IV",in *Nouvelle collection des mémoires pour servir à l'histoire de France*,Deuxième série,t. 1,Paris:L'Éditeur du Commentaire Analytique du Code Civil,1837,pp. 636-637.

在本章第二节作专门探讨。这里需要指出的是,这些公共节庆游戏所传达的宗教含义并不符合我们所理解的正统基督教的伦理,而是融合了大量的源自前基督教时代的民间宗教成分。尽管在中世纪,许多此类游戏(特别是愚人节狂欢)始终遭到一些宗教道德家的反对,但它们却表现出持久和旺盛的生命力。宗教改革与正统基督教伦理的强化并不是造成大多数游戏衰落或变迁的主要原因。

因此,在中世纪,正统的基督教伦理并没有我们曾经以为的那种无所不在的强大统治力。在绝大多数人的世界里,切合现实生活需要的游戏伦理才是唯一的信仰准则。当两种伦理标准发生冲突的时候——就像我们在骑士比武中看到的那样——生活中的游戏伦理总是胜过任何抽象的教条。这种状况并非为世俗民众所独有,而是同时出现在广大教士阶层身上。

在宗教改革之前,教士参与世俗民众的游戏是非常普遍的现象,因为在这个时候,绝大多数教士(包括高级教士)奉行的游戏伦理与世俗大众并没有太大的差别。以骑士比武为例,不仅骑士阶层对教皇的禁令嗤之以鼻,不少教士(包括高级教士)本身也热衷于骑士比武。贝桑松教会的愚人节庆祝中有一个传统是,当圣斯蒂文大教堂愚人节"教皇"的游行队伍到达圣文森特(Saint Vincent)修道院时,院长要向"教皇"献上一支骑士比武专用的长枪。"教皇"的一名骑马随从手执长枪冲向紧闭的院门,把长枪击折,赢来观众的掌声。这一传统至迟到 1490 年都还存在。[①] 而到了 16 世纪 30 年代,费拉拉国王的弟弟、米兰大主教艾波尼多还在法国国王弗朗索瓦一世的宫廷中参加各种游戏,包括比武、狩猎、赌博、打网球等。1536 年三王节,他参加了由"作乱女王(queen of misrule)"[②]组织的宫廷假面舞会。在这次游戏中,宫廷贵族们不是争相扮演"国王",而是扮演最低下的仆人:扮演的角色地位越低下,越让人难以辨认出扮演者原来的身份,人们就越开心。"作乱女王"本人扮演的是西班牙女王的一个侍女;而来自意大利的准红衣主教艾波尼多则到后来才发现,扮成仆人服侍自己的竟然是纳瓦拉国王和王后以及一些宫廷大臣。经常跟他一起出入这些场合的还有洛林红衣主教。当上红衣主教回到意大利后,艾波尼多与其他宗教和世俗上层人士参加了罗马

---

① Max Harris, *Sacred Folly: A New History of the Feast of Fools*, New York: Cornell University Press, 2011, p. 229.

② 这是当时流行的游戏社团首领的称号。

的狂欢节,并花很多钱制作了一辆豪华彩车。① 而教皇保罗三世在与法国国王弗朗索瓦一世和西班牙国王查理五世会面时,也随身带着一个给他提供娱乐的表演队,艾波尼多还送了一顶帽子给其中的一个小丑。② 老式网球则是中世纪的教士们最钟爱的游戏,以致一种流行的观点认为修道院就是网球的发源地。

古贝维尔的日记同样反映了这种状况。当地的教士也跟普通农民一样,会专门走很远的路去看戏。教士还经常公开参加各种游戏,包括"猜猜我带了什么"(porter un momon)。与古贝维尔关系密切的图拉维尔(Tourlaville)副本堂神父经常跟村民玩苏勒球或曲棍球到天黑,1553 年他还是圣莫尔节比赛的开球者。1554 年 7 月 29 日,雅克(Jacques)神父、让·弗雷列(Jehan Fréret)神父等人跟"本教区的所有青年"在奥夫雷家附近打羽毛球。教士甚至还公开赌博:1553 年 6 月 8 日,"我看见副本堂神父菲尔维尔(Firville)跟赫托维尔·德·米利埃(Retoville de Millières)和加特维尔老爷(Sr. de Gatteville)在寓所的门边上玩骰子"。③

第二节　游戏与中世纪的社会生活

一、游戏的地位

游戏在中世纪法国人的日常生活中绝非无关紧要的点缀,而是占据着举足轻重的地位。一方面,游戏因为与节庆的特殊联系而占用了人们大量的时间。另一方面,人们也对参与游戏和记录或讨论游戏生活拥有超乎寻常的热情。

超乎寻常的游戏文献

从中世纪晚期开始,法国人留下了为数众多的涉及游戏的文献,其中既有基督教神学家对游戏的谴责(见上一节)、日课经、世俗图书及其插画、文艺复兴晚期的绘画,也有专门记载或探讨游戏问题的小册子或著作。这种记录或讨论游戏的热情一直持续到 18 世纪。

早在 12 世纪,博韦(Beauvais)大教堂就有了专门为割礼节(又称"驴

① 玛丽·霍林斯沃斯:《红衣主教的帽子》,张立群译,上海:上海人民出版社,2007 年,第 15、48、121、182、213、216、250—251 页等。
② 玛丽·霍林斯沃斯:《红衣主教的帽子》,第 212 页。
③ 古贝维尔日记原文参见 Gilles de Gouberville, "Le journal du sire de Gouberville"。

节",为愚人节的一种)编写的日课经,以规范教士们庆祝节庆的仪式和程序。到了 13 世纪,桑斯也出现了以博韦的版本为基础的割礼节日课经。[1]尽管这些日课经不属于严格的游戏文献,但它们的存在却反映了愚人节作为一种狂欢游戏的节庆所具有的影响力。

游戏也是 14—16 世纪许多手抄本图书钟爱的插画主题。例如 14 世纪上半叶成书于图尔奈(Tournai)的法语长篇叙事诗手抄本《亚历山大传奇》(*Roman d'Alexandre*),全书共约 350 页,其中至少有三四十页含有表现游戏内容的插画。除了为数众多的骑士比武和相关练习的游戏之外,其他游戏还包括骑人互推、捕鸟、扑蝴蝶、吵闹游戏、下棋、掷骰子、马戏、杂耍、斗鸡、射箭、"猜猜谁打了你"、斗剑、狩猎、滚球、抽陀螺、跳跃穿圆环、踩高跷、荡秋千、唱歌跳舞、划船冲靶等。[2] 另一部《爱之动物寓言集》(*Bestiaire d'amour*)则有约 15 幅表现骑士比武的插画。[3] 15 世纪和 16 世纪的日课经也喜欢用游戏作为插画的内容,比如 15 世纪下半叶的《勃艮第女公爵萨伏依之阿黛拉伊德日课经》和 1500 年前后在鲁昂出版的《安格家族之日课经或儿童之书》(*Livre d'heures de la famille Ango ou livre des enfants*),本书将在后文对它们作重点介绍。

15 世纪开始出现了专门介绍骑士比武的文献。最早的一份是由安茹公爵、耶路撒冷国王勒内·德·安茹(René d'Anjou)于 1460 年前后编写的《论骑士比武的形式与设计》(*Traité de la forme et devis d'un Tournoi*),它对召集比武的程序、比武场地的设计、武器装备、比武的过程等都作了十分详细的规定。差不多同一时期,在勃艮第和布鲁日(今属比利时)召集的几次攻关比武的文献也保存了下来。[4] 1493 年在桑德里库尔(Sandricourt)和 1519 年在尚布利(Chambly)及西尔什河畔巴约勒(Bailleul-sur-Cirches)举行的攻关比武,也都有专门的文献记录下来,并配上了许多插画。[5] 17 世纪,当宫廷贵族的游戏已经极度强调优雅地控制身体姿态的时候,年轻的路易十三的骑术教师普吕维内尔(Pluvinel)专门写了一本题为《国王骑术教

---

[1] E. K. Chambers, *The Medieval Stage*, v. 1, London: Oxford University Press, 1903, pp. 279-289.

[2] *Roman d'Alexandre*, Bodleian Library, University of Oxford, MS Bodley 264.

[3] *Bestiaire d'amour*, Oxford, Bodleian Library, Ms Douce 308.

[4] 这些文献及对它们的研究,参见 Ralph Dominic Moffat, *The Medieval Tournament*。

[5] 记录桑德里库尔攻关比武的抄本,参见 *Le pas des armes de Sandricourt*, Bibliothèque de l'Arsenal, Ms. Fr. 3958。它和后面一份文献(*Description des tournois faits l'an 1519 à Chambly et à Bailleul-sur-Cirches*)亦同时收录于另一份抄本中(BNF Ms. Fr. 1436)。

程》(*L'instruction du roy en l'exercice de monter à cheval*)的书,它以与国王对话的形式,不厌其烦地阐述了如何在马上单挑、冲靶、骑马持长枪穿环、斗剑等各种比武中做到"优雅"。几十年后,路易十四的宫廷游戏理论家梅内特里耶(Menestrier)在 1669 年出版了《论群体比武、马上单挑、骑士游行竞技及其他公共游戏表演》,专门讨论这些大型节庆游戏的历史,以及宫廷应该如何设计这些游戏,以达到最震撼人心的效果。①

　　16 世纪还诞生了一些专门记述某一次狂欢节或狂欢游行活动的小册子。最著名的包括记录鲁昂 1541 年狂欢节的《笨蛋修道院的凯旋》和记录里昂 1566 年、1578 年"驴"队游行(模仿骑士马队流行的狂欢队列)的两份文献。② 前者详细地描绘了鲁昂著名的游戏社团笨蛋修道院(l'Abbaye des Conards)在 1541 年筹备和举行狂欢节庆祝的情形;后者并非发生在狂欢节期间,却同样是里昂的游戏社团的狂欢游行,队列中还有针对若干个被妻子殴打了的"可怜虫"的吵闹游戏。巴赫金则早已证明,16 世纪拉伯雷的《巨人传》是一部基于中世纪的狂欢文化创作的作品,这部四卷本(第五卷是否拉伯雷所作尚存疑)的巨著描绘了大量狂欢游戏的情节,《高康大》第二十二章还开列了一个包含 217 种游戏的庞大清单。③ 据塞缪尔·金瑟(Samuel Kinser)的研究,截至 1552 年,拉伯雷小说的前四部至少已印行五万本。费弗尔则估计,拉伯雷的所有作品在 16 世纪印行了超过十万本。④ 这在那个出版业刚刚兴起的年代显然是个惊人的数字,人们对狂欢文化的广泛认同和接受,无疑是小说取得如此成就的一个至关重要的原因。与拉伯雷同时而略晚的佛兰德斯画家老勃鲁盖尔(Pieter Bruegel the Elder)也在其著名的《儿童游戏》(*Children's Games*)、《狂欢与封斋之战》(*The Fight Between Carnival and Lent*)等画作中全景式地呈现了乡村广场上的各种游戏场面,其中前者包含的游戏达 90 余种,后者也表现了狂欢节期间的诸多游戏习

---

① Claude-François Menestrier, *Traité des tournois, joustes, carrousels, et autres spectacles publics*, Lyon: Jacques Muguet, 1669.

② *Les triomphes de l'Abbaye des Conards avec une notice sur la Fête des Fous*, Paris: Librairie des Bibliophiles, 1874; *Recueil des chevauchées de l'asne faites à Lyon en 1566 et 1578*, Lyon: N. Scheuring, 1862.

③ 参见巴赫金:《弗朗索瓦·拉伯雷的创作与中世纪和文艺复兴时期的民间文化》。关于《巨人传》中的游戏的讨论,见本书第二章第二节、第三章第四节等。

④ 参见 Sam Kinser, *Rabelais's Carnival: Text, Context, Metatext*, Berkeley: University of California Press, 1990, pp. 22-24 & note 14. 塞缪尔·金瑟的计算依据是确凿的 46 版乘以每版 1100 本的正常印数,但不计入盗版、流行作品通常远超此数目等因素,因此五万本是最保守的数字。

俗。16 世纪下半叶,供职于哈布斯堡宫廷的意大利画家朱塞佩·阿钦博尔多创作的众多作品同样证明了狂欢文化影响的广度和深度。

16 世纪下半叶至 18 世纪初,在宗教改革、詹森主义等的影响下,还出现了许多主要从宗教的角度探讨游戏伦理的论著,包括 1550 年古延(O. Gouyn)的《所有命运游戏之邪恶及其举止》(*Le mespris et contennement de tous jeux de sort*)、1578 年达诺(L. Daneau)的《命运或运气游戏》(*Les jeux de sort ou de hasard*)、1685 年特朗布莱(J. Frain du Tremblay)的《游戏与娱乐伦理之对话》(*Conversations morales sur les jeux et les divertissmens*)、1686 年梯也尔(J.-B. Thiers)的《论游戏与娱乐》(*Traité des jeux et des divertissemens*)、索邦神学院的《1697 年 6 月 25 日索邦关于运气游戏之决议》(*Résolution sur le jeu de hazard faite en Sorbonne le vingt cinq juin 1697*)、1709 年巴贝拉克(J. Barbeyrac)的《论游戏》(*Traité du jeu*)、1713 年容古(P. de Joncourt)的《关于运气游戏的四封信》(*Quatre lettres sur les jeux de hasard*)、1714 年拉普拉塞特(J. La Placette)的《论运气游戏》(*Traité des jeux de hazard*)等。[1]

16 世纪的法国人还翻译出版了一些关于象棋、掷骰子等游戏的论著,包括 13 世纪的《象棋、骰子和桌面游戏》(*Livre des échecs, des dés et des tables*)以及《有益教化的象棋游戏》(*Le jeu des echez moralisez*)、《论象棋游戏》(*Traité des échecs*)、《掷骰子测运气的消遣之书》(*Livre de passe-temps de la fortune de dez*)等。1555 年,意大利人林奇耶里(Innocento Rhinghieri)写于 1551 年的《十五种游戏,论诚实的谈话》(*Cinquante jeux divers, d'honnête entretien*)在里昂翻译出版,它将在不到一个世纪后对法国宫廷的王家史官夏尔·索雷尔(Charles Sorel)产生重要影响。[2] 1642 年,索雷尔专门论述宫廷游戏的《游戏之屋》(*La maison des jeux*)正式出版。这部两卷本、总共 1300 多页(1657 年版)的皇皇巨著在刚出版的第一年就印刷了两次。1657 年出了第二版,也是最后一版。尽管其间和其后重印的情况尚不清楚,但索雷尔在 1644 年又出版了一本《〈游戏之屋〉续》(*Nouveau recueil des pièces les plus agréables de ce temps, ensuite des jeux de l'inconnu et de La maison des jeux*),作为《游戏之屋》的第三卷。其后又出现了若干同样声称是续作的作品,有些是从《游戏之屋》中抽出一

---

[1] 参见上一节关于中世纪游戏伦理的讨论。

[2] 关于这个游戏文献的研究,参见 Elisabeth Belmas, *Jouer autrefois*, p. 167。

部分另外出版。① 此外,在索雷尔的影响下又出现了另外一部受众更加广泛的游戏论著:路易・德・拉马里尼耶(Louis de La Marinière)于 1554 年出版的《学院游戏之屋》(*La maison des jeux Academiques*)。在 17 世纪,拉马里尼耶的著作分别于 1659 年、1668 年、1674 年和 1698 年再版了四次。② 进入 18 世纪,随着路易十四驾崩带来的管制松动和宫廷文化的扩散,出现了一大批拉马里尼耶的模仿者。据本书初步统计,在 18 世纪至 19 世纪中叶以《游戏之屋》或类似名称出版的图书总共不下 30 种,并且往往在封面以"最新"(la plus nouvelle)、"最全"(universelle)等醒目字眼吸引读者的注意。

　　以上关于游戏文献的统计远非完备,但范围之广、数量之多,已经足够令人赞叹。这种异乎寻常的热情是古代中国所不具备的,这可以从一个侧面反映出中西文化的差异。

游戏与节庆

　　游戏文献只能让我们对游戏的重要性获得初步的印象,而在游戏与生活的关系上面,我们的认识还是非常模糊的。这就需要深入中世纪法国人的日常生活当中进行考察。在近代以前的法国,大多数游戏(尤其是大型的公共游戏)都与节庆紧密地联系在一起,同时某些节庆还拥有自身特有的游戏(见下文)。因此要探讨游戏在生活中的地位,就必须对节庆的状况有所了解。巴赫金曾笼统地提到,中世纪的大城市每年欢庆狂欢节的时间长达三个月。罗贝尔・米桑布莱德则指出,在 17 世纪初的巴黎,每年除 52 个星期日之外,还有 55 个宗教节日。相比之下,到了 1666 年,巴黎地区的节庆天数已经缩减至 21 天。③

　　这些统计都显得过于粗略,我们需要更加贴近当时人们的日常生活世界,才能更好地解决要讨论的问题。在这方面,16 世纪中叶诺曼底乡村小贵族吉尔・德・古贝维尔的日记提供了最直接的信息。这些日记记录于

---

① Charles Sorel, *La maison des jeux*, *Première Journée*, éd. Daniel A. Gajda, Genève: Slatkine, 1977, pp. Ⅰ-Ⅲ. 此为翻印 1657 年的版本,据现代学者丹尼尔・A. 加赫达(Daniel A. Gajda)所作的引言,该版本在文字上与 1642 年第一版差别不大。此书分两卷,该版本仅翻印了第一卷,但引言中对第二卷有介绍。

② Elisabeth Belmas, *Jouer autrefois*, p. 168.

③ 巴赫金:《弗朗索瓦・拉伯雷的创作与中世纪和文艺复兴时期的民间文化》,第 16 页;Robert Muchembled, *Popular Culture and Elite Culture in France 1400-1750*, p. 98; John McManners, *Church and Society in Eighteenth-Century France*, v. 2, Oxford: Clarendon Press, 1998, pp. 202-208。

1549—1562 年,亦即法国宗教战争爆发前夕。① 从日记的内容可以看出,宗教改革已在诺曼底乡村产生了初步影响,但在游戏和节庆与日常生活的关系上,当地依然沿袭着传统的步调,因而日记的内容尚能够反映中世纪的状况。古贝维尔的日记所反映的并不只是他个人或家庭的生活状态,同时还通过他的活动和视野,把他的庄园、邻近的村庄和周边的城市(包括瑟堡、鲁昂[Rouen]等)联结起来,向我们展现了一个地区在 16 世纪中叶的面貌。这里将以这些日记作为主要线索展开讨论,同时亦辅以其他材料加以印证。

在这 13 年间,古贝维尔详略不一但几乎一日不落地记下每日生活的情况。他是法国诺曼底科坦登(Cotentin)瓦洛涅(Valognes)地区的梅尼尔(Mesnil)和古贝维尔庄园的主人,同时也是国王的水流和森林代理人(lieutenant des eaux et forêts)。在这些日记中,他基本上把所有的节日都特别标注出来。粗略统计,在 1549 年至 1551 年这三年中,他记录的节日天数分别为 56 天、49 天和 64 天。这些节日的总天数与罗贝尔·米桑布莱德所统计的巴黎地区大致相当。

对古贝维尔的日记进行初步整理之后,首先引起我们关注的是每年从圣诞节开始到 3 月 25 日圣母领报节为止的这段时间,这是当地的冬季农闲时节,也是游戏节庆最为集中的时间段。1549 年到 1555 年,古贝维尔每年都会提到平安夜的午夜弥撒,或是说明不参加的理由。午夜弥撒之后通常有戏剧表演。1552 年的平安夜,他借了一个便帽和一件天鹅绒外套给泰伊(Teil)的民兵队长(cappitaine),因为民兵队长要在做完午夜弥撒后穿着它们演戏。1553 年,他家里的许多人先是参加了本教区的晨祷(mattines),然后又到邻近的迪哥维尔(Digoville)望弥撒,"好观看人们在弥撒结束后表演的一出道德剧。他们大约在天亮前一小时回来"。这样的不眠之夜或许反映了当地的平安夜守夜习俗。翌年也是同样的情况。在圣诞节,人们有时会玩苏勒球。

12 月 27 日是悼婴节(jour des Innocentz)。古贝维尔基本上每年都把这个节日标注出来,但从不说明他或他的家人是如何庆祝这个节日的。但我们知道,在中世纪的法国,悼婴节是纪念无辜婴儿被希律王屠杀的日子,也是被统称为"愚人节"的重要节日之一。在许多地方,人们(尤其是青年)

---

① 这里的年份采用的是日记作者记录的时间。尽管他总是称 1 月 1 日为新年的头一天,但按照当时的习惯,他每年的日记都是从 3 月 25 日(圣母领报节)开始,到下一个 3 月 24 日(圣母领报节前夜)结束。因此,当他说"1549 年 1 月 1 日"时,按现代历法应是"1550 年 1 月 1 日"。本书在引用他的日记时一概以他标注的时间为准,以免发生混淆。

都在这一天举行狂欢庆祝。不过,古贝维尔有一则日记透露出,至少当地的青年确实有庆祝悼婴节的习俗:"1558 年 12 月 28 日,悼婴节,上午,我……去布里克贝克(Briquebec)……在长廊(gallerye)处看到公爵夫人和她们家的好些个小姐围在一起,因为一些男孩和女孩(des pages et des filles)在昨晚的悼婴节(游戏)中打架(受伤)了。夫人告诉我说,古菲(Gouffy)小姐胸部下面受了伤,拉波特(Laport)则是小腿受了伤,侍童(lacquès)弗里翁(Frion)头上挨了一纺锤(une coup de broche)。"[1]显然,公爵夫人家里的男女青年和仆人都参加了悼婴节的狂欢游戏。

　　1 月 1 日在许多地方是割礼节,并有盛大的狂欢庆祝,但奇怪的是在古贝维尔的日记中并没有这方面的记载。不过他们在前一天有一种接近于游戏的特殊仪式。每年 12 月 31 日,一年的最后一天,都有学童(escoliers)(有时称作"儿童"[enfans])到他家来唱圣诞节的赞歌(dictiers 或 dictiers de Noël)。勒华拉杜里的研究表明,诺曼底是当时法国识字率最高的地区之一,农民家的小孩(至少是相当一部分男孩)也会去上学,并构成一个特殊的年龄组:学童。[2]　相应地,古贝维尔要给这些学童一些钱,"作为新年礼物"。1559 年,同样的礼物也给了庄园里的妇女、儿童和仆人。这种交换似乎是由更传统的青年的讨物游戏演变而来的,我们在下文还将看到更多这种游戏。

　　1 月 5—6 日的三王节是个重要的节日。只要古贝维尔在梅尼尔庄园,他都会提到是谁从哪里捎来节日蛋糕:一般都是家人或仆人从瑟堡或瓦洛涅带来的,但朋友或其他人也经常会送过来,因此有时候会有好几个蛋糕。他通常还会说明是谁当了"国王"。选举节日"国王"和其后的庆祝,是中世纪法国最为普遍的三王节游戏之一,上至国王、下至黎民百姓都十分热衷。这种选举不是三王节特有的游戏,但它的形式却是独一无二的。尽管古贝维尔照例对选举"国王"的细节不置一辞,但其他材料给我们提供了宝贵的参照。人们一般是在节日蛋糕里面放一颗蚕豆,吃到这颗蚕豆的人即是"国王"。15 世纪下半叶一部名为《勃艮第女公爵萨伏依之阿黛拉伊德日课经》(*Livre d'Heures de la Duchesse de Bourgogne*, *Adélaïde de Savoie*)的历

---

[1]　引文括号中的文字为本书作者所加,下同。
[2]　Emmanuel Le Roy Ladurie, *The French Peasantry 1450-1660*, trans. Alan Sheridan, California:University of California Press, 1987, p. 226.

书中,一幅 1 月份的插画生动地表现了这一场景。① 在右上角的画面中,众多宾客(有男有女)聚集在室内的一张桌子旁边,其中一人(可能是男主人)手里拿着三王节蛋糕。一个小孩躲在桌子底下,这样他就看不见分配蛋糕的情形,以防止作弊的可能。大人切开一块蛋糕,问小孩:这块给谁? 小孩随意报出一个人的名字。如果这个人吃到蚕豆,那他(她)就是"国王(或女王)"。在当晚的宴会上,人们要向"国王"敬酒,并高喊:"国王干杯!"到了 17 世纪,这个游戏场景仍是许多西欧画家偏爱的主题。1560 年三王节当天,古贝维尔还写道:"在圣纳泽尔(Sct-Naser)吃过早饭,我、康特皮(Cantepye)和西莫内特(Symonnet)动身回家。经过于维尔(Urville)教堂附近时,那里的人们正在举行(三王节)游行。"他没有再提供任何进一步的信息。但我们在前面的那部历书中找到了有关细节。从历书的插画来看,三王节游戏仪式的重点显然是节日当天的游行,因为这个内容占据了画面最主要的部分。画面显示,昨晚选出来的"女王"头戴王冠,由众人簇拥着在城内游行。随从中有男有女,有成人有小孩。两名男子在后面托着她的裙摆,前面还有三个男子吹号迎接。左上角的窗口里还有三个人在观看。与中国传统文化中"三"代表"多"一样,我们不应认为画面上呈现的就是参加游行仪式的确切人数。古贝维尔看到的应该就是类似的游行仪式。它可能会像其他时候一样从教堂出发,然后在整个社区巡游。从他的语气来看,他对这种仪式应该也不陌生。

1 月 15 日是当地的圣莫尔(St. Mor)节,同样是个重要的节日。每年的这个日子,人们都要在圣莫尔举行盛大的苏勒球②比赛。这是一种对抗非常激烈的游戏,它长期流行于法国北部地区,一直到 19 世纪都还有表现这种游戏的绘画。参加这种节庆游戏的人数之多超乎我们的想象。1551 年的圣莫尔节,古贝维尔明确地说比赛双方的人数超过 500 人! 1852 年下诺曼底的一幅版画描绘了白热化的苏勒球游戏场面,参与者多达数百人,证

---

① 本段中的有关资料转引自:J. Bouissounouse, *Jeux et travaux d'après un livre d'heures du X ve siècle*, Genève: Slatkine Reprints, 1977, p. 7 & figure. I. 亦参见菲利浦・阿利埃斯:《儿童的世纪:旧制度下的儿童和家庭生活》,第 112—113 页。不同材料对分蛋糕时的对答的描述有所差异。很多文献显示,大人和小孩的对答都有"Phoebe Domine, pour qui la part?"这样的句子,而"Phoebe"一词的前一个音节正是画面中小孩说的话。这个词应当不是像阿利埃斯所说的是某个宾客的名字,而是古老习俗流传下来的固定仪式话语的一部分,其含义尚待考察。

② Choule,也有写作 soule 等。这是一种古老的游戏,被认为是足球、曲棍球和橄榄球的前身。不过,在古贝维尔的日记里另有玩曲棍球(crocher)的记录,因而它可能更接近另外两种。

明古贝维尔关于游戏人数的记录并非夸大。①1844年布列塔尼的另一幅版画则显示了准备开球时的情形。在一座教堂前面，一名男子站在小土堆上，双手高举着球。两侧各站着一队参赛者，他们扎紧裤腿，压住帽子，神情凶狠地盯着那只球，随时准备扑上去。后面是一大群妇女在观看，有人将手放在胸前，显出很紧张的样子。教堂墙壁的高处挂着一幅教宗圣像，他左手扶着权杖，右手指向前方，仿佛在发出进攻的号令。这个构图既暗示着游戏与宗教之间的某种关联，也富有趣味地表明了作者的态度。②

　　除了圣莫尔节，冬季的其他节庆也是玩苏勒球的好时光。日记中总共有14次提到这种游戏，全部出现在这三个月内，并且几乎都是在节日或礼拜日的弥撒或晚祷之后举行：圣诞节一次，圣艾蒂安(St. Estienne)节(12月26日)三次，三王节一次，圣莫尔节(1月15日)四次，其他时间五次(其中三次是在星期日，一次是在1月1日，一次不确定③)。有意思的是，在特定的节日，玩苏勒球的地点也是固定的：圣诞节和三王节在本地(即古贝维尔经常居住的梅尼尔)，圣艾蒂安节在古贝维尔(他的另一处庄园)或泰伊，圣莫尔节则必定要去圣莫尔。曲棍球也是类似的情况。日记有六次提到曲棍球游戏，一次在2月2日圣烛节，两次在狂欢节(同一天在不同地方)，另外三次是在礼拜日的晚祷之后。与当时法国普遍的做法一样，当有不同地方的人参与时，人们是按地区或教区来分组的，1551—1553年圣莫尔节的苏勒球赛都是古贝维尔所在的瓦洛涅队与瑟堡队比赛，1561年1月的两次记录则发生在不同教区之间；而当游戏发生在教区内部时，则往往是已婚者对抗未婚者，如1553年的肥美星期日(dimanche gras)的曲棍球赛和1557年三王节的苏勒球赛。狂欢节是冬季最后一个重要的游戏节庆，时间一般是在2月或3月初。古贝维尔标注的狂欢节从肥美星期日开始，到肥美星期二(mardi gras)结束，一共三天。我们最熟悉的狂欢节庆祝方式是游戏社团组织的狂欢表演，不过从古贝维尔的日记来看，当地的农村似乎没有这种庆祝方式。他有三次提到专门组织狂欢游戏的"笨蛋社团"(des Conars)，都是在邻近的城市：1549年肥美星期二，他在瓦洛涅观看了托马·于雷尔

---

① M. J. L. de Condé, "La soule en Basse Normandie en 1852", L'Illustration 28 février 1852，参见 http://fr. wikipedia. org/wiki/Fichier:%22La_soule_en_Basse_Normandie%22_1852. jpg，引用日期：2012年10月3日。

② 此画可参见 Jean Jules Jusserand, *Les sports et jeux d'exercice dans l'ancienne France*, p. 281。

③ 1月1日在许多地方是割礼节，不过日记中从未有这样的记录。未写明日期的记录出现在1561年1月12日，是一位来访的妇女向古贝维尔讲述"上周在拉瓦列(Ravalet)和图拉维尔之间的苏勒球赛中爆发的冲突"。据此推算，这次比赛有可能发生在这年的三王节。

(Thomas Hurel,律师,曾帮古贝维尔打过官司)担任"行政官"①的笨蛋社团的表演(la conardise);1550 年 2 月 1 日(8 日才是肥美星期日),在鲁昂,他午饭后去城外的圣于连(St. Julian)观看该市著名的"笨蛋社团"②的演出,在太阳下山时回城;1554 年 2 月 23 日,肥美星期日的前一天,他卖东西给一个瑟堡人,并让买主直接把钱转交给"笨蛋社团的行政官",用以偿还他欠后者的石磨钱,因此这位"行政官"可能是一名会制作石磨的工匠。上述两位社团首脑的身份与我们掌握的其他地方的材料基本相符。1555 年狂欢节,古贝维尔还在布雷(Blés)参加了国王亨利二世举行的骑士比武和舞会。宫廷贵族的日记则表明,一直到 17 世纪,骑士比武仍然是骑士贵族庆祝狂欢节的重要形式(见本书后文)。

日记中还提到一种特殊的狂欢节游戏,叫作"猜猜我带了什么"。人们对这种游戏有多种解释,其中 1892 年版日记的前言提供的解释最符合古贝维尔的记录:在玩这种游戏时,人们把某件物品罩在一块布下面,庄重地端到别人家去,让这家的主人猜布底下是什么东西,猜不出来就要支付一笔罚金。③ 日记一共记录了五次这样的游戏,其中有两次是在狂欢节。1553 年 2 月 6 日,肥美星期二上午,让·奥夫雷(Jehan Auvré)神父、弗朗索瓦(Françoys)师傅、托马·德鲁埃(Thomas Drouet)、尼古拉·德鲁埃(Nicollas Drouet)、纪尧姆·勒马尼昂(Guillaume Lemagnen)和他的侍童(varlet)到圣加布里埃尔(Sct-Gabriel)的埃萨尔(Essartz)家、迪哥维尔的卡巴尔(Cabart)家及当地的庄园玩"猜猜我带了什么",他们回来时已近午夜。1560 年 2 月 18 日,肥美星期二,就是前面有人来找他过狂欢节的同一天,古贝维尔在鲁西(Russy)。午饭后,桑松·诺埃尔(Sanson Noël)和图瓦内(Thoisnet)跟他去索尔特瓦尔(Sorteval)他二弟弗朗瓦瓦·皮科(François Picot)家。"到了那里,库韦尔(Couvert)老爷和他妻子、朗贝维尔(Lamberville)小姐和她姐姐,还有我认识的其他人,一起来跟我们玩'猜猜我带了什么',并赢了我弟弟的钱,然后他们去了维利耶(Villiers)和讷夫维

① bailly,大概类似于其他游戏社团的"国王"或"院长"的角色。
② 本书后面还会有更多关于该社团的研究。
③ 日记里将这种游戏写作 porter ung mommon。上述解释参见 1892 年版日记前言第 48 页。其他解释包括:一、狂欢或婚礼上的假面舞;二、戴着面具向别人发出掷骰子赌钱游戏的挑战,这时戴面具的人不能说话(参见 http://www. gouberville. asso. fr/site/english/archives. html ♯mommon,引用日期:2012 年 10 月 3 日;Henri Moisy, *Dictionnaire de patois normand*, Caen:Henri Delesques, 1887, pp. 429-430)。古贝维尔记录的游戏与第二种解释比较接近,但仍有所不同,因为他每次都知道游戏者是谁,似乎表明他们并没有戴面具。而且他每次都使用 porter 这个词,可能暗示游戏者带了某种东西到别人家去。

尔（Neufville），我则返回鲁西。"另外三次这种游戏则发生在喜庆的场合：一次是因为某人赢得教士俸禄，一次是村里的奥夫雷（Auvré）家嫁了女儿，另一次则是村民托马·德鲁埃为妻子举行安产感谢礼。我们看到，玩这种游戏的人包括了各个阶层、不同性别，发起游戏的人挨家挨户、逐个村庄玩过去，可以从上午玩到午夜。它可能是传统讨物游戏的一种变体。我们在其他文献中也找到了关于这种游戏的记载，但都明确表明游戏者戴了面具。记录 1541 年鲁昂狂欢节的文献也提到，笨蛋修道院（如前所述，古贝维尔于九年后在鲁昂观看了这个社团的表演）的成员戴着面具到市民家里去，跟夫人小姐们玩"猜猜看"（jouer le mommon）。① 莫里哀也在其喜剧中两次提到这种游戏。《贵人迷》（Le Bourgeois Gentilhomme）第五幕第一场的开头，想模仿贵族生活的资产者汝尔丹（Jourdain）中了考维艾尔（Covielle）的计谋，打扮成所谓土耳其武士"妈妈母齐"（Mamamouchi）的模样；贵族出身的汝尔丹太太看到他的奇怪装束，便问他："Est-ce un momon que vous allez porter ; et est-il temps d'aller en masque?"（你是要去玩"猜猜看"吗？ 是该戴面具出去了吗?）。《冒失鬼》（L'Étourdi , ou le Contre-Temps）第三幕第十一场，玛斯加里尔为帮助主人李礼追求心上人、特路发登的女奴西丽，他抢在李礼的情敌李安特之前化装成戴面具的女人到特路发登家里准备把西丽抢走，因为"在（每年的）这个时候，往往是在晚上，都会有些街坊妇女戴着面具拜访他（指特路发登）"（第三幕第六场）。李礼只知情敌也有同样的计划，却不知玛斯加里尔的计谋。为了阻止情敌，他向特路发登告了密，并在玛斯加里尔的假面队伍到达时自鸣得意地对他百般嘲笑，还假意叫特路发登开门让他们进来："Trufaldin, ouvrez-leur pour jouer un momon。"（特路发登，开门让他们进来玩"猜猜看"吧!）由此可见，在 17 世纪下半叶，这仍是某种节庆（很可能也是狂欢节）的传统游戏，参与游戏者既有贵族，也有资产者，女性则在其中扮演重要的角色。从古贝维尔的日记来看，这种游戏的要义在于主人与客人分享喜悦，而不是客人向主人道贺，因而包含了一层关键的隐喻：升官、结婚、生子与节庆一样，不单是一个家庭的私事，更是整个群体的公共事件。今天西方国家的万圣节仍然存在着这种讨物游戏，只不过游戏的发起者已经只限于儿童，成人对它的态度已发生了根本性的变化。不过我们仍能感受到游戏背后的古老社会结构的一丝残留。

除了冬季的农闲时节之外，一年中其他季节的许多节庆也与游戏有着

① Les triomphes de l'Abbaye des Conards avec une notice sur la Fête des Fous, p. 76.

重要的联系。比如 6 月份的圣约翰节(jour St. Jehan)。每年 6 月 23—24 日,古贝维尔的日记都会把这个节日标注出来。在当时的法国(包括诺曼底地区)乃至整个西欧,这是一个由古老的仲夏节基督教化而来的重要节日,并保留着大量的民间宗教成分。篝火是这个节日必不可少的要素,男女老少还会围着篝火做各种游戏,尤其是唱歌跳舞,因为这天的篝火被认为具有"净化"的功能,可以祛除灾病,驱邪防患。人们还会把篝火的余烬撒在田里或带回家里,这样可以保障丰收,或是避免房子着火。有些地方甚至还让牛羊牲畜也加入舞圈,或是烧一辆柴车滚到山下去。这类与民间宗教有关的狂欢游戏仪式非常之多。① 尽管日记从未正面描述过圣约翰节的庆祝活动,但仍留下了一些耐人寻味的线索。1554 年 6 月 23 日傍晚,在回家的路上,古贝维尔看到"人们在库隆比耶(Coulombières)点燃圣约翰节的篝火"。这座山就在他的庄园附近,属于他的管辖范围,他经常到那里打猎或收集被风刮倒的树木。这说明在他的村庄里是有圣约翰节篝火庆祝的传统的。另一则记录则提供了更多的信息:"1561 年 6 月 26 日,我去巴耶(Bayeulx)⋯⋯十一点,在回来的路上,子爵阁下(Sr. viconte)在他家门前向我讲述了星期一(23 日)因为圣约翰节的篝火发生的一场斗殴,图瓦尼(Thoysny)的儿子和子爵的仆人也卷入其中。"这位图瓦尼是巴耶的律师,算得上一位头面人物,古贝维尔遇到官司时经常去找他。由此我们可以知道,这些地方的重要家庭的青年或仆人都会参加节庆的篝火游戏。斗殴的原因是什么?是为了抢夺漂亮的女舞伴?还是争抢具有宗教保护功能的篝火余烬?我们不得而知。此外,他还多次提到 6 月 25 日有圣约翰节的集市。在传统社会里,节庆、集市和游戏可以说是出自同一母体的"三胞胎"。

此外,日记中还记录了 34 次队列游行,分布在 4 月 25 日圣马可节(Sct-Marc,5 次)、耶稣升天节前三天(6 次)、8 月 10 日圣洛朗斯节(Sct-Laurens)、8 月 29 日的圣约翰受难节(jor de la décollation de Sct-Jehan)等众多宗教节日或礼拜日。这些队列主要是在本教区举行(13 次),他们家的圣吉尔小教堂②是重要的一站。但在某些节日,本教区的游行队列也会到其他教区去(7 次),后者的队列则在前一天或后一天来到本教区和圣吉尔小教堂(2 次),其他教区之间的队列也会互访(3 次)。有研究表明,尤其是

---

① 详见 J. G. Frazer, *The Golden Bough: A Study in Magic and Religion*, Third Edition, Part Ⅶ: Balder The Beautiful, Vol. Ⅰ, London: Macmillan and Co., Limited, 1919, pp. 160-219, 328-346。

② 圣吉尔是古贝维尔家族的保护圣人。

在早期,这些队列游行往往具有明显的狂欢游戏性质。① 它们在古贝维尔的世界里具有重要的意义,人们会因为游行而把弥撒时间提前,并且包括他本人、他的家人(包括他的非婚生妹妹)和朋友、他在鲁西的叔父、其他地方贵族也参与其中。同时队列中还有农民(包括农妇)和仆人。

除了节庆场合,在古贝维尔的世界里还有众多日常玩的游戏,例如狩猎、老式网球、羽毛球、九柱戏和各种赌博游戏,甚至包括讲故事、跳舞等广义的游戏。当然这些游戏有时也在节日或礼拜日进行,但与特定的节庆并没有特殊的联系。由于这些日常游戏记录得比较零散,这里不再具体展开,不过在后面的研究中仍会有所涉及。

15世纪下半叶的《勃艮第女公爵萨伏依之阿黛拉伊德日课经》②则展示了游戏与农业季节之间的联系。这本历书每个月份都配有两幅插画(图1-3),以表现与节令相对应的劳作和游戏场面,从中可以约略看出游戏在中世纪日常生活中所占的地位,同时也能看出不同性别和年龄的人是如何游戏的。尽管这是一部十分特殊的历书,目前也没有发现其他历书有类似的展示,但在下文我们将会看到,它所呈现出来的游戏与生活的关系却具有相当的代表性。

1月是农闲时节,唯一的劳作是给土地施肥,只占画面很小的一格。三王节的国王选举和游行是这个月份最重要的游戏,男人、女人和小孩一起参与其中(见上文)。另一幅1月份的插画除了表现圣保罗前往大马士革的情形外,还画了两个青年在田地里玩某种游戏。2月仍是游戏的季节,第一幅画表现的是五对男女一起玩爱情文字游戏,女士向男士(或反之)说出一种花名或物名,对方须立即答以贺词或韵诗。在图中,游戏者正在把可能写了花名或物名的纸条投进一位女士膝盖上的篮子里。4月和5月的插图中也有这种游戏,都是几个男女坐在一起玩。阿利埃斯在《儿童的世纪:旧制度下的儿童和家庭生活》一书中也对这种游戏作了较详细的介绍。③ 2月的另一幅画除了两男两女在煎薄饼外,还有三组游戏画面。左上角是一群人在斗鸡,其中有两位女士怀里各抱着一只公鸡等候上场。侧边和底下的插画都是玩曲棍球或苏勒球的场景,游戏者全都是男性。3月进入劳动和斋戒

① 参见巴赫金:《弗朗索瓦·拉伯雷的创作与中世纪和文艺复兴时期的民间文化·导言》;Max Harris, *Sacred Folly*;Robert Muchembled, *Popular Culture and Elite Culture in France 1400-1750*。
② 除特别说明外,以下关于此书的分析主要参考了J. 布伊苏努斯(J. Bouissounouse)的研究(J. Bouissounouse, *Jeux et travaux d'après un livre d'heures du Xve siècle*)。
③ 菲利浦·阿利埃斯:《儿童的世纪:旧制度下的儿童和家庭生活》,第134页。

的季节,难得地没有游戏。人们开始在地里照料葡萄树,清理炉灰,到教堂里领圣体,听传道者讲道。一个吵闹的小孩被赶出传道室,几个大人在安慰或责打他;但这并不意味着传道室里的人就会认真听讲,讲台下一个男子直接半躺在地上,后面一个男子则回头跟一个女子聊天。

4 月,人们在欢乐的聚会气氛中去朝圣,有两对男女共乘一匹马,有人则把朝圣手杖扛在肩上,上面挂着一壶酒。另一幅画中,许多男女在一起玩"柴捆"游戏(jeu des fagots)。场内有三对男女,女人站在后面,要抱紧身前的男人,构成三个"柴捆";另外还有两个绕着"柴捆"互相追逐的男子。根据规则,每个"柴捆"只能有两个人。负责逃跑的人可以站到一个"柴捆"前面,这时这个"柴捆"后面的人要代替他逃跑。因此追逐和逃跑的人既可能是男的,也可能是女的。在这幅画中,逃跑的男子刚刚站到左边"柴捆"的前面,这个"柴捆"后面的男子就开始躲闪,追逐的人则在找机会抓住他。场外还有五对男女在观看并等待进场游戏。5 月是爱情的季节,一群男女坐在草地上玩爱情文字游戏,另外几对男女则结伴出游或跳舞。此外就是人们上街买东西的画面。6 月,人们在地里收割牧草,一些男子在街道上玩不知名的游戏。

7 月,除了收割庄稼,人们还举行盛大的水上冲靶游戏:一条船在河上划行,船上两名男子撑着一根长竿,准备刺向竖在岸边的一块盾牌。根据冲靶游戏的一般规则,刺中盾牌的中心线上方算是漂亮的得分。但如果刺偏,盾牌就会翻转,游戏者可能就会失去重心而落水。岸边有很多男女在观看,还有乐师奏乐助兴。在中世纪,这种模仿骑士比武的游戏主要用于附庸给领主提供娱乐(见后面讨论骑士比武的章节)。在这一游戏上方的画面中,一对男女贵族同乘一骑,由一名附庸领着去猎鹿。8 月农事繁重,人们忙着打谷子和修理酒桶,没有时间玩游戏。9 月葡萄成熟,农人们忙着收葡萄酿酒。我们再次看到了朝圣的队伍,不过这次似乎虔诚了很多,没有人骑马,甚至许多人在苦修精神的感召下,一路行乞,赤足行进。朝圣的队伍里也没有女人。

10 月,农夫在犁地和播种,妇女送饭菜到地头给他们。画面上方有几个人带着猎犬打野猪。苹果也成熟了,爬上树打苹果的既有男人也有女人。11 月,繁忙的农事暂告一段落,我们重新看到了熟悉的游戏画面。第一幅插画描绘了两种群体游戏:投箭(可能类似于今天的掷飞镖)和曲棍球或苏勒球,都是分成两队进行对抗。另一幅画是牧猪的场景,人们从树上打下橡实给猪吃,把猪养肥了,好到圣诞节宰杀。12 月,白雪皑皑,人们在街道上

快乐地滚雪球、打雪仗,男人、女人、小孩都在一起玩。家家户户都在宰猪,
准备过圣诞。

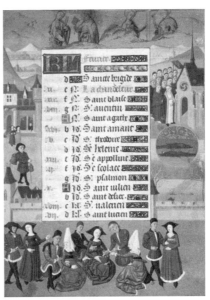

图1-3 《勃艮第女公爵萨伏依之阿黛拉伊德日课经》1月(上左)、2月(上右、下左)、
7月(下右)插画

游戏的热情

在介绍法国17世纪以前的游戏文献时,我们已经指出,那些文献之众

多可以证明当时的人们对游戏拥有着非同一般的热情。古贝维尔的日记不仅印证了上述判断,还提供了许多令我们倍感惊讶的细节。

他的日记中经常有如下言简意赅的句式:"晚祷后,我们玩曲棍球直到天黑";"这天剩下的时间我们都在玩苏勒球,一直到天黑";"今天我们没出门,起床之后我就一直跟行政官(le Prevost)玩双陆(trictrac)";等等。以看戏为例,如前所述,在平安夜的午夜弥撒之后,他们通常会彻夜看戏,第二天一早才回来。在其他节日(有一次是 1560 年 8 月 15 日圣母升天节)或星期日,他们还会专程到瑟堡和瓦洛涅去看戏,而这两个城市距离梅尼尔庄园至少有两到三个小时的路程。① 1551 年 6 月 20 日,女仆拉阿雷尔(La Harel)还专门从瓦洛涅带来一个年轻女子在家里过夜,以便第二天到瑟堡去看戏;翌日,一同出发的至少有六个人,包括拉阿雷尔和她女儿、西莫内特(古贝维尔的私生弟弟)及三个男仆。1559 年 9 月 17 日则是两位神父去瓦洛涅看戏,而上个星期日拉阿雷尔刚去看过。这些戏剧基本上都是圣迹剧,有一次(1551 年 6 月 7 日)古贝维尔提到的是"一出关于雅各的十二个儿子的戏剧"。苏勒球游戏也是如此。前面已经说过,他们经常在特定的节日到不同的地方去参加苏勒球比赛。同样,在圣莫尔节,他们也会邀请其他地方的人前来助阵。1553 年 1 月 14 日,古贝维尔在晚上十一点派人给他在布里耶瓦(Brillevast)的堂兄弟和泰伊的民兵队长送信,让他们第二天来参加在圣莫尔举行的苏勒球赛。跟三四十年前的中国农村一样,在那个没有电视等现代娱乐的时代,人们晚上很早就上床休息,除非是特别重要的事情,否则极少会有深夜派人去送信的情况。受邀请的人显然对游戏也非常重视,因为翌日他们很早就出发了,古贝维尔还没起床,他们就已经到了。他们一起吃了早饭,然后一起去圣莫尔。1551 年圣莫尔节的球赛甚至还有从瑟堡来的参与者。

这种异乎寻常的热情令他们对游戏极其认真和投入。1553 年圣莫尔节的苏勒球赛,他们一直从图拉维尔的圣莫尔争夺到七公里开外②的另一个教区布雷特维尔(Breteville),古贝维尔的助手兼密友康特皮还在追球的时候掉进了海里,浑身湿透(时值寒冬)。而在两年前(1551 年)圣莫尔节的

① 例如,他在 1556 年 12 月 26 日去圣纳泽尔(St. Naser),翌日下午三点出发回来,天黑时经过瑟堡,七点多回到家。12 月份,法国北部下午五点之前天就黑了。据此推算,瑟堡到他的庄园至少有两到三个小时的路程。

② 该数据来自一个专门研究吉尔·德·古贝维尔的网站,参见 http://www.gouberville.asso.fr/site/archives.html♯choule,引用日期:2012 年 10 月 3 日。

五百人游戏中,康特皮受了重伤,几乎要死掉,被人用马匹驮回家。古贝维尔本人也筋疲力尽,两天之后仍然没有力气去望弥撒。1555 年的圣诞节,康特皮再次"闯祸":他在冲向古贝维尔的时候,拳头重重地击中了后者的右肋,致使他昏迷不醒,随后接连好多天都无法下床和出门。不过从日记的记载来看,古贝维尔丝毫没有责怪对方的意思,两人的关系也没受到任何影响,显然大家都明白暴力在这种游戏中再正常不过。前面提到过的 1852 年下诺曼底的版画表明,乡间游戏的这种暴力倾向在此时仍然得到保留。在画面中,人们在河边的道路上展开白热化的争夺,但真正抢球的只有四五个人,边上好些人都在捉对打架:画面前方,一个人被掐住脖子按倒在地,边上有人直接一巴掌打在另一人的脸上,还有人被揪住衣领推向路边栅栏;有两个人躺倒在地上,一人胸前被踩上一只脚,另一人则只看见两条腿,生死未卜;地上掉了好几顶绅士圆顶帽。后面的人群中,许多人举起帽子欢呼或助威;边上则有妇女、儿童在观看,一个男孩显然被血腥的场面吓到了,直往母亲的怀里躲,头却忍不住地转向打架的人群,而两位妇女则看得目不转睛。热烈的游戏气氛与萧瑟的寒冬景象形成鲜明反差。

这种情况也发生在其他游戏中,比如赌博。他们的赌注有时很大,有一次(1555 年 10 月 2 日)玩双陆时,对方押上一块土地,古贝维尔则押上一座磨坊。"他输了,我非常开心。"但就算只是赌两只松鸡,他们也极其认真:1553 年 12 月 12 日,古贝维尔估计错时间,天亮前四小时就起床了,"在等天亮的时候,我赌赢康特皮两只松鸡,因为他把一只公松鸡猜成母的"。为此,他们还专门把另一个人叫醒来充当裁判。

二、游戏文化"共同体"

一直到 16 世纪为止,法国各个阶层之间的文化区隔都不是很分明。如同菲利浦·阿利埃斯所指出的,在这个时期,法国曾经存在一个"游戏共同体",其基本特征是无论阶级、性别、年龄,所有人都共享同样的游戏文化。这主要表现在两个方面。首先,不同阶级、性别、年龄的人经常聚在一起玩游戏,并在游戏中扮演不同的角色,上层社会并不觉得跟平民一起玩游戏有何不妥,人们也不觉得有必要在游戏中把妇女和儿童隔离开来。其次,不同阶级、性别、年龄的人都玩同样的游戏,贵族跟平民、成年人跟儿童玩同样的游戏时,他们丝毫不会觉得难堪。① 在这一切的背后则隐藏着另一个更重要的事实,即在中世纪晚期的法国,不同阶层的人都还共享着同样的世界观。

全民狂欢的时代

法国中世纪的游戏文化"共同体"特征,鲜明地体现在狂欢游戏上面。巴赫金曾经错误地让人以为,中世纪的狂欢是仅属于人民大众的文化,它与沉闷无聊的官方日常秩序截然对立。② 但研究表明,这种对立是 16—17 世纪法国社会文化演变的结果,它在中世纪的法国并不存在。

从中世纪到近代早期,狂欢节与大斋节的冲突始终是人们津津乐道的一个话题。我们首先可以从词源学上得到一些有趣的启示。一直到 16 世纪甚至更晚,法国人都还不太习惯使用 carnaval 来指代狂欢节,他们更喜欢用的词语是"XX gras"(肥美日,或译作"油脂日""沾腥日""动荤日",如 dimanche gras[肥美星期日]一直到 mardi gras[肥美星期二]),它们都是指在大斋节之前大快朵颐的日子。与此相对应,在泛指整个狂欢节时,他们使用的则是另外一个更有趣的词语 carême-prenant,其中 prenant 的法语词原型 prendre 有"侵袭""攻占"之意,因而 carême-prenant 或可直译作"大斋节来袭"。因此,这个看似简单的词汇背后似乎隐含着人们对大斋节的深层恐惧,给人以无穷的文化想象空间。除此之外,中世纪的人们还喜欢把这两个节庆拟人化,让它们一决雌雄。16 世纪佛兰德斯画家老勃鲁盖尔的一幅画就以骑士比武的形式呈现了这样的典型场景(图 1-4):肥胖的"狂欢节"骑在一只大酒桶上面,以酒壶为马镫,以大馅饼作头盔,插着猪头、烤鸡和香肠的烧烤铁钎是他的长枪。"大斋节"则是个面无人色的瘦削女性,她头顶蜂巢,右手的长柄铲子上放着两条鳗鱼,左手握着荆条,坐在一辆板车上。③ 有学者曾经统计 1227 年到 1793 年欧洲表现这一题材的 42 种文学作品,其中有 24 种明确注明了冲突的获胜者,其中"狂欢节"胜出 7 次,"大斋节"胜出 17 次,大斋节优势明显。但进一步分析可以发现,大斋节仅仅是在 1500 年以后才占据了绝对的优势("狂欢节"与"大斋节"的获胜次数为 1∶12),此前

---

① Philippe Ariès, *L'enfant et la vie familiale sous l'Ancien régime*, pp. 90-140. 中文译本参见菲利浦·阿利埃斯:《儿童的世纪:旧制度下的儿童和家庭生活》,第 97—151 页。
② 巴赫金:《弗朗索瓦·拉伯雷的创作与中世纪和文艺复兴时期的民间文化》。
③ Pieter Bruegel, *The Fight between Carnival and Lent*, https://upload. wikimedia. org/ wikipedia/commons/1/1a/Pieter_Bruegel_d._%C3%84._066.jpg,引用日期:2015 年 9 月 13 日。

图 1-4　老勃鲁盖尔《"狂欢节"与"大斋节"之战》

双方则基本上平分秋色，"狂欢节"甚至还略占上风（"狂欢节"与"大斋节"的获胜次数为4：3，包括五种年代不确定的则为 6：5）。其中最早的作品创作于 13 世纪，双方交战的地点是巴黎王宫。战斗持续了很长时间，直到"圣诞节"来给"狂欢节"助阵，才确保其取得胜利。结果，一年中除了四旬斋之外，"大斋节"都被放逐在外。许多作品还直接反映了人们的好恶情绪，比如"狂欢节"被比喻成慷慨、宽容的好领主，"大斋节"则是吝啬、苛刻的代名词。① 此外，根据目前的研究，处死拟人化的"狂欢节"这个被许多研究者广为演绎的现象，似乎迟至 15 世纪末才在意大利最先出现。② 如果说上述作品主要是代表了识字精英阶层的态度（这种说法当然不是非常恰当）的话，那么它们至少表明，在中世纪的整个西欧，上层社会对狂欢文化并没有特别的排斥。

事实上，中世纪的上层社会（无论是世俗还是教会）不仅不排斥狂欢文化，他们还积极参与其中，或者说，狂欢文化原本就是他们的文化的重要组成部分。以历代最高统治阶层为例，法国宫廷历来有举行和参加各种狂欢

---

① Martine Grinberg et Sam Kinser，"Les combats de Carnaval et de Carême：Trajets d'une métaphore"，*Annales. Histoire，Sciences Sociales*，38e Année，No. 1（Jan. -Feb.，1983），pp. 69，90-93.

② 处死"狂欢节"的例子最早似乎出现在 15 世纪末的博洛尼亚，参见彼得·伯克：《欧洲近代早期的大众文化》，第 280 页。弗雷泽提供的案例大部分都没标明年代，唯一标明年代的案例已经是 19 世纪下半叶的事情，其他例子发生的时间估计也不会太早。参见詹·乔·弗雷泽：《金枝——巫术与宗教之研究》，徐育新、汪培基等译，北京：大众文艺出版社，1998 年，第 441—449 页。

游戏的传统。1393 年,法国国王查理六世和若干高级贵族在一场宫廷婚礼中举行了一场吵闹游戏:他们化装成浑身是毛的野蛮人,一边不知所云地嚎叫,一边挥舞着狼牙棒,"像魔鬼一样"疯狂地舞蹈,还做各种粗野下流的动作。① 从这些细节可以看出,国王和贵族们的游戏的粗俗程度与普通民众并无多大区别。一个多世纪后,1521 年的三王节,弗朗索瓦一世"像往常一样"带领若干贵族包围住节日"国王"圣波尔(Saint-Pol)伯爵的住宅,双方用雪球、苹果和鸡蛋互相攻击。② 这种"幼稚"的游戏在今天看来明显不符合国王的身份。这个世纪的亨利二世、亨利三世和亨利四世同样喜欢各种狂欢文化。1550 年亨利二世进入鲁昂时,就点名要观看该市的游戏社团"笨蛋修道院"的狂欢表演。③ 亨利三世、亨利四世还经常在狂欢节到巴黎街头参加节日狂欢。④ 国王尚且如此,其他高级贵族更不在话下。据研究,法国第一个有明确记录的游戏社团⑤里尔的"荆棘社"(l'Épinette),便是在 13 世纪早期由一位女伯爵所创立的。⑥ 在其后的多个世纪,佛兰德斯伯爵不仅经常给予该社团财政资助,还先后册封了近百名资产者出身的"荆棘王"(即"荆棘社"一年一度的首领)为贵族。⑦ "第戎步兵团"(l'Infanterie dijonnaise,或依其首领的头衔称作"疯妈妈")原本就是军官的社团,有材料称它在 16 世纪初尚由 36 名领主组成(包括骑士、侍从和贵族)。它经常参加王公贵族的生

---

① 关于该事件的描述,参见让-皮埃尔·里乌等主编:《法国文化史》卷二,第 314 页;Susan Crane, *The Performance of Self:Ritual, Clothing, and Identity During the Hundred Years War*, pp. 155-162。

② François Noel et Joseph Planche, *Éphémérides politiques, littéraires et religieuses*, Paris:Le Normant, 1803, p. 74.

③ Dylan Reid, "Carnival in Rouen:A History of the Abbaye des Conards", *The Sixteenth Century Journal*, Vol. 32, No. 4 (Winter, 2001), p. 1041.

④ 让-皮埃尔·里乌等主编:《法国文化史》卷二,第 132 页;"Registre journal de Henri IV et de Louis XIII", in MM. Michaude et Poujoulat (eds.), *Nouvelle collection des mémoires pour servir à l'histoire de France*, deuxième partie du tome premier, Paris:l'Éditeur du Commentaire Analytique du Code Civil, 1837, pp. 259, 281-282, 499-500。

⑤ 游戏社团(société joyeuse,国内一般按照英文 festive societies 翻译作"节庆社团")是中世纪西欧十分普遍的一种专门组织各种狂欢活动的社团,它们的名称往往具有明显的狂欢色彩,最常见的比如疯妈妈(Mère Folle)、笨蛋修道院(l'Abbaye des Conards)、作乱修道院(l'Abbaye de Maugouvert)、烂马裤(Mauvaises Braies)、无忧儿(les Enfants-sans-souci)等。

⑥ 让-皮埃尔·里乌等主编:《法国文化史》卷二,第 314 页;Martine Grinberg, "Carnaval et société urbaine XIV e-XVI e siècles:le royaume dans la ville", *Ethnologie Française*, nouvelle serie, t. 4e, No. 3e (1974), p. 216.

⑦ Martine Grinberg et Sam Kinser, "Carnaval et société urbaine XIV e-XVI e siècles:le royaume dans la ville", pp. 226-227.

日、洗礼或婚礼,有时还因此得到市政府的资助。① 这诸多例子都表明,中世纪的上层贵族不仅十分钟爱并支持各种狂欢游戏,还不惮于公开参与大众的狂欢,而丝毫没有 17 世纪以后的那种"矜持"。

教会的愚人节狂欢

我们在前面已经看到,中世纪的教士也会参与大众的狂欢活动(比如在梅斯)。除此之外,他们还有属于自己的狂欢节庆:愚人节(la fête des fous)。一直到 16 世纪,愚人节狂欢在法国各地的教堂、修道院等宗教场所都很常见。

愚人节并非一个十分确定的概念。根据现有研究,最早使用"愚人节"这一名称的是 12 世纪下半叶的巴黎神学院院长贝莱(Jean Beleth),他将愚人节定义为副执事节,庆祝的时间包括割礼节(1 月 1 日)、主显节(1 月 6 日)及主显节后第八天。但这一定义在当时没有得到普遍认同,许多人把诸如圣诞节、圣斯蒂文节(12 月 26 日)、圣约翰节(12 月 27 日)、悼婴节(12 月 28 日)等也当作愚人节。② 最广义的愚人节甚至可以囊括早期西欧基督教世界的一切宗教和世俗狂欢节庆。不过,根据最普遍的理解,愚人节主要是指中世纪基督教会的低级教士在圣诞季举行狂欢游戏的节庆。有些地方的愚人节狂欢中会用到驴,这时它也被称作驴节。本书的宗旨不仅仅是探讨愚人节本身,同时还试图研究中世纪教会在节庆游戏中与本地社群的关系这一问题。因此,除了讨论较狭义的愚人节之外,本书也会适当扩展到广义的愚人节,但仅限于由教会发起并主导的游戏节庆。在起源方面,研究者一般都会将愚人节追溯到古罗马的农神节或"十二月的放纵"(libertate Decembris),但也有人(如哈里斯)认为它是基督教时代的产物。

与一般的理解不同,愚人节并非仅是低级教士的节日。尽管它可能由低级教士主导,但却囊括了各个阶层、性别和年龄的支持者及参与者,包括教会的和世俗的。

教会方面,首先,包括高级教士在内的各级教士都是愚人节游戏的参与者。贝莱等人都证明,一些地方的大主教或主教经常在"十二月的放纵"期

---

① Juliette Valcke, *La société joyeuse de la Mère Folle de Dijon : histoire (XVe-XVIIes) et édition du répertoire*, thèse de doctorat, Université de Montréal, 1997, pp. 31-32, 63-65.

② E. K. Chambers, *The Medieval Stage*, v. 1, pp. 275 & 336-337;Max Harris, *Sacred Folly*, pp. 54 & 66; Margot Fassler, "The Feast of Fools and Danielis Ludus: Popular Tradition in a Medieval Cathedral Play", in Thomas Forrest Kelly (ed.), *Plainsong in the Age of Polyphony*, Cambridge:Cambridge University Press,1992, p. 74.

间跟普通教士和本地社群的子民们一起游戏,而 1212 年巴黎主教会议曾试图"绝对禁止"大主教和主教进行愚人节游戏,也证明他们所言非虚。① 许多地方的记录则表明,在愚人节期间,高级教士也要像对待真主教一样向节日"主教"行礼。在下文我们将会看到,高级教士不仅以各种方式参加愚人节活动,有时还在游戏中扮演重要的角色。其次,许多地方的大教堂理事会长期给予愚人节活动以财政和道德上的支持。在 14—15 世纪,里尔和桑斯的大教堂理事会连续数十年都有资助愚人节活动的记录。有些地方则规定所有教士都要参加愚人节活动,否则将被罚款或淋水。② 而当有人开始试图取缔愚人节时,各地的大教堂理事会往往是最激烈的反对者。最有代表性的例子发生在尼姆。1394 年,尼姆王家总管的代理人试图禁止大教堂的圣诞季狂欢,遭到尼姆各界人士的激烈反对。执政官和议事司铎先后代表全体市民提交了三份措辞激烈的抗议书,其中最后一份还有大教堂理事会全体成员的签名。他们声称,"自有记忆以来",尼姆市的全体基督徒就有在圣诞节到大教堂"庆祝神子的荣耀和他的神圣诞生"的习俗,教士和"他们在本市的亲戚、其他贵族和显要、公正诚实的男女以及愿意加入的所有人"都在一起庆祝,参与者甚至包括一些大贵族(如国王约翰二世等)和红衣主教。③ 这则例子充分反映了高级教士及贵族在早期支持和参加愚人节游戏的情况,以及大教堂理事会等积极为节庆游戏辩护的理由。稍后我们将看到,各地的大教堂理事会反对取缔愚人节的状况一直持续到 16 世纪中叶,有时甚至不惜向各级法院提起诉讼。因此,教会上层对愚人节的态度实际上包含了不同的层次:反对、改革、支持和参与,后三种都是对愚人节的认可,并且是 15 世纪以前的主流意见。

愚人节狂欢再次表明,在中世纪的群体生活环境下,各个阶层的生活方式、宗教信仰和文化品味并不像后来那样截然分开。相反,狂欢游戏通过其特殊的宗教仪式和社群管理功能,把所有人紧密地联系在一起。愚人节游戏也包括女性和儿童参与者。在 15 世纪普罗旺斯的阿尔勒(Arles),圣塞萨尔(Saint Césaire)修女院也会选举愚人节"女院长",而圣特罗菲姆(Saint

---

① J. C. I. Gieseler, *Text-book of Ecclesiastical History*, v. 2, Philadelphia: Carey, Lea, and Blanchard, 1836, p. 347; Jean-Baptiste Thiers, *Traité des jeux et des divertissemens qui peuvent être permis, ou qui doivent être défendus aux chrétiens selon les règles de l'Eglise et le sentiment des Pères*, Paris, 1686, pp. 403-404 & 443.

② 有关例子参见 E. K. Chambers, *The Medieval Stage*, v. 1, pp. 291-292; Max Harris, *Sacred Folly*, pp. 133-134, 169-170, 191-192, 201-202, 204-205, 228, 223, 230-231。

③ Max Harris, *Sacred Folly*, pp. 159-166.

Trophime)教堂的悼婴节"大主教"会在圣特罗菲姆节（12月29日）前去拜访她，真正的女院长还要用鸡、面包和酒来款待。图尔的儿童"主教"事先会被送到邻近的博蒙（Beaumont）的修女院，再由全体教士在圣约翰节的晨经之后前去迎接。在博韦1月14日的"驴节"仪式中，则由一个漂亮的女孩抱着一个婴儿，骑着驴从大教堂游行到圣斯蒂文教堂，并参加游戏式的弥撒。① 同样，世俗民众也通过各种方式参与愚人节游戏。除了民众到教堂观看之外——文化史研究则表明，近代以前的群体活动中并不存在纯粹的"观众"②——几乎所有地方的愚人节游戏都会通过游行和其他游戏仪式深入到社群当中。1470年前后，马恩河畔沙隆（Châlons-sur-Marne）大教堂的圣艾蒂安节（Saint-Étienne）庆祝中，包括议事司铎在内的教士们穿着稀奇古怪的衣服，跟民众一起在集市上游戏，在教堂前敲打锅碗瓢盆、大吵大闹。③ 桑斯15世纪的队列中还包括"用破车载着未穿衣服、露出私处的男子"。1539年，贝桑松一所修道院的牛车游行队列与大教堂的队列在市内发生冲突，修士和教士们当众互相咒骂甚至斗殴。在一些地方，教士还会到市集上"化缘"，或强抢世俗民众的物品以索要赎金，甚至与俗人打架。最后的宴会往往在公共酒馆内举行，后来才被要求转移到某位教士成员家中。④

骑士比武与贵族文化

中世纪晚期的上层社会也有专属于他们自己的游戏，比如骑士比武。不过，早期的贵族或骑士阶层在这些游戏中表现出来的文化品味，却与后人所熟悉的骑士精神大相径庭。

骑士比武（tournoi）是一个笼统的名称，它包含有多种不同的具体形式。按是否骑马划分，骑士比武可以分为马上比武和马下比武两种。⑤ 按比武人数划分，则可以分为群体比武（同样称作 tournoi）、一对一单挑（joute）和单人冲靶（quintaine）等。按比武的组织方式划分，则先后有圆桌比武（table ronde）、攻关比武（pas d'armes）、游行竞技表演（carousel）等。

---

① E. K. Chambers, *The Medieval Stage*, v. 1, pp. 287, 317 & 347.

② 让-皮埃尔·里乌等主编：《法国文化史》卷一，杨剑译，上海：华东师范大学出版社，2011年，第312—320页。

③ L. Barbat, *Histoire de la ville de Châlons-sur-Marne et de ses monuments depuis son origine jusqu'à l'époque actuelle*, Châlons-sur-Marne, 1855, pp. 234-235; A. Hugo, *France pittoresque ou description pittoresque, topographique et statistique des départements et colonies de la France*, Paris, 1835, p. 226.

④ 有关例子参见 Max Harris, *Sacred Folly*, pp. 169-170, 191-192, 210, 215, 229-230。

⑤ 因此本书并未按照习惯将 tournois 译作"马上比武"。

在起源上,研究者很早就认识到,西欧中世纪的骑士比武与古希腊、古罗马时期的军事竞赛虽有关联,但两者远非同一种东西。① 尽管目前尚不清楚骑士比武的确切诞生时间,但作为专属于骑士贵族阶层的活动,它的诞生必定是以骑士登上西欧军事舞台为契机的。从这个意义上说,它可能最先出现在加洛林时代的法兰克地区。马克·布洛赫也指出,类似于骑士比武的记录在公元9世纪就已经存在。② 不过,真正明确的骑士比武记录要等到11世纪下半叶才出现。③ 至12世纪初,我们已经能够看到比较详细的骑士比武的记录。12世纪20—30年代,有两名英国贵族订立了这样一份封建契约:一名贵族将一块土地赐给他的附庸,作为回报,后者须听从他的召唤——"当我到海外参加比武时,我将带他同去并带他回来,费用完全由我负责"。④ 尽管流传下来的只有这一份文献,但它所反映的现象在当时的英国乃至西欧具有相当的普遍性,即跟随领主去参加比武已经成为附庸的一项重要的封建义务。1130年,教皇英诺森二世在克莱蒙(Clermont)宗教会议上明文禁止骑士比武,说明这种活动已经相当流行。根据拉里·D. 本森(Larry D. Benson)的研究,同样是在12世纪30年代,骑士比武的内容首次出现在文学作品当中,这就是英国教士兼宫廷作家蒙茅斯的杰弗里(Geoffrey of Monmouth)创作的亚瑟王传奇《不列颠国王的故事》(*Historia regum Britanniae*),不过骑士比武的内容在其中并不突出。⑤ 骑士比武第一次得到详细而全面地表现,是在12世纪法国著名诗人克雷蒂安·德·特鲁瓦(Chrétien de Troyes,约1130—1190年)创作于该世纪60—70年代的多部亚瑟王传奇当中。根据传奇骑士威廉元帅(William Marshal)和埃诺(Hainaut)伯爵鲍德温五世(Baldwin Ⅴ)的传记,骑士比武已经是这个时期骑士生活不可或缺的组成部分,其中在威廉元帅脱离亨利王子在法国北部

---

① 参见 Charles Mills, *The History of Chivalry, or Knighthood and Its Times*, v. 1, London: Longman and Co., 1825, p. 260。

② 乔治·杜比主编:《法国史》上卷,吕一民、沈坚等译,北京:商务印书馆,2010年,第253—254页;马克·布洛赫:《封建社会》,张绪山译,北京:商务印书馆,2004年,第502页。

③ 关于骑士比武最早记录的说法有些不一,参见 Richard Barber and Juliet Barker, *Tournaments: Jousts, Chivalry and Pageants in the Middle Ages*, New York: Weidenfeld & Nicolson Press, 1989, p. 15; Joachim Bumke, *Courtly Culture: Literature and Society in the High Middle Ages*, trans. Thomas Dunlap, Berkeley: University of California Press, 1991, pp. 247-248。

④ 这份契约的英译本参见 David Crouch, *Tournament*, London: Hambledon, 2005, p. 163。

⑤ Larry D. Benson, "The Tournament in the Romances of Chrétien de Troyes & L'histoire de Guillaume le maréchal", in Theodore M. Andersson and Stephen A. Barney (eds.): *Contradictions: from Beowulf to Chaucer: selected studies of Larry D. Benson*, Aldershot, G. B.: Scolar Press, 1995, pp. 4-5.

漫游期间,他和他的同伴每两周就参加一次比武。至此,骑士比武已不再只是贵族生活的点缀,而是成了"界定骑士生活的重要元素"①。

　　尽管由于资料欠缺,以上梳理还十分粗疏,但我们已经能够看出,骑士比武并非突然出现,而是经过了数个世纪的演变,才在 11 世纪中叶以后发展成了我们现在所熟知的形式并流行开来。有许多证据表明,骑士比武是首先在法国发展成熟,随后才传播到西欧其他地区的。比如,在整个中世纪,骑士比武术语所用的语言始终是法语。② 而其他国家的人在记录骑士比武时,会经常使用"然后开始比武,就像法国人那样"的套话,"法式搏斗"也成为骑士比武的代名词。③ 在英国,去法国参加比武则长期被视作青年贵族教育的一个重要组成部分。④ 此外,关于骑士比武的早期记录也都集中在佛兰德斯、皮卡第、布拉班(Brabant)、埃诺等法国北部地区。⑤ 威廉元帅传记中记录的 12 次比武也全部发生在法国。⑥ 骑士比武在这个时期的法国发展成熟并流行开来,有着深刻的历史背景,西方学者对此也给出了不同的解释。

　　他们首先注意到了军事制度的变化。理查德·巴伯(Richard Barber)等人指出,作为军事游戏的骑士比武之所以在 11 世纪流行开来,是因为当时在法国北部出现了重装骑兵集体冲锋的新型战术,而作为它的训练手段,骑士比武迅速风靡整个上层社会。⑦ 骑士比武的军事训练功能是显而易见的,这方面的证据很多。到了 13 世纪上半叶,在德国作家沃尔弗拉姆·冯·埃申巴赫(Wolfram von Eschenbach)的诗体小说《帕西瓦尔》(*Parzival*)中,一名骑士还自豪地提到,他对骑士比武的五种战术都非常熟悉,包括集体正面冲锋、侧面冲锋、原地防御、单挑、冲锋追逃等。⑧ 这些显然都是骑士战争中经常用到的一些基本战术。其他学者则注意到了教会的

---

① 本森语,见 Larry D. Benson, *The Tournament in the Romances of Chrétien de Troyes & L'histoire de Guillaume le maréchal*, p. 7。

② Juliet Barker, *The Tournament in England：1100-1400*, Wolfeboro, New Hampshire：Boydell Press, 1986, p. 4；Joachim Bumke, *Courtly Culture：Literature and Society in the High Middle Ages*, p. 267.

③ Joachim Bumke, *Courtly Culture：Literature and Society in the High Middle Ages*, pp. 248-251.

④ David Crouch, *Tournament*, p. 41.

⑤ David Crouch, *Tournament*, p. 5.

⑥ Joachim Bumke, *Courtly Culture：Literature and Society in the High Middle Ages*, p. 248.

⑦ Richard Barber and Juliet Barker, *Tournaments：Jousts, Chivalry, and Pageants in the Middle Ages*, p. 14.

⑧ Wolfram von Eschenbach, *Parzival and Titurel*, trans. Cyril Edwards, Oxford：Oxford University Press, 2006, p. 340.

影响。比如戴维·克劳奇(David Crouch)就认为,骑士比武是 11 世纪 20—30 年代教会和王公贵族在法国北部推进"和平运动"的副产品,因为骑士和贵族既要遵守和平条约,又需要通过比武来保持自身的技能和竞争力。[①] 上述原因固然重要,但本书认为,骑士比武的性质已经远远超出了军事训练的范畴,其流行的深层原因还需要从更广泛的社会文化背景进行考察。

我们注意到,早期的骑士比武分为两种情况,一是大贵族带领麾下的骑士队伍前去参加比赛,二是骑士以个人身份进行冒险。12 世纪下半叶,英国著名的威廉元帅就曾跟随"青年王子"亨利在法国北部参加了多次比武。在王子归国后,他又单独在欧陆闯荡多年,赢得了巨大的名声和财富。这种状况实际上与当时法国的社会发展有着深层的联系。乔治·杜比在《骑士社会》一书中非常翔实地剖析了法国和西欧社会从 10 世纪末期开始发生的两个重要变化:一是随着中央王朝的崩溃,法国的政治权力重心逐渐下移,它先是从国王手中转移到王公贵族手中,进而又转移到封建城堡主和个别骑士手中;二是财产继承制度的变化,它包括加强父系权威、确立长子继承制度、限制幼子婚姻等诸多相互联系的方面。这后一种变化是西欧共有的。[②]

在上述制度性变迁的影响下,一方面,各封建主必须加强自己的武装,以应对来自领地内外的威胁并设法扩充自身的实力。参加和举办骑士比武,既能加强封建主的骑士队伍的凝聚力和锻炼他们的战斗力,也有助于提高封建主自身的声誉,从而招揽更多的优秀骑士加入其阵营。同时,骑士比武还能起到发展和巩固贵族联盟的作用,因为由大贵族组织的比武盛会往往能吸引欧洲各地的众多贵族前来参加。在这种情况下,骑士比武不仅仅是游戏,还是封建贵族们非常重要的外交舞台。正是由于骑士比武的上述性质,英国国王既想限制贵族借机发展个人势力的企图,因而反复颁令禁止私人擅自举行比武;又想借助这种形式获得骑士对王室的效忠,因而又亲自组织并参加许多比武活动。[③] 相比之下,在国内威望低得多的法国国王在早期既然无力禁止贵族的比武,就只能选择自己不参与其中;只有到了国王权力逐渐增强之后,他们才敢于颁布比武的禁令,进而又自己组织和参加比

---

① David Crouch, *Tournament*, pp. 5-6.

② 详见 Georges Duby, *The Chivalrous Society*, trans. Cynthia Postan, Berkeley and Los Angeles: University of California Press, 1977。

③ 有学者认为国王是因为喜爱比武而"忘记"了自己的禁令,这种解释过于狭隘。见 Jean Jules Jusserand, *Les sports et jeux d'exercice dans l'ancienne France*, p. 46。

武。奥地利大公也曾多次干预甚至直接取缔传奇骑士乌尔里希·冯·利希滕施泰因(Ulrich von Liechtenstein)的比武安排,以防后者利用这些活动形成与他相抗衡的力量。① 从上述角度来说,骑士比武在英国和神圣罗马帝国被压制,而首先在封建制最为昌盛的法国蓬勃发展起来,确实有其必然的因素。

另一方面,就骑士个人来说,因为继承制度的变化而无望再在家族中谋得财富和婚姻的众多"青年"贵族,不得不在外面自谋出路。而在那个时代,以单身为根本标志的"青年"时期漫长得令人绝望:它通常以贵族被授封为骑士开始,一直持续到其结婚或成为父亲为止。威廉元帅的"青年"时期延续了 25 年,另一位著名的骑士阿尔努·德·阿德尔(Arnould d'Ardres)的"青年"时期则长达 30 年。② 在这种情况下,骑士比武对于这些"青年"就有了多重的重要意义,令他们乐此不疲。13 世纪早期的德语长诗《帕西瓦尔》所虚构的一个情节,就集中地反映了这些"青年"骑士寄托于骑士比武的两个最核心的理想:瓦莱斯(Waleis)女王宣布在坎沃莱斯(Kanvoleis)举行骑士比武,最高奖品是两个国家和她本人。③ 现实生活中尽管不乏这样的实例,但更多的时候,骑士们还是得把目光放在比武场本身。

对于"青年"骑士来说,首先,骑士比武是一种财富流转的手段,因为他们有机会凭借个人能力获得丰厚的战利品,包括夺取他人的马匹和武器装备以及俘虏其他骑士以换取赎金。威廉元帅曾有很多年只能依靠比武获得的战利品度日。他在临终时表示,自己一生曾经俘虏了 500 名骑士,并夺取了他们的武器、马匹和全部盔甲。④ 在早期的现实生活和骑士传奇中,夺得的战利品的多少,被赤裸裸地宣扬为衡量一名骑士成功与否的重要标准。菲利浦·德·雷米(Philip de Remy)大约创作于 1230 年的《拉玛基内》(La Manekine)在描绘一名骑士的出色表现时,通过观众之口评论说:"他正是适合借钱给他的那种人,因为他知道怎样收获回报。"⑤故事当然是虚构的,但它却反映了当时一种非常普遍的现象,即许多穷困的骑士不惜借贷去参加比武,以获得改变命运的机会。其次,骑士比武既为"青年"骑士提供了成名的契机,也是他们社交和获得"爱情"的重要舞台。"青年"领主经常与"青

① Joachim Bumke, *Courtly Culture*: *Literature and Society in the High Middle Ages*, p. 270.
② Georges Duby, *The Chivalrous Society*, p. 113.
③ Wolfram von Eschenbach, *Parzival and Titurel*, p. 27.
④ Paul Meyer (ed.), *L'histoire de Guillaume le maréchal*, Paris: Renouard, 1891-1901, t. 2, vv. 18483-18485.
⑤ David Crouch, *Tournament*, p. 185.

年"附庸结伴外出冒险,一方面,附庸可以在未来的主子面前充分展现自己的能力,领主则可以预先充分地考察手下的表现;另一方面,双方之间还可以培养出比较亲密的私人感情,这对彼此都具有重要的意义。同样,通过比武建立的外部联系和名声,对于所有的"青年"骑士也都是宝贵的财富。传奇骑士威廉元帅是一位英国贵族的幼子,其父亲在反叛国王时将年幼的他交给国王做人质。幸得国王赦免后,他因在法国北部参加比武而声名鹊起;佛兰德斯伯爵和勃艮第公爵都愿意出巨资让他为自己服务,后者甚至愿意把女儿嫁给他——这是当时多少"青年"骑士所梦寐以求的啊!但他的"幸运"不止于此,后来他还获得了为英国王室服务的机会,甚至在 13 世纪初成为英国的摄政。① 当然,上述两点也适用于已经结婚生子的"成年"骑士,但由于社会的组织形式决定了"成年"骑士比"青年"骑士具有更明显的稳定性,因而上述情形在后者身上表现得更为典型。

综合以上原因,骑士比武得以在 11—12 世纪的法国北部地区发展流行,进而辐射整个西欧,形成了中世纪西欧十分独特的骑士比武文化。同所有的事物一样,西欧中世纪的骑士比武也并非一成不变,而是始终处在缓慢而持续的演进之中,这使得早期和晚期的骑士比武呈现出非常不同的面貌。当我们讨论西欧的骑士精神的时候,往往会把骑士小说所鼓吹的或是在中世纪晚期才相对普及的骑士价值,与较早时期的骑士生存状态混为一谈。通过对骑士比武的研究,我们发现,早期骑士的举止与我们想象中的那种优雅克制、彬彬有礼的骑士风度相去甚远。如果要用简单的词语来概括早期骑士比武的典型特征,那么"开放"和"粗暴"或许算是其中最为重要的两个字眼。

在 13 世纪以前,最受骑士钟爱的比武形式并非后人最为熟悉的马上单挑,而是也被称作"混战"(melée)的群体比武。那个时候,尽管单挑也存在,但它一般只是充当群体比武的前奏,起到垫场和热身的作用。无论是《埃雷克和埃尼德》(Érec et Énide)之类的骑士传奇,还是威廉元帅和鲍德温五世的传记,它们所描述的骑士比武的形式基本上都是群体混战。这些群体比武的开放程度远超现代人的想象,主要表现在以下几个方面。

① 现代人编写的威廉元帅的传记目前主要有三部,分别是:Sidney Painter, *William Marshal*, *Knight-Errant*, *Baron*, *and Regent of England*, Baltimore: Johns Hopkins Press, 1933; Georges Duby, *Guillaume le Maréchal ou le Meilleur Chevalier du Monde*, Paris: Fayard, 1984; David Crouch, *William Marshal*: *Knighthood*, *War and Chivalry*, 1147-1219, 2nd edition, London: Longman, 2002。

　　首先,这种比武几乎完全没有时间和空间的限制。"青年"威廉元帅在欧陆游历时,曾在茹瓦尼(Joigny)参加过一次比武。他们知道对方人数要多出许多,就没有主动出击,而是选择在茹瓦尼城堡外面就地等待。[①] 与威廉元帅同时的埃诺伯爵鲍德温五世于 1175 年带领 200 名骑士和 1200 名步兵参加了在苏瓦松(Soissons)市和布赖讷(Braisne)城堡之间举行的一场比武。由于对方待在布赖讷城堡里不出来,伯爵就带领人马来到布赖讷山坡上和葡萄园里守着。夜幕降临,他的许多骑士和步兵都撤退了,伯爵也开始上路,但对方的人马开始集结并尾随而来。于是伯爵召唤正在撤离的步兵一起抵抗,最终把对方打败,迫使对方"从山谷和葡萄园里逃跑"。[②] 而就在三年前,伯爵也曾率领 100 名骑士到勃艮第参加比武。在住下后的第二天,他偶然遭遇勃艮第公爵亨利,当时他身边只有五名骑士,对方则有许多骑士及步兵。[③] 这些例子表明,尽管比武会预先发出通告并指定举行比武的时间和地点,但这些指定都非常含糊。在空间上,比武都是安排在两个城市之间的旷野中进行,以便展开适合群体比武的各种战术。总的来说,只要过了约定的时间点并且在大致的空间范围之内,比武随时随地都有可能发生,包括预料之外的遭遇战。参加比武的队伍也可以根据需要,选择在有利于自己的时间和地点发起攻击。而随着比武的进行,我们还经常能看到相互追逐的骑士们穿过田野、山丘、庄园、农舍,进入城镇的街道。[④] 生活于 12—13 世纪的法国教士雅克·德·维特里(Jacques de Vitry)曾经罗列出骑士比武的七宗罪,其中之一就是"践踏或掠夺田地里的庄稼,给穷人和农民带来巨大的伤害和不幸"。[⑤] 无论是从游戏还是从竞技的角度来说,如此的时间和空间的开放性,都与 14 世纪以后的骑士比武以及现代的游戏观念大相径庭。

　　其次,从上述例子中还可以看出,当时的骑士比武并没有关于人数对等

[①] Paul Meyer (ed.), *L'histoire de Guillaume le maréchal*, t. 1, vv. 3426-3562.

[②] Gilbert of Mons, *Chronicle of Hainaut*, trans. Laura Napran, Woodbridge: The Boydell Press, 2005, pp. 67-68.

[③] Gilbert of Mons, *Chronicle of Hainaut*, p. 63.

[④] 除上述例子外,亦参见:Paul Meyer (ed.), *L'histoire de Guillaume le maréchal*, t. 1, vv. 3884-4284, 2773-2874; Christian von Troyes, *Erec und Enide*, Halle: Niemeyer, 1890, vv. 2135-2292; Philippe de Reimes, *Roman de la Manekine*, Paris: Maulde et Renou, 1840, vv. 2615-2931.

[⑤] Jean Baptiste Pitra (ed.), *Analecta novissima Spicilegii solesmensis*, Paris: rogers, 1888, v. 2, p. 430, 转引自 Joachim Bumke, *Courtly Culture Literature and Society in the High Middle Ages*, pp. 271-272。

的任何要求,以多打少是再正常不过的基本战术。正因为如此,尽管比武以
骑士为主体,但对于大贵族来说,为了保障自身的安全并在人数上压倒对
手,步兵也是必要的辅助力量。根据鲍德温五世的传记,他几乎每次出去参
加比武,都要带上一支人数众多的步兵队伍,最多的一次达到了三千人——
然而他的主要防范对象却带了一支三万人的军队。① 我们当然有理由怀疑
这些数字的真实性,但步兵战术的存在是毋庸置疑的。这在威廉元帅的传
记中可以得到印证。在阿内(Aneth)和索雷尔(Sorel)之间举行的一次比武
中,亨利王子和威廉元帅在追逐战利品的过程中跟部下失散,结果他们在阿
内的街道上被由一名法国男爵率领的三百名步兵拦截。② 这些步兵往往由
普通市民充任。根据约阿希姆·布姆克(Joachim Bumke)的研究,当时的比
武中还有一种由扈从或仆人充任的称作"kippers"的角色,专门拿着大棒帮
助骑士击打和俘虏对手。③ 由此也可以看出,早期的骑士比武并不像后来
那样仅局限于拥有骑士或贵族身份的人,只不过下层人士只能扮演有限的
从属角色。

由于没有时间的限制和人数对等的要求,所以骑士随时都可以加入比
武,而不需要经过任何批准或确认的程序。威廉元帅和他的同伴有一次比
武迟到了,当时他们一方的人处于劣势,但他们的加入立刻扭转了局面。④
在《帕西瓦尔》描绘的一次比武中,一位国王还在他的帐篷里躺着时,就听到
了骑士冲锋的动静,于是他朝响动处奔去。但他并不急于加入冲锋的队伍,
而是先在一旁观看"双方的战况",然后才整装上阵。⑤ 威廉元帅的另一次
经历显得更加"离谱"。在一次比武中,威廉和他的伙伴赶到比武地点时比
武已经开始,但他们仍先在饭馆里吃饭。此时对方的一名骑士刚好在饭馆
前面不慎落马,摔断了腿,无法起身。威廉元帅听到呻吟声,立刻起身把这
名骑士俘虏了,交给他的伙伴去换取赎金。⑥

上述情况还反映了早期比武的另一个重要特征,即比武者与观众之间
的界限极其模糊。由于比武的空间是完全开放的,而不是像后来那样用围
栏或是任何其他手段把比武者与观众隔开,双方原本就处在同一空间之内,
这使得观众很容易,实际上也经常介入到比武中来。有研究表明,在早期的

---

① Gilbert of Mons, *Chronicle of Hainaut*, p. 59.
② Paul Meyer (ed.), *L'histoire de Guillaume le maréchal*, t. 1, vv. 2773-2874.
③ Joachim Bumke, *Courtly Culture Literature and Society in the High Middle Ages*, pp. 256-257.
④ Paul Meyer (ed.), *L'histoire de Guillaume le maréchal*, t. 1, vv. 3919-3932.
⑤ Wolfram von Eschenbach, *Parzival and Titurel*, pp. 31-32.
⑥ Paul Meyer (ed.), *L'histoire de Guillaume le maréchal*, t. 1, vv. 7185-7238.

群体比武中，被狂热的比武气氛感染的观众会向场内扔石头，甚至直接拿起武器投入战斗。这种状况至少持续到 13 世纪中叶。[①] 1292 年英国国王爱德华一世颁布的关于骑士比武的法令也证明了上述现象的存在：其中有一条专门禁止"来观看比武的人"携带任何武器，包括剑、棍棒、铁棒、石头和投石器；骑士的随从和仆役也一概不允许携带兵器。[②] 需要指出的是，在这之前，观众拿起武器参加比武非但没有违反任何规则，也丝毫不违背骑士的价值准则，甚至还是一种值得夸耀的战术。根据威廉元帅的传记，12 世纪末著名的骑士比武庇护人、佛兰德斯的菲利浦伯爵有一个拿手好戏，就是先假装不参加比武，等到场上的骑士筋疲力尽时再去抢夺胜利果实。英国的"青年国王"亨利曾因此多次吃亏，但他很快也学会了这种手法，并反过来突袭菲利浦的人。这个策略非常成功，亨利后来又多次在其他比武中故技重施。[③] 这些疑似作弊的行为明显违背了现代人的游戏理念，也不符合我们关于骑士精神的美好想象。但很显然，当时的最高贵族在做出如此不"优雅"的举动时，却丝毫不觉得有违他们的身份。

　　11—13 世纪流行的群体比武不仅极其开放，还十分血腥和粗暴。我们之所以能得知 11 世纪已经有明确的骑士比武存在，便是因为有高级贵族在比武中丧生，使事件得以被记录下来。[④] 骑士在比武中死亡是家常便饭，这当中不乏高级贵族，有些甚至是父子或兄弟相继死亡。[⑤] 如果不考虑鲍德温五世传记明显夸张的记载，那么最惨烈的一次比武或许是 1240 年在科隆附近的诺伊斯（Neuss）举行的，其总共导致了约 60 名骑士的死亡。[⑥] 当然，历史上最著名的案例发生于 1559 年，牺牲者是当时的法国国王亨利二世。尽管这一事件发生在马上单挑时，并且当时各种安全保护措施和规定都已经相当完备，但它却表明，一直到 16 世纪，骑士比武都还是一种十分危险和暴力的游戏。

---

① Jean Jules Jusserand, *Les sports et jeux d'exercice dans l'ancienne France*, pp. 71-72.
② 这份法令参见 John Hewitt, *Ancient Armour and Weapons in Europe*, v. 1, Oxford and London：John Henry and James Parker, 1855, pp. 366-368。英译本参见 David Crouch, *Tournament*, pp. 201-202。
③ Paul Meyer (ed.), *L'histoire de Guillaume le maréchal*, t. 1, vv. 2713-2772.
④ Richard Barber and Juliet Barker, *Tournaments：Jousts, Chivalry and Pageants in the Middle Ages*, p. 15；Joachim Bumke, *Courtly Culture：Literature and Society in the High Middle Ages*, pp. 247-248.
⑤ 戴维·克劳奇开列了一个 13 世纪死于骑士比武的部分高级贵族名单，参见 David Crouch, *Tournament*, pp. 99-100。
⑥ Jean Jules Jusserand, *Les sports et jeux d'exercice dans l'ancienne France*, p. 44.

在一定程度上,骑士比武的暴力性可以说是其开放性的结果,因为从以上研究可以看出,当时的比武明显缺乏公平性的规则,这意味着许多极其危险的举止都是被允许的。首先,在这个时期,骑士们在比武中所使用的就是平时打仗用的武器和装备,盔甲是便于活动的锁子甲,兵器都是锋利的刀枪。专门用于比武的武器装备要到 14 世纪马上单挑取代群体比武的地位之后才得到普及,包括钝武器和连体铁甲等。其次,上文所举的许多例子也表明,除了作用极为有限的安全区(骑士进入该区即可免受攻击)之外,在这个时期的骑士比武中,即使骑士在人数上处于绝对劣势,或是被打掉了头盔,或是因直接攻击以外的原因受伤落马,也不能使他们免遭攻击。此外,尽管有盔甲保护,比武也仍旧非常危险。威廉元帅的头盔就曾被击打得严重变形,并嵌入他的肉里,以至于他不得不把头放在铁砧上让铁匠帮他凿开。[1]

当然,早期骑士比武的暴力性并非完全缘于规则的开放性。有许多证据表明,当时人们对于骑士比武与真实战争之间的差别并没有十分清晰的认知。我们经常能看到这样的例子:在战争僵持期间,百无聊赖的双方骑士会举行比武,以便消磨时间,同时为自己创造收入。[2] 在 1140 年的英国,切斯特(Chester)伯爵轻易地夺取了只有三名军士驻守的林肯(Lincoln)城堡,因为本应驻防在此的骑士都跑去参加比武了。[3] 在这些事例中,比武变成了重要的事情,战争倒似乎成了儿戏。如果说在上述例子中,比武与战争还有着模糊的界限的话,那么在鲍德温五世的传记里面,这种界限则几乎完全不存在了。我们在前面已经看到,即便只是参加比武,鲍德温五世也得随时提防仇家趁隙展开攻击,因此他们都要带着一支庞大的队伍前往。传记中高得吓人的伤亡数字也十分耐人寻味。1170 年 8 月,鲍德温五世跟仇家戈弗雷公爵(Duke Godfrey of Louvain)在比武场上相遇,"公爵的军队约有两千人被杀,约六千人被俘"。在 1175 年 8 月的比武中,"对方有许多骑士和步兵在城镇口被杀死,许多人被淹死,还有一些人被俘"。[4] 我们当然不能轻易相信这些数字,但这种叙述所反映的观念却非常值得注意。也就是说,

---

① Paul Meyer (ed.), *L'histoire de Guillaume le maréchal*, t. 1, vv. 3101-3114.

② 比如 1127 年的纽伦堡围城和 1148 年的摩泽尔(Mosel)战役,参见 Richard Barber and Juliet Barker, *Tournaments: Jousts, Chivalry and Pageants in the Middle Ages*, p. 16; Joachim Bumke, *Courtly Culture: Literature and Society in the High Middle Ages*, pp. 249-250。

③ Richard Barber and Juliet Barker, *Tournaments: Jousts, Chivalry and Pageants in the Middle Ages*, p. 19.

④ Gilbert of Mons, *Chronicle of Hainaut*, pp. 59 & 67-68.

在传记作者的意识中,骑士比武与真实的战争几乎没有任何差别。考虑到作者吉尔贝·德·蒙斯(Gilbert de Mons)是鲍德温五世的同时代人,并且还在后者的宫廷里任职多年,是许多事件的亲历者,这种叙述的意义就更非同一般了。① 这种观念并非吉尔贝·德·蒙斯所独有。大约在 1128 年,安茹的杰弗里伯爵(Geoffroy V d'Anjou)参加了在布列塔尼人和诺曼人之间举行的一场骑士比武。一名身材异常高大强壮的英国骑士跨海来到法国参加比武,并代表诺曼人向布列塔尼人发出单挑的挑战。布列塔尼人都被吓坏了。但杰弗里伯爵勇敢地接受了挑战,把对方击倒在地,并割下对方的头颅。② 而在克雷蒂安·德·特鲁亚的小说《埃雷克和埃尼德》中,埃雷克在比武中战胜伊德尔(Yder)之后,也扯下对方的头盔,解开他的面罩,准备砍下他的头,经对方求饶方才告免。③

由此可见,在当时人们的观念中,骑士比武绝非一种点到为止的胜负游戏。它是赤裸裸的骑士暴力的展现,而骑士则以这种通过暴力展现的雄性力量为荣。所以,当教会一再谴责这种骑士暴力所造成的破坏和无谓牺牲的时候,骑士们则以他们的方式表达了对文弱的教士生活的蔑视:13 世纪末,当骑士比武在法国被禁止的时候,有一首无名诗以贵妇们的口吻,嘲笑骑士们都变成了教士,因为他们已经有一年多没有进行过比武了。④ 而对于骑士比武与基督教信仰的关系,骑士们自有他们的一套解释。埃雷克在比武当天会很早起床,到教堂去祈祷、做弥撒和奉献祭品。⑤ 因此,在骑士们看来,他们的行为举止与宗教信仰并不存在任何冲突。相反,它却有可能是一条通往神圣的路径。13 世纪的骑士界曾经广泛流传着这样一则故事:一名既虔诚又勇敢的骑士因为中途参加一场弥撒(因为弥撒能给他带来强大的力量)而错过了比武,就在他向比武归来的同伴大声抗议的时候,圣母

---

① Gilbert of Mons, *Chronicle of Hainaut*, p. xxvii.

② 戴维·克劳奇在《骑士比武》一书中完整地翻译了这则材料,参见 David Crouch, *Tournament*, pp. 164-166。在这则资料中,杰弗里伯爵原本参加诺曼人一方,但看到对方人数较少,他就离开了诺曼人,并在比武开始前转到对方的阵营。这是早期罕见的顾及比武人数均衡的例子,但这一方面完全取决于个人的意志,另一方面则反映了事先的安排完全没有考虑人数均衡的问题。

③ Christian von Troyes, *Erec und Enide*, vv. 863-1080.

④ M. Méon (ed.), *Nouveau Recueil de Fabliaux et Contes Inédits des Poètes Français des XIIe, XIIIe, XIVe et XVe Siècles*, Paris: Chasseriau, 1823, pp. 394-403.

⑤ Christian von Troyes, *Erec und Enide*, vv. 691-746.

出现了,并穿着盔甲、手持长枪与他比武。这名骑士后来变成了圣人。①

综上所述,11—13 世纪西欧的骑士比武所展现出的文化特征,与我们惯常的理解有很大的差别。这种文化最明显的特征之一,就是骑士贵族毫无顾忌地公开展现他们粗暴、不"文明"的行为举止,而不是像后来那样强调全方位的优雅控制。或者说,我们现在所熟知的骑士文化,乃是较晚时期才形成的骑士行为准则所塑造出来的行为模式,它并不能反映 11—13 世纪的骑士文化。那么,为什么早期的骑士比武会呈现出这样一种文化特征呢?

彼得·伯克曾经指出,欧洲近代早期的社会中存在着一个大传统和一个小传统,它们可以笼统地对应上层社会的精英文化和民间社会的大众文化。在那个时候,由上层贵族和教士组成的精英阶层既有属于他们自己的大传统,同时也参与大众阶层的小传统。或者说,他们既有自己独特的、大众阶层无法参与的文化,同时也共享着大众阶层的文化。② 这种思路也可以用来解释西欧中世纪的骑士比武。一方面,骑士比武是贵族阶层所特有的文化。尽管它并不像 16 世纪以后那样完全与大众阶层隔绝开来,而是允许大众阶层有限度地参与其中(甚至有市民模仿贵族进行比武的情形),但这些并不能改变骑士比武的阶级属性。另一方面,贵族在骑士比武中的行为举止所呈现出的文化特征,却与普通大众的文化没有实质性的区别。换言之,就骑士比武呈现出的简单、粗暴、不"文明"等方面而言,骑士阶层与大众阶层实际上共享着同一种文化,那种以克制、优雅、文明为特征,并刻意以此与大众阶层区别开来的骑士文化还未形成。

但彼得·伯克的解释中有一个值得商榷的地方,即他认为上层社会参与大众文化仅仅是出于游戏心理。③ 这种说法即使放在近代早期的欧洲社会也不是十分恰当的,在中世纪更是如此。通过研究中世纪的文化,我们可以更好地理解近代早期西欧上层社会参与大众文化的历史原因以及它们的演变。从前面的研究可以看出,骑士阶层并非刻意地去参与大众的文化,更不是把它当作游戏;相反,他们的行为举止完全是自发的。这说明,这种文化原本就是他们的文化的组成部分。可以说,这个时期的骑士阶层具有双重的身份特征:他们在身份上是区别于普通大众的贵族阶层,但在文化模式上又是普通大众的一分子。这是当时的社会组织方式所决定的。

---

① Étienne Barbazan, *Fabliaux et Contes des Poètes François des XIe, XIIe, XIIIe, XIVe et XVe Siècles*, t.1, Paris: B. Warée oncle, 1808, pp. 82-86.
② 详见彼得·伯克:《欧洲近代早期的大众文化》,第 107—247 页。
③ 彼得·伯克:《欧洲近代早期的大众文化》,第 34—35 页。

乔治·杜比认为,到了 12 世纪末,西方文明已经发生了根本性的变化:生活的重心由乡村转向城镇,一切财富、权力和创造力也将由城市活动肇始。① 这大概是从推动历史发展的主导力量来说的。但就现代性语义下的生活方式或文化模式而言,城乡文化的根本性差别当数对公共与私密生活的不同理解和要求。在这方面,城市文化与乡村文化拉开差距进而占据历史的主导地位,则要等到近代早期乃至更晚的时候。在此之前,尽管城市已在西欧各地迅速兴起,但城市生活依旧沿袭着乡村的模式,它近乎强制性(很多时候也确实是强制性的)地强调群体生活和对群体价值的认同,因而必然讲求开放的生活状态并极力压制私密的空间。这种生活状态决定了人们不可能存在近代以后的那种私密观念。② 在中世纪,无论是普通大众还是上层社会都生活于上述文化模式之中,而罕有例外。特别是当城市方兴未艾,贵族还普遍选择居住在其乡间封地上的时候,贵族也和当地居民一样,都是本地乡村共同体的成员,他们分享着同样的世界观和生活方式。这种状况也或多或少地延续到了贵族城市化之后的前几个世纪。正是因为缺乏通过文明化的举止来展示身份差别的观念,这个时期的骑士贵族不仅未表现出更加文明的行为举止,也不惮于在普通人面前公开展现这种举止。

共享粗俗的游戏文化

事实上,一直到 16 世纪,法国各阶层的游戏趣味并没有明显的差别。除了上文已经提供的证据外,16 世纪法国各阶层读者对充斥于拉伯雷《巨人传》中的粗俗元素的态度也足以说明问题。

拉伯雷《巨人传》中充斥着大量巴赫金称作"物质－下体因素"的东西,包括人体器官和排泄物等,比如第一部第十三章专门讨论各种擦屁股的方法;第二部第二十七章描写庞大固埃怎样放响屁生小男人、放无声屁生小女人;

① Georges Duby, *The Chivalrous Society*, p. 9.
② 这方面的研究参见菲利浦·阿利埃斯、乔治·杜比主编:《私人生活史》第二卷《肖像——中世纪》和第三卷《激情——文艺复兴》,洪庆明等译,哈尔滨:北方文艺出版社,2009 年;以及 Robert Muchembled, *Popular Culture and Elite Culture in France 1400-1750*。上述开放性和缺乏私密性,极其鲜明地反映在了城市特别是房屋的空间布局上:所有的房屋都是临街的,通向街道的大门永远敞开着,最好的房间都要面向街道;而在室内,客厅与卧室彼此连通且没有门,而要到达客厅或某个房间,必须先经过卧室。米桑布莱德的研究则表明,城市的大众文化是在 15—17 世纪才日益展现出与农村的不同面貌。而在中世纪晚期至近代早期,出于对已知和未知世界的恐惧,城市社会和乡村社会都同样不能容忍孤立的个人的存在,而总是设法(往往是通过文化的强制力,甚至是通过暴力的手段,比如 16—17 世纪席卷西欧的猎巫狂潮就总是针对独居的个人)把他们纳入群体生活之中,这反映了人们对通过群体生活寻求安全感的迫切需要,以及对独居者与神秘的未知力量勾结、进而危害群体生存的深刻恐惧。

第三部第七、八章描写裤裆和生殖器;等等。这些在今天看来十分恶俗的内容,构成了《巨人传》关键的"搞笑"元素。那么,16世纪法国各阶层是如何看待《巨人传》中的这些内容的呢?

我们首先需要考察的是,在拉伯雷的时代,都有哪些人在阅读,以及如何阅读拉伯雷的小说。拉伯雷曾在《庞大固埃》的前言中宣称,其书两个月的销量比《圣经》九年的销量还要多。① 塞缪尔·金瑟估计,截至1552年,拉伯雷小说前四部至少已印行了5万本。② 费弗尔则估计,拉伯雷的所有作品在16世纪印了超过10万本。③ 在那个出版业刚刚兴起的年代,这个数字无疑十分惊人。至于哪些人拥有这些书,现在已经不可能做准确统计,不过我们仍有线索可循。有学者检索现存的文艺复兴时期私人藏书目录,发现法国国王亨利四世和英国国王查理一世等王室成员都有拉伯雷的书。更早的时候,新教领袖加尔文的亲戚兼朋友奥利维坦(1539年逝世)在他的藏书里留下了一本《庞大固埃》,正是此人在1535年出版了第一部新教法语版《圣经》。此外,其他拥有拉伯雷作品的人还有王室官员、治安法官、丝绸商人、律师、公证人、书商等。④ 尽管案例数量有限,但仍可看出,拉伯雷的受众覆盖了城市资产者以上的所有社会阶层。

此外,正如理查德·库珀所说,当时读书的方式是一群人围在一起大声朗读,⑤所以小说的受众范围肯定比藏书单所展现的广得多。拉伯雷在1552年出版的《巨人传》第四部的献辞中称,法国国王弗朗索瓦一世和亨利二世曾让人当面"仔仔细细、清清楚楚"地朗读他的书给他们听。⑥ 1540年狂欢节,在法国北部城市鲁昂,代表城市资产者的狂欢社团"笨蛋修道院"不仅在狂欢游行中打出条幅"阿勒绍弗里巴说得好"⑦,还有狂欢者装扮成隐修士在宴会上朗读《庞大固埃传记》(而非修士应当阅读的《圣经》)。⑧ 类似的传播方式还有讲故事和借书。1552年,《巨人传》第四部才出版两三个月,它就在诺曼底一个叫梅尼尔的小村庄找到了热心的读者:一位神父和一个乡村贵族。这个名叫古贝维尔的小贵族在日记里记道:"1552年6月4

---

① 拉伯雷:《巨人传》第二部《渴人国国王庞大固埃传》"作者前言",第221页。
② Sam Kinser, *Rabelais's Carnival:Text, Context, Metatext*, p. 22.
③ 转引自 Sam Kinser, *Rabelais's Carnival:Text, Context, Metatext*, pp. 22-23, note 14.
④ Richard Cooper, *Reading and Unraveling Rabelais through the Ages*, p. 141;吕西安·费弗尔:《16世纪的不信教问题:拉伯雷的宗教》,第104页。
⑤ Richard Cooper, *Reading and Unraveling Rabelais through the Ages*, p. 141.
⑥ 拉伯雷:《巨人传》,第659页。
⑦ Alchofribas le disoit bien,Alchofribas是拉伯雷最初出版《巨人传》时使用的笔名。
⑧ *Les triomphes de l'Abbaye des Conards avec une notice sur la Fête des Fous*, pp. 30 & 79.

日……大约四点钟,瑟堡的本堂神父在去瑟堡时经过我们家……他给我讲了拉伯雷小说第四部中的三到四个故事,并答应把这本书借给我。"有意思的是,这个乡村贵族曾到不远的鲁昂观看过"笨蛋修道院"的狂欢活动。①

《巨人传》在 16 世纪还有一位极显赫的女性读者:弗朗索瓦一世的姐姐、纳瓦尔王后玛格丽特。在 1547 年《巨人传》第三部出版至 1549 年她去世的某个时间,她给丈夫纳瓦尔国王写过一首诗,其中有一段写道:"我不怕让你知道/我希冀在不久(的重聚时)得到的快乐/有如听到女使碎步跑来/笑着对我说/恰如庞大固埃的预言/我已经看到(主人的)骡队/就是那个(骡队的)主人保证说/您将在三天内恢复安康。"②从诗的内容看,她丈夫生了病,她却不能陪在他身边。这是她在设想二人重聚时的情形。诗中所引用的庞大固埃的典故出现在《巨人传》第三部,说的是庞大固埃见到父王高康大的狗,就准确地预测到国王即将到来。③ 这首诗引用的典故说明,玛格丽特和她丈夫都非常熟悉《巨人传》的细节。

以上例证尽管数量有限,所涉人员的身份却极具代表性。结合 16 世纪《巨人传》庞大的发行量,我们有理由认为,在拉伯雷的时代,上至国王,中至教士贵族,下至城市资产者,各个阶层的人都喜欢读拉伯雷的小说。我们也可以想象,在鲁昂狂欢节的宴会上,当装扮成隐修士的狂欢者读到那些粗俗的段落时,人们纵声大笑的情形。如巴赫金所说,拉伯雷的创作根植于文艺复兴时期法国的狂欢文化,那些"物质-下体因素"原本就是狂欢节常见的内容。那么,教士和贵族如何看待拉伯雷小说中的这些"物质-下体因素"呢?我们没有直接的证据。不过,在中世纪晚期,狂欢文化也是教士和贵族阶层的文化,而不是像巴赫金所说的仅属于大众阶层。④ 当《巨人传》被巴黎神学院和巴黎高等法院列入禁书目录时,索朗索瓦一世和亨利二世曾先后为

① Gilles de Gouberville, "Le journal du sire de Gouberville", t. 32, pp. 251 & 134.

② 此诗英译本参见 Rouben Cholakian, Mary Skemp (eds. & trans.), *Marguerite de Navarre: Selected Writings-A Bilingual Edition*, Chicago: University of Chicago Press, 2008, pp. 62-67, vv. 41-56。括号中的文字为本书作者添加。

③ 参见 Abel Lefranc, "Les plus anciennes mentions du «Pantagruel» et du «Gargantua»", *Revue des études Rabelaisiennes*, t. Ⅲ, Paris: Honoré Champion, 1905, p. 218。《巨人传》的相关段落参见第三部第三十五章(拉伯雷:《巨人传》,第 574—575 页):"这时,庞大固埃看见高康大的小狗出现在大厅门口……他向大家说道:'国王来了,我们起来迎候。'话未住口,高康大已走进宴厅的大门。"

④ 参见拙文《节庆游戏与"共同体"生活——法国中世纪的愚人节研究》,《浙江大学学报(人文社会科学版)》2013 年第 5 期;《法国中世纪晚期的狂欢文化研究》,《史学月刊》2017 年第 2 期。

拉伯雷背书,红衣主教贝莱更是拉伯雷的积极保护人。① 诚然,此举背后可能有重要的宗教和政治考量,但它仍然说明,这些人并不认为拉伯雷的作品存在严重的道德缺陷。他们亲自讲述或让人朗读小说的内容,说明他们并不觉得拉伯雷小说中的粗俗内容有何不妥,或为之感到难堪。同样的推论也适用于十分熟悉小说细节的纳瓦尔国王夫妇。

我们可以通过 16 世纪初的《安格家族日课经》,直接了解当时贵族阶层的文化趣味。这是专为一个鲁昂贵族家庭手工制作的日常祈祷用书,全彩色页面,极其精美。从该书前面部分的内容看,它似乎是为庆祝一个叫玛丽·安格的女孩出生而专门制作的。玛丽父母的身份未知,但她的教父是拉艾(La Haye)的领主兼参议员(conseiller)。她还有两个教母,一个教母的丈夫(已去世)是厄德维尔(Heudreville)的领主兼国王宫廷顾问,另一个教国的丈夫是圣鞠斯特(Saint-Just)的领主。此书每一页都分成上下两个部分。上部是主体,占页面篇幅的四分之三以上,由手写文字和手绘背景插画组成,基本上都是表现《圣经》故事和道德训诫的内容。底部不足四分之一的篇幅全部是小幅手绘插画,许多内容同样与《圣经》有关,比如《出埃及记》的故事。此外,底部插画还画有大量裸体游戏的场景,游戏者既有儿童也有成年人。这些人应该是贵族家庭的成员,因为有好些游戏是模仿骑士比武或骑术训练的,如骑着木马或使用扫帚比武、坐在板车上拿长竿去挑悬挂在空中的储水罐、骑在圆桶上练习平衡等。这些内容都与此书主人的身份相符。但也有一些十分粗俗的游戏,比如一个半裸的成年或青年男子撅着屁股放屁,一个小孩在他身后,右手捂着鼻子,左手拿着燃烧的柴棍要点燃它;一对男女喝醉了酒,浑身赤裸地睡在地上,一个小孩(从身体姿态看应是女孩)朝仰卧的男子嘴里撒尿;还有两幅插画分别表现一个男子和一个女子对准远处的瓦罐撒尿,且此二人均不是儿童。② 这类插画在中世纪晚期手工制作的图书中并不鲜见。14 世纪上半叶的法语长篇叙事诗《亚历山大传奇》的页面底部同样有大量表现骑士生活的插画,其中也有一些成年人出恭的场景。③

总之,拉伯雷《巨人传》中大量的"物质-下体因素",是当时法国狂欢文化的重要组成部分。这种文化为当时法国各个社会阶层所共享。因此,包

---

① 参见拉伯雷:《巨人传》,第 659 页。

② *Livre d'heures de la famille Ango*, BNF, nouv. acq. lat. 392, pp. 22v, 26v, 28v, 70v. 有关玛丽·安格的介绍见于该书第 6v-9 页。

③ *Roman d'Alexandre*, pp. 3r, 56r.

括教士和贵族在内,16 世纪的法国人都能欣赏(至少不反感)小说中的笑料。换言之,拉伯雷小说中的"粗俗"元素,就是当时法国上层文化正常的组成部分。由此我们就可以理解,为何到了 16 世纪末,文字干净洗练、注重内心宁静的贵族作家蒙田尚认为拉伯雷的作品和薄伽丘的作品一样,都是令人开心的。[①] 这种态度与一个世纪后法国上层对拉伯雷的评价大相径庭。

16 世纪并不缺乏批评拉伯雷的人,有些人的态度甚至十分激烈。那些最有名、也是最激烈的批评者大都是天主教或新教神学家。巴赫金、费弗尔等拉伯雷研究者都对此作过研究。不过,他们较少注意到一个重要问题,即这些批评者对狂欢文化,特别是其中的"物质-下体因素"持何种态度? 为此,我们需要重温已经被研究者们反复引用过的那些人的话。

最早的批评记录出现在 1533 年加尔文的一封信中,不过提出批评者并非加尔文,而是巴黎神学院一位名叫尼古拉·勒克莱尔(Nicolas Le Clerc)的神学家。信中提到,勒克莱尔把《庞大固埃》和另一本叫作《女阴的森林》(Sylvam Cunnorum)的书列入禁书目录,罪名是"诲淫"(obscoenos)。一同被查禁、但在国王施压后被解禁的,还有玛格丽特·德·纳瓦尔的《罪恶灵魂之镜》(Le Miroir de l'âme pécheresse)。勒克莱尔解释说,《罪恶灵魂之镜》确曾被列为"有嫌疑的书",因为它涉及信仰问题且其出版未经巴黎神学院同意。由此我们也可以大致了解到《庞大固埃》的被禁虽然可能与"性"的内容有关,但主要还是因为它违背了宗教禁欲的理念,而非文化趣味上的问题。[②]

费弗尔认为,在 1533 年的信中,加尔文站在拉伯雷一方,并对勒克莱尔感到愤怒。[③] 不过,1552 年《巨人传》第四部出版时,拉伯雷却对加尔文破口大骂,斥其为"日内瓦的骗子、魔鬼附身的加尔文"。拉伯雷咒骂加尔文的部分值得仔细玩味。在《巨人传》第四部第二十九至三十二章,拉伯雷先是用大量篇幅来描绘统治着"鬼祟岛"的"封斋教主"的形象,并编造出他的死敌、统治着"野人岛"的"怪诞肉香肠们"以及"他们的保护人兼好邻居、高贵的肥

① 巴赫金:《弗朗索瓦·拉伯雷的创作与中世纪和文艺复兴时期的民间文化》,第 76 页。
② 加尔文 1533 年书信的英文译本参见 Jules Bonnet(ed.),*The Letters of John Calvin*,v. 1,Philadelphia:Presbyterian Board of Publication,1855,pp. 36-40,有关内容见 pp. 39-40;费弗尔引用了此信的部分原文,参见 Lucien Febvre,*Le problème de l'incroyance au XVIe siècle: la religion de Rabelais*,《1. Une lettre de Calvin》de Chapitre II,Livre premier,Paris:Albin Miche,1942.
③ Lucien Febvre,*Le problème de l'incroyance au XVIe siècle: la religion de Rabelais*,《1. Une lettre de Calvin》de Chapitre II,Livre premier.

美星期二"。① 这个情节源自西欧有关狂欢节与大斋节对抗的文学传统,老勃鲁盖尔等画家都有表现这种对抗的画作。② 同当时文化传统中大斋节严肃、刻板的定位一样,在拉伯雷笔下,"封斋教主"只吃蚕豆、鱼、咸衬衫、咸头巾、咸盔、咸甲之类的食物,是一个衣衫破烂、胡子拉碴、迷迷糊糊、整日不见笑脸的莫名其妙的怪物。在用一大串排比句式描述其外在和内在形象之后,拉伯雷通过庞大固埃之口总结说:"这真是个畸形怪异的人——如果能称之为人的话。你使我脑筋里想起'畸异'和'不协调'的形象和面貌。"拉伯雷接着说,因为嫉妒"体面高洁"的"自然"(Physis)之子,于是"反自然"(Antiphysie)生出了"畸异"和"不协调","这两个孩子的脑袋圆得和球一样……耳朵往上翘,大小跟驴耳朵差不多;眼睛在头外边,长在样子很像脚后跟的骨头上面,没有眉毛,硬硬的倒好像螃蟹的眼睛;脚是圆的,像网球;胳膊和手都往后朝肩膀上倒背着;走路时头朝下,屁股朝上,两脚朝天,就这样毂毂辘辘地朝前滚"。但"反自然"极力称赞,称他们比"自然"之子长得体面,这才是来自神定的整个宇宙和一切永恒事物的本来面貌。

拉伯雷通过这段渗透着人文主义理念的文字,非常直白地表达了对"封斋教主"的极端厌恶,但其目的并不止于此。在第三十二章最后一段,拉伯雷写道:

> 它(指"反自然"——笔者注)……把一切没有头脑的蠢蛋都拉到它那边去了,并被所有愚蠢的、缺乏判断力和常识的人顶礼膜拜。在那之后,它又生了许多疯子、伪虔诚者和伪善者,许多狂躁的怪胎,日内瓦的骗子、魔鬼附身的加尔文之流,贪婪、虚伪、假慈悲、吃人的癞汉普泰尔博之流,以及其他违反自然的畸异变形的怪物。③

在这里,拉伯雷指名道姓地咒骂了两个现实人物:加尔文和普泰尔博。在整整四章内容里,拉伯雷用大量狂欢语言作了冗长的铺垫,最后把积蓄的

---

① 人们对"鬼祟岛"(L'isle de Tapinois)有多种解释,一般认为它是伪君子的国度,但也有人认为它是暗指大斋节是一个暂时吃斋的节日(tapinois 源自 tapir,意为隐藏、潜伏),参见 *Oeuvres de Rabelais*, édition Variorum, t. 6, Paris: Dalibon, 1823, pp. 266-270. 无论如何,拉伯雷所描述的"封斋教主"(Quaresmeprenant,直译为"大斋节将至",一般指大斋节前一天即肥美星期二,是一个狂欢节日,但拉伯雷在这里所指显然不同)绝非正面形象。文中的"肥美星期二"为 Mardigras。

② 关于该主题的讨论,亦可参见拙文《法国中世纪晚期的狂欢文化研究》,《史学月刊》2017 年第 2 期。

③ 以上所引《巨人传》译文主要参考成钰亭译本(第 779—794 页),并根据 1552 年法语本(François Rabelais, *Le Quart Livre des Faicts et Dicts Heroiques du Bon Pantagruel*, Paris: Michel Fezandat, 1552)作了若干修正,以尽量符合拉伯雷的原意。

能量全部倾泻在这两个"畸异变形"的"反自然"之子身上。拉伯雷与这两人究竟有什么深仇大恨？

这是因为，加尔文对拉伯雷的态度发生了根本性变化。在 1550 年发表的《论丑行》(Des scandales)一文中，加尔文谴责拉伯雷虽曾领略过福音，后来却跟多莱(Étienne Dolet，法国人文主义学者，1546 年以异端罪被处以火刑)等人一样犯了"同样的糊涂"——亵渎基督及其教义。加尔文接着说：

> 我所说的那些狗才，他们制造各种娱乐，以便更加自由、并且不受谴责地亵渎神明。因此，他们出入于宴会和狂欢社团(compaignies joyeuses)之间，在制造娱乐的同时，他们——就像在他们自己身上一样——颠覆了对神的一切畏惧。确实，他们混入一些小嘲弄小笑话(petis broquards et faceties)，除了向受众提供消遣(passetemps)之外，似乎也没什么玷污之处。然而，他们的目的却是消除对神的一切敬畏。①

这段话(特别是最后两句)反映了作为新教领袖的加尔文对狂欢文化的基本态度。他认为，表面上看，拉伯雷等人作品中的笑料本身并无不妥。然而，他们利用这些笑料来娱乐受众的最终目的却是要"消除对神的一切敬畏"，即宣传无神论思想。这是非常严厉的指控，在当时足以令拉伯雷遭受火刑(尽管费弗尔已经证明，16 世纪的法国并没有真正的无神论者)。由此可见，加尔文批评拉伯雷主要是出于神学原因，而与"物质-下体因素"无关——他甚至对这些内容持有限肯定的态度。

拉伯雷在世时，最严厉的指控来自天主教会修士加布里埃尔·德·皮埃尔博(Gabriel de Puy-Herbault)，即前引《巨人传》中的"癫汉普泰尔博"。此人在 1549 年出版了一本名为《论肃清坏书》(Theotimus)②的小册子，对拉伯雷大肆口诛笔伐，言语之恶毒唯有两个多世纪后的拉马丁(Alphonse de Lamartine，1790—1869)方能与之"媲美"：

> 他是一个危险的人，这既因为他不信神，还因为他的书是公众的坏榜样。事实上，在日内瓦，尽管人们坦率地在罪恶中生活和写作，但日

---

① Jean Calvin, *Des Scandales*, *édition critique par Olivier Fatio*, Genève: Droz, 1984, pp. 136-141.

② 这是一本拉丁文著作。下面对此书的描述主要是参考 Abel Lefranc 的研究论文(Abel Lefranc, "Rabelais, les Sainte-Marthe et l'« enraigé » Putherbe", *Revue des études Rabelaisiennes*, t. Ⅳ, Paris: Honoré Champion, 1906, pp. 335-345)。

内瓦人从未如此鲜廉寡耻,以致要在公开表露不信神的同时,还要表现出荒淫、毫无节制的放纵和堕落。难道这是因为他们没有像拉伯雷那样绝对的邪恶,像拉伯雷那样既不畏惧神也不尊重人,像拉伯雷那样践踏并嘲弄一切神圣的和人道的事物?……他花言巧语,靠舌头混饭吃,是个寄生虫……他每日暴饮暴食,醉生梦死,活像个希腊人。他在各个厨房之间闻来闻去,像猴子一样拖着条长尾巴。更有甚者,他满纸皆是骂人话,恶毒的言语一点点污染了所有的地方。他不分好歹,诽谤和辱骂一切秩序。他攻击诚实的人、虔诚的学问和人的荣誉。他嘲讽谩骂,恬不知耻,丝毫不顾体面……他道德败坏,堕落下流,废话一箩筐却狗屁不通。[①]

在宗教改革的议题上,皮埃尔博显然与加尔文站在完全相反的立场上,因为这一年加尔文在日内瓦的改革正在如火如荼地进行。但在对拉伯雷的态度上,他却与加尔文站在同一阵线,甚至有过之而无不及。这段长长的指控几乎从信仰、道德、人格、职业、生活方式、创作、交际等方面把拉伯雷全部抹杀,恨不得将其置之死地而后快,这难免令人心生怀疑。确实,阿贝尔·勒弗朗和费弗尔都证明,此人跟拉伯雷有世仇。然而,他的观点也并非纯粹对拉伯雷的恶意诽谤。我们首先需要了解《论肃清坏书》这本小册子是写什么的。勒弗朗的研究表明,它针对的首先是"坏书"和危险读物。尽管被点名的同时代作家只有拉伯雷一人,但皮埃尔博却指控了几乎所有的世俗文学作品,其中较知名的法语作品有《湖上骑士朗斯洛》(*Lancelot du Lac*)、《布列塔尼的亚瑟》(*Arthur de Bretagne*)、《玫瑰传奇》(*Le Roman de la Rose*)等[②],此外还有意大利作家薄伽丘等人的作品。他重点攻击了世俗诗人和戏剧作家。他同时认为,法国(特别是巴黎)是一个坏书严重泛滥的地方。[③] 因此,皮埃尔博的批评在一定程度上代表了当时最极端的宗教卫道士的观点,他们认为,包括《巨人传》在内的世俗文学作品会诱使人们放纵各种世俗欲望,进而远离虔诚的宗教生活。至于对拉伯雷创作中的"物质-下体因素",看不出来他的看法与勒克莱尔或加尔文有何明显不同。

---

① 转译自阿贝尔·勒弗朗的法语翻译,同时参照费弗尔的版本,参见 Abel Lefranc, "Rabelais, les Sainte-Marthe et l' « enraigé » Putherbe", pp. 339-340;Lucien Febvre, *Le problème de l'incroyance au XVI e siècle: la religion de Rabelais*, « 5. L'Enragé Putherbe et le ‹ De Scandalis › (1549) » de Chapitre II, Livre premier. 拉马丁的评论参见 M. A. de Lamartine, *Cours familier de littérature*, t. 3, Paris: chez l'auteur, 1857, pp. 424-425。

② 这些都是中世纪的骑士小说,涉及骑士爱情等主题。

③ 参见 Abel Lefranc, "Rabelais, les Sainte-Marthe et l' « enraigé » Putherbe", pp. 341-342。

通过对拉伯雷时代三个主要批评者观点的梳理,我们发现,当时拉伯雷的批评者主要来自宗教界,他们批评拉伯雷主要是出于宗教原因(即认为他的作品腐蚀了人们的信仰),而与小说的文化趣味无关。

拉伯雷对此也心知肚明。由于小说中有大量批评讽刺天主教会的内容,拉伯雷在世时就遇到来自教会的巨大压力。因此,1542 年再版前两部小说时,拉伯雷删除了嘲弄教会(尤其是巴黎神学院)的内容;同一年,前文提到过的多莱却擅自出版了无删节版的《巨人传》,令拉伯雷和他的出版商非常愤怒。① 这充分说明,拉伯雷本人和他的出版商都非常清楚,小说中引起争议的内容并非那些"物质-下体因素",而是对教会的尖锐讽刺。

出于同样的原因,1564 年,特兰托公会议决定把拉伯雷的作品列入禁书目录第一等级。17 世纪,在对法国天主教复兴起到重要作用的耶稣会士中间,许多人都把拉伯雷视作眼中钉。布卢瓦(Blois)的著名医生保罗·勒诺曼(Paul Reneaume)有一天发现他的拉伯雷小说丢了,他怀疑书已经被自己的儿子们烧掉了,因为他们深受耶稣会教义的影响。耶稣会士弗朗索瓦·加拉苏(François Garassus)则是 17 世纪批评拉伯雷最激烈的人之一,他甚至认为拉伯雷比加尔文还要危险。他还用拉伯雷来影射同时代法国著名的胡格诺教徒。② 不过,这些努力并未能阻止拉伯雷作品的传播,而法国新教徒在其中扮演了关键的角色。据学者统计,从 1553 年拉伯雷去世到1610 年亨利四世遇刺这半个多世纪里,拉伯雷的小说至少出版了 45 版,其中绝大多数都是由新教支持者出版的。有意思的是,在这些版本中,除了五版之外,其余版本都作了修改以迎合新教的要求,包括删除第四部中拉伯雷辱骂加尔文的句子,变成只咒骂天主教会修士"癫汉普泰尔博"一个人。1610 年亨利四世死后,新教在法国失去了最强有力的保护者,拉伯雷作品的境遇也发生了明显变化:在此后一直到 1660 年的半个世纪里,拉伯雷的作品仅出了两版,并且出版地是假的或干脆不注明。随后到 1710 年的 7 个版本和 1711 至 1752 年的 12 个版本基本上都是在法国境外出版的,这显然又与新教在法国失去合法地位、大量新教徒逃离法国有关。③ 第一部重要的拉伯雷著作注释本也是由胡格诺教徒雅各·勒迪沙(Jacob Le Duchat)编纂出版的。勒迪沙生于法国梅斯,在法国撤销《南特敕令》的背景下,他于

① 参见 Sam Kinser, *Rabelais's carnival*:*text*,*context*,*metatext*, p. 5。
② Marcel De Grève, *La réception de Rabelais en Europe du XVIe au XVIIIe siècle*, pp. 103-145。
③ 拉伯雷作品的出版统计,参见 Sam Kinser, *Rabelais's Carnival*:*Text*,*Context*,*Metatext*, p. 127-129。

1700 年前后移居柏林。大约从 1695 年开始,他花费十余年时间编纂这部六卷注释本,并于 1711 年在荷兰阿姆斯特丹出版。① 因此,一直到 18 世纪初,拉伯雷在法国的接受史始终与法国宗教形势的演变息息相关。

总之,16 世纪乃至更晚,法国人对拉伯雷作品的阅读呈现出两个显著特征:首先,没有人觉得拉伯雷的作品难以理解;其次,没有人对充斥于拉伯雷小说中的"物质–下体因素"表示反感。在这两个方面,无论是欣赏还是反对拉伯雷的人,其看法都相当一致。

三、游戏的宗教功能

中世纪人对狂欢文化的上述态度,与当时人们特定的生活环境以及狂欢游戏的特殊性质和功能密切相关。法国历史学家米桑布莱德曾对法国中世纪社会生活的基本特征做过十分精辟的论述。他说,中世纪法国的大众文化,实质上是在一个充满了现实和假想中的危险的世界里谋求生存的体系。这些危险既包括疫病、饥饿、战争、死亡,也包括对黑森林和黑夜等未知世界的恐惧,这无论是当时的教会还是国家都无力有效根除的。在这种条件下,无论阶级、年龄、性别,人的一切生活都必须依赖身边的群体。孤立的个人不仅安全得不到保障,还会被社会所厌弃,甚至会被视作危险的来源。② 因此,地域(如教区、庄园或城镇)共同体构成了当时最基本的生存单位。在日常生活中,这些共同体必然需要通过某些特殊的活动把全体成员凝聚在一起,共同面对无所不在的恐惧和威胁。③ 狂欢游戏就是这样一种活动,因而在中世纪的共同体生活中扮演着非常重要的角色。即使是国王及其宫廷,在他们固定在巴黎并形成封闭的宫廷社会之前,也与普通人共享着上述生活方式和世界观。研究发现,在中世纪,反抗性或颠覆性并不是狂欢游戏最主要的特征。恰恰相反,当时的狂欢游戏具有至关重要的文化和

---

① 有关雅各·勒迪沙及该注释本的研究,参见 Theodore P. Fraser, *Le Duchat*, *First Editor of Rabelais*, Genève: Droz, 1971。

② Robert Muchembled, *Popular Culture and Elite Culture in France 1400-1750*.

③ 罗兰·穆尼耶(Roland Mousnier)的研究显示,在 1515 年的法国,大约每 115 平方公里、每 1000 名居民才有一位政府官员,相比之下,到了 1665 年,法国每 10 平方公里、每 76 名居民就有一位官员(转引自 Robert Muchembled, *Popular Culture and Elite Culture in France 1400-1750*, p. 34)。这就使得地方社群在行政上必须进行自我组织和管理。到了 16 世纪,罗芒(Romans)地区的圣灵兄弟会(它主要负责组织葬礼活动,但兼具游戏社团的功能)还有一个习俗:会员只要在死前支付一笔费用,就可以在死后保留会籍并由穷人代表他出席社团的聚会(参见埃马纽埃尔·勒华拉杜里:《罗芒狂欢节》,第 299—300 页)。这种做法典型地反映了人们对于被群体遗弃的深刻恐惧。

社会建构功能：它们既是地方社群进行自我管理的手段，也是驱逐群体恐惧和寻求神灵保护的宗教仪式。

中世纪所有的狂欢游戏都明显具有上述双重特征。以狂欢游行这种在许多狂欢节庆中都十分常见的活动为例，这是一种真正"全民"参与的狂欢。队列游行通常是沿着城市或乡村最主要的道路行进，并象征性地巡视社群的全部空间。在这一过程中，社群成员不断地以各种方式加入进来，包括直接加入游行队列，或与队列成员进行狂欢互动。有研究中世纪队列游行仪式的学者指出，这种仪式传达的信息是全体参与者共享对同一个目标的承诺；它不仅反映社会权力结构和意识形态，同时还创造这些关系和承诺。① 因此，狂欢游行充当了重温、继承和更新群体关系、群体价值的仪式。本章第一节曾提及 1497 年在梅斯举行的狂欢节巨人游行，它明显是一个当地所有阶层、性别和年龄的人共同参与的公共仪式，其主要活动是大家一起簇拥着群体的守护神巡视共同的空间，为群体的安康和繁衍祈求宗教上的保护。这样的仪式显然也具有加强群体内部凝聚力的意义。

同狂欢节一样，愚人节狂欢并非仅仅是给人们提供娱乐，而是带有深厚的宗教色彩。有一份中世纪的文献是这样描述欧坦"庄严而得体"的驴节仪式的：驴身上披着金布，四名议事司铎"荣耀地"托着布的四角，"在庄严的仪式中"领着驴子，从密集的人群中间穿过。文献接着说："人们笑得越厉害，仪式就越虔诚。"②虔诚的程度竟然是由笑声决定的！这种对狂欢与信仰关系的描述具有典型性。在"基督教就是人们呼吸的空气"③的中世纪，在教会的空间和时间里，信仰仪式是愚人节合法存在的根本所在，并且这种信仰必定是基督教的。批评者与支持者之间不是基督教徒与非基督教徒的区别，而是不同的基督教信仰标准的区别。当时的游戏者对于"庄严"的理解跟现代人截然不同，狂欢与信仰可以完全一致——14—15 世纪的吉尔松就曾经证明，欧塞尔的游戏者认为愚人节"跟圣母感孕节一样值得赞赏"。④

同样的观点也存在于愚人节的改革者当中。13 世纪桑斯大主教科贝伊（Pierre de Corbeil）编写的割礼节日课经是以博韦的版本为基础的，它的

---

① Kathleen Ashley, "The Moving Subjects of Processional Performance", in Kathleen Ashley and Wim Hosken (eds.), *Moving Subjects*: *Processional Performance in the Middle Ages and the Renaissance*, Amsterdam: Rodopi B. V, 2001, p. 14.
② Max Harris, *Sacred Folly*, pp. 147-148.
③ 吕西安·费弗尔：《16 世纪的不信教问题：拉伯雷的宗教》，第 346 页。
④ Jean Gerson, "Contre la fête des fous", in *Oeuvres completes*, t. 7, Paris, New York: Desclee, 1961, p. 410.

开头就是一首邀请人们共享"驴节"的欢愉的诗,并在接下来的"驴颂"中模仿驴叫以向驴致敬。有研究者指出这是在打预防针,以免人们误以为传统的乐趣被剥夺。① 因此,这些改革者并不认为节日的欢笑与仪式有抵触。该日课经还表明,当地的驴节是一种信仰仪式,它再现的是神圣家族逃往埃及的故事。同一时期的香槟沙隆(Châlons-en-Champagne)也有割礼节的日课经,但表现的是基督诞生的仪式,真主教还要在其中扮演天父,他的宅邸则是天堂,儿童主教是新生的基督,众教士则扮演天使等。②

欧塞尔大教堂于复活节星期日举行的掷球游戏,则与基督复活和灵魂救赎联系在一起。按照惯例,这只球由上一年新来的议事司铎提供,参加游戏的既有教士,也有官员和市民。新教士首先按照习俗,"庄重地"把球呈献给教长。教长开始与众人对唱《复活节牺牲颂》(*Victimae paschali laudes*),一边与众人手牵手围着正殿内地板上的迷宫跳圆圈舞,同时把球逐一掷给每个舞者,后者再把球掷回来。③ 多菲内的维也纳(Vienne en Dauphiné)、桑斯、沙特尔(Chartres)、兰斯、亚眠等地也有类似的游戏仪式。④ 这种游戏显然有着重要的宗教含义,包括象征基督从救赎式的死到复活升天的过程,以及对信众的灵魂救赎等。此外,其他节日也各有象征。例如,图尔的愚人节有圣母感孕生子的内容。悼婴节一般是唱诗班儿童的节日,这是为了纪念被希律王屠杀的无辜婴儿。主显节则可能是在重现东方三博士朝拜初生的耶稣的情形。这里无法一一列举,但有些细节我们在下文还会展示。至于"愚人节"这一名称,黑斯认为它首先是颂扬弱者的,哈里斯也同意"愚人"是指地位低下的人,而非"愚蠢"的人。⑤ 从这个意义上说,愚人节还具有预演天国情景的意味。

但是,上述信仰仪式为什么要用狂欢游戏的方式,而不是用真正严肃的仪式来表现?这是因为愚人节的仪式包含了多个层次的象征。从根本上来

① Henri Villetard (ed.), *Office de Pierre de Corbeil*, Paris: Alphonse Picard & Fils, 1907, pp. 48 & 86-87; E. K. Chambers, *The Medieval Stage*, v. 1, pp. 279-289; Max Harris, *Sacred Folly*, pp. 75-78 & 98-106.

② Jean Gerson, "Contre la fête des fous", p. 410.

③ Constant Leber (ed.), *Collection des meilleurs dissertations, notices et traités particuliers relatifs à l'histoire de France*, t. 9, Paris: J.-G. Dentu, 1826, pp. 391-401; Max Harris, *Sacred Folly*, pp. 56-58.

④ Constant Leber (ed.), *Collection des meilleurs dissertations, notices et traités particuliers relatifs à l'histoire de France*, t. 20, Paris: J.-G. Dentu, 1838, pp. 319-320; Max Harris, *Sacred Folly*, p. 60.

⑤ Jacques Heers, *Fêtes des fous et carnavals*, p. 108; Max Harris, *Sacred Folly*, p. 67.

说,愚人节既是通过再现圣史坚定信仰的仪式,又具有借此寻求宗教保护的意义。但这种信仰和保护绝不仅仅局限于后来所界定的严格的基督教框架之内。在中世纪,尽管基督教在西欧已经传播了数百年,但出于各种原因,源自前基督教时代的民间信仰仍旧根深蒂固,并与基督教的信仰融为一体。当时拥有这种混杂信仰的不仅仅是普通民众,还包括绝大多数神职人员,尤其是地方上的各级教士。与人类学家所揭示的生活于现代世界的许多原始部落一样,面对各种神秘的未知力量,近似癫狂的仪式是驱逐恐惧的最直接、也是最有效的方式。因此,那些带有明显的民间宗教或巫术仪式色彩的愚人节游戏仪式,具有召唤鬼神、祈求鬼神护佑、保障丰产等方面的重要功能。

四、游戏的社会功能

前文提到的"游戏社团"(sociétés joyeuses)是一种在法国中世纪至近代早期的社会生活中扮演了重要角色的民间组织,中国学界一般按照它们通行的英文名称 festive societies 翻译作"节庆社团"。事实上,组织狂欢节等节日庆祝活动只是这些社团的功能之一。它们并非仅在节庆期间存在,而是以地方社群为基本单位的常设组织,它们最基本的功能是通过游戏活动来规范和管理本地社群的日常事务。中世纪游戏的社会功能主要便是通过它们的活动来实现的。

游戏社团和狂欢游戏

société joyeuse 这个名称直到 19 世纪末才出现,但它们的另一个名称"狂欢团体"(Compagnies folles)至迟在 17 世纪下半叶就已经存在。更早的时候,1381 年在第戎成立的一个团体就已经命名为"愚人社团"(la société des fous)。① 游戏社团是一种兄弟会(confrérie)式的组织。总体来说,它们与较严肃的兄弟会最重要的区别在于它们基本上都是世俗的组织(尽管可能带有宗教性质),并且活动总是充满了游戏的欢笑。这首先最醒目地反映在它们借以自我标榜的各种稀奇古怪的名称或头衔上面,最常见的如疯妈

---

① société joyeuse 的说法参见 Max Harris, *Sacred Folly*, p. 244。Compagnies folles 这一名称没有人考证过,本书作者能找到的最早使用它的是 17 世纪末的法国大主教弗朗索瓦·费奈隆(François Fénelon, 1651—1715)(*Œuvres complètes de François de Salignac de La Mothe Fénelon*, t. v, Paris, 1810, p. 97)。1381 年第戎的 la société des fous 这一名称似乎是 17 世纪末的翻译,参见 Adriaan Schoonebeeck, *Histoire de tous les ordres militaires ou de chevalerie*, seconde partie, Amsterdam, 1699, pp. 222-224。

妈(男扮女装)、笨蛋修道院、作乱修道院、烂马裤、无忧儿等。不过,游戏社团与较严肃的兄弟会之间的这种区别并不绝对,因为游戏社团有时也是行会或其他性质的组织,而兄弟会组织也会经常扮演游戏社团的角色。

法国第一个有明确记录的游戏社团是里尔的"荆棘社"(l'Épinette),在13世纪早期由一位女伯爵创立。① 但戴维斯称,农村社群中的青年团体早在12世纪甚至更早就已存在于法国各地,称作"单身青年团"(bachelleries)、"青年王国"、"青年修道院"等。② 这些农村青年团体被认为是游戏社团的起源。在勒华拉杜里研究的13—14世纪之交的蒙塔尤,尽管没有组织明确的青年团体,但"青年作为一个特殊的年龄群体实际上是存在的,某些游戏性质的活动是青年所特有的"。同样,16世纪中叶诺曼底乡村小贵族古贝维尔的日记尽管没有表明当地存在这样的青年社团,不过青年在乡村社群的生活如圣诞节、圣莫尔节(当地圣人的节日)、仲夏节以及其他时间的群体游戏中确实扮演着特殊的角色。③ 此外,农村的青年团体似乎也没有使用像城市社团那样的专门名称。这些情况表明农村的青年社团可能并没有那么明确的组织形式,而只是一个比较松散的组织。这也完全契合中世纪法国农村强调以庄园或村庄为基本单位的群体生活的状况,即这些青年团体是属于整个社群或是为整个社群服务的。

中世纪的"青年"与其说是指一个年龄段,还不如说是一个"单身"的概念。格林贝格对中世纪"青年"概念的定义比较具有代表性:"对于男性来说……默认的青年时代从……能携带武器的年龄到结婚为止。"④因此,从年龄的角度来说,"青年"的概念是相当含糊不清的。阿利埃斯的研究更是表明,大革命以前的人们总是把"青年"跟"儿童"混淆在一起。⑤ 在人们的观念中,这个阶段可以小至10来岁,大至35岁甚至40岁。格林贝格接着论述了这个单身青年群体的社会特征,以及他们由此在群体生活中扮演的特殊角色。他说:"在某种程度上,青年不再(像儿童那样——笔者注)受家庭的约束,也还没有(像已婚者那样——笔者注)受婚姻的束缚。他是单独一人。他的相对自由赋予了他特定的权利和义务,让他去管理群体生活,应

① 让-皮埃尔·里乌等主编:《法国文化史》卷一,第314页。马蒂娜·格林贝格称它大约成立于1220年,参见 Martine Grinberg, *Carnaval et société urbaine XIVe-XVIe siècles*, p.216。
② Natalie Zemon Davis, "The Reasons of Misrule", p.50.
③ 埃马纽埃尔·勒华拉杜里:《蒙塔尤:1294—1324年奥克西坦尼的一个山村》,第402—405页;Gilles de Gouberville, "Le journal du sire de Gouberville".
④ Martine Grinberg, *Carnaval et société urbaine XIVe-XVIe siècles*, p.216.
⑤ Philippe Ariès, *L'enfant et la vie familiale sous l'Ancien régime*, pp.29-52.

对某些自然和超自然力量,并处理本地社群与外部的关系。"青年的这种特征和角色,对于理解以青年为主体的游戏社团至关重要。青年的上述特征有些至今都还存在,但他们已经完全没有了中世纪的组织特征以及由此赋予他们的活动的基本功能。

游戏社团的上述角色在出生、洗礼、结婚、死亡这类"过渡仪式"中表现得尤其明显。这是因为在中世纪必须依靠群体的力量才能维持安全和生存的乡村社群中,生老病死不仅仅是个人或家庭的事情,而是关系到整个社群延续的根本问题。因此,他们的游戏既起到凝聚社群认同的作用,同时又具有重要的宗教仪式意味。宗教节庆同样是青年发挥作用的机会,比如参加或组织苏勒球或其他对抗性的游戏,这时游戏的分组方式通常是已婚者为一方,未婚者为一方。这种不同年龄组之间的游戏对抗本身就是一种过渡仪式,因为它不仅是各年龄组之间的互动,同时加入新的年龄组即意味着进入了新的群体角色。它让我们嗅到了某种远古时代群体生活和宗教仪式的气息。在农村,青年在大斋节初期的火把节挥舞火把跳舞,以确保村庄来年的农业收成和人口繁衍。甚至连未婚女子也在乡村的节庆生活中扮演规定的角色,包括与青年男子跳舞,参加五月节的游戏仪式,某些节庆(如五月节和复活节星期四)还会选举"女王"。[1] 青年还在当时流行的众多讨物游戏中扮演重要的角色。例如,16 世纪末以前,昂热(Angers)教区的青年男女在割礼节(1 月 1 日)还有一种叫作"讨新年礼物"(quête de l'Aquilanneuf)的游戏:青年一起到教堂和居民家里去乞讨,得来的钱用于为圣母或教区保护圣人购买大蜡烛(至少理应如此)。为此,青年们还选出一名"愚人王",由他率领同伴们完成这些活动,并做一些与这类狂欢节庆相称的出格举动。[2] 在这些游戏中,所得钱物的用途表明它实际上是社群成员祈求宗教保护的仪式,青年则是游戏仪式的中间人。今天西方的万圣节还流行这种游戏,不过讨物者已经仅局限于儿童,游戏的宗教含义也已十分淡薄。

因此可以说,游戏社团是法国封建时代地方社群自治的产物。这种自

---

[1]　Natalie Zemon Davis, "The Reasons of Misrule", pp. 50-51.

[2]　Natalie Zemon Davis, "The Reasons of Misrule", pp. 50-51 & note 31; M. Du Tilliot, *Mémoires pour servir à l'histoire de la fête des foux*, Lausanne, 1741, pp. 39-41. 戴维斯在把这篇论文收入论文集时,在注释中说 Aquilanneuf 是 au guy l'an neuf(新年跟男孩出去)之讹(参见 Natalie Zemon Davis, *Society and Culture in Early Modern France*, Stanford: Stanford University Press, 1975, p. 105)。但本书认为,将这一游戏名称解作 quête de l'Aqui(即 l'acquis,获得物) l'an neuf 似乎更合理。在一些地方,甚至教士也参加这种游戏,因为欧塞尔教会曾在 1400 年前后禁止教士做同样的事情(见 Max Harris, *Sacred Folly*, pp. 191-192)。

治主要是由两个层面的原因促成的。首先,在中世纪法国战乱频仍、灾疫肆虐、盗贼横行的条件下,无论是屠弱的王室还是割据一方的贵族势力,都没有足够的力量为地方社群提供有效的行政保护。罗兰·穆尼耶的研究表明,在 1515 年的法国,大约每 115 平方公里、每 1000 名居民才有一位政府官员;相比之下,到了 1665 年,法国每 10 平方公里、每 76 名居民就有一位官员。[①] 这就使得地方社群在行政上必须进行自我组织和管理,以对抗各式各样的危险,保障群体的生存。其次,经过多个世纪的传播,基督教尽管已经在整个欧洲扎下根,并成为“人们呼吸的空气”[②],但源自前基督教时代的民间宗教传统仍旧十分强大,并与基督教信仰混为一体,共同成为人们应对来自超自然力量的威胁的资源。当时拥有这种混杂信仰的不仅是普通民众,也包括各级贵族甚至教士。游戏社团的许多游戏事实上就是旨在驱除人们内心的恐惧的民间信仰仪式。此外,正如罗贝尔·米桑布莱德的研究所显示的,中世纪无所不在的现实和想象中的威胁及由此造成的深刻恐惧,促使无论是乡村还是城市的人们拉帮结伙,只有隶属于这些团体的人才能享有群体的全部权利和保障。[③] 在这样的社会中,孤立的个人不仅会遭到厌弃,还会被视作危险的来源——主要针对独居寡妇的猎巫运动、驱逐城市流民,甚至包括排斥拒绝融入基督教社会的犹太人,都是上述文化心理的突出体现。在 16 世纪的罗芒地区,圣灵兄弟会(负责葬礼的组织,同时也具有游戏社团的功能)的成员只要在死前支付一笔费用,就可以在死后保留会籍并由穷人代表他出席社团的聚会。[④] 这种做法典型地反映了人们对于被群体遗弃的深刻恐惧。这种文化心理也是游戏社团存在的根本所在。

　　游戏社团几乎所有的职能都是在游戏中完成的。除了前面已经提到的之外,游戏社团还有众多其他游戏。例如,它们每年都要选出游戏式的“国王”或“院长”等作为首领,再由他指定自己的智囊团和各级“官员”,如“财务大臣”或“检察官”,甚至还有“卫兵”,这些角色的任期都是一年。社团还有自己的旗帜、颜色和印章。首领通过与社团的特定性质有关的游戏选举产生。里尔弓弩兄弟会的首领是每年射下挂在枝头的木鸟的人,圣康坦(Saint-Quentin)的青年王子是赛跑(course au chapels)的冠军,杜埃

① 转引自 Robert Muchembled, *Popular Culture and Elite Culture in France 1400-1750*, p.34。

② 吕西安·费弗尔语,参见吕西安·费弗尔:《16 世纪的不信教问题:拉伯雷的宗教》,第 346 页。

③ Robert Muchembled, *Popular Culture and Elite Culture in France 1400-1750*. 阿利埃斯也证实了中世纪这种对群体生活的极度依赖,参见菲利浦·阿利埃斯、乔治·杜比主编:《私人生活史》第三卷《导言》。

④ Emmanuel Le Roy Ladurie, *Carnival in Romans*, pp.299-300.

(Douai)的修辞王子是演讲比赛的优胜者,屠夫社团的首领是砍杀动物(鹅、兔子、猪等)比赛的冠军。最有意思的是鲁昂的笨蛋修道院,它选的首领是在过去一年中做了最愚蠢的事的人,比如输光了钱就把老婆当作赌注的某个赌徒。[①] 这些选举游戏本身就具有社群管理的功能,包括旨在保护群体的军事训练或服务于群体的专业技能训练,牺牲动物以祈求安康和丰收,羞辱式地处罚违反群体价值的成员等。游戏社团的日常管理也是在游戏中进行的,例如当有人冒犯社团成员时,第戎步兵团的处罚是把水桶扣在他头上,或者让他喝几大杯水;而它对一个犯有通奸罪的会员的处罚则是让他光着屁股从铺满碎玻璃的台面上滑过去。[②]

不过,游戏社团最受人瞩目的活动还是其组织的各种狂欢游戏。在许多地方,狂欢游行也是直接处理特定群体事务的场合,特别是以狂欢游戏的方式处罚违反某些群体价值的人事。最常见的做法是让若干"倒霉蛋"倒骑着驴子,或把他关在牛车里面,在众人的哄笑声中沿街游行。然而,这个"倒霉蛋"之所以被选中,并非因为他运气不好,而是他违反了群体的某些公认准则,比如通奸、戴绿帽甚至是怕老婆。这实际上也是一种具有民间司法功能的吵闹游戏。这种游戏同样具有重要的宗教含义。比如在里昂的倒骑驴游行中,犯错者被称作"martyre"(殉道者,引申为受虐者)[③],暗示游戏可能具有为群体赎罪的含义。同样,游行中使用的特定牲畜也具有赎罪的作用——动物既能承担人类共同的罪孽,也可以在公共仪式中代表个人的罪愆;在公开处罚中使用的动物种类,则是由所犯罪行的性质来决定的。[④] 在这个意义上,对于当时的人们来说,许多地方在狂欢节殴打妓女和犹太人或处死猫等动物,实际上也具有相同的含义。

这里还需要特别讨论另外一种形式的吵闹游戏。这种游戏主要针对与婚姻有关的行为,特别是老夫少妻之类的"错配"婚姻,以及夫妻一方死后另一方再婚的情况。前述发生在1393年法国宫廷的吵闹游戏便属于后面一种。游戏的形式一般是,结婚当天,等到太阳落山以后,社群里的青年就会

---

① Robert Muchembled, *Popular Culture and Elite Culture in France 1400-1750*, pp. 100, 135 & 144; Martine Grinberg, *Carnaval et société urbaine XIVe-XVIe siècles*, p. 219.

② Juliette Valcke, *La société joyeuse de la Mère Folle de Dijon*, pp. 84-86.

③ *Archives historiques et statistiques du départment du Rhône*, t. 10, Lyon: J. M. Barret, 1829, pp. 402, 405 & 420.

④ Esther Cohen, "Animals in Medieval Perceptions: the Image of the Ubiquitous Other", in Aubrey Manning and James Serpell (eds.), *Animals and Human Society: Changing Perspectives*, London: Routledge, 1994, p. 69.

在当事人家门口聚集,他们敲打锅碗瓢盆,大喊大叫,制造可怕的噪音。一般认为,这类婚姻组合对当地社群造成了实质性的损害:首先,它剥夺了本应属于本社群适龄青年男女的婚姻机会;其次,再婚及老夫少妻的组合意味着极大的不孕概率。这些都是关系到社群延续的重大问题。青年通过这种形式来捍卫他们对社群中适婚女子的优先权,实际上是对群体利益的保护。① 不过,这种游戏并不会拆散那些婚姻,它的重点在于对犯错者实施某种处罚,再让他回归到社群之中。因此,这是一个从"驱离"到"回归"的仪式。贝尔蒙引用列维-斯特劳斯(Claude Lévi-Strauss)的观点指出,首先,吵闹游戏的仪式向触犯者"表明"他们的婚姻不被认同,因而有被逐出社群的风险;其次,它也提供了改变这种情境的办法,即用罚金"赎买"回归群体的机会,同时消除或减轻他所犯的"罪行"。交罚金是为了公开证明自己的罪行已被承担和超越,因而不会对新的家庭和社群秩序构成威胁。② 吵闹游戏也是安抚亡灵、保障新人安康的宗教仪式。游戏之所以在太阳落山后举行,是因为那是亡灵活动的时间。同时,游戏者还会化装成妖魔鬼怪的模样,有时还会举着新婚夫妇已离世的前配偶的肖像,甚至还出现了法国民间传说中的夜鬼埃勒坎(Hellequin)和他的猎队——他们专门捉拿被诅咒的亡灵并带回地狱。在这里,游戏者实际上是在代表死者对再婚者提出抗议。支付罚金是对在世者罪过的象征性救赎,而再婚夫妇与游戏者的和解则相当于在世者与亡灵的和解,否则亡灵极可能因为在世者的亏欠而作祟。③ 1669年,当梅内特里耶为两个世纪前勃艮第的宫廷游戏哑然失笑的时候,④他显然已经忘记了,那些荒诞滑稽的场面其实包含了专门在特殊的婚姻场合出现的诸多吵闹游戏的元素——那是勃艮第公爵查理的第三次婚姻,新郎34岁,新娘则只有22岁。再婚和悬殊的年龄差距,正好处在吵闹游戏的管辖范围之内。

　　类似的双重特性存在于中世纪所有的狂欢游戏当中,这里不再一一列举。总之,中世纪的狂欢文化是地方社群自治的重要载体,它具有重要的文化和社会建构功能,并为所有阶层、性别和年龄的人所共享。当上层社会进

① Martine Grinberg, "Charivaris au Moyen Age et à la Renaissance: Condamnation des remariages ou rites d'inversion du temps?", in Jacques Le Goff and Jean-Claude Schmitt (eds.), *Le Charivari*, p. 144.
② Nicole Belmont, "Fonction de la dérision et symbolisme du bruit dans le charivari", in Jacques Le Goff et Jean-Claude Schmitt (eds.), *Le Charivari*, pp. 17-18.
③ Nicole Belmont, "Fonction de la dérision et symbolisme du bruit dans le charivari" p. 19.
④ 见第四章第一节第一小节"'发现'粗俗"。

行狂欢游戏时,他们并非像彼得·伯克所说的"只是游戏",或是像巴赫金所说是狂欢文化的力量"迫使"上层人士"准许自己娱乐消遣一番"。① 相反,他们与普通民众拥有相同(或大体相似)的信仰和生活方式,狂欢文化乃是他们的文化不可分割的组成部分。把中世纪的狂欢文化看作大众阶层对官方秩序的反抗,或简单地把它们描述成大众情绪的"减压阀",都是十分片面的观点。

愚人节狂欢

同样,愚人节狂欢也是中世纪的人们重温、继承和更新群体价值和相互关系的仪式。以贝桑松的悼婴节仪式为例。该市的四座教堂都有愚人节的选举,但地位最高的显然是圣斯蒂文大教堂的"教皇",其他教堂则分别使用"大主教""红衣主教"和"主教"的头衔。在节庆宴饮中,大教堂所在的那座山上的所有居民都要送给"教皇"一份面包和酒。翌日,"教皇"手执一朵金色玫瑰,带着随从到各个教堂和修道院去巡视。另外三个教堂的节日"主教"与他相遇时,都要向他行礼并接受他的祝福。② 这些游戏仪式显然具有重温共同的信仰和确认社群关系等含义。信众向"教皇"提供面包和酒,既是确认"教皇"作为上帝代理人的权威,同时也是祈求其保护所有人的丰产和安康。"教皇"戴着金色玫瑰(金色代表基督的智慧,红色代表他的血即生命之源,芳香代表他治病的能力)巡视整个社群,既是在确认他(及他所在的大教堂)的权力和他与众人的关系,同时也是在履行职责并满足信众的期待。所有的愚人节游行仪式都具有类似的功能。当然,各个教堂的游戏者之间有时也会发生冲突,这也是调节社群内部关系的手段。

此外,如前所述,中世纪的愚人节游戏往往带有明显的强制性,因而包含了许多对缺席者的处罚手段。例如向缺席或拒绝承担特定角色的人征收罚款,或者强迫某些人参加。在游戏中朝缺席者身上淋水则具有双重的含义:它既是对这些人的游戏式处罚,也是在模仿洗礼的仪式。这些处罚既印证了中世纪人们对于危害群体利益的独立个体的敌视态度,也充分说明了"共同体"的重要性。这是强调个人独立的现代社会所无法想象的。由此我们可以理解愚人节被压制时所引起的愤怒,也可以理解各地的大教堂理事会在此过程中表现出来的暧昧态度。大教堂理事会是一个夹在上级教会和

① 彼得·伯克:《欧洲近代早期的大众文化》,第35页;巴赫金:《弗朗索瓦·拉伯雷的创作与中世纪和文艺复兴时期的民间文化》,第16页。
② Max Harris, *Sacred Folly*, pp. 139-140 & 229.

本地民众之间的阶层,但他们在传统上显然与本地社群的联系更加密切,因而长期站在维护愚人节的一边。1394年尼姆的大教堂理事会就完全与本地官员和市民站在一起。1401年的欧塞尔和1517年的博讷(Beaune),大教堂理事会都曾因为愚人节活动被禁而起诉他们的主教。1498年图尔奈的大教堂理事会曾向游戏者提供面包和酒,后来却把对方告到巴黎高等法院,充分表现出转折时期的复杂心态。① 而在欧塞尔,1531年,一位来自巴黎的议事司铎则坚决拒绝在复活节提供游戏用球,结果被大教堂理事会先后告到地方法院和巴黎高等法院。② 在这些事件中,大教理事会对变革的极力抗拒,实际上是在代表本地社群竭力维护群体的价值及其延续,但同时也可看出他们正在面临着越来越大的压力。

骑士比武

一直到近代为止,西欧基本上所有的群体游戏都具有公共仪式的意味,骑士比武也不例外。这种仪式性包含两个方面的内涵。首先,盛大的比武通常是在某些具有宗教意味的重要日子或其前后举行,并构成这些节日的宗教活动的一部分。鲍德温五世的传记中就有多次这样的明确记录,包括1168年和1172年的复活节、1171年的圣诞节、1184年的圣灵降临节(也是神圣罗马帝国皇帝为皇子和另外几个高级贵族的儿子举行骑士授封礼的日子);前述《埃雷克和埃尼德》中的"雀鹰比武"也是在一个复活节举行的,此外它还描述了另外一次在埃雷克和埃尼德的婚礼庆典中举行的比武。③ 与狂欢节庆的喧嚣一样,骑士比武的暴力也是人们在重大节庆中祈求宗教保护和驱逐内心恐惧的手段之一。这种习俗一直延续到16—17世纪骑士比武最终衰落为止。其次,骑士比武还是凝聚群体认同的公共仪式。

对暴力史有专门研究的法国学者罗贝尔·米桑布莱德提出,暴力在中世纪远非禁忌,事实上,它们"往往构成人际关系和各个人群特有的交际方

---

① 尼姆的事例参见前面第二小节。欧塞尔和博讷的例子分别参见 Max Harris, *Sacred Folly*, p. 231; E. K. Chambers, *The Medieval Stage*, v. 1, pp. 308-311. 图尔奈事件参见"Arrêt du Parlement de Paris Relatif à la Fête des Innocents dans la Ville de Tournay, 1499", in *Bibliothèque de l'École des Chartes*, t. 3, Paris, 1842, pp. 568-577。

② Constant Leber (ed.), *Collection des meilleurs dissertations, notices et traités particuliers relatifs à l'histoire de France*, t. 9, pp. 391-401; Jean Lebeuf, *Mémoires concernant l'histoire civile et ecclésiastique d'Auxerre*, t. 4, Paris, 1855, pp. 321-322.

③ Gilbert of Mons, *Chronicle of Hainaut*, pp. 56, 62, 63, 88; Christian von Troyes, *Erec und Enide*, vv. 547-1080, 2135-2292.

式的日常经纬线"，是维持等级关系和调节物质及符号交换的手段。[1] 从这个角度来说，骑士比武的暴力乃是封建割据丛林中一种基本的交际手段，它与个人的名称、地位、财富等具有直接而紧密的联系，这在前面分析骑士比武兴起的原因时已有所探论。这里想要补充说明的是，与战争等直接暴力相比，骑士比武主要展现的是一种象征性暴力。这主要表现在以下两个方面。首先，骑士比武的暴力是骑士贵族强调其相对于君主的自治权的手段。在任何一个社会，普遍的暴力都意味着国家力量的失效和权力的分散，因为私人暴力总是与私人司法联系在一起。因此，骑士贵族不通过国家而行使暴力，即意味着（同时也确认）实际统治权掌握在他们而非君主手中。当骑士跟随某个大贵族去参加比武时，他效忠的对象乃是该贵族而非国王。国王、教皇以及骑士贵族之间在骑士比武问题上的冲突，则是他们争夺统治权的具体反映。其次，骑士比武也是骑士阶层确认其对普通民众的统治权的手段。在中世纪，骑士阶层总体上掌握着统治权和日常的司法权，但这种权力并不像现代社会一样主要通过制度化的机构来行使，而是极大地依赖于骑士个人以及文化的习惯力量。因此，不定期地公开展示这种权力就变得十分必要。在骑士比武中，民众以从属的角色参与或是观看，并且只能忍受骑士们的铁骑看似毫无必要地践踏自己的家园，这实际上是确认了对方的权力以及自身被统治的地位。所以，尽管大众阶层有时也会模仿贵族举行比武，但这种状况在 15 世纪下半叶引起了里昂的一位商人的担忧：他告诫他的儿子不要参加以战争为职业的贵族的诸如比武等游戏，因为那是"不安本分"的表现。[2] 上述两种功能使得骑士比武成为一种关乎集体利益的仪式，这个集体并不局限于贵族阶层内部，而是包含了所有社会阶层的生活的共同体。正因为如此，早期比武的开放性具有至关重要的意义，它保证了共同体全体成员的参与（无论是主动还是被动），共同祈求宗教保护和驱逐集体恐惧，并在骑士的暴力中确认和更新彼此的社会关系。[3]

---

[1]　Robert Muchembled, *La violence au village : sociabilité et comportements populaires en Artois du XVe au XVIIe siècle*, Paris: Brépols, 1989, p. 9; Robert Muchembled, *A History of Violence : From the End of the Middle Ages to the Present*, Cambridge: Polity Press, 2012, p. 45.

[2]　参见让-皮埃尔·里乌等主编:《法国文化史》卷一，第 233—234 页。

[3]　埃马纽埃尔·勒华拉杜里也曾简单讨论过骑士比武在上述两个方面的功能，参见 Emmanuel Le Roy Ladurie, *Carnival in Romans : Mayhem and Massacre in a French City*, trans. Mary Feeney, London: Phoenix, 2003, pp. 212-213。

第三节 古贝维尔的游戏世界

以上关于中世纪游戏的分析多少脱离了日常生活的语境,因为中世纪的记录分散而零碎,而且很多是出于批评者的手笔。不过,16 世纪私人日记的出现弥补了这一遗憾。前面提到过的吉尔·德·古贝维尔的日记便是这样的新史料。古贝维尔给我们留下了从 1549 年到 1562 年一共 13 年的日记,向我们展示了诺曼底地区在法国中世纪晚期最真实的日常生活图景,其中有不少涉及游戏的内容。研究他的日记,对于了解游戏在当时法国人的日常生活中的真实状况具有不可替代的价值。

一、游戏仪式与社群关系

古贝维尔记录的游戏大致可以分为两类:节庆游戏和日常游戏。节庆游戏是指基本上只发生在节庆场合的游戏,它们往往具有明显的宗教仪式意味。但许多日常游戏同样有着特殊的仪式内涵。有研究中世纪队列仪式的学者指出,这种仪式传达的信息是全体参与者共享对同一个目标的承诺;它不仅反映社会权力结构和意识形态,同时还创造这些关系和承诺。[1] 这一判断也适用于本书所探讨的游戏仪式。这句话主要包含了三重含义:首先是全体成员的参与性,这是基本前提;其次是全体成员通过仪式确认对共同的"权力结构和意识形态"的认同;最后是在参与的过程中,全体成员又在创造和更新这种认同。这些都是当时的游戏区别于现代游戏的重要特征。

日记记录的节日之多是今天无法想象的,其中 1549 年至 1551 年分别为 56 天、49 天和 64 天。不过,每年的记录不尽相同。许多节日都与游戏密不可分,甚至游戏本身就是节庆的信仰仪式。我们在第一章中曾详细描述过的 1 月 6 日三王节游戏的仪式特征最为明显。从仪式的意义来说,三王节的选举"国王"游戏代表基督的诞生。各个阶层、不同身份的人在这一天都获得同等的机会,则带有预演末日审判的意味。在有关"国王"身份的记录中,1558 年的情况最为特殊:"上帝当了国王"。从语境上推测,当选为"国王"的应是古贝维尔本人。我们由此可以隐约窥见选举"国王"这一游戏仪式背后的宗教伦理:"国王"是由运气决定的,而决定运气的是上帝。[2] 这

---

[1] Kathleen Ashley, "The Moving Subjects of Processional Performance", p. 14.

[2] 这也是基督教世界对掷骰子等运气游戏的看法,宗教道德家认为每一次掷骰子都是上帝裁判的结果,而玩这些游戏则是滥用上帝的意志。

就使选举仪式被赋予了"拣选"的含义。翌日在室外进行的游行仪式具有更明显的公共性,象征着基督及其随从巡视其所统辖的宇宙,沿途的人和物都在扮演特定的角色。

前文提到过的"猜猜我带了什么"游戏,人们既在狂欢节玩,也在其他喜庆的场合玩。这些特定的时间表明它具有某种宗教仪式的功能。参加游戏的人包括古贝维尔的助手兼密友康特皮、古贝维尔的私生弟弟西莫内特、泰伊的民兵队长、古贝维尔的仆人等。这几次游戏都只在有喜事的主人家里进行,而贵族和官员竟然也跑到农民家里去玩。1553 年狂欢节是让·奥夫雷神父等人到邻近的几个村庄去玩。1560 年狂欢节则是在古贝维尔的二弟家,"库韦尔老爷和他妻子、朗贝维尔小姐和她姐姐,还有我认识的其他人,一起来跟我们玩'猜猜我带了什么',并赢了我弟弟的钱,然后他们去了维利耶和讷夫维尔"。

有时对抗性的游戏也会构成宗教仪式的一部分。除了本章第二节提及的苏勒球,曲棍球也是类似的情况。日记有六次提到曲棍球游戏,一次在 2 月 2 日圣烛节,两次在狂欢节(同一天在不同地方),另外三次是在礼拜日的晚祷之后。从仪式的内涵来说,在民间宗教实践中,节日的对抗性游戏具有通过酬神仪式祈求平安和丰产的意义,例如每年 1 月 15 日多个教区的人都要去圣莫尔望弥撒,然后参加苏勒球游戏,因为圣莫尔是大家共同的保护圣人。[1] 星期日的游戏也具有敬神的意义,因为这是神规定的休息时间。与当时法国普遍的做法一样,当有不同地方的人参与时,人们是按地区或教区来分组的,1551—1553 年圣莫尔节的苏勒球赛都是古贝维尔所在的瓦洛涅队与瑟堡队比赛,1561 年 1 月的两次记录则发生在不同教区之间;而当游戏发生在教区内部时,则往往是已婚者对抗未婚者,如 1553 年的肥美星期日的曲棍球赛和 1557 年三王节的苏勒球赛。通过这些游戏,不仅不同社群得以互相沟通,社群内部也加强了凝聚力,并重新确认社群内不同年龄组之间的关系。在这方面,这些游戏按年龄分组的方式,同每年年底古贝维尔与"学童"的互动游戏是共通的:每年的最后一天,学童会到他家来唱圣诞节赞歌;相应地,古贝维尔要给这些学童一些钱"作为新年礼物"。除此之外,日

---

[1]　以对抗性的游戏作为酬神仪式,在其他宗教(如萨满教)中也十分常见。在《伊利亚特》中,阿喀琉斯在帕特洛克罗斯的葬礼上举办的竞技游戏也具有这样的意味。彼得·伯克则认为,一直到 17 世纪时,佛罗伦萨人在忏悔星期二玩的足球(calcio)比赛仍具有特殊的仪式意味,参见 Peter Burke, "The Invention of Leisure in Early Modern Europe", p. 138; Peter Burke, "The Invention of Leisure in Early Modern Europe: Reply", *Past & Present*, No. 156 (Aug., 1997), pp. 192-193。

记还多次特别提到"青年"这个群体在游戏中的表现:"我看到本教区的青年在他们家门前玩羽毛球";"有好些个青年正在墓地边上玩九柱戏";"我看到当地的好些个青年在玩滚球";等等。这表明跟许多其他地方一样,这个年龄组在当地有着特殊的地位;不过从日记来看,他们扮演的角色并不明显。

狩猎是一种比较特殊的游戏,专属于贵族阶层。日记中记录的狩猎活动不胜枚举,表明它在生活中占有十分重要的地位。人们经常互相借用猎犬,有时是为了打些野味作为婚庆礼物。而猎犬和猎物一样,也是贵族之间送礼的佳品。幼犬则像贵族家的青年一样,要送到其他贵族家里去培养和训练。这些都是确定人际关系的重要载体。就狩猎活动本身而言,日记中既有两三个人去打野兔或野鸡,也有五六个人去打野猪,还有像古贝维尔带领众多村民去捕狼这样较大规模的狩猎。不过,最令我们感兴趣的是发生在 1559 年 1 月 28—29 日的一次狩猎:"1559 年 1 月 28 日,星期日……我们正在索特瓦斯特(Sottevast)的庄园谈事情,蓬·佩兰(Pont Perrin)和(布里克贝克[Briquebec])①公爵夫人的好些其他猎人来了,他们准备带猎犬到迪哥维尔(Digoville)庄园的路易·博诺姆(Loys Bonhomme)家去过夜……不久,格拉托(Gratot)、布勒伊(Breuly)、圣伊莱尔(Sct-Hilayre)、勒蓬(Lepont)老爷也带着他们的人来到索特瓦斯特的庄园,准备明天到迪哥维尔的树林去猎鹿。"路易·博诺姆是当地的佃农,这类接待是他作为附庸的分内之事。不过在古贝维尔的邀请下,他们临时改变了主意,到他的庄园吃晚饭并过夜,并得到很好的款待。在这期间,又有两位贵族加入他们。第二天一早,到了迪哥维尔庄园,西莫内特·吉尔·奥夫雷等人先去探路,发现了一头大牡鹿后,吉尔·奥夫雷回去报告,大伙立刻赶过去。结果牡鹿从树林里跑出来,在那个点蹲守的吉尔·奥夫雷把猎犬放出去,猎犬却被牡鹿顶瞎了一只眼睛。托马·德鲁埃则守在大路上。猎犬受伤后,古贝维尔即退出游戏,回来照料它。这天他们一直到太阳落山后两个小时才回到家。这则难得的详细记录,基本上把我们感兴趣的细节都描述了出来。这是为布里克贝克公爵夫人举行的一次狩猎活动,除了她自身的猎队之外,她的诸多贵族附庸也主动加入。因此,这自然地成为附庸向领主表达效忠的仪式,而古贝维尔的积极款待也具有这方面的含义。它还是重温和确认各方之间相互关系的机会,因为不同阶层在狩猎中的角色分工是明晰的:贵族附庸为公爵夫人打猎,同时也是代其巡视和确认对属地的所有权;在狩猎过程中,贵族

---

① 引文括号中的文字为本书作者所加。

们共同追逐猎物,低级贵族和家仆①主要负责打探、报告消息和在固定的位置蹲守。此外,同公爵夫人一样,不在场的普通村民也是仪式另一端的隐性参与者:由于他们被禁止擅自打猎(我们多次看到古贝维尔命令盗猎者于某日到瓦洛涅接受审判的情形),因而这种狩猎仪式也被赋予了宣示贵族特权的意味。从这个意义上说,尽管狩猎游戏仅限于贵族阶层,但它同样具有公共仪式的性质。类似的狩猎仪式在日记中并不鲜见,虽然描述可能没有这次详尽。马上比武与狩猎较为类似。古贝维尔日记中只有一次对这种游戏的记录,不过看得出来他对这一游戏并不陌生。那是 1555 年的圣烛节(2月 2 日),国王在布卢瓦的时候,古贝维尔参加了人们在当地城堡的宫廷内举行的马上比武。这既是向国王效忠的仪式,也是与各地贵族交结的良机——何况他此行的主要目的就是想要从国王的水流和森林代理人晋升为总管。

二、游戏广场与生活观念

与上述功能息息相关的是,古贝维尔的游戏世界非常典型地反映了法国人在近代化之前普遍的生活观念,他们对私密、休闲、信仰等诸多概念的理解跟现代人有着本质的区别。

从日记的记录来看,古贝维尔的庄园更像一个公共广场,而毫无现代的私密住宅的概念。平时各色人等络绎不绝地在其庄园出入,这自不必说。令我们惊讶的是,这种情况也发生在众多特殊的节庆游戏场合,而在今天看来,这应是仅属于家庭成员的时间。古贝维尔组织的三王节游戏仪式尽管发生在家里,但绝不局限在家庭成员内部,更不把"下等人"排除在外。在13 年间,就有众多"外人"先后在他家过节,包括地方官员、贵族、教士、其亲属、农民、仆人等。当"国王"的既有主人,也有仆人和外来人:1550 年,"玛丽(Marye,即女仆拉·阿雷尔)当了女王";1551 年是男仆吉加尔(Guigars);1553 年是另一个男仆让·格鲁(Jehan Groult);1555 年和 1556年都是古贝维尔的私生弟弟西莫内特;1558 年是他本人;1559 年是男仆朱利安(Jullian);1561 年是从古贝维尔来的一个人;1562 年是男仆杜瓦纳尔(Doysnard)的儿子吉尔。古贝维尔也会到别人家里去过节。1559 年三王节,他本打算到圣纳泽尔的妹夫家去,但因为患了感冒,天气又非常恶劣,没

---

① 吉尔·奥夫雷和托马·德鲁埃都是古贝维尔的家仆,经常跟西莫内特在梅尼尔附近打猎。西莫内特因为是私生子,在贵族中地位较低。

能成行。不过这个"遗憾"在翌年得到弥补。"1560 年三王节前夜……下午两点,西莫内特跟我到圣纳泽尔去过三王节。我们到达时天已经黑了。康特皮和布兰维尔(Branville)也在,我们在那里吃晚饭并过夜。布兰维尔当了国王。"康特皮这时已是古贝维尔的妹夫,布兰维尔则是大家共同的朋友。因此,这是各个阶级、性别、年龄共同参加的游戏,而丝毫没有我们想象中的壁垒森严的等级界线。他们甚至也没有今天这样的家庭的概念,因为在我们看来,一个客人或仆人或他们的孩子出现在主人的节日餐桌上,并成为代表最高荣誉的节日"国王",这无疑是非常突兀的。然而这一切在他们看来是最自然不过的事情。这实际上反映了当时人与人之间跟现在截然不同的距离观念,当时远比现代亲密得多。它是从中世纪甚至更远古的时代传承下来的,因为早期社会到处充斥着现实或想象中的危险状态,决定了人们必须依靠群体的力量才能渡过难关。① 保障生存的基本单位不是家庭,而是主要以自然村落划分的社群。换言之,在人们的群体认同意识中,社群无可争议地处在首要位置,因为家庭太过弱小,国家则是过于遥远的存在。在古贝维尔的时代,尽管社会环境正在发生重要的转变,但这一传统仍旧深深地刻印在他们的生活世界里,家庭的私密性还远远没有产生。②

不只是领主的庄园,事实上人们的全部生活空间几乎都是公共的游戏广场。他们在家里打牌、赌博、唱歌、跳舞,在院子里打网球,在花园里玩九柱戏,在住宅边上玩滚球或羽毛球,在森林或田地里狩猎。村庄和城镇的道路上还经常能看到游行队列的身影。教堂及其墓地或周边、城市的街道和市场也是打网球、曲棍球、滚球或演戏的场所。1553 年圣莫尔节的苏勒球赛,他们一直从图拉维尔的圣莫尔争夺到七公里开外③的另一个教区布雷特维尔,康特皮还在追球的时候掉进了海里。1554 年圣艾蒂安节,他们去泰伊参加比赛,球却在巴纳瓦斯特(Barnavast)丢失了,可能是掉到树丛中。可见他们的游戏是没有边界的。

在十分粗暴的苏勒球游戏中,人们全身心地投入,毫无保留(见本章第

① 这方面的精彩描述参见 Robert Muchembled, *Popular Culture and Elite Culture in France 1400-1750*, pp. 14-42。

② 一个相反的细节也有力地证明了这一现象。古贝维尔日记中出现频率最高的句子是"(今天)我没离开家(je ne bougé de céans)",但事实上他在这些天总会到教堂、别人家或田地里去。他所要表达的意思并非他没出自己的房子,而是说他没有离开村庄。因此,村庄(即传统的基本社群单位)的界限也就是他所理解的"家"的界限。这种理解可能跟他是该村庄的领主有一定关系,但这只是原因之一。

③ 该数据来自一个专门研究吉尔·德·古贝维尔的网站,参见 http://www.gouberville.asso.fr/site/archives.html#choule,引用日期:2012 年 10 月 3 日。

二节）。那种直接而粗暴的身体对抗，以及对这种对抗的接受程度，实际上反映了人与人之间与"文明"社会截然不同的身体距离。与家的空间一样，这时人们还没有产生身体私密性的观念。这种游戏中的暴力与社会生活中的暴力有相通性，但并不完全相同——前者在"文明"社会中消失了，或是以某种形式被隔离开（如棒球运动员臃肿的护具）；后者尽管减少了，但其内涵并没有发生根本性的变化。与它更接近的是当时多人共享一个情妇的现象。①

　　这种暴力同时也表明人们对游戏异乎寻常的认真和热情，而不是像今天那样把它当作单纯的娱乐或消遣。这种情况也发生在其他游戏上面。在平安夜的午夜弥撒之后，人们通常彻夜看戏，直到第二天一早才回来。在其他节日或星期日，他们还专门到瑟堡和瓦洛涅去看戏，而这两个城市距离梅尼尔庄园至少有两到三个小时的路程。② 1551 年 6 月 20 日，女仆拉·阿雷尔还专门从瓦洛涅带来一个年轻女子在家里过夜，以便第二天到瑟堡去看戏；翌日，一同出发的至少有六个人，包括拉·阿雷尔和她女儿、西莫内特及三个男仆。1559 年 9 月 17 日则是两位神父去瓦洛涅看戏，而上个星期日拉·阿雷尔刚去看过。日记中还频繁出现这样的句式："晚祷后，我们玩曲棍球直到天黑"；"这天剩下的时间我们都在玩苏勒球，一直到天黑"；"我们没有出门，起床之后我就一直跟行政官玩双陆"；等等。他们在赌博时有时会押上一块土地或一座磨坊。彼得·伯克极富洞见地指出，当时人们还没有产生今天这样明确的休闲观念，因而工作与娱乐之间的界限非常模糊。③勒华拉杜里对蒙塔尤的研究则证明了这一现象的历时性和普遍性。④ 不过他们都没有揭示出这种模糊性与当时游戏功能的多重性之间的联系。事实上，这种联系是必然的，因为正是游戏的仪式和社群功能（有些游戏还包括生产功能，如赌博和狩猎）模糊了它与娱乐的界限。例如，包括贵族、教士、农民、仆人、小孩在内的所有男女，他们不辞劳苦去看戏的热情来自哪里？

---

① 古贝维尔和他的私生弟弟西莫内特就有这种行为，参见 Emmanuel Le Roy Ladurie, *The French Peasantry 1450-1660*, pp. 224-225。这种现象在启蒙时代的威尼斯还很常见，参见卢梭：《忏悔录》，黎星、范希衡译，北京：人民文学出版社，1992 年，第 305 页。

② 例如，古贝维尔在 1556 年 12 月 26 日去圣纳泽尔，翌日下午三点出发回来，天黑时经过瑟堡，七点多回到家。12 月份，法国北部下午五点之前天就黑了。据此推算，瑟堡到他的庄园至少有约两到三个小时的路程。

③ 参见 Peter Burke, "The Invention of Leisure in Early Modern Europe", pp. 136-150; Peter Burke, "The Invention of Leisure in Early Modern Europe: Reply", pp. 192-197。

④ 参见埃马纽埃尔·勒华拉杜里：《蒙塔尤：1294—1324 年奥克西坦尼的一个山村》，第 430—431 页。

这一方面是信仰的原因,因为无论是平安夜、星期日或其他节庆,演戏都是信仰仪式的重要组成部分,其内容也总是与宗教有关。另一方面则是普遍的嘉年华心理使然,但这与现代人观看球赛或演唱会又有根本性区别。首先,在台上表演的不是专业演员,而是平时就跟观众在一起生活的普通人:1551年9月24日,瓦洛涅法院的执达吏告诉古贝维尔,星期天的一场婚礼上将有闹剧表演,他将在其中扮演一个角色;1552年圣诞节,泰伊的民兵队长也参加了午夜弥撒后的表演。其次,普通人也通过各种方式参与表演。泰伊的民兵队长演戏时穿戴的衣帽就是向古贝维尔借的。1560年,一个路人带了一张魔鬼面具,准备给瑟堡人在滑稽剧表演中使用。就像高级教士借制服给人们举行愚人节游戏一样,提供道具本身也是一种参与的形式。此外,台下的观众彼此之间也都是熟人。这些因素极大地模糊了演员与观众之间的界限,使当时的游戏具有今天无法比拟的广泛参与性,而这正是群体和价值认同的基础。当时所有的公共游戏都具有这种特征。1559年的那场狩猎还有一个耐人寻味的细节。1月29日早晨,参加狩猎的大小贵族在古贝维尔庄园的院子里准备上马时,罗贝尔·德·索特瓦斯特(Maistre Robert de Sottevast)也赶来加入他们的队伍。但他同时还带了另外一个人来,此人因为一匹小马与古贝维尔发生了纠纷,这天特地来认错并请求宽恕。德·布勒依老爷(Sr. de Breully)当场作出裁决,然后他们派康特皮跟来人到瑟堡履行手续,剩下的人则一起出发去打猎。而当猎犬受伤后,古贝维尔就退出了游戏,回来照料猎犬。从中我们可以看到跟现代不同的游戏与工作或生活的关系。[①]

信仰的界限也同样模糊。在这方面,西方学者已经进行了相当充分的研究。他们的基本结论是:一方面,对于当时的人们来说,与信仰和义务相比较,生活的需要永远是第一位的;另一方面,他们的信仰里包含了大量被宗教改革前后的道德家视作异教信仰的民间宗教迷信成分。不过在持有这些信仰的人看来,这就是正常的基督教信仰,而没有所谓正统与异教之分。[②] 这种信仰状况在游戏中有突出的表现,尤其是在传统的愚人节或狂欢节游戏中。尽管古贝维尔并没有提到这方面的细节,但他经历过的瓦洛

---

① 必须说明的是,界限模糊不等于完全没有界限。1561年5月4日,家里所有的仆人都出去玩滚球,没人看家,结果贴身男仆拉茹瓦(Lajoye)挨了古贝维尔一顿棍子。游戏与职守在这里发生了冲突。但我们可以想见,假如游戏是在自家门口进行的,那就不会有问题了。

② 参见让-皮埃尔·里鸟等主编:《法国文化史》卷二,第57—67页。

涅、瑟堡、鲁昂的狂欢节无疑都具有这种特征。① 不过，日记中明确提到了圣约翰节的篝火，1561年一位律师的儿子和子爵阁下（Sr. vicomte）的仆人还卷入了一场因为节日篝火发生的斗殴。因此，它无疑还伴随有狂欢舞蹈和其他迷信仪式。在当时的法国（包括诺曼底地区）乃至整个西欧，这是一个由古老的仲夏节基督教化而来的重要节日，它保留了大量的民间宗教成分。篝火是必不可少的要素，男女老少要围着它唱歌跳舞，做各种游戏，因为这天的篝火被认为具有"净化"的功能，可以祛除灾病，驱邪防患。人们还会把篝火的余烬撒在田里或带回家里，借以保障丰收，或是避免房子着火。有些地方甚至还让牛羊牲畜也加入舞圈，或者认为三次兽交可以治愈癫痫病。② 在接下来的一个多世纪里，这种习俗同愚人节和狂欢节一样遭到全面压制。日记还提到了30多次节日和礼拜日的队列游行，这些游行具有驱逐深藏在人们内心的恐惧（包括招致灾难的各种未知力量）的功能，因而不可避免地带有浓郁的民间宗教色彩。戏剧表演也是如此，因为宗教改革时期的人们发现，民间演出的所谓圣迹剧根本就是在亵渎神灵。古贝维尔提到过的魔鬼面具也是后来教会禁令中的重要内容。日记表明，包括教士在内的各个阶层都对这些戏剧抱有极大的热情。而根据当时法国农村的普遍情况，演戏地点如果不是在教堂内，就是在教堂门口的广场上。教士还经常公开参加各种游戏，包括"猜猜我带了什么"。与古贝维尔关系密切的图拉维尔副本堂神父经常跟村民玩苏勒球或曲棍球到天黑，1553年他还是圣莫尔节比赛的开球者，而在节日进行的这类游戏同时也是民间的酬神仪式。1554年7月29日，雅克神父、让·弗雷列神父等人跟"本教区的所有青年"在奥夫雷家附近打羽毛球。教士甚至还公开赌博：1553年6月8日，"我看见副本堂神父菲尔维尔跟赫托维尔·德·米利埃和加特维尔老爷在寓所的

---

① 我们对鲁昂的狂欢节了解得最为充分，这是因为一位曾担任"笨蛋修道院"院长的人在16世纪80年代出版的《笨蛋修道院的凯旋》（*Les triomphes de l'Abbaye des Conards*）一书，描述了社团在1541年（现代时间）组织的狂欢节的经历。游戏包括盛大、奢华的游行仪式，中间有各种戏剧表演（往往带有明显的"亵渎"性质）和吵闹的音乐，晚上还有篝火宴会。西方学者对该社团有过专门的研究，参见 Natalie Zemon Davis, "The Reasons of Misrule"; Dylan Reid, "Carnival in Rouen: A History of the Abbaye des Conards"; Dylan Reid, "The Triumph of the Abbey of the Conards: Spectacle and Sophistication in a Rouen Carnival", in Joëlle Rollo-Koster (ed.), *Medieval and Early Modern Ritual: Formalized Behavior in Europe, China and Japan*, Leiden, Boston, and Cologne: Brill, 2002, pp. 147-173。

② 参见 J. G. Frazer, *The Golden Bough: A Study in Magic and Religion*, Third Edition, Part Ⅶ: Balder The Beautiful, Vol. Ⅰ, London: Macmillan and Co., Limited, 1919, pp. 160-219, 328-346。詹·乔·弗雷泽：《金枝——巫术与宗教之研究》，第882—895页及第907—915页。

门边上玩骰子"。这些情况表明,当时教会的空间与公共游戏广场仍是相通的,而地方教士无论是在信仰还是在生活方式上都与普通信众没有根本性的差别。教会的空间和人员都是本地社群不可分割的组成部分。这与宗教改革之后的情况形成鲜明对比。

三、近代的脚步

以上研究表明,迟至 16 世纪中叶,至少在本书所研究的诺曼底地区,尽管贵族和教士阶层具有某种特殊性,但总体上说,无论男女老少,所有阶层的人都生活在相同的时间和空间里,并共享同一种文化,包括生活方式、信仰、观念等。然而,随着法国近代化的推进,古贝维尔的生活世界也在悄然发生着变化。例如,我们知道,16 世纪宗教改革中的加尔文教(胡格诺)是强烈反对游戏的。与当地的诸多上层人士一样,古贝维尔有着明显的胡格诺倾向。他最后一次提到自己参加苏勒球游戏是在 1556 年。而尽管他身边的人经常去看戏,但除了 1550 年在鲁昂观看"笨蛋修道院"的表演和 1555 年在布卢瓦跟国王等人一起观看一出喜剧之外,他基本上从未提到自己去看戏的事。这些似乎透露出社群内部不同阶层、不同信仰的成员之间正在发生文化上的裂变。同样,他特别提到了"学童"这个年龄组;而"青年"这个组别尽管也被提到,但他们在生活中的特殊性并不明显。这是否如阿利埃斯所说的,是"儿童"观念正在强化、而"青年"角色正在退化的近代化迹象?[1]

就游戏本身来说,世俗化是游戏在近代发生的一个重要变化。游戏的起源与宗教有着密不可分的联系。上述研究已经表明,在古贝维尔的时代,许多游戏仍旧具有重要的宗教仪式意味。但同时我们也看到,游戏的这种仪式性正在淡化,并呈现出越来越多的世俗化特征。"猜猜我带了什么"原本可能是狂欢节或结婚生子这些重要宗教节庆时的游戏,但这时也发生在升官这一世俗喜庆场合。戏剧仍在重要的宗教节庆时演出,但也出现在星期日的集市上。苏勒球、曲棍球既是特定节日的酬神仪式,也日益变成星期日闲暇时的娱乐。此外,关于羽毛球、滚球、九柱戏等游戏

---

[1] 参见 Philippe Ariès, *L'enfant et la vie familiale sous l'Ancien régime*。勒华拉杜里的研究显示,诺曼底是当时法国识字率较高的地区之一,农民家的小孩(至少是相当一部分男孩)也会去上学,并构成一个特殊的年龄组:学童(Emmanuel Le Roy Ladurie, *The French Peasantry 1450-1660*, p. 226)。

的记录也全都是在星期日。① 这些游戏为何会集中在周日进行？根据日记的描述，这些游戏都是较多人一起玩的。② 因此，除了宗教上的原因之外，另一个现实因素可能同样重要：这天的弥撒能聚集最多的人。相比之下，诸如老式网球、双陆及其他室内赌博等需要人较少的游戏，则更多地出现在其他时间。③

　　另一种社会结构的变化则更加明显。英法百年战争以及战争结束后长期的相对和平，使得这个直接面向英国的地区的群体认同发生了深刻的变化。如上文所述，在此之前，由于王权屡弱、盗贼猖獗、瘟疫肆虐等，为了抵御无处不在的现实和想象中的威胁，人们以村庄或教区为基本单位组成防御性的自治群体。在这种情况下，社群具有明显的封闭性，并对外界充满了不信任感甚至尖锐对立。任何有可能破坏社群稳定和延续的行为都受到极力排斥。延续到 18 世纪甚至更晚的针对再婚或与"外人"联姻的吵闹游戏习俗，便是这种记忆在民间长久沉淀的结果。百年战争从根本上改变了人们的认同方式。它打破了社群的封闭性，迫使邻近社区的人们联手抵御统一而强大的敌人；而战后的相对和平，加之日益强大的王权提供的有效保护，则使这种开放性得以延续。我们反复看到，不光是梅尼尔和它周围的村庄，也包括瓦洛涅、瑟堡甚至更远的地方，都毫无顾虑地通过各种游戏建立起密切的联系。苏勒球赛的暴力并未造成各方的对立或仇恨，反而维持和增进了彼此的亲密性。在古贝维尔的日记中，我们没有看到基于地域划分的群体对立或仇恨；相反，不同教区或地区的人互相通婚是极平常的事情。诚然，游戏偶尔也会造成小范围的冲突，但这并不妨碍人们在更大范围内的融合。这种社群认同的扩大化是法兰西民族形成的重要一步。④

---

① 日记分别提到羽毛球、滚球、九柱戏两次、三次和两次，全都是在星期日。其中 1550 年 6 月 1 日（九柱戏）同时也是三一节（jour de la Trinité）。

② 古贝维尔资料网认为日记中提到的 volerye 可能是羽毛球的前身，参见 http://www.gouberville.asso.fr/site/themes.html，引用日期：2012 年 10 月 13 日。但从日记的描述看，这是很多人一起玩的游戏。

③ 日记提到老式网球五次，全都是在周中，其中两次是节日。

④ 古贝维尔的一则日记揭示了这种更广泛认同的重大意义："1557 年 6 月 15 日……下午四点，有人来报告说英国人打算在瑟堡附近登陆。我们全部放下手中的活计，把本教区的男人全部召集到瑟堡去……这天，太阳落山后，我带着康特皮、西莫内特和拉茹瓦去通知泰伊和索尔斯梅尼尔（Saulse-mesnil）教区的人到海岸边过夜，本教区和好些个其他教区的人已经在那里了。"一方面，战争尽管已经结束一个世纪，但两个国家的敌对状态却将长期持续。共同的外部敌人的存在，促成了更广范围内的群体认同。另一方面，在日记的最后一年，宗教战争的爆发使古贝维尔在出行时顾虑重重，生活在某种程度上又回归到小范围的封闭状态。由此也让我们更清楚地看到民族认同是如何发生的。

第二章　近代早期的城市化与游戏的世俗化

随着百年战争的结束和中央集权强化带来的国内和平,加上知识增长、技术进步、开拓全球贸易等给欧洲带来的巨变,法国商业迅速复兴。从 16 世纪开始,法国经历了一场持续数个世纪的加速城市化的过程,城市取代乡村成为法国社会发展的主要引擎。其间虽然有宗教战争、大革命等造成的破坏,但总体趋势不可逆转。

相比于英国等其他国家,近代早期法国城市化的一个突出特点是它强化了不同社会阶层之间的分隔,其表现包括 17—18 世纪凡尔赛宫廷的出现以及法国贵族对资产阶级的极端鄙夷和防备。这造成了中世纪的游戏文化"共同体"的分裂,从而深刻地影响了近代早期法国游戏文化的变迁。本章将探讨这一分裂进程中的第一个方面,即城市游戏的世俗化。

第一节　城市的游戏与城市的世界观

在古贝维尔的日记里,我们看到了 16 世纪中叶的乡村居民不惜长途跋涉进城看戏的情形。城市生活显然对乡村居民有着极大的诱惑力。在接下来的两个世纪里,原本居住在乡村庄园里的法国贵族将越来越多地迁居到城市,许多农民也将进入城市寻找工作。他们将同被称作"资产者"(bourgeois)的城市居民一起改变近代法国游戏和社会生活的基本面貌。

一、城市的游戏社团

游戏社团的阶层分化

从 15 世纪末开始,随着城市生活的扩张,有关游戏社团活动的记录明显增多。一些最著名的游戏社团,包括鲁昂的笨蛋修道院和第戎的疯妈妈,都是在这个时期活跃起来的。它们的活动在 16 世纪达到巅峰。研究表明,在 16 世纪,里昂人口有 6 万,社团约有 20 个;里尔在这个世纪的社团总数则达到89个之多。规模最大的社团据说成员多达六千人。[1] 尽管这些社团并不都是严格意义上的游戏社团，但可以肯定的是，它们大都在狂欢节或其他节日（如社团的保护圣人的节日）组织或参加狂欢游戏。与农村较松散的青年社团相比较，城市社团有了明确的组织，但也因此意味着划定了明晰的边界，亦即对整体的切割和对他者的排斥。这使得城市的游戏社团不再像农村的青年社团那样具有真正的"全民性"，而是按阶层、行业或街区等维度把城市社群分割成多个蜂窝式的单元，并通过特定的命名与其他单元区别开来。因此，城市的游戏社团具有某一小群体的"代表机构"的含义。第戎步兵团是统治精英的社团，成员以第戎高等法院的书记员、官员、律师、公诉人等为主，同时也有高级贵族甚至高级教士，包括1626年的孔代亲王、1629年的德·阿尔古伯爵（Comte d'Harcourt）以及朗格尔（Langres）主教和公爵。1517年里昂缝纫街作乱修道院可以辨识的22名成员中，他们的职业是商人、工匠或工人，没有统治精英。鲁昂的笨蛋修道院是城市资产者和小吏的社团。[2] 许多城市的"城市之子"则由高级官员或贵族的子弟组成。这种阶层或行业的划分也意味着城市的游戏社团不再仅仅是青年的组织，而是有越来越多的成年人参与进来并扮演重要的角色，像1579—1580年罗芒圣布莱兹（St. Blaise）社团的首领就是一个结过两次婚、大约45岁的布商。甚至女性也有自己的社团或在社团中担任特定的角色，1536年弗朗索瓦一世宫廷里的主显节假面舞会就是由"作乱女王"组织的，参加游戏的有男有女，包括国王、最高贵族和官员甚至高级教士。[3]

不过，这种蜂窝式的切割并不意味着各个社团之间彼此完全隔绝；相反，它们仍旧通过分工合作紧密联系在一起。以16世纪末法国中南部的罗芒为例，这个拥有七千人口的城镇大约有十五六个兄弟会式的社团或组织。勒华拉杜里重点研究了其中的四个社团：圣马太（St. Matthew）、作乱修道院、圣布莱兹和圣灵兄弟会。在这四个社团当中，只有作乱修道院采用了游

① 鲁昂笨蛋修道院和第戎疯妈妈的诞生时间参见 Dylan Reid, "Carnival in Rouen: A History of the Abbaye des Conards", p. 1039; Juliette Valcke, *La société joyeuse de la Mère Folle de Dijon*, p. 45. 城市的社团数量参见 Natalie Zemon Davis, "The Reasons of Misrule", p. 59; 让-皮埃尔·里乌等主编：《法国文化史》卷二，第131页。社团规模参见 Martine Grinberg, *Carnaval et société urbaine*, p. 220。

② Juliette Valcke, *La société joyeuse de la Mère Folle de Dijon*, pp. 63-65; Natalie Zemon Davis, "The Reasons of Misrule", note 70, p. 64; Dylan Reid, "Carnival in Rouen: A History of the Abbaye des Conards", p. 1027.

③ Emmanuel Le Roy Ladurie, *Carnival in Romans*, pp. 101-102; 玛丽·霍林斯沃斯：《红衣主教的帽子》，第121页。此书的译者将 queen of Misrule 音译作"米斯路王后"。

戏社团特有的名称,但事实上所有社团都在各自的圣人节日或狂欢节期间举行公开的狂欢游戏,因而或多或少都具有游戏社团的性质。圣马太的成员来自最富裕的盐商阶层,它的一些成员日后将成为执政官,因而该社团与市政当局的联系最紧密,地位也最高。圣布莱兹的成员主要是工匠,但显然也包括了城镇农民,他们拥有共同的保护圣人并一同参加节日狂欢,因而这个社团的支持者最多。作乱修道院是上层青年的社团,许多成员的名字同时也出现在圣马太兄弟会当中,它承担了传统农村青年社团的一部分功能,即掌管全市镇与婚姻相关的事务。圣灵兄弟会是另一个城镇农民的社团,它会参加圣布莱兹社团的节日游行,平时也承担传统社团的另一部分功能,即与出生和死亡相关的事情。各个社团之间(尤其是后两个)明显有分工合作的关系。包括圣马太在内,各个社团的狂欢活动都是公开的,其他社团和阶层的成员都可以去观看。甚至在 1579—1580 年由圣布莱兹社团发起的抗税风暴期间,它的首领还“照常”受邀参加与它存在根本利益冲突的上层社团的狂欢宴会——尽管其中可能有阴谋,但它能够以习俗作为掩护,因而可以想见,在正常情况下,各个社团之间的联系必定非常密切。除此之外,罗芒还有按街区组织的游戏社团,例如雅克马尔(Jacquemart)街区就有自己的狂欢季“王国”(reynage)活动,他们选举自己的“国王”,并与其他社团展开游戏互动。① 其他城市的游戏社团分布也不会跟罗芒有很大差别。

由游戏社团的上述分布也可以看出,尽管它们因为代表某个小群体而必然有自身的利益诉求,但在正常情况下,游戏社团与政府官方主要是合作的关系,官方借助游戏社团的自治功能完成对城市社群的日常管理。罗芒的各个游戏社团已经表现出了它们在城市内政方面的分工。除此之外,这些社团还往往承担着城市外交的重要功能。这种职能通常由地位较高的游戏社团担当,其任务之一是在国王或贵族入城仪式中或在新官员上任时负责接待。1550 年亨利二世进入鲁昂时,就点名要观看笨蛋修道院的表演。第戎的疯妈妈则经常参加国王、王太子或本地贵族的生日、洗礼或婚礼,有时还因此得到市政府的资助。② 城市外交功能还表现在,当一个城市举办盛大的狂欢节庆时,相邻的城市或乡村经常派出游戏社团作为代表前去参加,费用由政府提供。1533 年阿拉斯(Arras)的一份文件明确要求游戏社团承担城市外交的职能,它宣称,游戏社团要“与邻近城市维持古老的友好

① Emmanuel Le Roy Ladurie, *Carnival in Romans*, pp. 99-100, 175-182, 294-300.
② Dylan Reid, "Carnival in Rouen: A History of the Abbaye des Conards", p. 1041; Juliette Valcke, *La société joyeuse de la Mère Folle de Dijon*, pp. 80-81.

关系，并与这些城市的商人和其他重要人物保持联系"。1494 年的拉昂（Laon）市政府也提出了类似的要求。1534 年，阿拉斯的节庆就有多达 20个来自本市和邻近城市的游戏社团参加。里尔的荆棘节更是闻名遐迩，参与的社团也来自更多更远的地方，有一次参加的社团数量达到了 42 个，分别来自巴黎、兰斯、亚眠、阿拉斯、博韦等地。[1] 地位相对较低的游戏社团也有这种外交功能，像罗芒的圣布莱兹社团也会通过游戏竞赛等方式，与邻近地区性质类似的社团建立和维持结盟关系，以便在出现战争或有其他需要时互相援助。[2]

当然，游戏社团与官方不可能完全是合作的关系，两者也会发生冲突。但相对于游戏社团存在的普遍性来说，真正具有实质意义的冲突在 16 世纪六七十年代之前罕见。更重要的是，这些冲突同样是社团自治功能的结果：它们要么是游戏社团自治功能的延伸，表现为通过滑稽的模仿来讽刺腐败的官员或教士，或表达对现实的不满和抗议；要么是游戏社团维护自治传统的努力，表现为拒斥日益侵入传统社群空间的绝对权力。

新的世界观

如前所述，中世纪的狂欢文化乃是法国和西欧的自治性社群应对各种实际和假想的危险的重要手段。随着社会的发展，特别是新兴民族国家的形成，原先支离破碎的封建割据状态逐渐被统一的王权所取代，国家的行政保护也更加有效地渗透到地方社群当中。同时，近代城市的兴起使得封建时代以地域划分的地方社群的封闭边界逐渐被打破，人们与生活环境的紧张关系发生了根本性改变。狂欢文化所表达的驱逐恐惧和寻求宗教保护的功能失去了意义。因此，从城市中上层开始，狂欢游戏在 16 世纪呈现出明显的世俗化的趋向。在该世纪三四十年代的鲁昂当局眼中，狂欢游戏必不可少的喧嚣已经变成了不堪忍受的噪音，因而试图禁止"笨蛋修道院"在狂欢节游行时吹打任何乐器。戴面具也失去了原有的宗教含义，而变成增加暴动或犯罪风险的因素，因而遭到限制。"笨蛋修道院"在为自己辩护时，除了强调狂欢传统是自古以来的习俗之外，也只是注重它们在娱乐民众和吸

---

[1]　Robert Muchembled，*Popular Culture and Elite Culture in France 1400-1750*，pp. 146-147；Alan E. Knight，*Aspects of Genre in Late Medieval French Drama*，Manchester University Press，1983，p. 137；Albertine Clément-Hémery，*Histoire des fêtes civiles et religieuses*，*des usages anciens et modernes*，Paris：J. Albert Mercklein，1834，p. 26.

[2]　Emmanuel Le Roy Ladurie，*Carnival in Romans*，p. 101.

引青年参加狂欢方面所起到的作用。① 同样，1630 年第戎的"疯妈妈"被取缔时，官方提供的理由也是它的狂欢游戏"破坏了城市的良好风尚、平静和安宁"。② 同样的情况也发生在吵闹游戏当中。在许多地方，"收税"即收取罚金本身变成了吵闹游戏的主要目的，并成为游戏社团重要的收入来源，而不再具有宗教上的意义。在 16 世纪末的罗芒，"收税"的对象涵盖了所有新婚夫妇，而不仅仅是违反社群伦理的婚姻，只是"娶镇外女人"时"税额"较高，是 1%—2%的嫁妆加 60 苏。③ 以狂欢游戏为发泄社会情绪的"安全阀"为由要求允许它们继续存在的言论，也是在这个时期出现的。④

从 16 世纪下半叶开始，随着宫廷社会的形成和人文主义思潮的传播，理性、优雅、体面等逐渐成为上层社会所崇尚的价值观，狂欢文化在他们眼中变成了野蛮的不可理喻的事物。比如在这个时期，社会上层和下层对一种称作"晃脚舞"（branles）的舞蹈的看法就明显不同。1580 年 2 月 3 日罗芒圣布莱兹节的狂欢游行中，一队"劳工阶层"的狂欢者就在罗芒的街道上跳起这种舞蹈，其中有些人还带着鼓，或在脚上挂着铃铛。另一队农民狂欢者则带着钉耙、扫帚、连枷，跳一种代表小麦脱粒仪式的舞蹈，并穿着代表季节更替仪式的寿衣。很明显，这些下层民众的节日狂欢仍旧带有重要的宗教含义，晃脚舞则具有驱魔仪式的象征功能。⑤ 而在此时的精英文化视野中，这种舞蹈非但不再具有宗教功能，还变成了非常负面的游戏。有一幅题为《疯狂女人的晃脚舞》（*Le Branle des folles*）的版画描绘了 16 个跳这种舞蹈的女人，分别对应当时人们对女性的诸多负面看法，包括懒惰、贪吃、不知羞耻、吝啬、好打听、爱斗嘴、溜须拍马、恶意诽谤、嫉妒、说长道短、傲慢无理、野心勃勃等。⑥ 到了 17 世纪下半叶，巴黎人对传统的狂欢游戏已经变得十分陌生。1666 年，来自巴黎的弗莱希耶（Fléchier）修道院院长和另外一些人在法国中部城市克莱蒙（Clermont）"十分震惊"地目睹了青年举行的一次吵闹游戏。一大早，城市狭窄的街道上就传来喧天的"外省"鼙鼓声，随后走来一队穿着黄绿相间的怪诞制服的青年。总督阁下和塔隆（Talon）阁下认为这种公共仪式十分粗野无礼，因为王后刚去世，一切娱乐都应被禁止。他们命令鼓手们解散。但对方傲慢地回答说，他们不承认世界上最伟

① *Les triomphes de l'Abbaye des Conards avec une notice sur la Fête des Fous*, pp. 5-6 & 11-15.
② Lucotte Du Tilliot, *Mémoires pour servir à l'histoire de la Fête des Foux*, p. 111.
③ Emmanuel Le Roy Ladurie, *Carnival in Romans*, pp. 295-298.
④ Natalie Zemon Davis, "The Reasons of Misrule", p. 42.
⑤ Emmanuel Le Roy Ladurie, *Carnival in Romans*, pp. 177-178.
⑥ 让-皮埃尔·里乌等主编：《法国文化史》卷二，第 126—127 页。

大的"荒诞不经"王子殿下（prince de Haute-Folie）以外的任何权威,并把鼙鼓擂得更响了。总督不得不把鼓手们的领头叫来,询问如此放肆的违反国丧和公众哀悼情绪的行为是怎么回事。他得到的答复是,"荒诞不经"王子殿下的官员们"正准备向拐走其'王国'最美丽的少女的一位'外国人'征收例常的贡赋"。① 这事实上是当地青年举行的另一种形式的吵闹游戏,以向娶走本地适婚女性的外地人提出抗议并向其收取罚金。然而,这种活动在巴黎人的眼中已经变得不可理解。

综而言之,狂欢游戏宗教性的丧失,也就是狂欢文化的世俗化,导致人们（特别是上层社会）对狂欢文化的态度发生了根本性的改变。与之相伴随的一个重要后果是中世纪的"文化共同体"开始分裂,这在城市中表现得最为明显,其中最重要的一个表征是城市的游戏社团不再是按地域,而是按社会阶层和所从事的行业划分。比如在勒华拉杜里所研究的罗芒地区,1580年之前,它的狂欢节庆祝仍旧是城乡联动的,但已经按照社会等级划分成不同的"王国",并以不同的动物作为象征:社会上层是天上的老鹰、山鹬和雄鸡,并不富裕的布商和城乡农民则是地上的阉鸡、熊、绵羊、兔子和驴（勒华拉杜里认为这种分配体现了不同阶层在求偶能力上的差别）。布商和农民不仅拥有共同的保护圣人,还拥有同一个社团首领。不仅如此,下等阶级的狂欢游戏重点表现的仍是与农业生活有关的宗教仪式,他们的保护圣人圣布莱兹是一头能预知冬春季节转换的熊。他们跳的晃脚舞是模拟冬季农活的舞蹈,儿童举着火把游行则具有驱除邪魔和疫病、保障丰产的象征意义。上等阶层的狂欢则没有这些仪式。尽管他们的某些狂欢活动与下层民众表面上相似,例如假面游戏、舞蹈、猎杀动物等,但这些游戏的农业仪式意味已经非常淡薄。此外,不同阶层的狂欢活动完全是分开的,一方面,上层社会基本上不会去参加,甚至不愿意观看下层的狂欢游戏。另一方面,下层民众可以去观看上层的游戏,他们的首领也可能被邀请参加后者的宴会,但普通民众绝无参与上层狂欢的机会。无论从哪个角度来说,城市社群的阶层分化已经十分明显,而其下等阶层与乡村的联系则要更紧密一些。这种分化在1580年进一步加剧:罗芒的城市上层与王权联合,借助狂欢节的机会血腥镇压了城市下层和乡村农民的反抗。② 罗芒地区的情况可以视作整个法

① Esprit Fléchier, *Mémoires de Esprit Flechier sur les Grands-Jours tenus à Clermont en 1665-1666*, Paris: Porquet, 1844, pp. 312-317.
② Emmanuel Le Roy Ladurie, *Carnival in Romans*, especially pp. 177-185、214-215、294-295、309-311, etc.

国的一个缩影,而1580年狂欢节的流血冲突在近代早期法国的社会演变中也具有代表性的意义:它不仅确认了以农业生产为基础的乡村文化模式和以工商业为基础的城市模式之间的割裂,还意味着后者将全面压倒前者,并使前者丧失文化的话语权乃至合法性。

仔细查看巴赫金等学者关于西欧狂欢文化的颠覆性论述,就可以发现,他们提供的绝大多数证据都集中在16—17世纪。如果不对这段时间的特殊性加以认真的考察,并与更早时期的情形进行比较,我们就很容易落入时空错置的陷阱,把反抗性和颠覆性看作狂欢文化固有的本质特征。那么,为什么狂欢文化的颠覆性特征会在这个时期被如此鲜明地凸显出来?

首先,正如上一节所说,一方面,狂欢文化的世俗化使狂欢游戏的宗教功能明显弱化。但另一方面,狂欢文化的社群管理功能却在延续,只是它的具体形式和内容发生了重要的变化。具体而言,中世纪的狂欢游戏基本上仅指向本地社群的事务,但随着传统社群边界的瓦解,这种局限在16世纪前后被打破,指向城市、地区或国家事务的狂欢主题明显增多。我们很难确切地说明这种变化最先发生在何时何地,但许多由此引发的冲突清晰地显示,新的狂欢主题总是与时代的热点议题密切相关,说明社会转型时期的时代氛围也在狂欢文化的演变当中扮演了重要的角色。前面所说的处死“狂欢节”、破坏圣像、焚烧路德画像等举动,便是狂欢者在宗教改革的背景下表达宗教政治诉求的具体形式。更多的诉求则直接面向世俗生活。在1490年的兰斯,教士们在悼婴节表演闹剧讽刺当地资产阶级的妇女模仿巴黎贵妇的风尚。作为回应,对方在大斋节的第一个星期日(这也是一个狂欢节日)纠集上百人冲进大教堂内攻击某些教士,并在翌日的游行中领着“一个化装成胖乎乎的、胡子拉碴的妇女的男子”(显然是为了讥讽教士)凯旋,同时高喊“神父为什么不交土地税”。① 这个冲突反映了两个鲜明的时代新议题:一是正在形成的巴黎宫廷社会对其他地方的文化影响,二是城市资产阶级的崛起开始动摇传统的等级特权。1541年鲁昂的狂欢节游行也涉及多个时代议题。队列游行中,最先出场的是主题为“商业的葬礼”的花车队伍,以表达以工商业资产者为主体的游戏社团对经济不景气的担忧。在另一辆花车上,有四个人分别扮成教皇、皇帝、国王和疯子,“像玩破罐游戏一样,拿一个圆形的地球投来掷去”,“粗暴地把这个可怜的世界搞得乱七八糟,使它

---

① Max Harris, *Sacred Folly*, pp. 235-236.

在他们手中遭受巨大的折磨",反映了游戏社团超越地域局限的现实关怀。① 游戏社团还经常通过狂欢表演来讽刺特权阶层的腐败。1516 年,巴黎有三个人因为表演讽刺国王和摄政王后的闹剧而被捕。② 1542 年鲁昂"笨蛋修道院"的 11 名成员也因为在狂欢节中散布讽刺性的小册子而遭遇同样的命运。③ 这样的事例在法国 16 世纪前后的狂欢活动中不胜枚举。

其次,"文化共同体"的分裂导致狂欢文化失去了巴赫金所说的"全民性"特征,并在相当程度上脱离了地方社群,而日益被按社会阶层、行业等组织的特定团体所垄断。1570 年,鲁昂的"笨蛋修道院"向高等法院申请举行狂欢节游行时,就要求颁令禁止社团以外的人在狂欢节中戴面具。高等法院最终允许社团举行"游行、游戏和假面舞会",并明确支持社团对狂欢节的垄断权,规定其他人未经"院长"许可,一概不得戴面具或奏乐。④ 1597 年马赛的狂欢节,街道上甚至围起了护栏,好让群众观看假面游行的队列。⑤ 狂欢变成了游戏社团的特权,普通民众则成为被动的看客。这些游戏社团在文化取向上明显地向新形成的宫廷文化靠拢,特别是喜欢在狂欢游行中模仿贵族入城式的盛大场面(尽管模仿得十分拙劣),不过这些并不是本书想讨论的重点。本书想说明的是,以上诸多方面的演变,导致狂欢游戏不再像中世纪那样对所有人具有约束力。1517 年,里昂缝纫街的"作乱修道院"计划对一位制革商实施骑驴游行的狂欢处罚,因为他近期被妻子殴打了。但制革商夫妇拒绝接受处罚,并把"作乱修道院"起诉到法院。⑥ 在波尔多,倒骑驴游行仪式中的犯错者也可以由邻居顶替,这时他要高喊"犯错的不是我,是我的邻居"。⑦ 到了 17 世纪,拒绝接受狂欢式处罚的情况变得更加普遍。1603 年,诺曼底小镇维尔(Vire)的一位面包师傅被选为做了最愚蠢的事的人,并被当地的笨蛋社团强行授予"笨蛋权杖"。根据习俗,他需要在来年的狂欢节中拿着"笨蛋权杖"游行。但他拒绝了这个角色。在成功地向高

① *Les triomphes de l'Abbaye des Conards avec une notice sur la Fête des Fous*, pp. 29-34 & 53.
② Ludovic Lalanne, *Journal d'un bourgeois de Paris sous le règne de François premier (1515-1536)*, Paris: Veuve Jules Renouard, 1854, p. 44.
③ Dylan Reid,"Carnival in Rouen: A History of the Abbaye des Conards", p. 1046.
④ Dylan Reid,"Carnival in Rouen: A History of the Abbaye des Conards", p. 1045.
⑤ 让-皮埃尔·里乌等主编:《法国文化史》卷二,第 133 页。
⑥ *Archives historiques et statistiques du départment du Rhône*, t. 11, Lyon: J. M. Barret, 1829, pp. 188-191.
⑦ Claude Noirot, "L'origine des masques, mommerie, bernez et revennez ès jours gras de caresmeprenant", in C. Leber (ed.), *Collection des meilleurs dissertations, notices et traités particuliers relatifs à l'histoire de France*, t. 9, Paris: J.-G. Dentu, 1826, pp. 52-53.

等法院申诉后,他还要求当局保护他免受游戏社团的骚扰。① 1642 年卢瓦河畔圣朗贝尔(St.-Rambert-sur-Loire)一对异地联姻的夫妇也曾向行政官求援,以求摆脱吵闹游戏者的骚扰。② 1668 年,里昂一位娶了寡居女主人的年轻雇工对同业学徒的狂欢式勒索作出反抗,并得到了行政官的支持,尽管他最后在打斗中受伤致死。③ 我们可以把这种变化看作个体意识在民间觉醒的一个标志。

二、戏剧职业化

如本书第一章所述,戏剧在中世纪乃是一种带有宗教意味的游戏,它主要在节日场合由地方社群的成员演出,演员和观众之间并无明确的分界。但从 16 世纪中叶开始,法国戏剧的面貌发生了重要变化:它逐渐变成了由职业剧团在城市里进行的收费的专业表演。游戏社团的戏剧不再具有吸引力,而戏剧也摆脱了宗教节庆的束缚而变成一种世俗化的日常活动。

私人化和世俗化

17 世纪初,法国宫廷医生让·艾罗阿尔在他的日记里记录了路易十三从出生到 27 岁(1601—1628)的成长轨迹,其中提到戏剧至少 108 次。④ 这些记录尽管大都十分简略,但我们仍能从中找到一些结构性的特征。再结合同一时期的其他资料,我们可以大致勾勒出 16 世纪末至 17 世纪初法国(尤其是巴黎)戏剧演出的图景。

第一,戏剧演出的时间和空间。从戏剧演出的时间来看,与半个世纪前古贝维尔记录的戏剧演出几乎都在节日或主日不同,在艾罗阿尔的日记里,无论是在法国宫廷内还是巴黎市场上,戏剧演出一年四季任何时间都有。比如,巴黎大堂(Les Halles)集市北边的勃艮第府(Hôtel de Bourgogne)是这个时期全法国最热闹的演戏场所,也是 17 世纪 40 年代以前巴黎唯一的

---

① Dylan Reid,"Carnival in Rouen:A History of the Abbaye des Conards", pp. 1043 & 1051.

② Edward Muir, *Ritual in Early Modern Europe*, Cambridge:Cambridge University Press, 2005, p. 111.

③ Natalie Zemon Davis, "Charivari, honneur et communauté à Lyon et à Genève au XVIe siècle", in Jacques Le Goff et Jean-Claude Schmitt (eds.), *Le charivari*, pp. 208 & 214.

④ Jean Héroard, *Journal sur l'enfance et la jeunesse de Louis XIII*, 2 vols, Paris:Didot, 1868. 由于文献提及戏剧次数众多,除特殊情况外,本书引用时不一一注明页码。W. L. 威利对该日记也有专门的研究,参见 W. L. Wiley, "A Royal Child Learns to Like Plays:The Early Years of Louis XIII", *Renaissance News*, Vol. 9, No. 3 (Autumn, 1956), pp. 135-144。

专门剧场。从 8 岁到 13 岁,小路易总共有 10 次去勃艮第府看戏的记录,其中 5 次是星期日,2 次是星期六,①3 次是星期三。在 1611 年 9 月 11 日至 25 日的两个星期里,他接连去了 5 次之多,这中间并没有特别的节日。这是戏剧世俗化的重要标志,它与宗教改革后法国整体社会生活的世俗化紧密相连。把艾罗阿尔的日记与半个世纪前古贝维尔的日记进行比较,就会有一个有趣的发现:在有关日期的标注方面,两人既有相同,也有明显不同。相同的是,他们都注明了每一天的日期和星期。不同的是,只要是节日,古贝维尔都在日期和星期后面详尽地注明当天是什么节日,其中既有复活节等基督教节日,也有狂欢节、三王节、圣约翰节等民间宗教或异教氛围浓郁的节日,还有为数众多的保护圣徒的节日。相比之下,艾罗阿尔则极少明确注明节日,偶尔标注的也都是纯正的基督教节日,比如圣诞节和复活节。三王节等在宗教改革后被天主教和新教同时排斥,艾罗阿尔只是因为记录路易十三的活动才偶尔提及这些节日。

在戏剧演出的空间上,这时已经有了相对固定的演出场所,勃艮第府就是最显著的一个。勃艮第府于 1548 年建成。由于其拥有者耶稣升天兄弟会得到国王授权,长期垄断了巴黎的戏剧演出,因而它在很长时间里也是巴黎唯一的职业剧院。在巴黎进行职业演出的剧团就算没有租用勃艮第府,也必须向耶稣升天兄弟会支付租金或罚金。因此,在 16、17 世纪之交,巴黎市场上最出色的戏剧演出都是在这里进行的,以至于包括亨利四世、路易十三在内的王公贵族都被吸引过来。② 老式网球场也经常被改用作戏剧演出场所。小托玛斯·普拉特在 1596 年写道,阿维庸有很多喜剧演员,他们在当地为数众多的老式网球场里表演。1599 年,他说有人估计巴黎大约有 1100 个老式网球场,就算承认只有一半,这个数字也还是非常可观的。③ 从这个时期开始,随着老式网球日渐失宠,越来越多的球场被职业演员租用。④ 无法承担剧院和网球场租金的演员则在城市广场上搭建起临时戏台进行表演。无论如何,拉伯雷笔下

①　星期六在 17 世纪并非假日,它在基督教中也不像星期日(主日)一样具有特殊地位。

②　关于勃艮第府的专门研究,参见 W. L. Wiley, "The Hôtel de Bourgogne: Another Look at France's First Public Theatre", *Studies in Philology*, 70 (1973), pp. 1-114;陈杰:《专属剧院的诞生与十七世纪法国戏剧的职业化进程》,《外国文学评论》2019 年第 2 期,第 200—216 页。

③　Félix Platter et Thomas Platter, *Félix et Thomas Platter à Montpellier*, *1552-1559*, *1595-1599*, Montpellier: Camille Coulet, 1892, pp. 248-249; Thomas Platter, *Description de Paris*, trad. L. Sieber, Paris, 1896, p. 42.

④　W. L. 威利对此也有专门的研究,参见 W. L. Wiley, *The Early Public Theatre in France*, pp. 158-177。

那种走街串巷的戏剧演出已经消失。

第二,戏剧演出的主体。在这个时期,职业剧团已经取代中世纪的狂欢社团主导了法国的戏剧演出。在艾罗阿尔的日记中,戏剧表演可分为四种:小路易的游戏式表演、宫廷人士自己排演、耶稣会的戏剧和职业剧团的表演。其中前两种有 24 次,耶稣会的戏剧有 7 次,其余全是职业剧团的演出。他没有提到任何狂欢社团(包括耶稣升天兄弟会)的戏剧。换言之,就演出的主体而言,法国戏剧的职业化在这一时期已大体完成。

这一职业化进程是从 1550 年前后开始的。在巴黎,1548 年勃艮第府剧院的落成是标志性事件,它不仅意味着戏剧场所的固定化,还意味着买票入场看戏的时代已经到来。相应地,戏剧表演变成了可赖以谋生的职业行为。在此背景下,有别于狂欢社团这一地方社群组织的职业剧团开始出现。1556 年,一个外地剧团在鲁昂市的一个老式网球场内演出。头两天的演出很顺利,但第三天表演《雅各的生平》时,两个警察闯进来中断表演,要求观众退场。观众"已经为座位付钱",故而引发骚乱。剧团团长起诉到鲁昂高等法院。法院经调查后裁定,鉴于"这是第一次有剧团以收取门票的方式公开表演",剧团的"游戏"(jeu)可以照旧进行,但必须满足若干规定,包括只能在主日晚祷后演出;不能敲锣打鼓吸引观众;所有演出必须得体;等等。[1]可以推测,演出被中断是因为触及了宗教改革背景下敏感的宗教神经。该事件具有三个方面的重要意义。首先,一个外地剧团成功地侵入了原先被当地狂欢社团所垄断的领地。其次,法院明确声明这是该市第一次收费的戏剧演出。最后,市政权力开始强势介入戏剧演出。这些变化意味着戏剧演出正在从社群活动向私人表演过渡。不过,在这个阶段,狂欢社团的传统演出仍占主导地位。比如在鲁昂,国王亨利二世来到该市时仍点名要观看著名的"笨蛋修道院"的演出,而该社团也将继续活跃至该世纪 70 年代以后。[2]事情在该世纪最后 20 年有了重要变化。在巴黎,耶稣升天兄弟会于 1578 年第一次把勃艮第府租给职业演员,而它在 1597 年最后一次自己演戏的努力也宣告失败。这两个事件同样具有标志性的意义:至少在巴黎,本地狂欢社团主导的戏剧演出已经过时,它不再对观众具有吸引力,尽管根据国王特许,该兄弟会仍旧对巴黎的戏剧演出拥有垄断性的管理权。当然,外

---

① Archives du Palais-de-Justice Arrêt du Parlement,25 octobre 1556. 转引自 E. Gosselin, *Recherches sur les origines et l'histoire du théâtre à Rouen avant Pierre Corneille*, Rouen: E. Cagniard, 1868, pp. 41-43。

② Dylan Reid, "Carnival in Rouen: A History of the Abbaye des Conards".

省的情况有所不同,比如在勃艮第,第戎的"疯妈妈"还要活跃到 17 世纪中叶。①

在法国戏剧职业化的进程中,来自意大利的剧团扮演了十分重要的角色。意大利剧团最早是在 1572 年受邀来到法国,目的是在新教首领、后来的亨利四世与瓦卢瓦王朝的公主玛格丽特的婚礼上演出。② 在这里,我们不难看出来自意大利的摄政太后凯瑟琳·德·美蒂奇的影响。不过,这些剧团真正在法国产生重要影响还要等到宗教战争结束以后,即 16、17 世纪之交。小普拉特在 1598 年就详细记录了一个意大利剧团在阿维庸的演出。③ 1599 年亨利四世邀请意大利剧团到巴黎之后,它们在法国的影响更加显著。艾罗阿尔在日记中有 54 次明确说明观看的是哪国演员表演的戏剧:除了宫廷人士和耶稣会士表演的戏剧外,还包括法国人 25 次,意大利人 25 次,西班牙人 3 次,英国人 1 次。1609 年 2 月 8 日,小路易去勃艮第府看戏时故意放声大笑,好让人们知道他懂意大利语。可以说,在这个时期的巴黎,意大利剧团与法国剧团平分秋色。

职业剧团和职业演员的兴起,意味着戏剧演出与社群生活之间的传统联系已经断裂。流动剧团的成员显然不再是本地社群的一分子,甚至传统的狂欢社团也开始进行流动的付费戏剧演出。在 17 世纪前 30 年的巴黎,那些最成功的剧团和演员基本都来自意大利或法国外省,一旦失宠,他们又重回在法国甚至欧洲各地流动演出的老路。④ 在此背景下,演员与观众之间也划出了明确的界限。观看戏剧变成了一种自愿的经济和文化行为,人们不再负有直接参与戏剧演出或提供道具的义务——前文提到的鞋匠要求为演出获得补偿,塔波古神父根据新的会规拒绝提供道具,都是演员与观众的统一体开始发生裂变的表征。这个断裂的进程在法国各地并不一致,其

---

① 关于巴黎耶稣升天兄弟会出租勃艮第府等的情况,参见 W. L. Wiley, "The Hôtel de Bourgogne", pp. 7-8。关于兄弟会放弃自己演出的原因,本书赞同陈杰的观点,即其业余表演已经无法适应时代的要求,参见陈杰:《专属剧院的诞生与十七世纪法国戏剧的职业化进程》,《外国文学评论》2019 年第 2 期。关于第戎的"疯妈妈",参见拙文《法国中世纪晚期的狂欢文化研究》,《史学月刊》2017 年第 2 期。

② Armand Baschet, *Les comédiens italiens à la cour de France sous Charles Ⅸ, Henri Ⅲ, Henri Ⅳ et Louis Ⅻ*, Paris: E. Plon, 1882, pp. 34-43.

③ Félix Platter et Thomas Platter, *Félix et Thomas Platter à Montpellier, 1552-1559, 1595-1599*, pp. 391-395.

④ 关于这个时期在法国有重要影响的意大利和法国剧团及演员,学者已有详细研究(参见 Alan Howe et al., *Le théâtre professionnel à Paris: 1600-1649*, Paris: Centre historique des Archives nationales, 2000; W. L. Wiley, *The Early Public Theatre in France*; 等等),兹不赘述。

完成的标志是传统狂欢社团彻底退出戏剧舞台。总体而言,它大约用了半个世纪甚至更长的时间。

第三,戏剧的种类。这在艾罗阿尔的日记里表现得极不平衡。在总共108次关于戏剧的记录中,他提到喜剧85次,闹剧9次,悲剧5次,悲喜剧3次,牧歌剧2次,滑稽剧1次。此外,他还有4次用jeu指称戏剧。而在半个多世纪前,古贝维尔仅有的14次戏剧记录中,有8次明确提到剧种,包括神迹剧5次,道德剧1次,喜剧1次,闹剧1次;另有6次他则用jeu或jouer表示。即使考虑到二者所处地域和阶层的差异(巴黎宫廷与诺曼底乡村),数字(尤其是各种提法所占总数的比例)的变化所反映出的发展趋势仍旧十分明显。它表明,随着社会的发展,从中世纪传承下来的"戏剧-游戏"观念尽管仍在起作用,但业已式微。新的戏剧观念正在形成。在这种新观念中,一方面,戏剧的种类变得更加丰富,人们对不同剧种之间的区别也有了相当清晰的认识,而这种区分在阿奎那和拉伯雷那里并不存在。另一方面,此前占有重要地位且具有显著宗教意味的神迹剧和道德剧消失了,这是戏剧世俗化的又一明证。与此同时,喜剧和闹剧(艾罗阿尔有时将喜剧和闹剧区分开来,但有时又混为一谈①)的占比大幅提高,达到了全部戏剧的近九成。与此相应的是,艾罗阿尔把所有的戏剧演员都称作"喜剧演员"(comédien),却没有对应的"悲剧演员",甚至没有中性的"演员"。这种语言习惯将在法国至少沿用到17世纪末。此外,尽管记录了这么多次戏剧演出,但他绝大多数时候都不提剧目,更不提作者(唯一一次提到的作者是亚里士多德)。在仅有的8次写明剧目的记录中,悲剧和悲喜剧就占了5次(而这两个剧种总共才提到8次),另外3次是喜剧(这个剧种总共提到85次,加上闹剧是94次)。如此悬殊的比例说明,在艾罗阿尔看来,悲剧和悲喜剧比喜剧更有记录的价值,但戏剧市场的现状却与此形成鲜明反差,喜剧和闹剧占据了绝对的统治地位。这说明,尽管此时法国的戏剧市场十分繁荣,但仍很不成熟。②

① 比如,1607年1月27日,他记录道:小路易命令蒙格拉特男爵戴上面具表演一出"喜剧",他自己穿上女孩的连衣裙,戴上蒙格拉特阁下的帽子和天鹅绒面具……"游戏"(le jeu)于八点开始……"闹剧"演完后,他脱下连衣裙跳舞。同一次表演先后用"喜剧""游戏""闹剧"来描述。
② 那个时代的人确实以"喜剧"指称作为整体名称的戏剧(W. L. Wiley, *The Early Public Theatre in France*, p. 250),但从艾罗阿尔的日记和其他资料来看,在描述某部戏剧时,他们很清楚喜剧与其他剧种(闹剧除外)的区别。因此笔者认为,艾罗阿尔在说"喜剧"时指的就是他认为的喜剧(按后来的标准应是闹剧,见下文),而非泛称。

有待成熟的戏剧

从简单的统计数字进入具体的戏剧演出情境，这种不成熟的状况表现得愈加明显。艾罗阿尔很少说明戏剧表演的细节。但在 1608 年 7 月 3 日，他提到小路易在枫丹白露观看法国著名的喜剧演员科拉的表演，此人擅长跳跃，从一架直梯上一路跌落下来，却毫发无损。可见这次戏剧表演至少是跟杂耍结合在一起的。小路易还多次去勃艮第府看戏。尽管艾罗阿尔从不说明表演的是什么内容，但我们可以从同时代的其他记录中找到答案。皮埃尔·德·莱斯图瓦勒曾经十分仇视亨利三世宫廷的戏剧演出，但他后来却带着欣赏的笔调记录了 1601 年 6 月意大利著名的阿勒坎剧团在勃艮第府的表演：一个女孩在悬于半空的一根粗绳上跳舞，如履平地；接着是两个男子倒挂在这根绳子上表演。在 1599 年，小托玛斯·普拉特则详细描绘了"国王的喜剧演员"瓦勒兰在勃艮第府表演的情形。每天晚饭后，瓦勒兰都会先表演一出法语韵文"喜剧"，然后是根据巴黎最新发生的风流韵事编排的一出"闹剧"。普拉特重点描述的就是这出闹剧。他说，瓦勒兰把他听来的逸事编排成一出"喜剧"（他同样把喜剧和闹剧混为一谈），中间点缀了令人捧腹的笑料，所有观众（包括只付半价站票的观众和付全款坐票的贵妇人们）都是奔着最后的这出"闹剧"去的。[1] 可见，"喜剧演员"在勃艮第府表演的内容与我们今天理解的戏剧并不完全相同。小普拉特还说，巴黎也有来自意大利、英国等地方的"喜剧演员"。比如，有一次，他在大学附近看到一个西班牙人，他不用手，单靠牙齿就能把一根通常装在干草车上的粗木举到额头或前胸位置，他脖子上的静脉几乎爆裂。这个西班牙人还能用舌头顶住十几片刀刃而不受伤。[2] 1598 年在阿维庸逗留期间，他也经常去看一些"非常讨人喜欢的喜剧表演"，它们"通常是由意大利剧团，尤其是赞·布拉吉塔的剧团"在他们临时租用的老式网球场里或在广场上搭建的戏台上演出。这些"非常讨人喜欢的喜剧表演"是什么样的呢？普拉特并没有记下我们今天认为属于戏剧的内容，他记录的是演员惟妙惟肖地模仿鸟和动物的叫声以及大砍人头的表演，或是在台上唱双簧向观众兜售据称是来自土耳其的秘药。还有一次在巴塞罗那，他同样描写了一个来自巴黎的演员在拉

---

[1]　Pierre de L'Estoile, *Mémoires-journaux 1574-1611*, t. 7, Paris: Tallandier, 1879, pp. 299-300; Thomas Platter, *Description de Paris*, pp. 33-34.

[2]　Thomas Platter, *Description de Paris*, pp. 34-35.

得很高的绳索上表演。①

这些材料反映了两个基本的现象：其一，当时的戏剧演员不仅表演戏剧，也表演杂技、脱口秀或相声（这些甚至成为主要的卖点），甚至借助戏剧表演贩卖狗皮膏药等物品。正如斯特凡·赫尔费尔德所指出，在 1600 年前后，小杂耍团体或意大利喜剧演员和江湖骗子团体仍然主导着喜剧和专业表演的定义，而职业演员在技艺上仍然表现出与培育了他们的职业温床之间的联系。② 其二，同样重要的是，当时的观察者和观众认为戏剧演员表演的这些东西都是戏剧。由此我们不难理解为何在艾罗阿尔的日记中，当时已十分成熟的英国戏剧在巴黎遇冷，并不成熟的法国和意大利戏剧却大行其道。同样的理由也可以解释瓦勒兰试图转向更严肃的戏剧演出时遭遇的失败。③

也正因为如此，这个时期尽管已经有了职业演员和剧作家，但他们的社会地位并不高——他们甚至比普通人还低贱。这种地位明白无误地反映在 1619 年路易十三替"改邪归正"的演员兼剧作家马蒂厄·勒费弗尔正名的诏令中。勒费弗尔出生于布列塔尼，父母早年让他学习文学，但后来因为内战，他弃学从军，为亨利四世的阵营作战。战争结束后，他以"拉波尔特"的艺名组织剧团，在勃艮第府有过多年极为成功的戏剧生涯，并成为亨利四世钦定的"国王的喜剧演员"。用诏令的原话说，他"创作过一些悲剧、喜剧、牧歌剧和其他诗歌，既有严肃的也有滑稽的，甚至亲自公开表演"。后来他认识到，"那些最庄重最严肃的人并不赞成该行业，于是他强烈希望退出"。1610 年他弃演从商，成为国王诏令中所谓的"马蒂厄·勒费弗尔师傅"。但他仍担心"原先的喜剧演员职业令他受人反对和指责"，因而寻求通过国王的诏令恢复名誉。诏令最终满足了他的愿望，宣布"年轻时犯下的错误不能成为归罪和指责他的理由"，从今以后，他可以"像我们的其他臣民及像他从事喜剧行业之前一样"享有各种荣誉、尊严和权利。④ 很显然，戏剧职业的经历成为一个人难以抹除的人生污点，甚至使其丧失了作为一个普通人本应拥有的名誉和权利。总之，尽管这些演员几乎受到了包括宫廷人士在内

---

① Félix Platter et Thomas Platter, *Félix et Thomas Platter à Montpellier*, 1552-1559, 1595-1599, pp. 391-395, 427-429.

② Robert Henke (ed.), *A Cultural History of Theatre in the Early Modern Age*, London: Bloomsbury, 2017, p. 122.

③ 瓦勒兰转型失败并被迫离开巴黎之事，参见 W. L. Wiley, *The Early Public Theatre in France*, pp. 50-56。

④ Emile Campardon, *Les comédiens du roi de la troupe française pendant les deux derniers siècles: documents inédits recueillis aux Archives nationales*, Paris: H. Champion, 1879, pp. 281-282.

所有人的欢迎,但他们只被视作逗乐的小丑,而不是有尊严的个体——当时宫廷人士对一个职业演员的日常举止最大的夸赞是称其"不像演员"。①在贵族阶层看来,为金钱而创作和表演是可鄙的行为。在这种文化背景下,下面这个传说(无论是否属实)的发生机制就不难理解了:巴黎最著名的街头艺人、曾在 1618 年款待过太后玛丽·德·凯瑟琳的塔巴林退居该市附近一处精美的庄园后,他那些具有社会等级意识的邻居却不喜欢有一位前江湖艺人住在附近,因而他在狩猎时被人"意外"射死。②

第二节　宗教改革与游戏的世俗化

在中世纪的法国,游戏的宗教性仍清晰可见,但这种宗教性在 16—17 世纪日趋淡化乃至消失。本书将该进程称作游戏的"世俗化"。游戏的世俗化很大程度上是中世纪晚期基督教内部演变的结果。早在基督教诞生初期,游戏与宗教的关系就已经引起了人们的关注,这是因为追求欢乐的游戏与基督教的禁欲主义之间存在着不可调和的矛盾。但在相当长的时间内,只有极少数态度较为极端的神学家或宗教道德家才会发现这种矛盾,他们或是把游戏归作魔鬼对人类的诱惑或异教徒的发明,并主张禁绝一切游戏;或是把游戏与原罪联系在一起,因而仅允许在必要的范围内进行有限的游戏。但包括高级教士和贵族在内,绝大多数人的信仰并没有那么"纯正",因而并未意识到上述矛盾的存在,基督教的游戏伦理也没有对他们的游戏生活产生实质性的影响。从 14 世纪开始,西欧的宗教氛围开始发生重大变化,游戏的宗教伦理也因此受到了不可逆转的影响。

一、取缔愚人节

黑死病、宗教大分裂、百年战争,这些 14—15 世纪的深重灾难对中世纪人们的文化心理造成了深远的影响,使教会面临空前的信任危机。当时就有一种观点认为这些灾难是教会"腐化堕落"的结果,"不合格"的教士也因此屡屡成为攻击的靶子。在这一背景下,经院哲学加速衰落,以唯名论为代表的新宗教思想迅速崛起。唯名论强调独立个体与全能上帝之间的联系,这对传统教会甚至社会体系均形成巨大冲击。面对这些挑战,人们对教士

---

① W. L. Wiley, *The Early Public Theatre in France*, pp. 87-88.
② 该传说参见 W. L. Wiley, *The Early Public Theatre in France*, p. 71。

生活提出了新的要求,强调教士的举止应符合其神圣的身份。有研究表明,黑死病曾经导致绘画由表现神圣家族的乐观主题转向强调上帝、教会机构和神父的庄严。① 我们也注意到,1394 年尼姆王家总管的代理人在试图禁止圣诞节的游戏时,其根本理由就是人们不应在宗教分裂这样的悲伤时刻在圣体面前放纵狂欢。② 同样,世纪之交深受唯名论思想影响的巴黎大学校长吉尔松在其作品中反复表达了对宗教分裂等时代灾难的痛心,并表达了对教士在愚人节期间放纵狂欢的极端愤怒。在 1400 年给教皇特使、也是唯名论者的皮埃尔·德·阿伊(Pierre d'Ailly)的书信和 1402 年一篇题为《反对愚人节》的短文中,吉尔松特别点名批评了地方的大教堂理事会,称他们本应是主教管辖的羊群的扶助者和保护者,现在却变成了无耻的白眼狼。他因此主张在压制这种狂欢习俗时不应手软,甚至可以借助世俗权力的力量达到目的。③

唯名论可被视作宗教改革和人文主义的先声。不过,在 14—15 世纪,人们还只是寻求在传统教会的体系之内进行改革,由宗教分裂直接推动的公会议至上(Conciliarism)运动就是其重要组成部分,而这一运动的出现也与近代政治思想的演变有着深层的联系。除了限制教皇的权力之外,它也涉及旨在"纯化"信仰的重要改革内容。例如,巴塞尔公会议在 1435 年就教会的得体行为发布了一系列教令,包括禁止人们在教堂及其墓地进行愚人节庆祝。有研究者敏锐地注意到,这一禁令"仅限定了节庆地点而不是节庆本身",即只是把愚人节逐出教堂及其墓地,而不是予以取缔。④ 尽管如此,决议仍具有重要的意义,因为它表明教会上层已经就压制愚人节的问题达成普遍共识。

巴塞尔公会议后来的分裂和失败,标志着教会通过分权式的内部改革来化解危机的方案彻底落空。然而,这绝不意味着改革思想的失败。1438 年 7 月,法国国王查理七世以国事诏书的形式确认了巴塞尔公会议的成果,使它成为法国的教会法律,并由高等法院监督执行。诏书对教令作了一些有利于法国教会自主和加强国王权威的修改,但有关愚人节的部分未作任何改动。⑤ 此举显然有着重要的政治考量,因为时任罗马教皇一直对巴塞

---

① 米歇尔·沃维尔:《死亡文化史》,高潜翰、蔡锦涛译,北京:中国人民大学出版社,2004 年,第 69 页。

② Max Harris, *Sacred Folly*, pp. 159-166.

③ Jean Gerson, *Jean Gerson: Early Works*, trans. Brian Patrick McGuire, New York-Mahwah: Paulist Press, 1998, pp. 168-169; Jean Gerson, *Contre la fête des fous*, pp. 409-411.

④ Max Harris, *Sacred Folly*, pp. 208-209.

⑤ Max Harris, *Sacred Folly*, pp. 209-210.

尔公会议怀有戒心，并于查理七世颁布诏书后一个月就把会议转移到费拉拉以加强对它的控制。因此，事件的背后是王权、教权之争，而压制愚人节也由此与民族国家崛起这一重要的近代化进程联系在了一起。

在上述形势下，教会长期压制愚人节的努力终于取得进展，被吉尔松点名批评的地方大教堂理事会开始有限度地配合对愚人节的压制。与巴塞尔公会议的教令一致，教会改革愚人节的主要举措是将其逐出教堂，这可以看作是双方暂时达成妥协的结果。许多其他地方也有类似的规定。例如，1403 年，桑利斯大教堂理事会决定，他们的愚人节"教皇"不应再进入教堂，不过在教堂外面的活动不受限制。当地的圣奥默尔(St.-Omer)联合教堂则在 1421 年规定愚人节"主教"不得在举行圣事期间进入教堂。特鲁瓦则要求将愚人节的宴会从公共酒馆转移到议事司铎家里。[①] 总之，这同样是一个漫长的、在不断反复中渐进的过程，它没有确切的起点，甚至也没有确切的终点。各地的进度并不一致，但总体趋势不可逆转。

从各地的规定中可以看出，这个时期的教会除了限定"教堂"这一特殊的空间场域之外，还限定了"举行圣事时"这一特殊的时间节点。因此，它们实际上是在强调宗教的时间和空间的特殊性，并与其他时间和空间区别开来。而愚人节游戏被排除出教会的空间，也意味着教会丧失了对节庆活动的控制权，进而导致游戏的世俗化。在同一时间，随着城市的迅速发展，世俗的游戏社团迅速崛起，它们在组织狂欢节等游戏活动时相对来说没有宗教上的顾虑，因而更加自由，也更直接贴近民众的信仰和生活状况，并日益挤压了传统愚人节的生存空间。新兴的人文主义思想则强调个人的独立，对传统游戏的看法也更加世俗化。此外，随着近代化进程的推进，无论是新教还是天主教，一个更有教养、并因此在文化上脱离本地社群民众的教士阶层也逐渐形成。天主教 1562 年的第 22 次特兰托公会议不仅明令禁止教堂内的游戏，还特别规定教士要通过自身的行为使民众产生崇敬感，因而无论是穿着、举止、步态、言谈还是其他方面都必须给人们作榜样，并避免奢华、宴饮、跳舞、赌博、游戏及一切罪行和世俗追求。[②] 所有这些变化都使愚人节失去了存在的意义和基础。尽管有极个别地方的愚人节活动一直延续到18 世纪，但绝大多数地方的活动都在 16 世纪被取缔了。

---

① 上述及更多例子参见 Max Harris, *Sacred Folly*, pp. 164，193-198，200-203，210-214，214-215；Jean-Baptiste Thiers, *Traité des jeux et des divertissemens*, pp. 444-449。

② Henry J. Schroeder (ed. and trans.), *Canons and Decrees of the Council of Trent*, St. Louis：B. Herder，1941，pp. 150-153.

愚人节衰落的过程,也就是教会与世俗生活分离的过程,这是中世纪晚期至近代早期的信仰"纯化"运动的第一个阶段。不过,当时的教会可能没有料到,这一演变使它丧失了对世俗事务的话语权,最终"上帝的归上帝,凯撒的归凯撒"。从这个意义上说,它也是"理性化"这一近代化进程的重要开端。与此同时,教会也在时间、空间和人员所有这些层面上日益脱离本地社群。此前的教士阶层尽管拥有自身的文化,但他们仍旧属于中世纪生活"共同体"不可分割的一部分,并共享着大众阶层的文化、信仰、群体认同和生活方式。近代化造成了"共同体"的解体,造就了一个掌握着话语权并高于(或自认为在所有方面均高于)大众的教士阶层。社会各阶层之间的隔阂和冲突由此产生。从此以后,大众阶层的文化变成了低俗、无序的代名词,成为要改革和压制的对象。传统社会原有的自然的和谐永远地消失了。只有在这个时候,才说得上是教会作为一个统治阶层在"容忍"民间的狂欢文化。

二、"大斋节"的胜利

16—17世纪狂欢文化的演变,特别是不同人群对它的态度变化,也十分鲜明地反映了这个时期法国文化分层的状况。

如前文所述,大约从16世纪开始,"大斋节"在与"狂欢节"的对抗中占据了绝对的优势。也是在这个时期,西欧各地开始出现了许多"处死"或驱逐"狂欢节"的案例。比如在15世纪末的意大利,宗教改革家萨沃纳罗拉曾带人把"扎成丑陋和可憎的怪兽模样"的"狂欢节"投入火堆。[①] 在1540年的纽伦堡,路德的朋友汉斯·萨克斯(Hans Sachs)在描写这年狂欢节的一首诗中,把"狂欢节"描绘成一个丑陋、贪婪却无耳无目的野人,并让它在纽伦堡的河里淹死。[②] 1605年在巴黎出版的一本小册子则详尽地描述了"大斋节"老爷审判并流放"狂欢节"的过程。在一开头,作者便堆砌了大量极端贬抑的词汇来给"狂欢节"作了最恶劣的定性,包括"狂人(fol)、笨蛋(lourdaut)、伪善者(loup)、坏蛋(meschant)、厚颜无耻的人(effronté)、邪恶的人(villain)、荒诞的人(insensé)、粗野的人(animal)、暴食者(glouton)、酒鬼(beuveur)、流氓(vaurien)、蠢货(sot)、无赖(faquin),生于猪圈之中,欺诈舞弊,恶贯满盈"等。"大斋节"老爷最后宣布了对"狂欢节"的处罚。人们先

---

① 彼得·伯克:《欧洲近代早期的大众文化》,第280页。
② Samuel Kinser, "Why Is Carnival So Wild?", in Konrad Eisenbichler and Wim Hüsker (eds.), *Carnival and the Carnivalesque: The Fool, the Reformer, the Wildman, and Others in Early Modern Theatre*, Amsterdam: Rodopi, 1999, p. 69.

要在城市广场上和商店前面用兔皮抽打他,然后把他放到一只小船上,身上挂着两只鸡,以示他随时都只想着吃喝。星期三零时,他要在所有人的谴责中被放逐一年。为示羞辱并把他赶走,人们要用菊苣、野芹、马齿苋、萝卜以及各种海鱼、淡水鱼、鲜鱼、咸鱼(这些都是大斋节期间的食物)抽打他。"狂欢节"要带上他所有的伙伴和工具一同离开,包括大小香肠、脂肪、牛排、牛肉、羊肉等(这些都是狂欢节期间的食物)。胆敢收留他的人将被监禁和罚款。① 从这些例子可以看出,至少在相当一部分人那里,狂欢节的形象已明显变得非常负面。但它们同样反映了一个十分有趣的现象,即这些对狂欢文化的攻击恰恰也采用了狂欢文化的形式,它再次证明中世纪的狂欢文化是所有人的文化,而不仅仅局限于所谓的民间或大众阶层。由于所秉承的是同一种文化规则,反对者们也不自觉地运用狂欢文化来攻击狂欢文化本身。

综合分析狂欢节的形象发生变化的原因,我们首先注意到了宗教意识的影响。在中世纪晚期,西欧基督教世界兴起一股信仰"纯化"的潮流,它首先是从教会内部发起,并在 15 世纪前后把"愚人节"这种原先由教会主导,并带有明显的非基督教色彩的狂欢节庆逐出教会的空间。到了 16 世纪,这股潮流已经由教会内部迅速扩散到更广阔的社会空间,令整体宗教氛围发生了根本性的变化。从这个意义上说,处死"狂欢节"与宗教改革时期破坏圣像的热潮有异曲同工之处。事实上,许多破坏圣像的活动正是在狂欢节期间以狂欢游戏的形式展开的。在 1529 年的巴塞尔,破坏圣像的暴动从肥美星期二开始,人们唱着狂欢歌曲,大肆辱骂从教堂搬出来的偶像。圣灰星期三,人们点起巨大的火堆,庄重地焚烧那些画像和偶像。1530 年德国的艾恩贝克(Einbeck)、1567 年荷兰的登布里尔(Den Briel)也在圣灰星期三焚烧了偶像,后者还进行了公开的"滑稽审判"。这种做法并非改革者所独有,因为教会的支持者同样在狂欢节期间焚烧茨温格利或路德的模拟像。② 不过,新的变化也在酝酿当中。1562 年,鲁昂的"笨蛋修道院"照例组织狂欢节的活动,信奉加尔文教的民众并没有以狂欢的方式进行反击,而是直接朝他们投掷石子,把他们从大街上赶走。③ 16 世纪末,宗教氛围的变化在法国上层社会产生了决定性的影响。在那个时候,法国国王亨利三世还保持着

① *Procez et amples examinations sur la vie de Caresme-prenant*,Paris,1605.
② 彼得·伯克:《欧洲近代早期的大众文化》,第 280 页;Sergiusz Michalski,*The Reformation and the Visual Arts:The Protestant Image Question in Western and Eastern Europe*,London:Routledge,1993,pp. 93-94.
③ Dylan Reid,"Carnival in Rouen:A History of the Abbaye des Conards",p. 1044.

在每年的狂欢节戴着面具到大街上参加狂欢的习惯。1583 年狂欢日,他又带着他的嬖幸们(mignons)出去彻夜狂欢,直到翌日凌晨六点才回到王宫。巴黎的许多神父都在布道时公开批评国王,其中国王的一位御用神父批评得尤其严厉。这些批评尽管令国王不悦,但在接下来的几年里,情况逐渐发生了变化。从 1586 年开始,国王连续三年没有在狂欢日"像往年那样骑马到巴黎大街上游玩,甚至还明令禁止所有的假面舞会和假面活动"。根据当时人的记录,到了亨利三世遇刺的 1589 年,狂欢日"放荡、污秽"的假面狂欢已经变成了"有序、虔诚"的游行。[1] 其后亨利四世尽管又故态复萌(这显然与他的出身有关),但从他在巴黎生长的儿子路易十三开始,法国国王已不再像先辈那样参加大街上的狂欢,这可以看作是世俗上层退出狂欢传统的标志。而在民间,也是在 16 世纪末,原先放肆喧闹的狂欢游行也开始变成庄严肃穆、秩序井然的宗教游行。[2] 这说明,在新的宗教氛围的影响下,狂欢文化的反对者也逐渐摒弃了这种文化,令狂欢文化以及它所代表的民间宗教在基督教世界里丧失了存在的合法性。

三、虐猫狂欢的演变

在讨论游戏的宗教性时,我们必须注意,这里所说的宗教并非仅指正统的基督教信仰。新教和天主教的改革尽管带来了基督教信仰的"纯化",但猎巫运动表明,宗教改革时期教会的一些做法明显带有民间信仰的性质。而在猎巫运动结束之后,巫术信仰依旧在民间长期存在。就游戏而言,近代的城市化和宗教改革带来的游戏世俗化尽管成效显著,但这主要发生在社会中上层。18 世纪以后,传统信仰在城市下层和农村社会仍旧拥有顽强的生命力。这里以罗伯特·达恩顿讨论过的"屠猫狂欢"事件为例来分析这一问题。不过在进入宗教问题之前,我们需要先稍微跳出主题,了解一下中世纪以来法国人对于猫的基本看法。

从中世纪到 18 世纪,厌恶乃至憎恨一直是法国人对猫的主流态度,而猫的野性——即跟人不亲近,这在后来的城市化时代被解释为猫的独立性——是这种厌猫文化的底层逻辑。野性使猫游离于家养动物与野生动物之间,也游离于人类社会与荒野之间。在强调贵族庇护制下的公共生活的中世纪和近代早期,这种游离状态使猫显得十分可疑。这样的猫与同样被

---

[1] Pierre de l'Estoile, *Registre-journal d'un curieux etc. pendant le règne de Henri III* (1574-1589), Paris: Didier, 1854, pp. 158-159, 169, 181, 214-215, 246, 284.

[2] 让-皮埃尔·里乌等主编:《法国文化史》卷二,第 208 页。

欧洲基督教世界排挤的犹太人和女巫有许多共通之处。

中世纪至近代早期,包括法国在内,西方的猫的文化形象大体沿着三条线索演进:野性难驯的猫、厌女主义的猫、巫魔化的猫。这三条线索时而独立演化,时而互相交叉,共同塑造了西方中世纪至近代早期的猫文化。

野性难驯和厌女主义的猫

西方中世纪的猫基本上是一只没有主人的野猫的形象。在这个时期,从人类视角看,猫的首要功用无疑是抓老鼠,这可以从中世纪的图书插画和民间故事中得到证明。英国历史学家凯瑟琳·沃克-梅克尔(Kathleen Walker-Meikle)曾把中世纪手稿中包含有猫的插画汇编成一本小册子。根据这些图像资料,16世纪以前的猫主要就是以捕鼠者的形象出现的。[①] 法国和英国中世纪的民间故事也反映了这一点。在法国中世纪的民间故事集《列那狐传奇》的一个故事中,蒂贝尔猫奉狮王之命传唤列那出席领主法庭,但狐狸利用猫的捕鼠本能让它上当受困,差点儿被神父抓住;而在争夺香肠故事的一个中世纪分支中,猫跳上十字架准备独吞香肠,却一不小心让香肠掉落到狐狸口中,因为狐狸假装草丛里有老鼠,让猫分了心。[②] 英国的《坎特伯雷故事》也说,如果一只猫在铺了锦绸的床榻上吃乳酪和嫩肉之时,有一只老鼠从墙角处跑过,猫立刻就会忘掉乳酪、肉和一切讲究的东西,而跑去抓老鼠,因为它吃鼠的欲念盖过了一切。法国的《玫瑰传奇》等中世纪文本中也有类似的说法。[③] 洛朗斯·博比提出,捕鼠功能使中世纪的猫介于"驯化"和"野性"之间,因为人类要利用它的这种野性本能来为自己服务。[④] 因此,尽管中世纪的人们也试图驯化猫,但这是出于生产的需要,而非把猫当作伴侣或宠物。

《列那狐传奇》提供了许多关于野性的猫的细节。在中世纪版本的《列那狐传奇》中,蒂贝尔猫要么独来独往,要么与狐狸结伴而行。它总是跟狐狸一样饥肠辘辘,还经常一起被人和狗追赶、殴打,直至筋疲力尽、伤痕累累。但猫跟狐狸绝非朋友,它们临时结盟只是为了寻找食物,且随时随地都在钩心斗角。在故事集中,蒂贝尔猫表现得异常聪明(或狡诈)。包括狮王

---

① Kathleen Walker-Meikle, *Cats in Medieval Manuscripts*, London: The British Library, 2011.

② 列那狐故事的中世纪文本方面,本书主要参考阿尔芒·施特鲁贝尔编译的古法语与现代法语对照本(Armand Strubel [ed.], *Le roman de Renart*, Paris: Gallimard, 1998),它较全面地呈现了中世纪列那狐故事的各个分支。上述两个故事分支参见该书第23—25页和第837—840页。

③ 杰弗里·乔叟:《坎特伯雷故事》,方重译,北京:人民文学出版社,2004年,第304页;Laurence Bobis, *Une histoire du chat: de l'antiquité à nos jours*, Paris: Fayard, 2000, pp. 131-132。

④ Laurence Bobis, *Une histoire du chat: de l'antiquité à nos jours*, p. 134.

和狼在内,所有动物都在狡诈的狐狸面前吃尽苦头,但唯独猫能在智力上与狐狸一较高下。诚然,在"蒂贝尔猫的晚祷""审判列那"等故事分支中,猫也屡次上过狐狸的当,甚至丢掉了尾巴;但在争夺香肠、躲避陷阱等分支中,猫却是斗争的赢家。总之,蒂贝尔猫与狐狸更加接近乃至亲近。相比之下,狗则总是与人类相伴,两者一起作为猫和狐狸的敌人出现。

将"蒂贝尔猫与香肠"故事分支(不同于前述香肠故事分支)的中世纪版本与一些现代版本进行比较,可以充分地反映猫的上述特征。这个故事的梗概是猫和狐狸一起得到了一副香肠,但它们谁都不想分给对方。斗智的结果是,猫爬上一个十字架,当着狐狸的面把整副香肠吃掉,不会攀爬的狐狸只能干瞪眼。中世纪版本与现代版本最重要的区别在于如何获得这副香肠。在玛特 · H. 吉罗(Mad H.-Giraud)初版于 1933 年的现代改编版本中,故事发生在一个农庄,女仆把主人留给狗的香肠暂时放在窗台上,结果猫跟狐狸合作把香肠弄到了手。① 有的汉语编译版本甚至把这户人家说成是猫的主人。② 反观中世纪版本,这副香肠跟狗和人类没有任何直接关系。在故事集中,刚刚逃脱狗群追捕的狐狸在"道路中央"遇上了在玩自己的尾巴的猫,它们于是同行。它们在林间的道路上遇到人类设下的陷阱,狐狸想把猫骗进去,被猫识破。这时农夫和狗群追来,慌乱之中,狐狸反而被猫推进了陷阱。费尽力气方才逃出生天的狐狸再次遇上猫,双方"和好",再次结伴而行。它们踏上一条山野小路(sentier),一样地饥肠辘辘。随后,它们意外地在田边发现了一条大香肠。③ 而在前面所说的香肠故事版本中,狐狸到来之前,猫和蚂蚁、白鼬、松鼠在野外的一块墓地上商量如何瓜分一副不知从何处弄来的香肠。由此可见,中世纪蒂贝尔猫具有十分明显的野猫属性:它不像狗那样与人为伴,更没有主人;相反,它和狐狸一样不仅是狗的敌人,也是人类捕猎的对象。它游走于荒野与人类世界之间,但来到人类世界不是为了获得依靠,而是为了得到食物。这样的猫不是家畜,更不是人类的伴侣。

那么,对于中世纪的人来说,猫意味着什么? 在《列那狐传奇》中,猫对

① Mad H.-Giraud, *Le roman de Renart*, *joyeuses aventures des compères Renart et Ysengrin*, Paris: Delagrave, 1951, pp. 45-49. 严大椿译本(初版于 1957 年)是对该版本较忠实的翻译(玛·阿希-季浩:《狐狸列那的故事》,严大椿、胡毓寅译,上海:少年儿童出版社,1997 年,第 40—44 页)。

② 玛特·季诺:《列那狐的故事》,尹丹编译,北京:中国妇女出版社,2018 年,第 66—74 页。

③ 该故事分支的中世纪版本参见 Armand Strubel (ed.), *Le roman de Renart*, pp. 272-279. 译林出版社译自 19 世纪的保兰·帕里的版本尽管对故事做了重新编排,但内容总体上较接近中世纪的版本(保兰·帕里编著:《列那狐的故事》,陈伟译,南京:译林出版社,2009 年,第 66—74 页)。

人类只有一个用处：不是抓老鼠——这被视作猫贪婪的表征——而是跟狐狸等野生动物一样给人类提供毛皮。在"蒂贝尔猫的晚祷"故事分支中，狐狸对猫说：如果你被人类抓住，我将无法赎回你，因为他们不接受赎金，而只想要你的灰皮袄。猫被围困在树上时，它咒骂拿木棍攻击它的神父，称他只想着用它的毛皮给自己和跟他同住的妓女做一件皮袄。而在"蒂贝尔猫与两神父"故事分支中，神父一见到猫，首先想到的是用它的毛皮做一顶帽子，用它的尾巴做围脖。①

　　中世纪的人们还在驯化猫的过程中遭遇了许多挫折。有一些证据表明，人们希望猫留在家里，它却总往外面跑。14、15 世纪之交，佛罗伦萨一对夫妇曾在通信中提到，他们曾多次把猫拴住，以防止它们从家里逃跑。②《坎特伯雷故事》中"巴斯妇的故事"提到，一只猫如果被人烫坏了皮毛，它就会留住家里，再也不走了；但如果皮毛光润美观，它决不肯在家待上半天，而是不等天亮就要到外面去炫耀卖弄。③ 12—13 世纪的法国教士雅克·德·维特里（Jacques de Vitry）也讲述了这样一则故事：一只美丽的猫喜欢到处游荡，直到主人烧掉它的尾巴，拔掉它的毛，它就羞愧得不敢出门了。④ 这些事例反映了猫介于家养动物和野生动物之间的双重性格，而在这两种性格当中，野性明显占据了上风。驯化猫的失败给人带来极大的挫败感，以致人们采取极端手段。尤其是与忠诚的狗进行比较时，这种中间状态意味着猫是一种不忠诚的动物。在中世纪的男权社会中，这种不忠很容易让人把猫和女性联系在一起。事实上，上面的后两个故事都在用爱美或虚荣、爱外出游荡的猫来比喻女人。中世纪甚至有谚语说道：没有人看得住一只皮毛漂亮的猫或一个衣着华丽的女人。⑤ 我们将在后文的分析中看到，将猫与女性相类比的做法贯穿了从中世纪到现代的整个历史进程。

虐猫狂欢与巫魔信仰

　　在中世纪晚期和近代早期，野性和厌女主义的猫还与巫魔化的猫深深纠缠在一起。不过，中世纪的《列那狐传奇》并未将猫与巫术和魔鬼直接联系起来。当然，想抓住猫剥取其毛皮的神父在自己反被猫抓伤时曾把猫称

① Armand Strubel（ed.），*Le roman de Renart*，pp. 226，228 & 287.
② Kathleen Walker-Meikle，*Medieval Pets*，Woodbridge，The Boydell Press，2012，p. 30.
③ 杰弗里·乔叟：《坎特伯雷故事》，第 94 页。
④ 转引自 Kathleen Walker-Meikle，*Medieval Pets*，p. 12。更多类似案例参见 Laurence Bobis，*Une histoire du chat：de l'antiquité à nos jours*，pp. 117-118.
⑤ Laurence Bobis，*Une histoire du chat：de l'antiquité à nos jours*，p. 119.

作魔鬼,被吊在钟绳上的猫也曾被农民认作魔鬼。而猫也把攻击它的农夫和诱骗它上当的狐狸称作魔鬼的同党。① 因此,这种在特定条件下进行的比附并没有普遍的文化意义。

猫与魔鬼正式发生关联是在 12 世纪,当时法国神学家阿兰·德·里尔(Alan de Lille)认为清洁派(Cathars)的名字源自猫,他指责该派教徒崇拜一只由魔鬼伪装成的黑猫,并在礼拜仪式中亲吻它的屁股。② 1233 年,教皇格里高利九世在一份教皇通谕中谴责德国的异教徒时也作出了同样的指控。③ 基督教世界对猫——尤其是黑猫——的迫害由此开启。在对圣殿骑士团的指控里就有一条是他们崇拜黑猫。宗教改革时期,路德和他的敌人也不约而同地把对方描绘成猫或与猫勾结的形象。有学者认为,欧洲由此发起的屠猫运动令中世纪城镇中的猫几乎绝迹,造成老鼠泛滥成灾,进而导致鼠疫横行。④ 这也许是夸大其词。但无论如何,受这种宗教意识形态影响,文艺复兴晚期的欧洲出现了大量将猫巫魔化的绘画作品。如同后来弥尔顿在《失乐园》中所描绘的那样,在这个时期的绘画作品所呈现的时空中,猫(和所有其他动物)有一个性情突变的历史节点:人类的堕落。不少画作(如图 2-1)都呈现了这样一个主题:亚当和夏娃赤身裸体地站在伊甸园的智

图 2-1 阿尔布雷希特·丢勒(Albrecht Dürer)《亚当和夏娃》,1504 年(右图为局部)

---

① Armand Strubel (ed.), *Le roman de Renart*, pp. 248, 251 & 290.

② Kathleen Walker-Meikle, *Medieval Pets*, pp. 12-13.

③ 该教皇通谕的英译本参见 Donald Engels, *Classical Cats: The Rise and Fall of the Sacred Cat*, London: Routledge, 1999, pp. 183-187。

④ 参见 Donald Engels, *Classical Cats: The Rise and Fall of the Sacred Cat*, pp. 160-162。

图 2-2　科西莫·罗塞利（Cosimo Rosselli）《最后的晚餐》，1481 年（右图为局部）

慧之树下面，禁果已经由蛇传递给夏娃，再由夏娃传递到亚当手上，但尚未送入口中；在他们身边，猫对从眼前爬过的老鼠无动于衷，所有动物都在享受最后的和平时刻。在这之后，一切都变了。到了表现神圣家族——通常是圣母陪伴幼年耶稣，有时还会加上约瑟和幼年圣约翰——的画作中，经常会出现一只金翅雀，画面显得平静而祥和。但在一个角落里，总有一只或是瞪大眼睛、或是假寐的猫，随时准备向象征着耶稣受难的金翅雀发起致命一击。"最后的晚餐"也是一个广受欢迎的绘画主题（如图 2-2）：长长的餐桌把画中人物分成两个部分，耶稣和绝大多数门徒都被安排在餐桌内侧，面朝画外；唯有背叛耶稣的犹大坐在靠近观众一侧，面对耶稣，但背对观众。犹大的身边或脚下总有一只猫，有时画面中还有一条狗跟它对峙。很明显，猫在这些作品里代表着撒旦，狗则代表上帝。①

　　此类绘画在宗教改革和猎巫运动期间大量涌现并不奇怪，因为欧洲城镇的屠猫活动正是在该时期趋于白热化。在伊普勒（Ypres，今属比利时），每年大斋节的第二个星期三都要举行"屠猫节"，人们把猫从一座高塔上扔下来。1475 年，他们把绑着缎带的猫放进瓦罐里，再用绳子吊在半空。游戏选手坐在马车上冲过来，挥拳打破瓦罐，再把缎带从猫身上解下来，但要注意避开备受惊吓的猫的利爪。最后绳索被割断，猫四处逃窜，被手执棍棒

① Elisabeth Foucart-Walter 和 Pierre Rosenberg 在《画猫：15—20 世纪西方绘画中的猫》一书中研究了许多这些画作，可惜未能很好地梳理出猫形象历史演变的脉络。参见 Elisabeth Foucart-Walter and Pierre Rosenberg, *The Painted Cat*: *The Cat in Western Painting from the Fifteenth to the Twentieth Century*, New York：Rizzoli, 1988, pp. 7-8, 45-47, 50-51, 54-55, 60-63, 84-85, etc.

的顽童们到处追打。① 在巴黎,每年的圣约翰节前夜都会在格雷夫(Grève)广场上举行焚猫仪式:人们堆好柴火,然后把数十只猫装进袋子里,挂在柴堆上焚烧。王公贵族在专门搭建的看台上观看。仪式结束后,民众一同享受国王举办的公共宴会。他们还会把余烬带回家,因为这样会带来好运。1573 年,一个名叫卢卡·波默罗(Lucas Pommereux)的人领到一百个苏,作为提供节日用猫的报酬。至迟在 1648 年,十岁的路易十四还在此类活动中亲自点火并在旁边跳舞——不过据弗雷泽说,这是法国国王最后一次主持这种仪式。② 梅兹和圣夏蒙(Saint Chamand)的圣约翰节前夜也有同样的焚猫仪式。③

这些屠猫游戏有什么样的意义? 罗伯特·达恩顿在《屠猫记》中向我们展示了猫在中世纪的民间文化中是如何与魔鬼、巫术、迷信联系在一起的。罗贝尔·米桑布莱德从中世纪人们面临的或真实、或想象的恐惧出发,指出在节庆场合屠杀动物具有驱逐恶灵、保护社群安全的意义。埃斯特·科恩(Esther Cohen)则提供了另一种解释,他从《圣经》中找到依据,发现动物有时被看作人类社会的镜像并替人类承担罪罚,尤其是当游戏仪式与圣约翰节或大斋节这些具有清洁寓意的节日联系在一起时,公开处死无辜的动物就具有了清除人类社群的罪孽的作用。④ 焚猫的节日篝火同样具有"净化"功能,因而被认为犯有所谓"异端"罪行的人都被处以火刑,包括圣女贞德、布鲁诺、女巫和猫。总之,屠猫游戏的宗教性是显而易见的。我们注意到,巴黎人在圣约翰节举行焚猫仪式的格雷夫广场也是公开处决死刑犯的刑场,焚猫仪式的驱邪功能似乎与此有内在的关联。

本书想强调的是,屠猫与猎巫运动的高潮在时间上大致重合,而猫的形象也在此期间发生了一个重要的新变化,即在猫与魔鬼的联系之间添加了两个新的元素:女性和巫术。鉴于猫与中世纪厌女主义传统之间的紧密联

① Esther Cohen, *Animals in Medieval Perceptions*, p. 66;Robert Muchembled, *Popular Culture and Elite Culture in France 1400-1750*, p. 148.

② Esther Cohen, *Animals in Medieval Perceptions*, p. 66;Constant Leber, ed., *Collection des meilleurs dissertations, notices et traités particuliers relatifs à l'histoire de France*, t. 8, Paris: J.-G. Dentu, 1826, p. 477;詹·乔·弗雷泽:《金枝——巫术与宗教之研究》,第 926—927 页。

③ Esther Cohen, *Animals in Medieval Perceptions*, p. 66.

④ 罗伯特·达恩顿:《屠猫狂欢:法国文化史钩沉》,吕健忠译,北京:商务印书馆,2017 年,第 105—107 页;Robert Muchembled, *Popular Culture and Elite Culture in France 1400-1750*, pp. 57-58; Esther Cohen, "Animals in Medieval Perceptions: the Image of the Ubiquitous Other", pp. 66-67.

系,出现这种关联再正常不过。15世纪末,教皇英诺森八世下令将女巫和她们的猫一起烧死,宣告了教会对这种关联的官方认可,并预示着猎巫运动高潮的到来。① 此后一直到17世纪,欧洲各地出现了许多女性变身成猫的指控。猎巫运动期间十分流行的《女巫之锤》就讲了这样一个故事:斯特拉斯堡附近的一名男子在树林里打了三只攻击他的猫,回去后他却被逮捕,理由是他殴打了村里的三名妇女。②

　　近代早期,欧洲许多地方都相信魔鬼会化成肉身,变成某种动物——最常见的自然是猫,此外还有兔子、老鼠、羊、蟾蜍,偶尔也有狗。它们从女巫身上的第三个乳头吸食女巫的一滴血后,就会成为女巫的"亲密伴侣"(familiar)③。这第三个乳头被视为魔鬼在其心腹身上留下的印记,它通常位于女巫的生殖器或肛门处,这给女巫与魔鬼通过"亲密伴侣"达成的关系中增添一层色情意味。④ 16—17世纪的女巫审判揭示了许多这样的案例,不过档案中通常把这些动物伴侣称作"小恶魔"(imps)。例如16世纪下半叶在英国受审的伊丽莎白·弗兰西斯(Elizabeth Francis)承认,自己从12岁起就接受跟夏娃同名的祖母的巫术指导,并从祖母那里得到一只名叫"撒旦"的猫。她喂给猫一滴血后,双方建立起了伴侣关系。审讯记录特别提到,伊丽莎白·弗兰西斯平时用"面包和牛奶"来喂养"撒旦"。"撒旦"也会要求获得伊丽莎白·弗兰西斯的血滴作为满足她的愿望的报酬,不过这些血是她从身上不同的部位刺出来的。伊丽莎白·弗兰西斯通过"撒旦"谋害了她的情人、胎儿、丈夫、才几个月大的女儿。十五六年后,她把"撒旦"送给一位年迈的女性邻居,后者也用它来谋财害命。后来两人均以巫术罪被处以绞刑。⑤ 这个案件中的许多细节在当时的巫术审判中具有共通性。⑥ 就本书而言,如若剥离掉用血喂养动物及动物与魔鬼的联系等明显属于想象的成分,这些案例的共通性中有两个方面具有特殊的意义:一是这些动物与

---

① Donald Engels, *Classical Cats：The Rise and Fall of the Sacred Cat*, p. 188.

② 《女巫之锤》第九章,转引自 Laura Vocelle, *Revered and Reviled：A Complete History of the Domestic Cat*, Great Cat Publications, 2016, p. 107。

③ 在当代法语中,"宠物"也被称作 animal familier。

④ Maryse Simon, "Les métamorphoses diaboliques：Croyances et controverses", in Antoine Follain et Maryse Simon（eds.）, *Sorcellerie savante et mentalités populaires*, Strasbourg：Presses universitaires de Strasbourg, 2013, pp. 89-116.

⑤ Alan C. Kors and Edward Peters(eds.), *Witchcraft in Europe, 1100-1700：A Documentary History*, Philadelphia：University of Pennsylvania Press Philadelphia, 1972, pp. 229-235.

⑥ 更多案例参见 M. A. Murray, "Witches' Familiars in England", *Man*, Vol. 18（Jul., 1918）, pp. 101-104。

主人之间异常亲密的关系,二是这些伴侣动物都是用牛奶、面包等较为精细的食物来喂养的(而不是喂残羹剩饭或任由它们自生自灭)。假如这些细节都是真实存在的话,按照现代标准,它们都是把猫当作宠物饲养的表现。然而,在那个物质并不富足、人们对动物尤其是对猫的情感普遍冷漠的时代,这两种行为哪怕是出于幻想,也极易引起人们的怀疑和反感,从而催生了其主人与魔鬼勾结的想象。这种怀疑严重阻碍了猫变成人们普遍接受的宠物的历史进程。

当然,17 世纪以前,欧洲也有一些真正把猫当作宠物饲养且未招致巫术指控的案例。它们基本集中在各国的贵族上层,其中既有女性也有男性,因为这个阶层有足够的财力和特权资本,能够"正当"地饲养宠物并抵御那些荒诞的指控。1496 年,曼图亚侯爵夫人伊莎贝拉写信给身在威尼斯的安东尼奥·萨林贝尼,请他给她找三四只叙利亚猫,因为她的房间里有老鼠。这显然是要兼顾实用功能和宠物的双重需要,但一直未能如愿。后来另一位曼图亚廷臣在威尼斯看中了一只"戴着一个装饰有铃铛的小项圈"的漂亮的叙利亚猫,但它年迈的女主人和她的儿子都顽固地拒绝出售。这对爱猫母子的社会地位显然不低。同样爱猫的还有 16 世纪的英国枢机主教沃尔西和 17 世纪的法国枢机主教黎塞留,后者甚至在遗嘱中留出一大笔钱给他的 12 只猫。一些贵妇人和诗人也开始给死去的爱猫写墓志铭。一些作家也喜欢猫。彼得拉克就把他死去的爱猫做成了标本。法国贵族作家、七星诗社成员约阿希姆·杜·贝莱也为他的猫写过悼亡诗。[1] 尽管如此,一直到 18 世纪,欧洲上层社会中把猫视作宠物的情况仍旧相当罕见。

当与狗的待遇相比较时,猫所遭受的冷落就愈加明显了。根据 10 世纪的威尔士法律,猫的价值是按照抓老鼠的能力来界定的:未睁眼的小猫值一便士,睁眼但不能捕鼠的猫值两便士,能抓老鼠的猫值四便士。相比之下,狗的价值则按照主人的社会等级来界定,且狗比猫贵得多:国王和贵族的狗值一英镑,自由人的狗值 120 便士,非自由人的狗值四便士。最贵的猫的价值仅与非自由人的狗相当。[2] 到了近代早期,欧洲贵族不仅普遍养狗,狗的品种也区分得很细。更重要的是,狗还频繁地出现在贵族男女的肖像画中:男性的肖像画突出狩猎用的狗,女性的肖像画则突出漂亮的小狗。由于狩猎是贵族的特权,这些狗都是主人的身份地位的象征。近代欧洲的贵族还会单独为

① Kathleen Walker-Meikle, *Medieval Pets*, pp. 29 & 99-100; Laura Vocelle, *Revered and Reviled: A Complete History of the Domestic Cat*, pp. 97, 107 & 148.

② Kathleen Walker-Meikle, *Medieval Pets*, pp. 27-28.

他们的爱犬画肖像,挂在主人的房间里。猫则基本没有此种待遇。此外,欧洲最迟在 15 世纪就已出现了关于狗的专著并得到认可,但有关猫的专著则要等到 19 世纪才被普遍接受。凯瑟琳·麦克多诺格研究近代宫廷宠物的著作虽然以"猫和狗"为书名,但书中狗出现的频次远远超过了猫。① 总之,在 18 世纪以前,欧洲尽管不乏爱猫的案例,但数量不多,而且很难找出结构性的特征。换言之,猫在这个时期尚未成为被普遍接受的宠物。

在 17 世纪的法国宫廷,焚猫游戏的宗教性已经淡化。1604 年 6 月 24 日(即圣约翰节前夜),年仅三岁的路易十三向父亲求情,成功地解救了人们准备在圣约翰节投入篝火里焚烧的猫。记录此事的宫廷医生艾罗阿尔在页边上隆重地添加了一个完全世俗化的,并且充满了人文主义气息的评论:"人道(humane)!"②但六年之后,快到圣约翰节的时候(6 月 16 日),路易十三却又玩起了一种骑马追猫的游戏。③ 至迟在 1648 年,十岁的路易十四还亲自点火并在旁边跳舞——不过据弗雷泽说,这是法国国王最后一次主持这种仪式。④

达恩顿分析的孔塔《印刷工人轶事》显示,到了 18 世纪上半叶,巴黎印刷业师傅的家庭已经普遍地把猫养作宠物,表明至少巴黎印刷业的资产阶级已不再相信猫与巫术和魔鬼的联系(详见后文)。但工人和学徒们的看法却与师傅这个资产阶级群体大相径庭。如前所述,"屠猫狂欢"在欧洲有着悠久的传统。这种以猫与巫术和魔鬼的联系为基础的狂欢游戏在 18 世纪已被城市中上层摒弃,但在以工人和学徒为代表的城市下层仍旧相当流行。此外,我们也应看到,尽管"屠猫狂欢"的宗教色彩依旧存在,但它也已经被阶级冲突和厌女传统冲淡了。

第三节　人文主义游戏伦理的兴起

15—16 世纪,法国的游戏伦理发生了两个重要的变化。第一个变化是

---

① 参见 Katharine MacDonogh, *Reigning Cats and Dogs: A History of Pets at Court Since the Renaissance*, New York: St. Martin's Press, 1999。

② M. Champfleury, *The Cat Past and Present*, trans. Cashel Hoey, London: George Bell and Sons, 1885, p. 179.

③ Jean Héroard, *Journal sur l'enfance et la jeunesse de Louis XIII*, t. 1, p. 74; t. 2, p. 9.

④ Esther Cohen, *Animals in Medieval Perceptions*, p. 66; Constant Leber (ed.), *Collection des meilleurs dissertations, notices et traités particuliers relatifs à l'histoire de France*, t. 8, p. 477;詹·乔·弗雷泽:《金枝——巫术与宗教之研究》,第 926—927 页。

在信仰"纯化"的背景下,游戏被逐出教会的空间,其后教会尽管也曾试图控制普通民众的游戏生活,但并未取得成功,这在 17 世纪最终导致了游戏伦理的世俗化,以及基督教的游戏伦理与世俗社会的游戏生活的彻底分离。第二个变化是人文主义游戏伦理的兴起,这种世俗化的伦理主张不仅取代宗教伦理掌握了游戏伦理的话语权,它还对游戏者以及游戏本身的发展演变产生了深远的影响。人文主义者关于游戏伦理的讨论还有一个鲜明的特点,即其首次把游戏与儿童紧密地联系在一起。

一、"儿童"的游戏?

之所以给"儿童"加上引号,是因为一直到近代的工业化为止,西欧社会关于儿童及儿童游戏的观念都非常模糊。菲利浦·阿利埃斯已经在这方面作了深入的研究,[①]因此这里只是稍作整理,并提供一些新的证据。完全否认中世纪存在儿童或儿童游戏的概念,这未免太过绝对,当时许多关于人生年龄段的划分和论述都可以提供反证,同时这些划分还经常把年龄段跟特定的游戏联系在一起。[②] 14 世纪下半叶的弗鲁瓦萨尔(Froissart,1337—1405)也曾说过"我从不放弃/玩各种儿童游戏/十二岁前的儿童的游戏"[③],证明游戏与年龄的联系是真实存在的。不过,由于缺乏像今天的各级学校这样能够强行构建全球基本统一的年龄观念的社会体系,不同的人对年龄段的理解差别很大。这也是导致观念模糊的一个重要原因。尽管如此,有一个问题是可以肯定的,即当时人们对儿童游戏的理解跟今天迥然不同。这主要表现在以下方面。

首先,许多在今天看来应该是儿童玩的游戏,在中世纪(及近代早期)普遍为成年人所分享。对于当时的人们来说,它们既是正常的成年人的游戏,同时也是儿童的游戏,二者并没有截然分开。我们可以参照一个比较极端的例子。1521 年三王节这天,圣波尔(Saint-Pol)伯爵当选为节日"国王",法国国王弗朗索瓦一世像往常一样向他"宣战",带人把伯爵的房子包围起来。就像在狂欢游戏中经常看到的一样,双方用雪球、苹果和鸡蛋互相攻击。我们之所以知道这次游戏,主要是因为国王在游戏中受了伤,使此事被记录下来。在双方玩得正酣的时候,突然有一被围者从窗户掷出一根燃烧着的木

---

① 参见菲利浦·阿利埃斯:《儿童的世纪:旧制度下的儿童和家庭生活》,尤其是第一部第四章"小小游戏史"。
② 参见让-皮埃尔·里乌等主编:《法国文化史》卷一,第 227—234 页。
③ Jean Jules Jusserand, *Les sports et jeux d'exercice dans l'ancienne France*, pp. 236-237.

柴,正好击中弗朗索瓦一世的头部,把他打晕过去。有人要追究那位鲁莽的肇事者,国王却拦住了,因为这是狂欢游戏中常有的事。巧合的是,在 30 多年后的另一场骑士比武中,正是这位肇事者的儿子刺死了弗朗索瓦一世的儿子、当时的国王亨利二世。[①] 这种游戏在后人看来显然是非常幼稚的,完全不符合国王的身份,一位 19 世纪的作者就直接称之为"儿童的游戏"。[②]但当时国王已经 27 岁,在位已有六年,早已结婚并育有五个儿女。即使按照当时的标准,他显然也不能再算是"儿童"了。他在游戏中的同伴和对手无疑也大都是成年人。在他们的时代,这些都是正常的成年人的游戏。事实上,这类狂欢游戏在弗朗索瓦一世的宫廷中十分常见,前文就曾经提到过艾波尼多参加 1536 年三王节假面狂欢的情形(见本章第一节)。国王本人也会跟大贵族一起在舞会中扮成熊或半人马怪物等稀奇古怪的形象,或是戴着面具出席婚礼。[③] 对于这时法国宫廷对游戏的热衷程度,1541 年一位来自意大利曼图亚(Mantuan)的使者曾经作出这样的评价:"这个宫廷的人整天只想着如何享受,骑士比武和各种节庆层出不穷,极其绚丽的假面舞会也是花样百出。"[④]

另外一些"幼稚"的游戏则在成人的世界里保留得更长久一些。比如瞎子摸人(Colin-maillard)在今天只有儿童才会玩,但在 1653 年,27 岁的塞维涅夫人也在玩瞎子摸人。[⑤] 1591 年 8 月 18 日,被软禁在一座城堡中的吉斯(Guise)公爵,则趁着跟卫兵们玩躲猫猫(la cachette)的时机成功逃脱。[⑥] 幼年的路易十三也经常跟他母亲及其他贵妇小姐一起玩这种游戏。[⑦] 许多绘画资料表明,一直到 20 世纪,它们都是成年人非常喜爱的一种游戏。有关"猜猜谁打了你"的绘画资料也非常丰富,本书目前收集到近 50 幅描绘这种

① 参见 François Noel, Joseph Planche, *Ephéinérides politiques, littéraires et religieuses*, Paris: Le Normant, 1803, p. 74. 索朗索瓦一世为了掩盖脸上的伤疤,便留起了胡子。据说其后几任国王留胡子都是在模仿他。

② 参见 Eugène Maillard de La Gournerie, *Histoire de François I er et de la Renaissance*, Tours: Mame et Cie, 1847, p. 81。

③ 参见玛丽·霍林斯沃斯:《红衣主教的帽子》,第 121 页;Margaret M. McGowan, "Dance in Sixteenth and Early Seventeenth Century France", in Jennifer Nevile (ed.), *Dance, Spectacle, and the Body Politick, 1250-1750*, Bloomington: Indiana University Press, 2008, pp. 101-102。

④ Margaret M. McGowan, *Dance in Sixteenth and Early Seventeenth Century France*, p. 71.

⑤ R. Duchêne, "Madame de Sévigné et le jeu", in Philippe Ariès et Jean Claude Margolin (eds.), *Les jeux à la Renaissance*, p. 223.

⑥ Pierre de L'Estoile, "Mémoires et journal de Pierre de L'Estoile, règne de Henri IV", p. 61.

⑦ 菲利浦·阿利埃斯:《儿童的世纪:旧制度下的儿童和家庭生活》,第 110 页。

游戏的绘画或雕塑作品(最早的是 14 世纪上半叶的《亚历山大传奇》手抄本的两幅插画[f. 52r、f. 97r]),其中 40 余幅能大致确定创作的年代。除了创作于 1799 年的雕塑之外,1800 年以前的 19 幅作品描绘的几乎全都是成年男女在玩这种游戏,偶尔出现的儿童也都是跟成人一起玩游戏。第一幅纯儿童游戏雕塑由路易·德拉维尔(Louis Delaville)创作于 1799 年,现藏于卢浮宫。① 27 幅 1800 年以后的作品中,有 14 幅描绘的是儿童(包括青少年)的游戏,其中 1900 年以后的作品描绘的几乎全部是幼儿。这当然只是非常粗略的统计,但从中可以大致看出游戏演变的轨迹。因此,现代的儿童游戏观念是经过漫长的演变才最终形成的。这中间经历了两个重要的转变时期,一个是近代早期,一个是工业化时期。本书研究的是前一个时期及更早时期的情况。

图 2-3 《安格家族之日课经或儿童之书》的几幅游戏插画

其次,在早期的游戏中,"儿童"的概念总是模糊不清。例如,1500 年前后在鲁昂出版的《安格家族之日课经或儿童之书》提供了许多裸体儿童游戏的插画(图 2-3),它们表现的对象应该是贵族家庭的孩子,因为有好些游戏是模仿骑士比武或骑术训练的,像骑着木马或使用扫帚比武、坐在板车上拿长竿挑悬挂在空中的储水罐、骑在圆桶上练习平衡。但也有一些十分粗俗

① 这幅雕塑参见 http://cartelfr.louvre.fr/cartelfr/visite? srv=car_not_frame&idNotice=2445,引用日期:2013 年 7 月 24 日。

的游戏，比如一个人撅着屁股放屁，一个孩子在他身后拿着燃烧的柴棍要点燃它；一对男女喝醉了酒，浑身赤裸睡在地上，一个孩子（从姿态来看应该是女孩）朝仰卧的男子嘴里撒尿；还有两幅分别表现一个男孩和一个女孩对准远处的水壶里撒尿。[①] 这些插画是中世纪贵族和女性游戏趣味的极佳诠释。不过这里想强调的是，画作中的许多"儿童"显然年纪已经相当大了，却还像幼童一样赤裸着身体玩幼稚而粗俗的游戏。老勃鲁盖尔著名的画作《儿童游戏》同样给予了我们非常直观的印象。这幅创作于 1560 年的作品描绘了超过 90 种游戏，[②]画中人物既有穿着长裙、围着围兜的幼童（男孩和女孩都一样），也有穿着开衩连衣裙的年纪较大的孩子，还有穿着短上衣和紧身裤（男性）以及 V 领长裙（女性）的青年或成年人。有些成年人看起来年纪已经很大了，却仍旧跟儿童一起游戏——比如左边院子的木围篱角上有一个玩女孩出嫁游戏的队伍，在一群穿着裙装的儿童中间站着一个并不年轻的成年女子。左下角玩骨节的两个女子、下方中间滚铁环和右下角跪在泥地上的男子，他们的年纪似乎也都不小了。然而，这幅画在 16 世纪末却被命名为《儿童游戏》！[③] 1587 年，纪尧姆·勒贝（Guillaume le Bé）在巴黎出版的一组木刻画有一个十分晦涩的标题：《游戏之三十六图，包含儿童永远无法发明和想象的所有游戏，无论男孩女孩，从摇篮直到成年……》（以下简称《儿童游戏之三十六图》）。"从摇篮直到成年"的"儿童"？这组画的内容就跟这个标题一样含糊不清：尽管它总是声称所收集的是儿童的游戏，但画面中同样出现了许多成年人（从身材和衣着上看，已是 20 岁上下）的身影。[④]

早期儿童游戏观念的模糊性，还表现为儿童经常玩成年人的游戏，这与

---

① 这些插画参见法国国家图书馆的网站：http://classes. bnf. fr/ema/feuils/feuille2/index. htm，引用日期：2013 年 7 月 24 日。

② Sandra Hindman, "Pieter Bruegel's Children's Games, Folly, and Chance", *The Art Bulletin*, Vol. 63, No. 3 (Sep., 1981), p. 447.

③ 桑德拉·欣德曼（Sandra Hindman）称，这幅画以《儿童游戏》为名称出现是在 1594 年（Sandra Hindman, *Pieter Bruegel's Children's Games, Folly, and Chance*, p. 447）。我们并不清楚老勃鲁盖尔在创作这幅画时给它的命名是什么，因而在文中仍旧使用《儿童游戏》这一习惯称呼。

④ 这组木刻画的法语全名是 *Les trente-six Figures contenant tous les jeux qui se peurent jamais inventer et représenter par les enfans tant garsons que filles, depuis le berceau jusques en l'aage viril, avec les amples significations des dites figures, mises au pied de chacune d'icelles, en vers françois, le tout nouvellement mis en lumière et dirigé par ordre*。组画现已没有完整的版本，部分画作可参见 Jean Jules Jusserand, *Les sports et jeux d'exercise dans l'ancienne France*, pp. 29, 269, 287；Jean-Michel Mehl, *Les jeux au royaume de France: du XIIIe au de'but du XVIe siecle*, pp. 62, 67, 102, 104；Elisabeth Belmas, *Jouer autrefois, essai sue le jeu dans la France moderne XIVe-XVIIIe siècle*, p. 119；让-皮埃尔·里乌等主编：《法国文化史》卷一，第 10 页；米歇尔·芒松：《永恒的玩具》，第 46、47、88 页。

成年人玩"幼稚"的游戏形成鲜明的对照。在这方面,阿利埃斯已经通过幼年路易十三的游戏向我们作了非常精彩的说明:那时的儿童在很小的时候就大量接触成年人的游戏,包括网球、音乐、舞蹈、比武甚至赌博。对于儿童参与赌博,大人们不仅不予制止,甚至还十分鼓励(见下文)。未成年人也会在粗暴的骑士比武中直接与成年人对抗:1464 年,在里尔的荆棘节中,一个年仅 15 岁的骑士(按当时的观念应属于儿童)跟一个绰号叫"大魔鬼"(因其异常强壮且身材高大)的贵族进行骑士比武,结果他的坐骑被对方击倒,马鞍把他的心脏直接压碎了。① 拉伯雷曾经在《巨人传》第一部中列举了 217 种高康大小时候玩的游戏,其中就有许多成年人的游戏,甚至还有赌钱的游戏。② 有时儿童还会在季节性的节庆游戏中扮演特定的角色。譬如在三王节的游戏中,分配蛋糕时,他们负责躲在桌子底下念在场人员的名字,并在翌日的游行中手持三王节蜡烛。在古贝维尔的庄园,我们还好几次看到儿童当选为"国王"。同样,在愚人节的游戏中,他们也会扮演诸如初生的基督等重要角色。在 16 世纪末的罗芒,成年人会在圣布莱兹节的游行中跳一种模拟冬季农活的舞蹈,儿童则一起举着火把游行。人们通过这些游戏仪式,驱逐身体和灵魂的疫病以及社群和作物的病害,保障妇女、谷物及社群的丰产。其中儿童的火把游行是灭除虫害的象征仪式。③

二、游戏与教育

16 世纪的人文主义学者把游戏放在儿童教育的框架下进行探讨。因此,他们关于游戏的讨论不仅完全是世俗化的,还第一次较为清晰地把儿童的游戏与成年人的游戏区分开来。

伊拉斯谟、科尔迪耶、比韦斯

作为宗教与人文主义的交叉点,宗教肖像画的变化最直观地反映了儿童游戏与游戏伦理世俗化之间的联系。根据米歇尔·芒松的研究,在 15 世纪,儿童玩具或游戏的场面越来越多地出现在西欧的宗教肖像画当中。在表现天使向牧羊人报喜的日课经插画里,报喜的小天使显现为普通儿童的模样,手里还拉着一辆小玩具车。更多的绘画则是直接表现童年耶稣游戏

---

① Hémery Clément, *Histoire des fêtes civiles et religieuses*, p. 32.

② François Rabelais, *Oeuvres de maitre François Rabelais*, *avec des remarques historiques et critiques de Mr. Le Duchat*, t. 1, Amsterdam: Jean Frederic Bernard, 1741, pp. 77-88.

③ Emmanuel Le Roy Ladurie, *Carnival in Romans*, p. 310.

的场面,他的玩具有陀螺、风车、木马等。① 包括达·芬奇、拉斐尔在内的许多文艺复兴时期的画家还创作了一系列以童年耶稣和施洗者约翰在圣母膝下游戏为主题的画作,他们的玩具有时是小十字架,有时是小鸟或小羊。② 在这些人文主义画家的视野中,游戏不再有罪,甚至也不是中性的。相反,游戏变成了纯真乃至圣洁的象征,而且这些游戏的儿童经常都是裸体的。这是游戏伦理由宗教转向人文主义的一条关键线索。出自较不知名的画家之手的无数儿童游戏版画,则见证了宗教肖像画向更加世俗化的人文主义画风过渡的过程。这些画作包括 1570 年佛莱芒画家扬·斯特拉达努斯的《诞生》、1587 年法国画家纪尧姆·勒贝的《儿童游戏之三十六图》组画、1657 年法国画家雅克·斯特拉的《儿童游戏与娱乐》组画等。③ 这些版画同样呈现了大量的儿童裸体游戏的画面,但宗教肖像画中那种浓烈的基督教色彩却消失了。与较早时期表现儿童游戏的画作相比较,游戏伦理的变化十分明显:那些污秽不堪的场景不见了,儿童与成年人之间的界限也逐渐清晰起来。我们还注意到了另一个同样重要的现象,即从近代早期开始出现的寓意游戏纯真无邪的画面只适用于儿童,成年人的游戏画面则没有这种道德劝诫的色彩。这反映了菲利浦·阿利埃斯着重强调、并已被西方历史学界普遍接受的一个重要的社会历史进程:儿童开始明显地从成年人的世界中分离出来,变成一个需要特殊隔离和照顾的年龄段。④

　　纪尧姆·勒贝、雅克·斯特拉等人有关儿童游戏的画作还体现了人文主义游戏伦理的另一个重要取向,即把关注的重点放在儿童教育上面。米歇尔·芒松的研究表明,在 15 世纪初,曾经有人严厉反对让孩子玩游戏,因为这对孩子的教育毫无益处,而只会助长他们的虚荣心。这种观点一直到 16 世纪末的蒙田和他的朋友那里都还有反响。蒙田尽管同意游戏可以让儿童在愉快的氛围中学习,却宣称"儿童游戏其实不是游戏,应该看作是他们的最严肃的举动"。⑤ 随着更多儿童教育专著的出版,宽容的观点明显成

---

① 米歇尔·芒松:《永恒的玩具》,第 32—35 页。

② Leonardo da Vinci, *The Madonna and Child with the Infant Saint John the Baptist*, https://commons. wikimedia. org/wiki/File:Leonardo_da_Vinci_The_Madonna_and_the_Child_with_the_Infant_Saint_John_the_Baptist. jpg,引用日期:2016 年 5 月 5 日;Raffaello Sanzio, *Madonna of the Meadow*, https://commons. wikimedia. org/wiki/File:Raphael_Madonna_of_the_Meadow. jpg,引用日期:2016 年 5 月 5 日。

③ 部分这些版画参见 Jean Jules Jusserand, *Les sports et jeux d'exercise dans l'ancienne France*, pp. 29,269,287;米歇尔·芒松:《永恒的玩具》,第 46、47、83、88、117、134 页。

④ 参见菲利浦·阿利埃斯:《儿童的世纪:旧制度下的儿童和家庭生活》。

⑤ 米歇尔·芒松:《永恒的玩具》,第 43、57—59 页。

为主流。在这方面,首先要提及的是 16 世纪"欧洲的导师"伊拉斯谟。伊拉斯谟主张学习应该是"开心的,而不是受罪",因而鼓励通过游戏来促进孩子的学习兴趣。但他同时又对儿童的游戏作了诸多规定。他在对话录里写道,一群学生从严厉的老师那里求得一点游戏时间,因为"适度的游戏有助于提振精神",并承诺不去喝酒或做坏事,而且天黑前一定回来。在这些学生游戏的过程中,他还小心翼翼地强调要注意游戏中的行为举止,包括不能作弊、不能说脏话等。而在 1530 年出版的著名的礼貌手册中,伊拉斯谟简要而又更加直接地表明他对儿童游戏的态度:"有人说,在游戏中最能充分地暴露儿童的性格:那些有作弊、撒谎、打架、施暴、发怒和傲慢倾向的孩子,他们这些天生的缺陷在游戏中暴露无遗。总之,儿童在游戏中应当像在饭桌上一样懂得克制。"[①]

除了伊拉斯谟,法国人马蒂兰·科尔迪耶(Mathurin Cordier)和西班牙人胡安·路易斯·比韦斯(Juan Luis Vives)也分别在 1530 年和 1539 年以对话录的形式出版了关于儿童教育的著作,其中有许多论及游戏的内容。两者都使用拉丁语写作,在 16 世纪下半叶都有了法语译本,并且都多次再版,其中比韦斯的对话在 16 世纪至少出了 27 个版本。[②]科尔迪耶对游戏的态度比伊拉斯谟更谨慎。他承认游戏有助于恢复精力和锻炼身体,但在允许一些孩子游戏的同时,他总是不忘树立另一些爱学习的好榜样。下面这样的对话在他的书中出现了不止一次:

　　—— 看,有几个孩子在庭院里玩游戏!

　　—— 别人想玩,就让他们玩好了,我宁愿学习。

　　—— 我并非不爱学习,但得看时间和地点。谚云:一切皆有其时。加图教导得好:玩一玩游戏/干活更有力。

　　—— 我承认你说得对,但还是饶了我,让我好好读书吧![③]

比韦斯的对话录大概是当时同类作品中最有可读性的。他惟妙惟肖地模仿了许多儿童之间趣味十足的对话,并把他的价值观和教育理念巧妙地

① 米歇尔·芒松:《永恒的玩具》,第 44—48 页;E. L. Frémont (ed.), *Dialogues choisis d'erasme, de Cordier et de Petrarque, latin-français*, Paris: Jules Delalain et cie, 1838, pp. 60-81; Érasme de Rotterdam, *La civilité puérile*, traduit par Alcide Bonneau, Paris: Isidore Liseux, 1877, pp. 112-115。

② 米歇尔·芒松:《永恒的玩具》,第 412 页,注 30 及 32。

③ Mathurin Cordier, *Les colloques de Mathurin Cordier traduits de latin en françois*, Lyon, 1610, pp. 112-113.

融入其中。对话录第四章描绘了孩子甲在上学路上迷路了,问孩子乙怎么走,乙指责他总是边走边玩,因而记不得路。甲又问家离学校很近的孩子丙,丙本应在家里看家,却逃出来跟补鞋匠的儿子玩骰子,并邀请甲乙同去。甲马上同意。这时乙提醒他这样会挨鞭子的,丙则说不会挨打,因为老师的教鞭丢了。于是甲动心了,他央求乙帮忙向老师撒谎说是父亲让他待在家里。乙拒绝帮他撒谎,因为牧师说了,撒谎的人是魔鬼的儿子,说实话的才是神的儿子。心猿意马的甲总算被劝了回来。乙最后总结说,丙"是个浪荡子,以后会变成坏人"。在第六章,图里奥卢斯(Tulliolus)放学回家,另一个还没上学的小孩想跟他玩游戏,他回答说要先按老师的要求复习讲过的内容,然后才能玩。不过在母亲的特许下,他先把书本放下了。几个小孩商量玩把核桃投进洞里的游戏,一个小孩说他的核桃已经砸碎了,还很臭;图里奥卢斯觉得那样游戏就没有吸引力了,因为赢得再多也没有核桃仁可以吃(比韦斯认为即使是儿童的游戏,也应有适当的赌注,以便让他们全情投入,见下文)。另一个小孩则说他玩游戏时不吃这些,想吃时会去找妈妈要,核桃壳可以当作蚂蚁的房子玩。他们决定玩羊拐。取来羊拐后,图里奥卢斯嫌它脏,还带着毛,也没有磨光滑,但还是玩了。他们赌裤子的纽扣,但一个孩子说不行,因为输了的话回去会被老师打。这时妈妈过来责备他们没把地扫干净就坐在地上,把衣服都弄脏了。最后他们决定赌别针,并玩了一些其他游戏,还因为玩游戏而不肯去吃午饭。① 我们看到,作者的价值主张时不时地穿插在妙趣横生的对话中间。

"赌点什么"是这些人文主义学者普遍鼓励的做法。伊拉斯谟也描绘了两个玩网球的孩子,他们商量着赌多少钱。一次是甲说不要赌钱,输了就弹一次鼻子。乙说他更爱他的鼻子而不是钱包。甲表示同意,但表示总得赌点什么,不然让人提不起精神。最后他们决定赌钱,但赢钱的人要买点心给伙伴分享。另一次则是一个法国小孩和一个德国小孩玩滚球,法国小孩说赌钱"不优雅",不如赌各自祖国的荣誉:"我赢了的话,我就喊三次'法国万岁',输了就反过来喊三声'德国万岁'。"这或许是最早把儿童游戏与国民教育结合在一起的例子。② 不过,这些学者尽管鼓励儿童在游戏中下赌注,但却仅限于有益于身心健康的技巧游戏。比韦斯在对话录第二十二章称,巴

① Juan Luis Vives, *Tudor School-boy Life:The Dialogues of Juan Luis Vives*, trad. Foster Watson, London:J. M. Dent & Company, 1908, pp. 11-14, 21-25.
② E. L. Frémont(ed.), *Dialogues choisis d'Erasme*, *de Cordier et de Petrarque*, *latin-français*, pp. 64-67 & 71.

黎学校的老师只允许玩网球,但有时学生会偷偷地玩纸牌和骰子——小男孩玩羊拐,更坏的孩子则玩骰子。① 科尔迪耶则把羊拐和骰子归为一类。② 对技巧游戏和运气游戏区分的强调大概就是从这个时候开始的。

同样是在第二十二章,比韦斯宣布了关于学童游戏的六条准则:

第一条关于游戏的时间。人是为严肃的事情而生的,而不是为了无聊和娱乐。但人需要游戏,好让因为严肃的追求而疲惫的身心放松下来。因此,人只应在身心疲惫的时候进行游戏。放松也应当像睡觉、吃饭、喝酒等其他再生和恢复行为一样,过度即是有害的。

第二条关于游戏的伙伴。游戏伙伴应令人愉快、欢乐,不会有吵架或打架的危险,也不会做出或说出任何不光彩或难堪的事情,不会辱骂神灵或赌咒,也不会说脏话,以免游戏者的灵魂受到污染。最后,游戏伙伴应跟游戏者拥有同样的游戏目的,即放松身心。

第三条关于游戏的类型。首先必须是大家都知道的游戏,否则游戏者、同学和观众都毫无快乐可言。其次必须既能放松精神又能锻炼身体,并符合季节和健康状况;若做不到,它至少不能是纯粹由运气来决定结果的游戏,而必须包含有技巧,但技巧和运气结合也可以接受。

第四条关于赌注。不应玩令人兴味索然的游戏,否则很快就会厌倦,所以赌注是可以接受的。但赌注不能太大,否则就会干扰人心,并且输的人会受到苦恼的折磨,那就不是游戏了,而变成了刑罚。

第五条关于游戏的行为。开始游戏时游戏者要记得是来放松的,为此游戏者可以拿一两个小钱作赌注,就当是购买消解疲劳的药方。输了不要赌咒撒泼,赢了也不要得意扬扬,而要始终保持快乐平和。切忌作弊、可耻或贪婪。任何事情都不值得用神的名来发誓并让他见证,因为自有观众充当裁判。不要对观众的裁判表达任何反对意见。

第六条关于游戏的时长。玩到感觉身心已恢复、能够回去工作即可,否则就是病态了。③

很显然,上述人文主义学者都对儿童的游戏有诸多保留意见,并特别强调游戏在放松身心和恢复精力方面的功能,时刻记得游戏的最终目的是要回到"严肃"的事情上去。他们还没有发现游戏本身的教育功能。这个问题在拉伯雷身上有了明显变化。

---

① Juan Luis Vives, *Tudor School-boy Life*: *The Dialogues of Juan Luis Vives*, pp. 203-204.

② 米歇尔·芒松:《永恒的玩具》,第 56 页。

③ Juan Luis Vives, *Tudor School-boy Life*: *The Dialogues of Juan Luis Vives*, pp. 206-209.

拉伯雷

拉伯雷对狂欢文化有明显的偏爱,《巨人传》自始至终都采用了狂欢化的写法。但这也与他的写作策略有关,即通过狂欢文化的包装来淡化其支持宗教改革的立场,因为正如我们在前面所看到的,人们从中世纪以来就已经习惯于这一讽刺手法。① 一方面,拉伯雷尽管也描述了一些具有宗教功能的游戏,但他本人实际上并未特别关注这些宗教功能,而只是把它们当作习俗或娱乐。例如,在描述巴舍公爵利用订婚仪式痛打执达吏和法警时,他强调说要"依照订婚时的风俗笑着打";而维庸大师为尼奥尔集市编排的耶稣受难剧则是"为了使当地人民得到娱乐"。② 另一方面,拉伯雷在《巨人传》中非常明显地表达了他的人文主义游戏立场。《庞大固埃的父亲;巨人高康大骇人听闻的传记》(以下简称《高康大》,按出版顺序为《巨人传》第二部,但现在通常排作第一部)第二十二章有一个著名的游戏列表,总共罗列了 217 种游戏,极度夸张的堆积造成了强烈的狂欢氛围。不过,拉伯雷的主要意图并不在此。出现这个游戏列表的背景是,高康大师从一位叫作"呆头鹅大师"③的"旧时代的学究"受业多年,却变得呆头呆脑,一句话也说不出来。反观另一位名叫"快乐幸福"④的少年,他因为接受了名为"雄壮有力"⑤的人文主义导师的教育,表现得彬彬有礼、聪慧异常。于是高康大按照父亲的要求改拜这位"雄壮有力"为师。"雄壮有力"并不急于改变高康大的学习和生活方式,而是叫他仍照过去的习惯去做,以便"弄明白高康大过去的教师,费了这样长的时间,却把他教得这样晕、傻、糊涂,用的是什么方法"。上述游戏列表正是作为高康大随性、散漫、不健康的生活方式的一部分出现的(我们由此联想到老勃鲁盖尔的画作《儿童游戏》,有一种解释是,这种堆积同样表达了作者对游戏疯狂的怀疑⑥),拉伯雷显然把它当作中世纪旧的教育体系下的一个反面典型。"雄壮有力"先让高康大服了一剂药,把"把他脑

---

① Marcel De Grève, *L'interprétation de Rabelais au XVIe siècle*, Genève: Librairie E. Droz, 1961, pp. 12-33.

② 拉伯雷:《巨人传》,第 719—733 页。

③ maistre Jobelin Bridé。参见 François Rabelais, *Oeuvres de maitre François Rabelais, avec des remarques historiques et critiques de Mr. Le Duchat*, t. 1, p. 52, note 12;拉伯雷:《巨人传》,第 65 页注 3。

④ Eudaimon,希腊语。参见 Elizabeth Chesney Zegura (ed.), *The Rabelais Encyclopedia*, Westport, CT: Greenwood Press, 2004, p. 71。

⑤ Ponocrates,希腊语。在文艺复兴的背景下,拉伯雷对他和他的学生"快乐幸福"的命名,赋予了他们明显的人文主义色彩。参见拉伯雷:《巨人传》,第 68 页,注 1。

⑥ 米歇尔·芒松:《永恒的玩具》,第 80 页。

筋里的全部疾病和恶习，统统泻掉"，然后才展开拉伯雷理想中的人文主义新式教育。在这种新的教育体系下，高康大"不浪费一刻光阴"，生活变得井井有条，一切行为都有明确的目的。高康大仍然"不受拘束"地游戏（这点与伊拉斯谟的观点等有所不同），但游戏本身不再具有独立的价值，而是成了新式教育的工具：老式网球等球类运动是为了锻炼身体，打牌是为了练习算术，唱歌弹琴是为了练习声乐，马术、骑马冲靶、耍刀枪、狩猎、跑步、跳远、游泳等则都是实用的军事训练手段。为此，拉伯雷还特别批评了一些华而不实的游戏。比如对于根据折断的长枪数量来决定胜负的骑士比武，他说：

> 他并不击折长枪，因为只有最糊涂的人才说："我在比武场或战场上击折了十支枪。"一个木匠照样可以办到——真正值得称赞的是用一支枪刺倒十个敌人。

拉伯雷还特别注明，高康大在玩这些骑士游戏时"从头到脚全身披挂"，这显然是为了更真实地模拟战斗情景。在练习跳跃时，拉伯雷又说：

> （高康大）不练三级跳，也不练单脚跳，也不练德国式跳，因为按照冀姆纳斯特的说法，这些跳法没有什么用处，打仗时一点也使不上。[1]

由此可见，拉伯雷看重的不是游戏的娱乐性，而是游戏在现实中能够起到的实际功效。这和他采用狂欢化的手法来写作《巨人传》具有共通之处。

到了17世纪，随着儿童教育日益系统化，游戏的教育功能也被更多地发掘出来，游戏与分门别类的学科知识出现了有机的结合。在艾罗阿尔的日记里，年幼的路易十三就是通过大量的游戏来学习和认识生活中的各种事物。游戏的这种功能在17世纪的神学家兼教师夸美纽斯（捷克人，但在法国有影响力，黎塞留曾请他创办一所学校）那里得到确认，他甚至还提出："所有的父母都应该特别注意孩子们的娱乐。例如，孩子一岁的时候，要把孩子放在摇篮里摇晃，动动孩子们的手，唱唱歌，给孩子们摇铃玩，以开发孩子们的思想。"玩游戏还"能使他们成为身体健康、意志坚强、四肢灵巧的人"，"要为他们提供一切可以玩的东西"。1560年，人们花费了多达五万埃居为十二岁的路易十四制作了一支军队的模型，包括所有的军人、骑兵、炮兵和战斗器械，好让年轻的国王学习军事战略。1670年，轮到路易十四让

---

[1] 拉伯雷：《巨人传》第一部《庞大固埃的父亲：巨人高康大骇人听闻的传记》，第十五至二十四章。所引译文有所修改。亦参考鲍文蔚译本的相关章节，参见拉伯雷：《巨人传》，鲍文蔚译，北京：人民文学出版社，1998年。

人花三万利勿尔给他十岁的太子制作二十支骑兵队和十支步兵队。这种情况绝非仅限于法国宫廷。17世纪,冉森教派的罗亚尔港修道院甚至有专门的日子允许孩子们玩游戏,包括棋类游戏、弹子球以及一种有助于学习历史的游戏。① 索雷尔1642年出版的《游戏之屋》称儿童游戏"让儿童在天然的欢乐中成长",比如具有教益意义的谚语歌唱或押韵对话游戏。此外还有许多"智力游戏",不过索雷尔称那主要是成年人的游戏。② 索雷尔的模仿者拉马里尼耶也介绍了许多知识类或技能训练类的游戏,包括战争纸牌游戏、战争弹子球游戏、法国历史游戏、谚语游戏、世界地理游戏、编年史游戏、法国城市游戏、军事花园(jardin militaire)游戏、欧洲纹章游戏,以及学习宗教知识的"人的四种结局"的游戏。③ 尽管这本书是写给大人看的,但其中许多游戏显然也适合用于儿童的教育。比如他提到的战争弹子球(或桌球)游戏,17世纪末的一幅木刻画就曾经表现路易十四的三个儿子玩这种游戏的情形,他们的目标是把球攻进做成城堡形状的球洞,画面的标题是"攻城游戏"(le royal jeu des fortifications)。此外,用骰子玩的桌面跳鹅游戏(jeu de l'oie)也被改造成军事游戏或认知事物的游戏。④ 在1664年出版的一本题为《法国国王、著名王后、地理和传说的纸牌游戏》的书中,作者称表面上该书在介绍游戏,实际上是一本帮助年轻的王子们通过娱乐获取严肃知识的书。他自称发明了各种各样的纸牌,把各门学科都隐藏在游戏里面,让孩子们在游戏中学到逻辑、道德、物理、历史、地理、政治等所有的知识。同一时期在英国,约翰·洛克也热衷于开发各种儿童的教育游戏。⑤

① 米歇尔·芒松:《永恒的玩具》,第110—159页。
② Charles Sorel, *La maison des jeux*.
③ La Marinière, *La maison des jeux academiques*, Paris：Estienne Loyson, 1665.
④ Elisabeth Belmas, *Jouer autre fois*, p. 134, figs. 15 & 16；p. 151, fig. 23.
⑤ Desmarets de Saint-Sorlin, *Les jeux de cartes des roys de France, des reines renommées, de la géographie, et des fables*, «À la Reyne Régente», Paris：Florentin Lambert, 1664；米歇尔·芒松:《永恒的玩具》,第171—173页。

第三章　宫廷社会与游戏的"文明化"

百年战争结束后，以巴黎王宫为中心的法国宫廷社会逐渐形成，它在17世纪加速发展，并在路易十四时期达到顶峰。宫廷社会对法国游戏的发展影响巨大。如前所述，人文主义的游戏教育伦理对儿童在游戏中的行为举止提出了多方面的要求，包括不能赌咒或说脏话、不能作弊、不能自我放纵等。这些要求事实上是针对贵族家庭的儿童提出来的。随着这些儿童长大成人并进入新组成的宫廷，这种"文明化"的游戏和游戏方式将成为宫廷社会共同的行为准则。诺贝特·埃利亚斯指出，正是这种从贵族阶层开始的对文明礼貌的新要求带来了近代欧洲社会风尚的变化，"文明"由此取代统一的基督教，成为欧洲人自我认同的新基础。[①] 游戏的"文明化"是这一社会进程的一个重要组成部分。

用福柯更具批判性的眼光来看，这种"文明化"也意味着社会对人的"规训"以及人的自我"规训"。[②] 对以战争为职业的中世纪贵族来说，"文明化"意味着原本由他们掌握的暴力权力转移到了日益强大的"绝对君主"手中，游戏的"文明化"也因此与近代法国的绝对主义国家进程联系在一起。在这方面，与之最直接相关的游戏无疑是骑士比武。

第一节　优雅的宫廷游戏

在中世纪，专属于贵族阶层的骑士比武是一种十分暴力的游戏，贵族们不惮于甚至十分乐于公开展现他们的游戏暴力。但在后来的演变中，骑士比武经历了一个漫长的去暴力化的过程，并和其他游戏一样建立起越来越详细的游戏规则，进而变成了一种理性、优雅的游戏。随着游戏暴力和对抗性的弱化，贵族的自我意识也发生了根本性变化：他们由掌握着暴力权力的独立骑士变成了国王的廷臣。

---

① 诺贝特·埃利亚斯：《文明的进程：文明的社会起源和心理起源的研究》，王佩莉、袁志芳译，上海：上海译文出版社，2009年。

② 米歇尔·福柯：《规训与惩罚：监狱的诞生》，刘北成、杨远婴译，北京：生活·读书·新知三联书店，1999年。

一、去除游戏暴力

骑士比武

骑士比武的去暴力化很早就已开始,但进展缓慢。在这方面,第一个重要的变化是群体比武逐渐衰落,并为马上单挑所取代。马上单挑是在 13 世纪上半叶随着圆桌比武的兴起而流行开来的。一方面,在 13 世纪之前,马上单挑只是作为群体比武的前奏或热身而存在。特别是在早期的文献中,"joute"一词所描述的往往并不是真正一对一的单挑,而是指群体比武的一种战法。比如,威廉元帅的传记中称,"对方通过 jostes 把我们的人逼到城里"①,我们很难想象真正的单挑如何能做到这一点。而《埃雷克和埃尼德》的表述更为明确,它声称埃雷克冲在队伍前列找对方"joster",②这与后来流行的马上单挑显然大相径庭。另一方面,研究显示,1223 年的塞浦路斯王国已经有了举行圆桌比武的记录。1232 年,英国国王亨利三世禁止在英国某个地方举行圆桌比武,说明这种游戏在英国也已经存在。此外,奥地利和法国在 1240 年之前也有了关于圆桌比武的粗略记载。③ 这些圆桌比武基本上都是采用真正一对一的马上单挑的形式,即两名骑士从相对的方向发起冲锋,在马匹交会的瞬间一次性地完成攻击。马上单挑从此作为一种独立的比武形式登上了历史舞台,并在 14 世纪取代群体比武成为最主要的比武形式,一直持续到 17 世纪前后。

作为马上单挑最初载体的圆桌比武,是一种在骑士文学的影响下发展起来的特殊比武形式。"圆桌"一词最早出现在 12 世纪中叶罗伯特·韦斯(Robert Wace)为英国国王亨利二世撰写的亚瑟王传奇《布吕特传奇》(*Roman de Brut*)当中,④它从一开始就具有成员之间相互平等的骑士团的概念,而与王权的直接联系则使它成为骑士最高身份和荣誉的象征,并因此成为骑士竞相追逐的对象。从某些高级贵族开始,权力阶层也有意识地利用这个新兴的概念推进骑士界的亚瑟王崇拜,从而吸引骑士的效忠并加强

① Paul Meyer (ed.), *L'histoire de Guillaume le maréchal*, t. 1, vv. 7206-7207.

② Christian von Troyes, *Erec und Enide*, vv. 2171-2218. 小说描写的"雀鹰比武"之所以是一对一的单挑,似乎也只是因为埃雷克是唯一的挑战者,参见 Christian von Troyes, *Erec und Enide*, vv. 547-1080。

③ Joachim Bumke, *Courtly Culture Literature and Society in the High Middle Ages*, p. 262; David Crouch, *Tournament*, p. 117.

④ 相关研究参见 Julian Munby, Richard Barber and Richard Brown, *Edward Ⅲ's Round Table at Windsor*, Woodbridge: The Boydell Press, 2007, p. 69。

自身的势力。两相作用之下,在大约半个世纪的时间里,这一概念便在整个西欧骑士世界广为流传开来。

综合 13 世纪记述圆桌比武的诸多文献,包括匈牙利传奇骑士利希滕施泰因(约 1200—1275)的自传[1]、马修·帕里斯(Matthew Paris)关于 1252 年在英国沃尔登(Walden)举行的圆桌比武的记载[2]、13 世纪下半叶根据现实比武加工而成的法语叙事诗《索内·德·南瑟》(Sone de Nansay)[3]和《勒埃姆传奇》(Le Roman du Hem)[4]等,可以得知,圆桌比武是一种明确有别于群体比武的骑士游戏。尽管每次比武的具体形式可能有所不同,但总体上说,圆桌比武都是采用马上单挑的形式,通过逐轮淘汰,最终决出若干优秀的骑士。比武分为攻方和守方。守方是事先安排好的,一般都是事先已经证明具有较强实力的骑士——在这种情况下,守方就已经具备了准精英骑士团的性质,尽管真正的骑士团要等到下一个世纪才出现。但守方并非以团体、而是以个人的形式出战,他们把各自的盾牌挂在场地中央某个建筑的四周,攻方(即所有前来挑战的骑士)想要挑战哪位骑士,就去敲击他的盾牌。随后,守方骑士和挑战者以马上单挑的形式决出胜负。尽管文献没有明确写明,但胜出的挑战者似乎会取代对手担任守方,因为根据《索内·德·南瑟》的描述,每名参赛骑士都要为一位贵妇的荣誉而战,失败的骑士连同他的贵妇一同出局,最后优胜者的贵妇则在圆桌中央接受加冕;此外,每轮比武的获胜者还可以赢得对方的马匹。[5] 因此,圆桌比武满足了"青年"骑士对于财富、爱情和地位的所有渴望。然而,与群体比武相比,马上单挑最大的不同在于它排除了所有的视觉干扰,把全场的目光都聚焦到一对骑士身上。而马上单挑与圆桌比武特殊的淘汰赛制相结合,则极其有效地放大了骑士所能获得的荣誉感。另一种与权力密切相关的做法,更是将这种荣誉感放大到极限。尽管根据《索内·德·南瑟》的记载,在圆桌比武中胜出的骑士并不能直接加入圆桌骑士团,但通过圆桌比武选拔最优秀

---

[1] Ulrich von Liechtenstein, *Frauendienst* (ed.) Reinhold Bechstein, 2 vols. Leipzig: Brockhaus, 1888. 英语节译本见 Ulrich von Liechtenstein, *The Service of Ladies*, trans. J. W. Thomas, Woodbridge: The Boydell Press, 2004。

[2] Matthaei Parisiensis, *Chronica Majora*, ed. Henry Richards Lauard, London: Longman, 1880, v. 5, pp. 318-319.

[3] Moritz Goldschmidt (ed.), *Sone von Nausay*, Tübingen: Litterarischer Verein in Stuttgart, 1899.

[4] Sarrasin, "Le Roman de Hem", in Francisque Michel, *Histoire des Ducs de Normandie et des Rois d'Angleterre*, Paris: Jules Renouard, 1840, pp. 213-384.

[5] Moritz Goldschmidt (ed.), *Sone von Nausay*, vv. 1163-1198.

的骑士加入与王公贵族最亲近的骑士群体,这种做法在圆桌比武流行之初就已经出现。1240 年,利希滕施泰因就组织了这样的一次圆桌比武:他装扮成亚瑟王四处巡游,寻找骑士跟他单挑,并让表现出色的骑士加入他的队伍,一同接受其他骑士的挑战。[①]

尽管最初举行圆桌比武的主要是掌握着封建权力的地方大贵族,但在 13 世纪末,西欧的最高统治者也逐渐学会利用这种比武来加强集权和自身的影响力。1279—1302 年,在中央集权相对较强的英国,国王爱德华一世支持和举办了多次圆桌比武,令他在整个西欧骑士界声誉大增。[②] 14 世纪上半叶,西欧一些国家先后成立了直接隶属于国王的骑士团,包括匈牙利查理一世的圣乔治骑士团(Order of Saint George),西班牙卡斯提尔(Castile)国王阿方索十一世的班达(Banda)骑士团,和英国爱德华三世的嘉德(Garter)骑士团,据称它们均与马上单挑(确切地说应该是圆桌比武)有着密切的联系。[③] 以英国声名显赫的嘉德骑士团为例。1444 年,爱德华三世在英国最有名的比武场地之一温莎(Windsor)城堡举行了一场盛大的圆桌比武,并宣布效仿亚瑟王组建他的圆桌骑士团。尽管此后事态进展未如预期,而嘉德骑士团的正式成立也要等到四年之后,但爱德华三世为此次圆桌比武做了大量的宣传,包括派出传令官到法国、英格兰、勃艮第、埃诺、佛兰德斯、布拉班和神圣罗马帝国等地邀请各地骑士前来参加,在西欧骑士界引起了巨大的反响。面对来自海峡对岸的压力,法国国王腓力六世迅速作出反应,他也宣布筹建自己的圆桌骑士团,"以吸引来自德国和意大利的骑士"。[④] 在这当中,英国的嘉德骑士团最为成功,嘉德勋章至今仍是英国王室颁发的一项最高荣誉。而在内忧外患的法国,腓力六世的骑士团似乎并没有真正成立,随即继位的让二世又于 1352 年成立了一个短命的星星骑士团(Ordre de l'Étoile)。法国第一个真正成功的骑士团,是一个世纪后由路

① Julian Munby, Richard Barber and Richard Brown, *Edward Ⅲ's Round Table at Windsor*, pp. 87-88.

② Richard Barber and Juliet Barker, *Tournaments: Jousts, Chivalry and Pageants in the Middle Ages*, p. 31.

③ 关于这些骑士团的更多研究,参见 D'Arcy Jonathan Dacre Boulton, *The Knights of the Crown: The Monarchical Orders of Knighthood in Later Medieval Europe*, *1325-1520*, Woodbridge: Boydell Press, 1987。

④ Hugh E. L. Collins, *The Order of the Garter*, *1348-1461. Chivalry and Politics in Late Medieval England*, Oxford: Oxford University Press, 2000, pp. 6-10; Julian Munby, Richard Barber and Richard Brown, *Edward Ⅲ's Round Table at Windsor*, pp. 38-41; Juliet Barker, *The Tournament in England: 1100-1400*, p. 155.

易十一组建的圣米歇尔(St. Michel)骑士团。无论如何,这些活动都反映了西欧民族国家构建初期各国王权所作出的努力,即以圆桌比武和组建圆桌骑士团作为手段,通过强化对骑士群体的控制来加强自身的力量。

在骑士文学的影响下,圆桌比武还开启了骑士比武戏剧化的先河。这不仅表现为一些贵族有意识地把自身的比武经历传奇化,即模仿骑士传奇把它们编撰成叙事诗,更重要的是,圆桌比武所采用的攻防设计,使人们极方便地在其中加入戏剧化的元素。在这当中,最简单的方法是骑士们装扮成某个传说中的人物,最常见的是亚瑟王和他的圆桌骑士们,比如 1240 年利希滕施泰因就装扮成亚瑟王,而和他一起担任守方的骑士则分别扮演伊万(Yvain)、朗斯洛(Lancelot)、帕西瓦尔、伊德(Ither)、埃雷克等角色。在更为复杂的圆桌比武中,整个比武都被设计成特定的剧情,参加比武的骑士和看台上的贵妇分别在其中扮演重要的角色。最典型的是 1278 年在法国一个叫勒埃姆(Le Hem)的地方举行的一场圆桌比武,它以"吉尼维尔(Guinevere)王后""狮王骑士""木堡领主"等虚拟人物为中心,以幕间插曲的形式设计了若干个情节,作为展开比武的背景。[①] 总体上说,这些情节还只是简单地模仿骑士小说,并没有后来那种明确的整体意图。在 14 世纪继圆桌比武而兴起的攻关比武中,上述戏剧化特征得到了继承和加强。跟圆桌比武一样,它也分为攻守两方,守方称为 tenant,攻方称作 venant。双方争夺的对象可能是某个具体的地点,比如城门、桥梁、路口等;但也可能是某种抽象的东西,比如荣誉。因此,攻关比武通常都会有一个主题,同时围绕该主题设计比武的"剧情",所有比武活动都将围绕这个"剧情"展开,参加比武的骑士则分别在其中扮演特定的角色。这种戏剧化将对骑士伦理的形成有重要的影响。

13 世纪开始发生的另一个重要变化是比武规则的明晰化。随着圆桌比武和马上单挑的流行,早期比武的混乱状况开始改变。长枪成为马上单挑最主要的武器。判断胜负的标准不再是俘虏对手,而是把对方挑落马下,或者是在对方身上折断的长枪的数量,因此马上单挑也经常以"击折长枪"(rompre les lances)来指代。尽管约阿希姆·布姆克称"击折长枪"的说法

---

① 关于《勒埃姆传奇》中这些情节设计的研究,参见 Nancy Freeman Regalado, "Performing Romance: Arthurian Interludes in Sarrasin's Le roman du Hem (1278)", in Evelyn Birge Vitz, Nancy Freeman Regalado, Marilyn Lawrence (eds.), *Performing Medieval Narrative*, Cambridge: D. S. Brewer, 2005, pp. 103-119。

早在 12 世纪的德语作品中就已存在,①但威廉元帅等人的传记却从未提及,说明当时这种做法至少在英国和法国还很罕见。而到了 13 世纪,德语作品中出现了更多更明确的说法,比如《帕西瓦尔》提到,一名骑士随身携带大量的长枪去参加比武,每名扈从扛一捆。② 利希滕施泰因的传记则称,传主在 1227 年周游各地跟人比武时,他随身携带了上百支长枪。它还有一处特别提到,一些贵族在比武中只追逐利益,"毫不在乎谁击折了多少支长枪"。③ 由此可见,当时人们已经习惯于根据折断的长枪数量来衡量骑士的比武水平。此外,在晚一些的《索内·德·南瑟》等法语作品中也多次出现"碎木横飞"(Les pieches sont en haut volees)之类的描述,都是特指马上单挑中双方骑士使用长枪相互攻击一瞬间的情形。④

与马上长枪单挑直接相关的另一个重要变化,是钝枪头(一种花冠形状的三叉铁套头,能防止长枪穿透盔甲刺伤人体)在 13 世纪中叶前后成为西欧比武场上的常规装备,这可以在英国的本笃会修士马修·帕里斯(1200—1259)记载的圆桌比武中得到证明。他说,1252 年在沃尔登举行的一场圆桌比武中,利伯恩的罗杰(Roger of Leyburne)的长枪刺入另一名骑士的喉咙,导致后者当场死亡。后来人们发现,罗杰并未"像理应做到的那样"使用钝枪头,而是用了锋利的枪头。于是人们怀疑罗杰是蓄意谋杀。这则记录还称,这种钝枪头一般被称作"vomerulus",法国人称作"soket"。⑤ 这足以表明,无论是在英国还是法国,使用钝枪头进行比武已经相当普及。就骑士比武的发展演变而言,钝枪头的出现和普遍使用是一个具有里程碑意义的重要事件:它是骑士比武作为一种游戏、并与日常生活的其他方面(特别是战争)明确区别开来的观念被凝固下来的标志。从此以后,游戏式的骑士比武开始有意识地避免造成人员伤亡,而是"点到为止",即以最经济的方式决出胜负。同折断的长枪数量成为衡量骑士武艺高低的标准一样,这是骑士比武去暴力化的一个重要进展。它同时也意味着骑士比武作为备战手段的实用功能开始退化。而随着上述做法的进一步普及,14 世纪末出现了一对有趣的术语:"游戏式单挑"(joute à plaisance,也称优雅式单挑[joute à courtoises])和"战争式单挑"(joute à outrance)——前者使用的是钝武器,

---

① Joachim Bumke, *Courtly Culture Literature and Society in the High Middle Ages*, p. 170.

② Wolfram von Eschenbach, *Parzival and Titurel*, p. 27.

③ Ulrich von Liechtenstein, *Frauendienst*, vv. 475.3 & 303.4-7, 转引自 Joachim Bumke, *Courtly Culture Literature and Society in the High Middle Ages*, pp. 170 & 268。

④ Moritz Goldschmidt (ed.), *Sone von Nausay*, vv. 1434, 1452, 5184, 9940, etc.

⑤ Matthaei Parisiensis, *Chronica Majora*, pp. 318-319.

并明确地以游戏作为目的;后者则继续使用战争兵器,它往往用于具有决斗性质的场合,或纯粹是为了展示超凡的勇气。尽管这对术语出现得比较晚,①但可以推断,它所描述的对象应已存在相当长的时间。

比武优胜者获得奖赏的方式也在发生变化。根据《索内·德·南瑟》的记载,在圆桌比武中,马上单挑的获胜者已经不能再俘虏对手换取赎金,而只能赢得对方的马匹。尽管如此,表现出众的骑士依然收获颇丰,其主人公索内在一天内就赢得了八匹马。② 在同一时期的德国,比武者只要在单挑中击折他的长枪,就可以立刻获得一片银叶。如果他把对手击下马并且自己没有落马,那就可以得到一片金叶。③ 更重要的是,这些收获是在一对一的对抗中取得的,而不必像群体比武那样必须面对许多个对手。因此,骑士完全能够凭借出众的个人能力取得卓越的成就。

与此同时,群体比武的混乱状况却日益招致人们的不满。除了教会一贯的批评之外,骑士阶层内部也出现了不同的声音。13 世纪中叶法国诗人亨利·德·拉翁(Henry de Laon)的抗议代表了中下层骑士的感受:"骑士道德已经堕落……我不知道为什么现在的贵族变得如此贪婪,并开始在战斗和骑士比武中使用不公平的伎俩。现在的贵族身边围满了扈从,以致一位穷困的骑士根本无法靠近他们……他注定只能失败……我无法想象,一个穷人怎样能在比武中生存……"④在一则德语诗歌中,一位"国王"则道出了高级贵族对于被"低等人"侵犯的厌恶心理:他不仅坚决禁止带"kipper"参加比武,并表示:"如果一名不允许参加比武的 kipper 敢碰骑士一下,那就把他的手砍掉!"⑤必须指出,亨利·德·拉翁所描述的现象在 12 世纪的高级贵族那里早已存在,它并不是所谓骑士道德堕落导致的结果。因此,与其说是骑士道德堕落引起了人们的反感,倒不如说是骑士阶层自身的观念和价值取向发生了变化,使得之前习以为常的行为举止变得不可接受。这可能也是 13 世纪以后的骑士更偏爱马上单挑的一个原因。

上述不满导致了群体比武规则的改变,这大体是一个自上而下的过程,因为上层贵族作为大型比武活动的召集者(并且随着时间的推移,他们召集

① Richard Barber and Juliet Barker, *Tournaments: Jousts, Chivalry and Pageants in the Middle Ages*, p. 125.

② Moritz Goldschmidt (ed.), *Sone von Nausay*, vv. 1186-1187, 1549-1551.

③ Joachim Bumke, *Courtly Culture Literature and Society in the High Middle Ages*, p. 264.

④ 这些诗歌的英文译本参见 David Crouch, *Tournament*, pp. 188-193。

⑤ Oskar Jänicke (ed.), *Biterolf*, vv. 8579-8588, 转引自 Joachim Bumke, *Courtly Culture Literature and Society in the High Middle Ages*, p. 257。

比武的权力得到了加强），他们掌握着制定比武规则的绝对权力。在这方面，最有代表性的例子发生在 13 世纪末的英国。1292 年，英国国王爱德华一世颁布了一项普适性的法令，①就群体比武的诸多方面作了详细的规定。其中最令我们关注的规定包括三个方面：首先，骑士无论多富有，每人最多只能携带三名扈从上场；其次，无论骑士还是扈从都不允许携带锋利的刀剑或钝头锤（mace）；最后，观众和步骑仆从一概不允许携带武器。上述法令的重要意义在于，它第一次在人数对等、游戏与战争的区别、观众与游戏者的分隔等方面作出了明确的规定。它们明显是针对群体比武一直存在的混乱状况，目的是借助王家权力进一步明确骑士比武的游戏性质，从而把随时可能在比武中泛滥的私人暴力纳入受控制的轨道。

　　尽管如此，传统形式的群体比武仍备受挤压，并于 14 世纪消失。群体比武虽然在随后兴起的攻关比武中继续存在，但它已经受到了有关人数、装备等各种具体规则的约束。到了 15 世纪的安茹公爵勒内那里，这些比武规则有了制度化的保障。在《论骑士比武的形式与设计》一书中，勒内要求比武使用的剑要有四指宽，剑刃要一指厚，以免从头盔的视窗开口穿进去；除了王公贵族之外，任何选手都不能骑明显比别人高大强壮的马匹；此外还有关于盔甲的要求；等等。除此之外，书中还规定了确保这些规则得到遵守的程序：比武前一天，比武者需把剑和马匹等交由裁判检验是否符合要求。②15 世纪的英国、法国和德国还保留下来不少召集比武的通告，它们均对比武的规则作了十分具体的规定。除了必须使用钝武器外，它们还规定不能攻击落马或受伤的骑士，也不能攻击没有武器或掉了头盔的骑士。此外还有关于有效攻击部位和长枪折断部位的规定：刺中马鞍或以下部位而折断的一概无效，并且折断点必须在护腕和枪头之间。③

　　同样是在这个世纪，随着比武规则的进一步精细化，比武场上出现了两个引人注目的变化。首先是马上单挑的场地中央出现了把双方骑士和马匹

① 这份法令的原文参见 *Statutes of the Realm*，London：Eyre and Strahan，1810，v. 1，pp. 230-231。另一份抄本（BL，MS Harleian 69，fol. 17r）被认为更可靠，见 Juliet R. V. Barker，*The Tournament in England：1100-1400*，pp. 191-192；戴维·克劳奇根据这个版本提供了英文翻译，见 David Crouch，*Tournament*，pp. 201-202。

② René d'Anjou，"De la forme de la manière des tournois à plaisance"，in J. M. Gassier，*Histoire de la Chevalerie Française，ou Recherches Historiques sur la Chevalerie，depuis la Fondation de la Monarchie jusqu'à Napoléon*，Paris：Germain Mathiot，1814，pp. 290-332。

③ Ralph Dominic Moffat，*The Medieval Tournament：Chivalry，Heraldry and Reality：an Edition and Analysis of Three Fifteenth-century Tournament Manuscripts*，doctoral dissertation of University of Leeds，2010，pp. 122，238，242，247，248.

分隔开来的栅栏。此前由于场地中央没有实物分隔，马匹很容易跑偏，导致要么双方横向距离太远，无法做出有效的攻击；要么马匹距离太近，甚至会撞到一起。有时马匹还会因为害怕而裹足不前。所有这些情况都令日益追求瞬间精准攻击的骑士们大为扫兴。14 世纪下半叶的史学家让·傅华萨(Jehan Froissart，约 1337—1405)曾详细描绘了 1390 年在加莱的圣安格勒维尔(St. Inglevert)举行的一次攻关比武，其中就多次提到上述各种情况。① 然而，在 1470 年前后出版的让·傅华萨手抄本《编年史》中，给圣安格勒维尔比武所配的插画却出现了中央栅栏，表明它们就是在这期间诞生的。② 大约在 16 世纪初进一步出现了专门用于马上单挑的场地，它在中间栅栏的两侧分别增加了另一层栅栏，使整个单挑场地变得狭长而且完全封闭。③ 其次是盾牌逐渐从比武场上消失。从 14 世纪和 15 世纪早期表现骑士比武的画面来看，盾牌在这个时候仍旧是不可或缺的装备。在上述 15 世纪 70 年代出版的让·傅华萨《编年史》插画中，马上单挑的骑士手中仍握着盾牌，这与约 80 年前让·傅华萨本人的描述倒是一致的。不过，在略早一些的安茹公爵勒内的《论骑士比武的形式与设计》的手抄本插画中，则没有人使用盾牌，骑士们全都是右手持兵器，左手紧拽缰绳。④ 到 1500 年前后，表现骑士比武的画面也都不再有盾牌。从此以后，这种重要的防护装备就被彻底淘汰了。这可以看作是骑士比武文明化基本完成的重要标志。

当然，上述进程并非在整个西欧均同步展开。比如 13 世纪有一首德语诗歌记录了法国国王和神圣罗马帝国皇帝举行的一次盛大比武，当法国国王用长枪攻击对方时，诗歌说："在法国，人们仍然习惯并普遍地使用长枪和剑进行骑士比武……在那个国家，骑士比武就像真正的战斗一样，天知道！"⑤这说明当时德国的比武要比法国更加"文明"，同时也从一个侧面证明骑士比武的暴力程度与集权强弱之间的联系。而在 1445 年，服务于米兰

① M. le Baron Kervyn de Lettenhove (ed.), *Oeuvres de Froissart publiées avec les variantes des divers manuscrits*, Brussels: Victor Devaux, 1872, t. xiv, pp. 105-151.
② Jean Froissart, *Chroniques*, v. iv, Part 1, The British Library, Harley MS 4379, ff. 23v & 43. 朱丽叶·巴克(Juliet Barker)认为这种栅栏出现在 15 世纪 20 年代，不过并未提供任何证据，见 Juliet Barker, *The Tournament in England: 1100-1400*, p. 145。
③ 这种场地的最早呈现，见 *Chronique d'Enguerrand de Monstrelet: l'Années 1380-1432*, BNF, Ms. Fr. 20360, fols 36v, 43v, 138, 303v。
④ René d'Anjou, *Traittié de la forme et devis comme on fait les tournoyz*, Paris, BNF, Ms. Fr. 2695, ff. 45v, 46, 97v, 98, 100v & 101.
⑤ Konrads von Würzburg, *Partonopier*, vv. 15108-15117, 转引自 Joachim Bumke, *Courtly Culture Literature and Society in the High Middle Ages*, pp. 259-260。

公爵的西班牙骑士加莱奥托·巴尔塔扎尔（Galeotto Balthazar）在勃艮第参加比武时，他给自己的马匹装备了盔甲，上面嵌满了"大颗钢钉"，负责监督比武的长官不得不命令他把它们除去；在比武过程中，勃艮第骑士的剑掉到地上，他想趁机猛攻，同样也被制止，等到对方拿回剑之后才得以继续。[①]这说明直到这个时候，西欧各国的比武习惯或规则仍然存在相当大的差异。不过，这些差异并不影响骑士比武文明化的总体趋势。

从群体比武到马上单挑的过渡以及比武的文明化，标志着骑士比武一步步地偏离了战争训练的宗旨，而日益变成纯粹的贵族游戏。作为西欧中世纪骑士贵族日常生活的一项重要内容，骑士比武的演变无论是对于贵族阶层文化心理的嬗变，还是对于西欧社会向近代的转型，都产生了深远的影响。

文明化与去暴力化实质上是同一事物的两个方面。骑士比武文明化的进程，亦是骑士的暴力不断受到约束的过程。这种去暴力化既是国家控制力加强的结果，也是骑士个人在社会风尚的影响下自觉追求使然。以在13—14世纪对骑士比武的演变起到关键影响的圆桌比武为例。这种游戏形式的流行，一方面是因为各国君主（包括某些大贵族）有意识地推进骑士界的亚瑟王崇拜，另一方面则是由于亚瑟王和圆桌骑士的传奇以及他们的行为准则得到骑士阶层的广泛认同，这两方面的因素都对骑士价值和伦理的构建起到了重要作用。特别是在马上单挑中，骑士已不能再单纯依靠力量取胜，而是要更多地掌握比武的技巧和对身体（及坐骑）的控制。此外，马上单挑的流行还导致比武的空间发生了重要的变化。它不再像群体比武那样需要无限广阔的空间，而是被收缩到有限的场地之内，并从乡野转到了城市。空间的收缩和一对一的对抗形式，使得骑士的一举一动全部暴露在观众（特别是贵妇）的目光之下，从而对骑士的行为举止构成强大的监督和约束。新的比武环境使得骑士比武日益变成上流社会的社交聚会，加上骑士文学对13世纪以后的骑士比武产生的巨大影响（以比武的戏剧化为表征），骑士文学所鼓吹的骑士价值很容易传播开来，并成为骑士阶层所共同倡导的价值观念。在这种情况下，慷慨、正义、忠诚、荣誉等价值观逐渐获得了清晰的界定，而在骑士比武中通过各种不公平的手段来掠夺财富（甚至是追求财富本身）变成了一种可耻的行为。

---

① Richard Barber and Juliet Barker, *Tournaments: Jousts, Chivalry and Pageants in the Middle Ages*, pp. 129-130.

上述演变对于骑士贵族身份心理的影响是微妙而深刻的：他们逐渐把自己看作是拥有文明和修养这一特殊的高贵秉性的人，而不只是掌握着权力和财富的特权者。或者说，骑士阶层逐渐认识到，表达其优越身份的最有效方式，不再是公开展示权力或暴力，而是通过长期训练形成的一种基于严格的身体控制，并且难以被其他阶层模仿的行为模式。16—17 世纪的贵族对于"优雅"举止的追求便由此而来。这种追求在伊拉斯谟的《论男孩的礼貌教育》、卡斯蒂利奥内的《廷臣论》等有关贵族教养的论著出版之前就早已存在，只是因为转变的进展缓慢而未得到充分重视。在西欧社会（包括骑士比武）日趋城市化的背景下，"优雅"举止也被看作是贵族阶层区别于新兴的城市资产者的根本标志。17 世纪初，法国国王路易十三的马术教师普吕维内尔对此作了最具有代表性的总结。尽管骑士比武此时已经日薄西山，但作为一种历史悠久的贵族传统，它在理论上依然被看作贵族阶层必须掌握的一项基本技能。在《国王骑术教程》一书中，普吕维内尔竭力强调马上单挑中优雅举止（bonne grace）的重要性，并对此作了非常详细的描述："启动时……让长枪尾部靠在盔甲下摆处。切记不要缓慢地放下枪头，而应在距离对方二十步的时候就让它完全对准目标，以便有工夫调整并刺中理想的位置，这样就最优雅了……长枪折断后，应当优雅地做收束动作，方法是举起手中的断枪，把它扔到场外的地上。但如果长枪是在把手的位置折断的，为了让收束动作做得优雅，这时就要把手抬高，晃一晃手套，让观众知道你并没有因为受到撞击而惊慌失措。"①我们可以看到，对于从容不迫的"优雅"的身体控制的要求，已经贯穿了比武过程的每一个细节，其重要性甚至超过了比武本身。在另外一些关于宫廷礼仪的著作中，这种游戏中的优雅控制更被看作是"以理性驯服自然本性深处的冲动和粗野"的标志，一名贵族不能掌握这些控制技巧，"不仅是严重的缺点，还是令人难为情的无知的表现，因为这是界定其身份的基本要素"②。

老式网球

16—17 世纪也是许多游戏向现代形式过渡的关键时期，其中一个至关重要的方面就是游戏规则的明晰化。从骑士比武的演变可以看出，游戏规则的改进（诸如关于人数、武器装备、取胜方式等方面的规定）在去暴力化的

---

① Antoine de Pluvinel, *L'instruction du roy en l'exercice de monter à cheval*, Amsterdam：Jean Schipper，1629，pp. 136-139.

② Nicolas Pasquier, *Le gentilhomme*, Paris：Champion，2003，p. 183；Nicolas Faret, *L'honneste homme ou l'art de plaire à la court*, Paris：Toussaincts du Bray，1631，pp. 26-27.

过程中起到了非常重要的作用。规则既是游戏去暴力化的结果，又巩固和推进了暴力的消除。它同时还起到了约束人在游戏中的行为举止的效果。因此，游戏规则是游戏理性化最根本的体现。

在17世纪以前备受法国上层社会喜爱的另一种游戏是老式网球。这种游戏被当时的法国人称作 jeu de paume，从词义可以看出，它最初是用手玩的，确切的译法应是"掌球"。早期的许多图书插画也证明了这一点。但为了行文的前后统一，本书仍旧把它称作"网球"或"老式网球"。这种游戏的玩法有许多种，其中一种是一方进攻，一方防守，进攻方如果能让球避过防守方的拦截，击中后方墙上的某个地方，就算得分。① 正如让·朱尔·朱瑟朗所说，老式网球是法国中世纪非军事领域的"游戏之王"：上至王公贵族，下至平民百姓都十分喜爱这种游戏。早在1292年，巴黎至少已经有13位生产网球的师傅。② 在中世纪，这同样是一种可能致命的游戏，尽管它制造危险的方式跟骑士比武十分不同。1316年，法国国王路易十世在维森纳森林里打网球，精疲力竭，到地窖里休息，喝了满满一杯冷水，结果得了热病死去。1354年法王约翰发出的一份调解书涉及四年前的一场网球纷争。在那次纠纷中，双方为一个球发生争执，请另外一人作裁判。但这名裁判与游戏一方有亲戚关系，导致另一方认为判决不公平。双方间爆发斗殴，结果可怜的仲裁人被打死了。1436年，勇敢的拉伊尔(La Hire)在一家酒馆的院子里打网球的时候，因为没有防备而被敌人房获。1498年，查理八世带着王后在昂布瓦斯(Amboise)观看人们在城堡的护城河里打网球，进入长廊时，不幸因前额撞在门梁上而死。1537年，法国的王太子又重演了路易十世的悲剧。③ 这些悲剧一方面与中世纪游戏空间的随意性有关，另一方面则是人们不受理性控制的游戏冲动使然。这两者都将因为游戏的文明化而发生改变。此外，危险还来自球的制作和游戏的方式。早期的游戏是直接用手玩的，而网球的生产质量往往参差不齐，有些人用石灰、沙子等材料作为填充物，导致人们在游戏时手和胳膊受伤。1480年，路易十一颁布了详细的命令，规定"该行业的所有师傅生产的网球必须使用合格的填充材料，要使用优质的皮毛和毛屑，而不得使用沙子、白垩、金属屑、石灰、麸皮、废弃

---

① 参见 Wilhelm Fink Verlag，*Tennis：A Cultural History*，pp. 16-17，figs. 10-12。

② Jean Jules Jusserand，*Les sports et jeux d'exercice dans l'ancienne France*，p. 240.

③ Jean Jules Jusserand，*Les sports et jeux d'exercice dans l'ancienne France*，pp. 242-243 & 246；Wilhelm Fink Verlag，*Tennis：A Cultural History*，pp. 18-21，39-40；玛丽·霍林斯沃斯：《红衣主教的帽子》，第117页。

的毛皮、锯末、灰烬、苔藓、粉尘或泥土填充"。① 这大概是网球生产最初的标准化尝试。

　　网球的球拍在 1500 年前后出现。16 世纪下半叶出版的艾蒂安·帕基耶(Étienne Pasquier)的《法兰西研究》(Recherches de la France)中,作者提到一个名叫加斯泰利耶(Gastelier)的 76 岁的老网球选手,后者自称在年轻时是徒手打球的,没有任何保护。②《法兰西研究》系列图书是从 1560 年开始印行的,因此加斯泰利耶"年轻时"大概是在 16 世纪初。③ 1519 年出版的伊拉斯谟关于儿童教育的对话录曾经写到几个孩子准备打网球,他们商量着是用拍子玩还是用手玩,④说明当时两种方式都存在,并且名称也都一样。这可能是关于球拍的最早记录之一。1539 年比韦斯的儿童教育对话录则详细描述了网球游戏更进一步的变化。比韦斯让一个名叫欣缇拉(Scintilla)的小孩给他的西班牙朋友介绍巴黎人是怎么打网球的,对话的许多细节都十分有意思:

　　— ……他们用什么样的球?

　　— 他们没有我们这么大的球,他们的球比我们的要小,也耐打得多。那种球是用白色的动物厚皮做的,填充物不像我们总是用破布,而几乎都是用狗毛。正因为如此,他们不怎么用手打球。

　　— 那他们用什么打球?像打大球一样用拳头吗?

　　— 也不是,他们用球拍。

　　— 用线做的吗?

　　— 用肠衣搓成的粗绳做的,就像六弦琴用的那种。他们(在场地中央)有一条拉紧的绳子,其他方面跟这里的室内(网球)游戏都一样。如果球从绳下面打过去,那就算丢分……分数分四级,即 15、30、45——如打平,则再连赢两球——取胜……球要在飞行中或第一次弹跳时打回去,第二次弹跳就算是死球……⑤

① 转引自 Jean Jules Jusserand, Les sports et jeux d'exercice dans l'ancienne France, p. 245。
② Etienne Pasquier, Les œuvres d'Estienne Pasquier, t. 1, Amsterdam: Aux depens de la compagnie des librairies associez, 1723, pp. 395-396.
③ Wilhelm Fink Verlag, Tennis: A Cultural History, p. 17.
④ E. L. Frémont(ed.), Dialogues choisis d'Erasme, de Cordier et de Petrarque, latin-français, pp. 64-65.
⑤ Juan Luis Vives, Les Dialogues de Jan Loys Vives: pour l'exercitation de la langue Latine, Lyon: Gabriel Cotier, 1560, pp. 188-189; Juan Luis Vives, Tudor School-boy Life: The Dialogues of Juan Luis Vives, pp. 202-203.

从这些对话可以看出,当时巴黎人打网球的方式和规则已经跟现代网球相差无几,路易十一规定的网球标准化生产已得到落实,球拍的使用也已变得十分普遍。但这一变化应该还没有出现多久,因为它还没有传播到比韦斯的故乡。上述情况在拉伯雷 1533 年出版的《高康大》中也得到了部分证实。在该书的结尾,特来美修道院的修士用打网球来解释谜诗预言:"只要有个人报告球是从绳子上面或是下面过去就算数,大家都相信……球拍的线绳是用绵羊或山羊的肠子做的。"[1]这些描述表明,当时还没有球网,人们只是在场地中央拉根绳子作为标记。在 17 世纪初的绘画中,这根绳子下面缀上了密密的绒线,以帮助人们更准确地判断球是从绳子的上面还是下面打过来。[2] 1587 年出版的木刻画《儿童游戏之三十六图》则显示,当时打网球还有另外一种形式,即用木板做成的球拍把球打到屋顶或房子的挡雨板上。[3] 但后来这种游戏形式基本上就消失了。

拉马里尼耶的《学院游戏之屋》全面总结了网球的游戏规则,共有 24 条,对可能引起争议的问题作了特别详细的规定。例如球停在网线上应该怎么判;接球时不能把球网抬高,也不能触到球网;有一或两个类似"司线员"(marqueur)的人专门察看球的落点是在界内还是界外。它甚至还规定在打成三比三的情况下,在下一局直接决定胜负,而不用超出两局。此外还有关于大奖赛(jouer un Prix)的 8 条规定,包括要分成三天比赛,一对选手最多只能连打两盘等。[4] 从这些规定的详细程度来看,当时的网球规则已经非常成熟。除了网球,这本书还详细介绍了另外 35 种游戏的玩法和规则,包括棋牌游戏、体能游戏、军事游戏、知识游戏等。

二、塑造"诚实的人"

游戏与社会的区隔

上述演变必然导致上层社会的游戏日趋封闭,并越来越多地走向室内,因为这使他们开始意识到自身在文化上与大众阶层之间的差别,由此产生的优越感导致他们不再愿意与大众一起游戏,进而拒绝在大众面前游戏。我们仍旧以骑士比武为例展现游戏的这一演变过程。如前所述,早期的骑士比武有着明显的开放性特征,但在去暴力化和优雅化的过程中,骑士比武

---

[1]　拉伯雷:《巨人传》第一部,第 214 页。

[2]　Elisabeth Belmas, *Jouer autrefois*, pp. 126-127, figs. 12-13.

[3]　Elisabeth Belmas, *Jouer autrefois*, p. 119, fig. 6.

[4]　La Marinière, *La maison des jeux académiques*, pp. 182-194.

的这种开放性空间逐渐缩小，而变得日益封闭。这涉及游戏的参与者和游戏的空间两个方面。

骑士比武的封闭化首先表现为观众角色的明晰化。观众（包括假装成观众的骑士）可以随时加入游戏的现象大约在 13 世纪末发生了改变。最早的规定似乎出现在英国，当时它有一个由国王的长子爱德华王子牵头、专门仲裁比武纠纷的"荣誉法庭"（Court of Honour）。在该法庭于这个世纪末出台的若干比武法规中，①有一条专门禁止"来观看比武的人"携带任何武器，包括剑、棍棒、铁棒、石头和投石器。这显然是为了防止观众中途介入比武，从而使一方凭借人数取得不公平的优势或造成混乱。另一条禁止协助落马骑士的规定显然也是出于同样的考虑（这条规定不适用于给领主拿武器的仆从，而骑士也可以重新上马，说明这时落马还没有成为判定胜负的标准）。与此相对应，另外一些规定则限制了骑士队伍的人数，如禁止骑士携带护卫队上场、每位骑士最多只能带三个扈从。此外还有禁止使用锋利武器的初步规定。对违规的处罚包括没收马匹、装备以及一至七年不等的监禁。这些法规是用法语写成的，凸显了法国比武文化在这个时期所占据的主导地位。目前尚不清楚法国是在什么时候出现类似的规定，但在 15 世纪下半叶勒内·德·安茹的著作《论骑士比武的形式与设计》和勃艮第等地方的比武通告中都没有关于观众装备的特殊限制，说明这方面的约束早已确立下来，无需特别言明。勃艮第的比武通告不仅规定了挑战骑士队伍的人数，还要求参加比武的骑士提前入场亮相，否则就没有参加的资格，这等于明确了游戏者与观众之间的身份差别。

事实上，这时在游戏者和观众之间出现的物理区隔，已逐渐限制了观众参与游戏的手段。这种区隔就是比武场地日趋封闭。最初的封闭措施是用栅栏把场地围起来，让骑士在有限的空间内比武，同时将观众与游戏者隔开。从目前掌握的资料来看，这种栅栏出现得相当晚，可能是在 15 世纪前后。其手段最初只是在野地里搭起一排简陋的木栅栏，场地中间并没有将单挑的骑士隔开的障碍。观看比武的贵族贵妇也不再坐在城墙上，而是有了专门搭建的看台。② 到了勒内·德·安茹那里，这种场地的设计已经相当成熟，并有非常详细的描述。他说，比武场的长度应是宽度的四倍，高度为一个人的身高，两头分别配备活动开关，好让双方的骑士进出。场地分成

---

① 这些规定参见 John Hewitt, *Ancient Armour and Weapons in Europe*, v. 1, pp. 366-368; Jean Jules Jusserand, *Les sports et jeux d'exercice dans l'ancienne France*, pp. 71-72。

② Ralph Dominic Moffat, *The Medieval Tournament*, pp. 88-92, figs. 43-49.

内外两层,中间间隔四步远,给不骑马的仆人和急救人员通行,并在里面布置由裁判聘请的武装警戒人员,以把观众和比武者隔开。① 其所著《论骑士比武的形式与设计》一书的 15 世纪手稿中的插画把这些设计都清晰地呈现了出来。② 勒内·德·安茹偏爱的比武地点是城市,他所描述的则是有攻方和守方的攻关游戏。不过 1493 年在桑德里库尔举行的攻关游戏仍主要在野外进行。即使有在封闭场地比武的情形,也是放在绿野山丘。③

15 世纪中叶的马上单挑尽管有了将骑士分开的栅栏,但比武场地仍旧是开放式的,侍童可以在距离比武者很近的地方活动。而在大多数时候,单挑和群体比武的场地也还没有作区分。随着群体比武的进一步衰落,专门的马上单挑场地越来越普遍。1510 年的《1380—1432 年昂盖朗·德·蒙斯特勒莱编年史》手抄本插画显示,巴黎出现了专门举行马上单挑的全封闭式比武场,它与上个世纪的场地明显不同。这是由三层栅栏围成的狭长场地,不仅将两个比武者分开,也将比武者与其他人完全隔离开。它似乎是一个王家比武场,同时还借助碉楼等建筑将普通民众挡在外面。这样的场地也已经不可能与群体比武共用。该书还呈现了一些其他马下比武的场景,场地也全都是用栅栏围起来的,背景也都是城市建筑。④

在 16 世纪,尤其是从下半叶开始,将普通民众与现场远远隔开成为王家比武普遍的做法。诺曼底小贵族古贝维尔 1555 年在布卢瓦参加的一场由亨利二世举办的比武,就是在一座城堡里面进行的。⑤ 1570 年的一幅木刻画显示,1559 年导致亨利二世死亡的比武也是在巴黎一个四周被建筑物围住的封闭场地内举行的,有些人爬到远端的高楼或哨塔上观看。即使比武是在城市广场上举行,民众也同样被远远地阻挡在外面。1564 年,巴勒迪克(Bar-le-Duc)的居民已经只能爬上屋顶观看查理九世在圣皮埃尔(Saint-Pierre)广场举办的比武了。翌年巴约讷(Bayonne)的骑马持长枪穿环游戏尽管是在城市的中心广场举行,现场却有约 2000 士兵把守,只有受到国王邀请的贵族才能入内。⑥ 上述游戏都是在国王入城时举行的,并成

① J. M. Gassier, *Histoire de la chevalerie Française*, p. 307; Jean Jules Jusserand, *Les sports et jeux d'exercise dans l'ancienne France*, p. 76.

② René d'Anjou, *Traittié de la forme et devis comme on fait les tournoyz*, ff. 97v-98.

③ *Le pas des armes de Sandricourt*, ff. 9v & 11v.

④ *Chronique d'Enguerrand de Monstrelet: l'Années 1380-1432*, fols 36v, 43v, 138, 303v.

⑤ Gilles de Gouberville, "Le journal du sire de Gouberville", t. 31, p. 247.

⑥ Jean Boutier, Alain Dewerpe et Daniel Nordman, *Un Tour de France royal: Le voyage de Charles IX (1564-1566)*, Paris: Aubier Montaigne, 1984, pp. 307-308.

为传统入城式庆祝的一部分。不同的是,以前的入城式是普天同庆,现在严密的守卫却意味着绝大多数人都被排除在外,至多也只能充当被动的看客。① 这种做法显然并非法国所独有。同一时期布鲁塞尔一座公爵府前的比武场尽管没有三层栅栏,却在四周围起了一层高高的围墙。② 这种转变表明上层社会越来越刻意地与大众拉开距离,不愿意与后者分享他们的娱乐。

随着越来越多的法国宫廷贵族定居在巴黎,宫廷社会的游戏也日益局限于他们的小圈子之内。这些经过精心安排的游戏大都在枫丹白露、卢浮宫以及后来的凡尔赛举行。对场地要求不高的马下障碍比武更是走进了室内,市民至多只能看到正式比武之前的豪华彩车游行——比如 1627 年在洛林举行的马下障碍比武。至于比武过程本身,普通民众甚至连远观的机会都被剥夺了。

其他游戏也在近代早期发生了与骑士比武相类似的封闭化演变。例如,早期的王公贵族和平民百姓一样,都是在开放的场地打网球,包括干涸的护城河里、城市的道路上、乡村广场上、酒馆院子里等。但在 16 世纪,上层社会的游戏已经转移到室内,1539 年比韦斯的对话录和艾波尼多在弗朗索瓦一世的宫廷的经历都证明了这一点。③ 巴黎则在这个世纪出现了兴建室内网球场的热潮,以至于巴黎市政府从 1551 年开始不得不多次下达这方面的禁令。到了 16 世纪末,巴黎已经拥有约 200 个网球场。④ 室内场地的出现和游戏规则的明晰化,也把观众与游戏者真正地隔离开来。许多原先在室外进行的会话游戏也走进了室内。在 15 世纪下半叶的《勃艮第女公爵萨伏依之阿黛拉伊德日课经》中,好几幅表现爱情文字游戏的画面都表明游戏是在完全开放的室外场地进行的。索雷尔在《游戏之屋》里介绍的大量会话或智力游戏,有许多实际上就是由中世纪的爱情文字游戏发展而来的,但游戏的场所已经从室外转移到贵族贵妇的沙龙之中。同时,原先就存在的纸牌、象棋等室内桌面游戏则变得更加流行,并出现了众多新的变种。弹子球的场地也从室外转到室内,从地面提升到桌面,变成了更加优雅的台球。上层社会的成员有时也会在室外进行游戏,但不再是当着大众阶层的面,而

① 类似的研究参见让-皮埃尔·里乌等主编:《法国文化史》卷二,第 133 页。
② Wilhelm Fink Verlag, *Tennis: A Cultural History*, p. 59, fig. 30.
③ 参见本章第一节,及玛丽·霍林斯沃斯:《红衣主教的帽子》,第 119、121 页等。
④ Nicolas de Lamare, *Traité de la police*, t. 1, p. 418; Elisabeth Belmas, *Jouer autrefois*, p. 27;菲利浦·阿利埃斯:《儿童的世纪:旧制度下的儿童和家庭生活》,第 143 页。

是在属于他们的专有空间内。

优雅地游戏

16—17世纪,随着绝对主义国家的崛起,法国游戏伦理的话语权逐渐转移到了宫廷社会手中。这并非表示人文主义的游戏伦理就此消失,而是说它被宫廷的伦理所压制或同化,并转而为绝对主义国家服务。比如,人文主义将游戏变成儿童的专属领域(尽管这一转变在这个时期尚未完成),导致成年人的游戏从上层社会开始发生了根本性的变化:就像索雷尔等人那样,上层社会开始把一些游戏专门列入"儿童游戏"的范畴,它们不再适合成年人玩。同样是在人文主义的影响下,上层社会日益把自身看作一个拥有不同于普通民众的特殊文化趣味的阶层,并通过讲究优雅、克制的游戏方式将自己与其他人区别开来。因此,索雷尔认为,最适合上层人士玩的游戏主要是通过游戏者之间的对话来进行的智力游戏,比如诗词歌赋游戏、接话游戏、格言游戏、押韵问答游戏、猜谜游戏、名著游戏、藏头诗游戏、限韵诗游戏等。而包括网球在内的体能游戏在其游戏分类中排名倒数第二,仅高于运气游戏,因为这两类游戏"适于所有的人玩,无论他是仆人还是主人……文盲和粗人还是学者和雅士"。相比之下,索雷尔在《游戏之屋》一书中讨论的大多数游戏(即智力游戏)却是"只有上流社会的人才能从中获得乐趣"。更有甚者,他还把儿童游戏与平民的游戏相提并论,这些小孩的和平民的玩意儿不配有身份的人去玩,而且儿童游戏"也可以为乡间村夫们所用,他们的智力在这方面没有比儿童高出多少"。① 由此我们可以得出宫廷游戏伦理的第一个重要特征,即它特别强调作为贵族的宫廷成员与普通民众的身份差别。

对优雅品味和得体举止的追求也出现在其他游戏当中。发生在亨利四世身上的一则趣事可以很好地解释宫廷的游戏风尚是如何演变的。1594年,一位巴黎资产者在日记中以极度鄙夷的口吻,描述了这位国王于9月24日在一个网球场里打网球的情形。作者写道,国王竟然只穿着一件衬衫,背部还开裂了,下面是一条被"狗爪子"抓破了的齐膝短裤。国王玩累了,追不上球,步伐笨拙得像只"母鸭子"。一同看球的另一个资产者同伴唆使王后让司线员学猫叫,好到游廊下面把国王的大衣拿来,因为他们怀疑国王偷了一大把球藏在大衣里面。国王听到了他们的谈话,叫司线员过去盘问了半

---

① Charles Sorel, *La maison des jeux*, "Avertissement aux lecteurs" & pp. 162-163, 211-212. 亦参见菲利浦·阿利埃斯:《儿童的世纪:旧制度下的儿童和家庭生活》,第134—136页。

天,最终一笑了之。① 这段话里包含的丰富信息十分值得玩味。它表明,随着法国宫廷结束流动的状态而固定在巴黎,这个首都的上层社会已经形成一种独特且自视清高的游戏文化品味,并以此养成了巴黎人相对于仍大体因循旧步调的外省游戏文化的优越感。文化差异的结果是"外省人"的粗俗举止受到巴黎人的鄙视,即便这个巴黎人只是个资产者,而这个"外省人"却是国王本人。亨利四世被鄙视的根本原因可以归结为三个字:不得体——这既包括不雅观的穿着,也包括缺乏良好控制的行为举止。当然,还有上述事件中没有体现的语言上的控制。不管是在生活中还是游戏中,当时上流社会的人们仍习惯于赌咒说脏话,亨利四世的出身决定了他在这方面更加不会讲究。由于秉性难改,他的神父科东(Coton)只能退而求其次,要求他使用"我不信科东"(jarnicoton)来取代亵渎神灵的"我不信上帝"(jarnidie)。② 有关游戏的论著也都不厌其烦地重申禁止赌咒的规定,例如拉马里尼耶在介绍网球和"大奖赛"的规则时,第一条都是"不能亵渎神之名"。③

在接受宫廷的优雅文化方面,自幼在巴黎成长的路易十三比他的父亲拥有更明显的优势。16 世纪末,亨利三世、亨利四世还经常在狂欢节到巴黎街头参加节日狂欢。亨利三世的情况在第五章第二节已有说明。在其统治末年,亨利三世参加狂欢游戏的行为有所收敛。但在波旁王朝第一任国王时期,形势出现了一些反复,皮埃尔·德·莱斯图瓦勒(Pierre de l'Estoile)在日记中多次记录了亨利四世和其他高级贵族参加巴黎的狂欢游戏的情形。例如在 1597 年大斋节第一个星期日(也是狂欢日),亨利四世化装成巫师出去游玩,他的情妇始终跟着他,并在他每进入一个室内狂欢场所时帮他卸下面具并亲吻他。他就这么彻夜玩乐,翌日上午八点才回到卢浮宫。④ 而从路易十三开始,国王基本上不再以传统的方式上街庆祝狂欢节,曾经忠实地记录了路易十三的各种游戏事迹的御医艾罗阿尔也没有提到这方面的内容。马术教师普吕维内尔专门写给国王的骑术训练手册,则从一个方面呈现了路易十三是如何从小就接受系统的优雅文化训练(见本章第一节)。正是在路易十三时代,法国宫廷最著名的一些游戏的形式开始定型,为路易十四时期的辉煌奠定了重要的基础。在这些游戏当中,最重要的

① "Registre journal de Henri IV et de Louis XIII", p. 246.
② 让-皮埃尔·里乌等主编:《法国文化史》卷二,第 142 页。
③ La Marinière, *La maison des jeux academiques*, pp. 182 & 191-192.
④ "Registre journal de Henri IV et de Louis XIII", pp. 259, 281-282, 499-500, etc.

莫过于宫廷芭蕾和骑士游行竞技(carrousel),它们的共同特征都是极端强调身体控制,通过华丽的炫耀展现王室和宫廷的荣光。在 17 世纪,这些游戏已经半专业化:就像尼古拉·法雷的《宫廷贵族的游戏艺术》所要求的,尽管参与游戏的仍旧是贵族,但只有经过良好训练、并能够优雅地完成游戏的人才适合上场。身材臃肿、姿态滑稽的贵族成为被嫌弃和嘲笑的对象,而他们也往往自觉地走向看台,变成真正意义上的观众。[①]

与此相适应,网球在 17 世纪逐渐变成一种"粗野"(violent)的游戏,因为人们在该游戏中不穿正装,并且体力消耗过大而难以始终保持优雅的体态。据学者统计,巴黎在 16 世纪末有网球场约 200 个,到 1657 年带顶棚的网球场剩下 114 个,而且是网球和弹子球合用的;到了 1700 年,该数目已经锐减到 10 个,到 19 世纪则只剩下 2 个。[②] 法国大革命中著名的网球场宣言就是在一个废弃的网球场里进行的。与此同时,更强调衣着得体和优雅体态的槌球(mail,高尔夫球的前身)日益受到上层社会的青睐,1717 年还有人出版了一本专门介绍这种游戏的小册子。[③]

这一时期在上层社会还出现了另外一种趋势,即推崇智力游戏而轻视体能游戏。这既与 17 世纪人们对理性的极度崇拜有关,同时也是他们排斥过于激烈的体能游戏的必然结果。本节在探讨骑士比武的演变时,就曾引用宫廷游戏理论家的话,他们提出宫廷贵族在游戏中要学会"以理性驯服自然本性的深层冲动和粗野"。索雷尔的《游戏之屋》对这种理性崇拜的倾向作出了最好的诠释。索雷尔出身贵族,曾担任法国的王家史官,长期身处法国宫廷,对它的游戏风尚有非常深的了解。在这部两卷本(后来又有续作)的巨著中,他总体上把游戏分成六大类,并对各个类别作了高低的区分。这六个类别从高到低排列如下:会话游戏(jeux de conversation)或智力游戏(jeux d'esprit)、混合游戏(jeux meslez,指儿童、青年和成人都可以玩的游戏)、儿童游戏(jeux d'enfans)、休闲游戏(jeux de repos,指消磨时间的棋牌游戏)、体能游戏(jeux d'exercice)和运气游戏(jeux de hasard)。丹尼尔·A. 加赫达(Daniel A. Gajda)认为这种排列反映了 17 世纪心灵高于身体的

---

① 亦参见让-皮埃尔·里乌等主编:《法国文化史》卷二,第 218—220 页。

② Elisabeth Belmas, *Jouer autrefois*, p. 27;菲利浦·阿利埃斯:《儿童的世纪:旧制度下的儿童和家庭生活》,第 143 页。

③ *Nouvelles règles pour le jeu de mail*, s.n., Paris, 1717.

观念以及当时的其他观念和价值等级。① 我们可以看到,体能游戏(如网球之类)的排位仅仅高于他最不赞成的运气游戏！会话游戏或智力游戏主要是通过游戏者之间的对话完成的,它们是"无邪而愉悦的游戏,无需很劳累就能诚实地恢复和保持人的活力",比如每人讲一件事情、回答问题或讲故事。② 例如第一卷有相互恭维的游戏、数学游戏、诗词歌赋游戏、接话游戏、格言游戏、押韵问答游戏、猜谜游戏、追求贵妇的游戏、有情人善恶德行的游戏;第二卷则有良好品行游戏、名著游戏、类比游戏、藏头诗游戏、限韵诗游戏、变换字母位置构词游戏;等等。这些游戏对人的思维和知识水平有相当高的要求,同时也能反过来给人以这方面的训练。他在书中介绍得最多的也是这类游戏,它们(以及《游戏之屋》的写作方式)是 17 世纪兴起的精雕细琢的沙龙文化的重要组成部分。这个问题在第七章还会作进一步探讨。

《游戏之屋》在出版当年就印了两次,在 1657 年出了第二版,但也是最后一版。不过,1644 年出版了一本《〈游戏之屋〉续》(*Nouveau recueil des pièces les plus agréables de ce temps, ensuite des jeux de l'inconnu et de La maison des jeux*),它自称是索雷尔《游戏之屋》的第三卷。其后又出现了若干同样声称是续作的作品,有时则是从《游戏之屋》中抽出一部分另外出版。③ 1654 年出现了我们前面已经数次引用的拉马里尼耶的《学院游戏之屋》,并于 1659 年、1665 年再版。拉马里尼耶明显受到了索雷尔的启发,不过他们的写作手法并不相同。索雷尔采用的是传统的对话结构,是虚构的小说的形式,并喜欢在书中卖弄高深的文字游戏——例如用"la première journée"(第一天)指代"第一卷","le premier livre"(第一部)指代"第一章",前者似乎是在模仿《十日谈》或《天方夜谭》讲故事的方式。拉马里尼耶的形式则简单明了,直接介绍各种游戏的来历、优劣和规则。相对而言,索雷尔的形式较适合喜欢雕琢、卖弄的 17 世纪沙龙文化,而他的体裁实际上也是这种文化的具体呈现;拉马里尼耶面向的读者群体则更广泛,但他同样反复强调要"优雅"地游戏。在路易十四时代的宫廷雕琢文化高峰过去之后,随着贵族等级界线的消解和资产阶级的崛起,从 18 世纪 10 年代开始,拉马里

---

① Charles Sorel, *La maison des jeux*, p. Ⅵ 。阿利埃斯称索雷尔把游戏分成交际游戏(jeux de société)、"体能游戏"和"运气游戏"三种,这种分类可能更具有逻辑性,但"交际游戏"可能是阿利埃斯自己归纳的(后面两种游戏他都加了引号,第一种则没加),因为本书作者并未在索雷尔的著作中找到"jeux de société"这个名称。参见菲利浦·阿利埃斯:《儿童的世纪:旧制度下的儿童和家庭生活》,第 135 页。

② Charles Sorel, *La maison des jeux*, pp. 162-163.

③ Charles Sorel, *La maison des jeux*, pp. Ⅰ & Ⅲ.

尼耶的作品被大量翻印和模仿,一直持续到 19 世纪初。从这些出版情况也可以看出宫廷的优雅游戏文化所具有的社会影响力。

当然并非所有人都赞同索雷尔的观点,特别是在运气游戏的问题上。索雷尔宣称,纸牌等运气游戏并非真正的消遣(但他有时也把纸牌划入"休闲游戏"),人们是带着贪婪之心玩这些游戏的。没有什么比运气游戏更能暴露出人性的弱点:首先是贪婪和挥霍,随之而来的是发怒、报复、扒窃、杀人。人们在游戏开始时还是朋友,在游戏结束时就变成了敌人。[1] 在这方面,反对意见主要来自地位相对低一些的宫廷贵族。1661 年有个叫卡耶尔(Caillère)的"才智平庸的退伍军人"[2]出版了一本叫作《论富贵族与穷绅士的财富》的小书,这位作者并非宗教人士,也不是道德家,但看得出来他在试图以一种实用理性的眼光去分析问题。书中有一章题为"穷绅士是否应该玩运气游戏? 如何玩?",作者在开头就一反我们所熟悉的姿态,宣称运气游戏(赌博)是一种交易,能给人带来快乐;总体上说,运气游戏是利大于弊的。这种利弊判断的决定性因素,在于人在游戏中冒险的程度。他说:"冒险是运气游戏的灵魂所在。"富人所冒风险很大,因而对他们不利;穷人没什么可以损失,却有机会赢得大钱,因而对他们是有利的。所以他主张要跟比自己富的人玩——他忽略了穷人输掉的可能是全部家产,而富人输掉的可能只是九牛一毛(尽管他以穷绅士的代言人的面目出现,但他声称自己并不经常赌钱)。他同时告诫人们要把赌博当作一门手艺,要学会控制自己的情感,把游戏当成赚钱的行当。赌局还能让穷人挤进更高层次的圈子,聪明人可以把它当成一种交际手段,从而给自己带来巨大的好处。他还说,诚实的人不应出千,因为这会招致恶名,而且会给本人带来极大的危险。他没有提到游戏的公平性问题。最后,他把自己比作理性的向导,而把反对赌博的人比作不敢过桥的蠢驴,因为他们害怕掉下去淹死。[3]

除了卡耶尔,阿利埃斯还列举了一个被视作上流社会典型的梅雷(Méré)骑士的类似观点,不过这位骑士的格调显然比卡耶尔高一个档次。他声称,法国宫廷的最高层也热衷于赌博:"先王"路易十三、"红衣主教黎塞留"、"红衣主教马扎然"、"我们的大王子"路易十四,还有大王子的"母后,她

---

[1]　Charles Sorel, *La maison des jeux*, pp. 160-162.

[2]　这是菲利浦·阿利埃斯的评价,并认为卡耶尔的说法代表了当时普通人的观点。参见菲利浦·阿利埃斯:《儿童的世纪:旧制度下的儿童和家庭生活》,第 124 页。

[3]　Jacques de Callière, *La fortune des gens de qualité et des gentilshommes particuliers*, Paris: Estienne Loyson, 1663, pp. 259-267.

只做两件事:赌博和向上帝祈祷"。"我进一步注意到,如果人们用灵巧优雅的姿态去玩博彩,它可以产生好的效果",因为它非常容易为你打开通向上流社会的大门,"尤其当你玩起来就像一个雅士(galant-homme)的时候"。"要尽可能像'诚实的人'那样玩,无论输赢均可做到面不改色",而不要像普通的赌徒那样暴跳如雷或得意扬扬。同时他还建议"只为了消遣才玩,只与我们所爱并希望保持友情的人玩,因为不管我们是否面露愠色,不知为何我们总会对赢了我们的人心怀怨恨"。① 卡耶尔、梅雷以及索雷尔对运气游戏的论述,表明他们全都是以非宗教的世俗眼光来看待这种游戏,并且直接把它与赌博等同起来。宫廷最高层也不认为这种游戏与宗教信仰存在冲突。从这里也可以看出,在这些人的观念中,运气游戏的伦理已经完全世俗化了。

在游戏优雅化的过程中,上层社会强调得最多的一个关键词是"诚实"(honnête)。在现代,"诚实"是一个与"欺骗""撒谎"等相对的道德字眼。但在近代早期的宫廷社会,它却拥有着非常不同的含义。卡耶尔在《论富贵族与穷绅士的财富》中提到,狩猎是贵族"极诚实"的一种运动。他甚至称,在外省贵族眼中,要判定某人是否"诚实",只需看他有没有猎犬和猎鹰(coureurs),并且能够每天去打猎。② 这跟我们现在所说的"诚实"完全没有关系。在卡耶尔或他所说的"外省贵族"看来,"诚实"是一个只适用于贵族阶层的字眼,穷人(以及没有狩猎资格的资产者)根本配不上这个高贵的词。也就是说,在当时的语境下,"诚实"并非像现在这样是适用于所有人的实实在在的品德要求,或者说它首先并不是一个道德品质的标准,而主要是一种身份的标志。在 16—17 世纪,这个词大都是在一系列有关宫廷礼仪的"教材"中提出来的,因而首先面向的是宫廷社会的成员。它同时还跟许多其他关键词联系在一起,出现频率最高的几个包括"礼貌"(bienséance)、"无邪"(innocent)、"适度"(modéré)。在游戏中,不作弊当然是"诚实"的题中之义,但它的最终目的却是要塑造一种从容不迫的优雅的精神气度,这需要通过得体的谈吐和行为举止来实现。这种"诚实的人"是 16—17 世纪宫廷贵族眼中的理想人格。③

---

① Antoine Gombauld de Méré, *Oeuvres posthumes de monsieur le chevalier de Meré*, La Haye: Meindert Uytwerf, 1701, pp. 157-160. 以上两段亦参见菲利浦·阿利埃斯:《儿童的世纪:旧制度下的儿童和家庭生活》,第 124-126 页。

② Jacques de Callière, *La fortune des gens de qualité et des gentilshommes particuliers*, pp. 268-269.

③ Robert Muchembled, *Popular Culture and Elite Culture in France 1400-1750*, p. 184.

一个文明化的骑士贵族阶层的形成,其最大的受益者并非这个阶层本身,而是在中世纪晚期逐渐崛起的以君权为代表的集权势力。这是因为,文明化不仅意味着原本恣肆放纵的私人和集团暴力得到了有效的控制,还使骑士贵族阶层日益远离地方社群并向集权势力靠拢。法国文化史学家米桑布莱德曾借用福柯的术语"肉体的政治技术学"①来解释"社会对肉体的控制"与集权国家构建之间的内在联系。② 根据这一理论,当人们改变恣肆放纵的游戏习惯,进而按照统一的模式严格控制自身的游戏举止的时候,这一转变本身就具有重要的政治含义:一方面,骑士贵族对统一模式的服从,体现了他们对于某种价值观念或意识形态的自觉认同;另一方面,君主(或大贵族)也借此宣扬集权的意识形态(如亚瑟王崇拜和民族国家意识)。事实上,如前所述,在控制骑士暴力的进程中就有集权力量的重要贡献,包括通过圆桌比武吸引骑士的效忠,颁布普适性的比武规则,发布文明化的比武指引,等等。15 世纪 60 年代,安茹公爵勒内在《论骑士比武的形式与设计》一书中宣称,"举行比武盛会的只能是王公贵族,或至少是拥有爵位之人"③,这与我们观察到的现象基本一致,即除了零散的比武之外,在 14—15 世纪,较大规模的比武活动已经集中到少数大贵族和国王手中,或是必须经过他们的批准。我们还必须注意从 13 世纪开始的骑士比武戏剧化的问题。正如英国历史学家罗伊·斯特朗(Roy Strong)所说,骑士比武的戏剧化,反映了它对贵族廷臣化和骑士国家化这两种新形势的适应。④ 从这个角度来说,骑士比武的戏剧化可以看作是骑士阶层文人化或文臣化的重要表征。这是西欧民族国家建构的一个关键环节。

1390 年法国国王查理六世的三名侍从在英法加莱边境的圣安格勒维尔举行的一次攻关比武,可以鲜明地反映出骑士身份意识的上述变化。此次比武是由一件旧事激起的。查理五世时期,一位法国骑士受国王委托送一名来法国参加比武的英国骑士离境。英国骑士在路上宣称法国骑士都是懦夫,为捍卫国家荣誉,法国骑士向对方发出战争式比武的挑战,并令对方受了重伤。出乎法国骑士的意料,他最后因为辜负国王的委托而遭到重罚。此事在许多年后仍令法国上层社会议论纷纷,显然它背后所隐含的新型伦

---

① technologie politique du corps,详见米歇尔·福柯:《规训与惩罚:监狱的诞生》,第 25—28 页。

② Robert Muchembled,*Popular Culture and Elite Culture in France 1400-1750*,p. 196.

③ René d'Anjou,*De la forme de la manière des tournois à plaisance*,p. 291.

④ Roy C. Strong,*Art and Power:Renaissance Festivals*,*1450—1650*,Berkeley:University of California Press,1984,p.12.

理冲突受到了极大的关注。同时代的编年史家让·傅华萨在记录此一事件时，借助一位贵族之口解释道，那名骑士在发出挑战前应当先征得国王同意。这也算是人们经过广泛讨论后所达成的基本共识。① 尽管国王的处罚可能有避免激化英法矛盾的考虑，但此事仍然表明，捍卫国家荣誉已经成为骑士阶层发自内心的一种价值追求；而当捍卫国家荣誉与维护君主的绝对权威发生冲突时，必须以服从君主为优先。换言之，他们首先是君主的骑士，其次才是民族国家的骑士——尽管大多数时候这两者看似是统一的。

受到上述事件启发，1390 年的比武便以捍卫法国骑士的荣誉作为主题，并接受来自法国以外的所有骑士的挑战。同时，吸取了上述事件的教训，那三名骑士在筹划比武时，便首先要征得国王的批准，甚至比武公告都要经过国王审阅。公告在英国引起巨大反响，包括国王姻亲亨廷顿（Huntingdon）伯爵在内的诸多大贵族都亲自前往参加，甚至许多不打算参加比武的骑士也要前去观看。最后英国方面来了一百多名骑士和扈从，并且大都以战争式比武的方式进行挑战。比武非常激烈，但气氛却十分融洽，也没有造成重大伤亡事故，显然双方在充分表现自我和捍卫国家荣誉的同时，也非常注意维护休战的气氛。因为这个缘故，三名法国骑士在巴黎获得了法国宫廷的嘉奖。②

当然，除了英、法这样的大国，当时尚有独立倾向和可能的各个大公国也存在类似的"民族国家"意识。我们注意到，在英法百年战争结束前后的一段时间，西欧最夺人眼球的比武场所并不在英、法这样的大国，而是在处境最为微妙、于大国的夹缝之间艰难求生的勃艮第和安茹等公国。这个时候，攻关比武已经变得十分盛行，组织者还喜欢给比武活动起一个富有骑士传奇色彩的名称，它们往往能透露出游戏背后所隐含的政治意图。比如，勃艮第公爵于 1443 年举行的攻关比武被称作"守卫查理曼之树"（pas de l'arbre Charlemagne），希冀从中古时期的法兰克传奇国王那里获得延续其独立统治的合法性；1468 年的比武被称作"守卫黄金树"（pas de l'arbre d'or），并以此为基础创建了"金羊毛骑士团"（l'ordre de la Toison d'or），则是在文艺复兴的背景下进一步追溯到古希腊神话，骑士团的成立更使其野心昭然若揭。安茹公爵勒内使用的主题则有"守卫牧羊女"（pas d'armes de

---

① M. le Baron Kervyn de Lettenhove (ed.), *Oeuvres de Froissart publiées avec les variantes des divers manuscrits*, t. xiv, pp. 43-58.

② M. le Baron Kervyn de Lettenhove (ed.), *Oeuvres de Froissart publiées avec les variantes des divers manuscrits*, t. xiv, pp. 105-151.

la bergère)、"攻克龙口"(l'emprise de la gueule du dragon)等，都具有通过保护人民来证明其统治合理性的意图。相比于两个世纪前勒埃姆比武中捍卫某位贵妇受侮辱的骑士的情节（见上文），比武的宗旨已经由维护个人或小集团的声誉，提升到了维护国家或准国家意识形态的层次。

三、骑士比武的衰落

无论是贵族身份意识的变化，还是集权势力有意识地加强对私人暴力的控制，它们共同的结果都是导致骑士比武日益失去了原初混乱粗暴的特征，而变成一种文明有序的高贵游戏。然而，这也导致骑士比武丧失了活力，它们的性质和功能也发生了根本性变化。随着西欧各国王权的进一步加强，骑士比武在16—17世纪逐渐走向了衰落。尽管1559年亨利二世在马上单挑中意外受伤致死，被认为是导致法国骑士比武衰落的直接原因，但从整个西欧来看，这其实只是一次偶然事件，对骑士比武的整体演变并无决定性的影响。

骑士比武走向衰落的第一个表征，是它最终丧失了军事训练的功能，而变成了纯粹的宫廷娱乐。这在前面已有探讨，不过其演变过程的最终完成，则以马下障碍比武(combat à la barrière)和（尤其是）冲靶游戏取代马上单挑作为标志。马下障碍比武诞生的时间尚有待研究，不过它在16世纪初的文献中已有所呈现，[①]在17世纪初仍有许多记录（见下文）。在这种游戏中，比武者并不骑马，而是站在地上隔着一堵矮墙使用剑或长枪进行比武，其速度和对抗性均远逊于马上比武。它的出现可能与重装骑兵在战场上的地位下降有关，也是"骑士"身份退化的重要标志。冲靶游戏在14世纪已经存在，但主要是作为见习骑士训练的手段。[②]15世纪下半叶，它们开始成为骑士比武的项目。16世纪下半叶至17世纪，西欧关于冲靶游戏的记录达到高峰，并取代了真人马上比武的地位。[③]与真人比武相比，这些冲靶游戏的对抗性大大降低，但更具有娱乐性，也更加讲究瞬间攻击的精确性：比如挑人像靶时必须刺中头部或身体的中间位置，否则人像靶就会旋转过来，手中的武器则攻向骑手，逼迫他狼狈躲避；骑马持长枪穿环游戏则要求骑手在

---

① 详见 *Description des tournois faits l'an 1519 à Chambly et à Bailleul-sur-Cirches*，BNF Ms. Fr. 1436, ff. 7, 8 & 8r。

② 在14世纪上半叶《亚历山大传奇》抄本的插画中，人们玩冲靶游戏时穿的是便服（和其他骑士训练游戏一样），而在马上单挑中则是全副武装，见 *Roman d'Alexandre*，ff. 56, 82v & 89。

③ 关于这些比武形式的详细研究，参见 Lucien Clare，*La Quintaine, la Course de Bague et le Jeu des Têtes*，Paris：CNRS，1983。

高速冲刺的同时,令手中的长枪从一个小圆环内穿过。至此,骑士比武已名不副实。普吕维内尔尽管还在教授青年路易十三各种比武技巧,但借用让·朱尔·朱瑟朗的话说,他在每一页都要悲悼骑士比武所代表的古老尚武精神的失落。① 而根据目前掌握的资料,法国的马上单挑大约在 17 世纪初最后消失。② 因此,尽管路易十三学习的内容包含有马上单挑,但它已经只是一种文化象征,而没有实际的用处。

同时,也是更为重要的变化,是骑士比武在 16—17 世纪经历了一个明显的被边缘化的过程。这既是比武自身的上述变化使然,也是勃艮第宫廷的比武模式传播到西欧各国的结果。15 世纪中叶,勃艮第宫廷发展出一套特殊的比武模式,它将贵族入城式、节庆狂欢和骑士比武结合在一起,创造出一种普天同庆的盛大庆典,以彰显权力的威仪以及延续统治的神话和现实基础。1468 年为庆祝查理公爵与英国的玛格丽特联姻而举行的盛大庆典是这一模式的典型:盛装游行成为庆典的重要组成部分,贵族入城仪式中的歌舞、化装表演、彩车游行在某种程度上成为"黄金树"比武的前奏,而骑士在进入比武场地时还有另外的盛装设计和壮观表演。③ 勃艮第的做法在 16 世纪被西欧各国宫廷所普遍采纳,其中包括神圣罗马帝国、法国、费拉拉、英国等,但它们不约而同地把表现的重心由宣扬整体权力的合法性转向了突出君主个人的神性,其手段也变得越来越露骨。英国的亨利八世曾在比武中把自己比拟为"十杰骑士",伊丽莎白一世时期的比武则结合《圣经》故事突出对"童贞女王"的崇拜;法国和匈牙利的比武盛会则把国王或王位继承人设计为神圣预言的兑现者。④ 赤裸裸的意识形态目的使得盛装表演更被宫廷所看重。此外,16 世纪以后的比武在空间上日趋封闭,而不再对

---

① Jean Jules Jusserand, *Les sports et jeux d'exercice dans l'ancienne France*, pp. 130-131.

② 根据弗朗索瓦·德·巴松皮埃尔(François de Bassompierre)的日记,1605 年,亨利四世怂恿吉斯公爵跟巴松皮埃尔侯爵进行三对三的单挑,结果差点导致侯爵死亡。国王自此下令禁止比武(应是指马上单挑),后来再也没有恢复。见 François de Bassompierre, *Journal de ma vie*: *mémoires du maréchal de Bassompierre*, t. 1, Paris: Veuve Jules Renouard, 1870, pp. 161-166.

③ 关于 1468 年勃艮第节庆和比武活动最详尽的记载,见 Olivier de La Marche, "Les mémoires de messire Olivier de la Marche", in M. Petitot (ed.), *Collection complète des mémoires relatifs à l'histoire de France*, Paris: Foucault, 1825, pp. 299-391. 亦参见 Roy C. Strong, *Art and Power*, pp. 14-15。

④ 详见 Roy C. Strong, *Art and Power*, pp. 15-16, 103-109; Richard Barber and Juliet Barker, *Tournaments: Jousts, Chivalry and Pageants in the Middle Ages*, pp. 134-137. "十杰骑士"原来只有"九杰"(Nine Worthies),是中世纪人附会出来的历史上最杰出的九名骑士,包括亚历山大、大卫王、查理曼、亚瑟王等,亨利八世自封为"第十杰"。

大众开放,①使得骑士比武公开展示统治权力的功能被作为比武前奏的盛装游行所取代。同时,盛装游行则开始使用机械手段(如会动的彩车、大船等)来加强表演的效果,狂欢、神话和异域元素(如巨人、水妖、大象等)也成功地帮助它吸引了人们的眼球。在多重因素的共同作用之下,盛装仪式的地位越来越突出,骑士比武反而变成了盛装仪式的附庸。

这一发展的结果是,大约在 17 世纪形成了一种称作"carousel"的骑士游戏。这个词或可翻译成"游行竞技表演",因为尽管包含了游行和竞技两个部分,但两者的重心都在于"表演"。② 如果说在 15 世纪乃至 16 世纪的比武盛会中,尽管已有了盛装游行,但人们关注的重心仍旧是比武本身的话,那么到了 17 世纪的游行竞技表演中,这种状况已经完全颠倒过来。一本题为《1627 年 2 月 14 日在洛林宫廷举行的马下障碍比武》的小册子就非常典型地反映了上述变化。从标题看,它应当主要是描写比武过程本身的。然而全书约 100 页的篇幅却丝毫没有提及比武的过程或结果,而是全部用来流水账式地详细记述各个贵族队列入场的情形,包括各个队列中的贵族成员和他们的次序、队列的豪华装扮、他们的表演内容等,巨细无遗。真正表现比武场面的只有最后一张插画:宽敞宏伟的大厅里齐整地坐满了人,大厅中央有两个贵族站在地上,隔着栅栏用长枪比武。③ 这与两个世纪前的情况形成鲜明的反差。同样,先前表现骑士比武的绘画也都重点呈现比武活动本身,即使有国王在场观看,处于画面前端或中心的也仍旧是比武中的骑士。17 世纪的绘画则明显地偏爱全景式地呈现比武活动的盛大场面,但重点同样不是比武本身。这也正是上述唯一一幅比武插画的表现方式。比洛林比武稍早些,有好几幅木刻画试图全景式地呈现 1612 年为庆祝路易十三成婚而举行的比武盛典,它们的画面结构也十分相似——表现的重点都是贵族队列在礼炮声中入场的情形,各个队列都有奢华的装扮,包括由马匹、驯鹿或狮子拉着的四轮彩车,或是巨大的轮船,或是扛着大棒的巨人。相比

---

① 比如,1564 年,法国巴勒迪克的居民已经只能爬上屋顶观看查理九世在圣皮埃尔广场举办的比武。翌年巴约讷的骑马持长枪穿环游戏尽管是在城市的中心广场举行,现场却有约 2000 士兵把守,只有受到国王邀请的贵族才能入内。这种封闭化反映了骑士贵族身份心理的变化。详见 Jean Boutier, Alain Dewerpe et Daniel Nordman, *Un Tour de France royal : Le voyage de Charles IX (1564-1566)*, pp. 307-308.

② 在 18—19 世纪兴起的游乐场中,"carousel"变成了现代人熟悉的"旋转木马"——联想到 17 世纪骑士贵族的盛装游行,这个词汇含义的演变实在有趣。

③ Henry Humbert, *Combat à la Barrière, Faict en Cour de Lorraine le 14 Febvrier, en l'Année Présente 1627*, Nancy : Sebastien Philippe, 1627. 需要说明的是,洛林当时还是一个相对独立的公国,但六年后即被法国完全占领。

之下,骑马穿环的场面则都被安排到了非常边缘的位置,如非认真辨别,它甚至很容易被忽略过去。① 在路易十四时代,一幅题为《1662 年 6 月 6—7 日陛下举行的盛大的王家游行竞技表演,或骑马穿环和挑人像靶竞赛》的绘画,表现的重心同样不是比武活动本身,而是国王以及参加比武的贵族和他们的队列。② 即使在表现国王本人骑马穿环的绘画中,作者也极力呈现宏大的场面,而不是国王比武活动的细节。③ 还有一个值得关注的细节是,这些绘画都以文字或编号加注释的方式,将每个队列与具体的人——对上号。

这些文献或绘画都反映了同样一个事实:骑士比武本身已形同摆设,对于贵族阶层来说,最大的荣耀不再是在比武中取胜,而是能够参与比武这一事实。17 世纪初,有一位年轻的廷臣宁愿饿着肚子也要参加这些比武,他耐人寻味的自我表白为上述观点提供了最好的注脚:"1605 年狂欢日,德·内韦尔公爵(Duc de Nevers)……举行了一次马下障碍比武……我原本一个子儿都没有,但依靠朋友们的帮助和商人的贷款,我得以体面地参加。它花了我 400 埃居。这次小雅集给我增添了一些勇气,因为参与者都是最高贵的宫廷成员……1606 年狂欢日,我参加了德·内韦尔阁下举行的游行竞技表演,还参加了德·谢弗勒斯阁下(M. de Chevreuse)在露天场地举行的比武。尽管我的比武技艺非常糟糕,参加这些游戏还花了我近千法郎,而我当时一文不名。但我认为,一个年轻的宫廷成员错过这样的雅集是可耻的,(只要能参加)即使接下来几个月得勒紧腰带也值得。"④因此,对于宫廷贵族来说,能够参加这些活动实在是一件非常体面的事情。宫廷也乐意花

---

① D. Meier, *Le Carrousel Donné à la Place Royale*, http://gallica. bnf. fr/ark:/12148/btv1b8401638w. r=carrousel++1612. langFR,引用日期:2014 年 5 月 7 日;Jan Ziarnk, *Le Carrousel Donné à la Place Royale*, http://gallica. bnf. fr/ark:/12148/btv1b8401640z. r=carrousel++1612. langFR,引用日期:2014 年 5 月 7 日;Claude de Chastillon, *Dessein des Pompes et Magnificences du Carousel Faict en la Place Royalle à Paris, le Ⅴ, Ⅵ, Ⅶ d'Apvril 1612*, http://gallica. bnf. fr/ark:/12148/btv1b6945251h. r=1612+carrousel+C+chastillon. langFR,引用日期:2014 年 5 月 7 日。

② s. n., *Le Grand Carozel Royal Fait par Sa Majesté ou le Prix de la Course de la Bague et des Testes Fait le 5, 6 et 7. me Juin 1662*, http://gallica. bnf. fr/ark:/12148/btv1b8404716k. r=carozel+1662. langFR,引用日期:2014 年 5 月 7 日。

③ Israel Silvestre, *Les Plaisirs de l'Ile Enchantée: Première Journée: Course de Bague Disputée par le Roi et Ses Chevaliers Représentans*, http://gallica. bnf. fr/ark:/12148/btv1b8431555w. r=Course+de+bague+Premi%C3%ABre+Journ%C3%A9e. langFR,引用日期:2014 年 5 月 7 日。

④ Nicolas de Brichamcau de Beauvais-Nangis, *Mémoires du marquis de Beauvais-Nangis et Journal du procès du marquis de la Boulaye*, Paris: Veuve Jules Renouard, 1862, pp. 75 & 90. 括号中的文字为本书作者所加。

钱举办这种盛会,以便把贵族阶层紧紧笼络在自己的周围,同时通过财富和权势的炫耀来证明自身统治的合法性:在1662年的游行竞技表演中,路易十四率领的骑士队伍装扮成古罗马人,表示国王继承的是直接源于古罗马帝国的正统权力;另外四个大贵族的队伍则分别是波斯、土耳其、印度、美洲的军团,象征着四海皆向法国国王臣服。[①]

　　在这种情况下,骑士比武已经变得必须依赖于宫廷才能勉强维持存在。而一旦宫廷也失去了兴趣,它最后的消失也就不可避免了。这在法国发生于17世纪晚期,在西欧其他一些地方则延续到下一个世纪。[②]

第二节　游戏与绝对国家的构建

　　是时候进入"太阳王"的宫廷了。路易十四把贵族贵妇们聚集到巴黎,后来更在巴黎郊外专门建造了一座用于"禁锢"他们的"小城市"凡尔赛。这些贵族贵妇整天无所事事,游戏成为他们消磨时间的主要手段,也是他们重要的社交方式。宫廷贵族在游戏社交中建立、践行、传播宫廷伦理,使游戏在法国宫廷社会的构建中发挥了重要作用。这种以宫廷贵族的特权身份意识为中心的宫廷伦理,造就了宫廷文化相对于其他阶层的封闭性,也塑造了宫廷成员之间的相互关系。不过,与中世纪相比,此时宫廷游戏的公共性和社交性已明显局限在宫廷社会的圈子里——用布尔迪厄的术语来说,宫廷社会构成了一个封闭的"场域"。

一、游戏特权与贵族身份

　　路易十四时代,游戏是宫廷贵族身份特权的重要标志。这并不是说宫廷贵族以外的人不玩游戏,而是两者的游戏呈现出明显不同的文化特征。这主要表现在以下两个方面。

　　首先,宫廷贵族拥有通过游戏消磨时间的特权。德国社会史学家诺贝特·埃利亚斯在《文明的进程》一书中指出,在旧制度时期的法国,宫廷贵族有特权身份,却没有专门的职业。[③] 一方面,骑士贵族廷臣化,使佩剑贵族

①　Marie-Christine Moine, *Les Fêtes à la Cour du Roi Soleil:1653-1715*, Paris:Fernand Lanore,1984, pp. 26-28.
②　1694年出版的《法兰西学院辞典》在解释"barriere"一词时,已经把各种骑士比武描述为"过去的"游戏,参见 *Le dictionnaire de l'Académie Françoise, dedié au Roy*, t. 1, p. 85.
③　诺贝特·埃利亚斯:《文明的进程:文明的社会起源和心理起源的研究》,第466页。

失去了传统的战争职业。尽管军职仍被佩剑贵族垄断，但获得职位的只是少数人。另一方面，国王在行政事务上更多依赖新兴的穿袍贵族。此外，旧制度时期的贵族还被禁止从事商业活动。按照埃利亚斯的说法，与经济发展相伴随的货币贬值，让拥有赋税独占权的国王获得最大的利益，利益受损的则是骑士和贵族集团，并导致后者对国王的依赖程度显著加深。① 这些贵族（及贵妇人）远离家族地产，多数时间都在凡尔赛等王家宫殿度过。新贵族为了获得更多机会，也要经常混迹于宫廷。这些人都有大量的空闲时间需要打发。正是在这种背景下，passetemps（消磨时间，引申为消遣、娱乐）一词应运而生。② 在路易十四的弟媳奥尔良公爵夫人、塞维涅夫人、圣西门公爵等宫廷人士的书信和回忆录中，我们很容易看到，如何消磨时间是那个圈子的人共同面临的一大难题。奥尔良公爵夫人和塞维涅夫人介绍了她们打发时间的方法，包括旅行、散步、聊天、下象棋、打牌、听音乐、看戏、看别人玩游戏、看书、写信等。因为安排得很丰富，她们总体上并不觉得时间十分难挨。③ 这些记录者都不是特别沉迷游戏的人。但其他宫廷人士并非如此，游戏在他们的宫廷生活中占了相当大的比重。奥尔良公爵夫人曾写道，一位叫作隆格维尔（Longueville）夫人的贵妇来到丈夫的诺曼底乡村领地，她不喜欢乡村生活，日子无聊透顶。周围人问她："天哪，夫人，您太无聊了！有什么可以让您高兴起来的吗？这里有狗和美丽的森林，您要不要去打猎？"她回答："不，我不喜欢打猎。""您喜欢女工吗？""不，我不喜欢女工。""您要去散步，或玩游戏吗？""不，我都不喜欢。""那您喜欢什么？""我不知道怎么说才好。单纯的娱乐（innocent pleasures）对我毫无用处。"④塞维涅夫人也记录了一则类似的故事，但主角变成了太子妃。⑤ 在这里，消磨时间成

① 诺贝特·埃利亚斯：《文明的进程：文明的社会起源和心理起源的研究》，第471—472页。
② Peter Burke, "The Invention of Leisure in Early Modern Europe", p. 142. 尽管伯克主要讨论的是16世纪的意大利，但这一分析同样适用于17—18世纪的法国宫廷。
③ Madame de Sévigné et al., *Lettres de Madame de Sévigné, de sa famille et de ses amis*, t. 6, Paris：L. Hachette, 1862, p. 294；Elisabeth Charlotte d'Orléans, *The Letters of Madame：the Correspondence of Elisabeth-Charlotte of Bavaria*, v. 1, trans. & ed. by G. S. Stevenson, New York：Appleton, 1924, pp. 243-244. 奥尔良公爵夫人的书信原文为德语。
④ Elisabeth Charlotte d'Orléans, *The Letters of Madame：the Correspondence of Elisabeth-Charlotte of Bavaria*, v. 2, trans. & ed. G. S. Stevenson, New York：Appleton, 1925, p. 172. 从语境看，这里所说的"单纯的娱乐"应是指缺乏宫廷社交意义的游戏。且奥尔良公爵夫人在同一封信中说，她儿子（即后来的摄政王）对乡村生活的态度与这位隆格维尔夫人一样，而她儿子（及下文的太子妃）很喜欢宫廷游戏，特别是赌博。
⑤ Madame de Sévigné et al., *Lettres de Madame de Sévigné, de sa famille et de ses amis*, t. 6, p. 322.

为一项艰难的任务,人们能想到的主要应对方法就是玩游戏。宫廷人士经常整日整夜地进行各种游戏娱乐,特别是赌博。由于时世艰难,路易十四的儿子贝里公爵结婚时没有得到国王的任何礼物。这导致他甚至没有钱参加马尔利(Marly)行宫的游戏。勃艮第公爵夫人将此事告诉国王,国王说只能给他五百皮斯托尔。公爵夫人认为聊胜于无,因为不能游戏是不可忍受的。① 这种打发时间的需求贯穿了整个路易十四时期的宫廷生活。在冬季,为帮助聚集在凡尔赛宫的贵族贵妇们消磨时间,路易十四每周一、三、五晚上都举行名为"宫廷游戏日"(jour d'appartement)的活动,所有人都可以自主选择参加音乐、跳舞、纸牌、桌球等各种游戏娱乐。周二、四、六晚上(但不包括周日)则表演喜剧——正如前面所说,戏剧在当时仍可算作游戏。② 避免无聊的需求甚至战胜了王室丧礼应有的悲伤。1690 年太子妃病逝,丧礼刚结束,生活就回归日常:所有房间都挤满了赌徒,下午人们出去打猎,晚上则演奏音乐。③ 同样,1701 年,国王唯一的弟弟奥尔良公爵死后才 26 小时,王子勃艮第公爵就奉国王之命,领着宫廷男女玩一种称作布勒朗(brelan)的时髦纸牌赌博游戏,因为国王不希望大家在马尔利行宫无聊地干待着。④ 大丧之际尚且如此,平日自不必说。

消磨时间的特权只属于宫廷贵族,大众阶层并没有此种权力。同一时期,大众阶层作为生产者,他们的无所事事被认为是有害的。16—18 世纪,法国国王、教会及启蒙精英一直努力削减法国的宗教节日。在 1666—1667 年写给法国全体主教和大主教的信中,路易十四要求缩减各主教区的停工节日,其中写道:"……朕开设工厂,好让每个人都有职业谋生。然朕得知,为数众多的节日大都被用于放纵(débauche)而非虔诚。工人们往往因为放荡(déreglement)或无所事事(oisiveté),使家庭陷入严重匮乏的境地。作为

① Louis de Rouvroy de Saint-Simon, *Mémoires complets et authentiques du duc de Saint-Simon sur le siècle de Louis XIV et la Régence*, t. 8, Paris: L. Hachette, 1856, pp. 336-337.
② Elisabeth Charlotte d'Orléans, *The Letters of Madame: the Correspondence of Elisabeth-Charlotte of Bavaria*, v. 1, pp. 60-61; Louis de Rouvroy de Saint-Simon, *Mémoires complets et authentiques du duc de Saint-Simon sur le siècle de Louis XIV et la Régence*, t. 1, Paris: L. Hachette, 1856, pp. 22-23.
③ Elisabeth Charlotte d'Orléans, *The Letters of Madame: the Correspondence of Elisabeth-Charlotte of Bavaria*, v. 1, pp. 94-95.
④ Louis de Rouvroy de Saint-Simon, *Mémoires complets et authentiques du duc de Saint-Simon sur le siècle de Louis XIV et la Régence*, t. 3, Paris: L. Hachette, 1856, pp. 156-157.

弥补,他们不得不在工作日索要高额工钱,这对公共利益造成极大伤害。"①
同样的放纵和无所事事,在宫廷贵族那里是理所当然的,在工人那里却是有
损公共利益的。游戏的时间成为特权身份的象征,这是绝对君主制和早期
工业化时期等级隔阂的真实写照。

其次,宫廷贵族的游戏和游戏方式也具有明显的特权性质。有些游戏
历来为贵族独享,到路易十四时期仍旧如此。最有代表性的是骑士比武。
作为一种与战争技能紧密相关的游戏,从诞生时起,骑士比武便是骑士贵族
阶层的专属游戏。平民参与这种游戏的情形十分有限,甚至连模仿都被视
为僭越。1460 年,里昂商人弗朗索瓦·加兰(François Garin)在诗中告诫儿
子不要参加跳舞、马上单挑、摔跤、跳跃等游戏。不过,他反对这些游戏的理
由不尽相同。他称,经常跳舞会点燃青年炽烈的情欲,诱使他们做出不可饶
恕的蠢事、恶事。相比之下,他反对儿子参加马上单挑、摔跤、跳跃,则因为
它们不是锻炼身体的游戏(与现代"体育"观念明显不同),而且会导致受伤
甚至死亡,因而这些游戏应留给专门从事战争的贵族。② 总之,在他看来,
跳舞是所有人的游戏,马上单挑、摔跤、跳跃则专属于贵族阶层。尽管他的
理由是害怕受伤和死亡,但其结果仍旧是从平民的角度确认了游戏的阶级
性。而从骑士贵族的角度看,无惧死亡正是他们优于其他阶层的一个卓越
品质。在路易十四时代,骑士比武已经式微,失去了对抗性和危险性,变成
了公共表演,但仍旧是贵族身份的重要象征。③ 另一个体现游戏的特权性
质的例子是纸牌赌博游戏。这些游戏在巴黎和凡尔赛都十分流行,但它们
在这两个地方的法律地位并不相同。在巴黎,警方只允许在圣日耳曼和圣
劳伦集市赌博,且不允许玩运气类游戏(指纸牌、掷骰子等主要由运气决定
胜负的游戏,它们直到 1770 年以后才获准进入巴黎的合法赌场)。④ 然而,
这些游戏在法国宫廷却是另一种待遇。塞维涅夫人在一封信中说,在巴黎,
玩奥卡(hoca,一种赌注很大的赌博游戏)要被处以死刑,但它在凡尔赛却畅
通无阻:一个上午输掉五千皮斯托尔是小菜一碟。⑤

---

① Noah Shusterman, *Religion and the Politics of Time*:*Holidays in France from Louis* XIV *through Napoleon*, Washington:The Catholic University of America Press, 2010, pp. 41-42.
路易十四的书信原件参见 AD Saône-et-Loire G 89, fol. 37。

② François Garin, *La complainte de François Garin*, Lyon:Presses universitaires de Lyon, 1978, vv. 425-440.

③ 详见拙文《西欧中世纪骑士比武的兴衰》,《世界历史》2016 年第 1 期,第 46—57 页。

④ Olivier Grussi, *La vie quotidienne des joueurs sous l'Ancien Régime à Paris et à la cour*, p. 13.

⑤ Madame de Sévigné et al., *Lettres de Madame de Sévigné*, *de sa famille et de ses amis*, t. 4, Paris:L. Hachette, 1862, p. 168.

　　莫里哀是路易十四时期著名的宫廷戏剧作家,他的喜剧《贵人迷》深刻反映了宫廷游戏特权的另外一个方面。《贵人迷》的法语剧名为 Le Bourgeois Gentilhomme,直译是"资产阶级绅士",这个名称本身就是笑料,因为资产者是平民,而绅士在当时是贵族的专称。平民资产者尽管富有,但要成为贵族,在宫廷贵族看来纯属异想天开——《贵人迷》等戏剧当时主要就是在宫廷演出,奥尔良公爵夫人和塞维涅夫人都曾多次提及其中的内容。为了成为贵族,资产者汝尔丹娶了一位贵族出身的妻子,并延请音乐教师、舞蹈教师、剑术教师、哲学教师,以学习宫廷生活所必需的技艺。然而,这一切努力皆是徒劳,反而使他成为所有人(包括他的妻子)眼中的笑柄。从广义上讲,汝尔丹想学的上述技艺大都属于宫廷游戏娱乐的范畴。莫里哀的戏剧表明,当时所有人都明白,宫廷的游戏娱乐与民间十分不同,这中间既有专属于贵族的剑术,也有同样存在于民间、却凭借高雅的游戏方式区别开来的音乐和舞蹈。富有的新兴资产阶级可以"买到"与贵族联姻的机会,却买不来、也学不会贵族特有的高雅趣味。这种宫廷社会的文化封闭性,是宫廷贵族的身份优越感和地位合法性的重要来源。

二、游戏社交与游戏义务

　　由于整个宫廷在游戏上投入了大量时间,对于宫廷贵族来说,游戏还是至关重要的社交手段。一些人凭借出众的游戏技巧平步青云。圣西门公爵在回忆录中描绘了好些个这样的人。他说,拉·沃居永(La Vauguyon)善弹吉他和琵琶(lute),擅风情,获得王太后第一女仆博韦夫人的青睐,并因此得到一些重要职位和荣誉。[1] 当若(Dangeau)凭借出众的游戏技能直通宫廷上层。他的纸牌赌博技巧出神入化,令塞维涅夫人推崇备至。他利用在赌桌上赢得的财富,从黎塞留公爵手中购得太子妃荣誉骑士的职位,后者之所以出售该职,则是因为在赌桌上输了太多钱。此外,他还凭借即兴作诗的技能,从国王那里获得一处圣日耳曼的寓所。[2] 另一位宫廷人士沙米亚尔(Chamillart)被任命为财政总管,则是因为他所有游戏都玩得很好,尤其是国王十分喜爱的桌球(billard)。他凭借这种游戏技能被引荐给国王,并深

[1]　Louis de Rouvroy de Saint-Simon, *Mémoires complets et authentiques du duc de Saint-Simon sur le siècle de Louis XIV et la Régence*, t. 1, p. 111.

[2]　Louis de Rouvroy de Saint-Simon, *Mémoires complets et authentiques du duc de Saint-Simon sur le siècle de Louis XIV et la Régence*, t. 1, pp. 358-359；Madame de Sévigné et al., *Lettres de Madame de Sévigné, de sa famille et de ses amis*, t. 4, pp. 544-547.

得国王和曼特农夫人的宠信。① 孟德斯鸠也清楚地看到了这种现象:"赌徒本身就是一种等级地位。这种头衔完全取代了出身、财富和人品,它不加辨别地把所有拥有这种头衔的人提升到上层人士的行列。"②

不善游戏的人则显得与整个宫廷格格不入,甚至受到冷落。奥尔良公爵夫人就是这样一个人。她是德国巴伐利亚选帝侯查理·路易的女儿,在她父亲死后,路易十四便以她的名义发动了奥格斯堡同盟战争。她身上具有与法国宫廷贵妇显著不同的典型的德国人性格特征。她身材健壮,精力充沛,尤其喜爱户外运动和新鲜空气。③ 她认为法国的社会风气很坏,并为身为德国人感到自豪。她最主要的通信对象也都是德国旧交。因此,从她的视角观察法国宫廷文化十分有趣。她经常批评法国宫廷的文化,称法国的娱乐浮夸(namby-pamby)且正式,宫廷人士都很虚伪,他们徒步行走的能力比呆头鹅好不了多少——除了国王、谢弗勒斯(Chevreuse)夫人和她自己,没有人能走上二十步而不流汗喘气。④ 她喜欢跟国王去打猎,这也是维系她和路易十四关系的最重要的游戏。她经常一周出去打猎好几次。甚至在 1714 年,62 岁的她还写道,自己因为重感冒而错过枫丹白露的狩猎活动。⑤ 其他贵妇人远没有她这么热衷于狩猎,而更喜欢待在屋里赌博,对此奥尔良公爵夫人却不喜欢。她说自己不赌博首先是因为没钱(在经济上的这种坦率也与其他宫廷人士不同),其次是不爱赌博。她说,法国宫廷赌博的赌注非常高,人们玩得像疯了一样。"我去猎鹿两次,虽然老了,但我宁愿显得荒唐也不愿生病,打猎和大运动量的活动是治疗我的忧郁的最好药方。"⑥她的忧郁显然与她跟丈夫间的冷淡关系有关。在 1696 年的一封信中,她写道:"我无疑又是处女了——如果 19 年未与丈夫同床能让我成为处

---

① Louis de Rouvroy de Saint-Simon, *Mémoires complets et authentiques du duc de Saint-Simon sur le siècle de Louis XIV et la Régence*, t. 2, Paris: L. Hachette, 1856, pp. 309-311.

② Montesquieu, *Oeuvres complètes de Montesquieu*, Paris: Didot, 1838, p. 38.

③ 她对自己与法国宫廷的格格不入也有清醒的认识。比如在 1698 年的一封信中,她自称体态肥硕,身材呈方形,像一只骰子(参见 Elisabeth Charlotte d'Orléans, *The Letters of Madame: the Correspondence of Elisabeth-Charlotte of Bavaria*, v. 1, p. 168)。

④ Elisabeth Charlotte d'Orléans, *The Letters of Madame: the Correspondence of Elisabeth-Charlotte of Bavaria*, v. 1, pp. 20 & 46.

⑤ Elisabeth Charlotte d'Orléans, *The Letters of Madame: the Correspondence of Elisabeth-Charlotte of Bavaria*, v. 2, p. 77.

⑥ Elisabeth Charlotte d'Orléans, *The Letters of Madame: the Correspondence of Elisabeth-Charlotte of Bavaria*, v. 1, p. 120.

女的话。"①而截然相反的游戏爱好,是两人关系冷淡的一个原因或反映。奥尔良公爵夫人钟爱狩猎,而根据她的说法,公爵不喜欢打猎,而且除非去打仗,否则他从不骑马。② 公爵和绝大多数法国宫廷人士一样热衷于赌博。1686年,跟奥尔良公爵夫人关系最密切的姑姑、德国汉诺威公爵的儿子到访法国宫廷,接待他的奥尔良公爵想让他住在他们的圣克卢城堡里,他却没同意,因为他不擅长赌博,而这正是奥尔良公爵家里每天的主要事务。③ 圣西门公爵也说,奥尔良公爵是法国所有宫廷娱乐的推动者,他的去世带走了宫廷生活的乐趣。他在圣克卢接待众多高级贵妇和赌徒,那里的游戏、景色、音乐,使得它成为一个快乐、优雅、壮观的宫殿。圣西门公爵特别强调,这一切都是在没有奥尔良公爵夫人的帮助下完成的。奥尔良公爵夫人为人苛刻,不合群,令人畏惧。她整天待在一个小房间里,守着德国王公的画像度日。她每天亲笔书写大量信件。圣西门公爵最后加了一个有趣的评语:"阁下(指奥尔良公爵——笔者注)始终没能说服她过上更加人道的生活。"④奥尔良公爵夫人也证实了上述说法,她称,虽然自己不跟其他宫廷人士一起玩游戏,"但只要待在我的小房间里,时间并不难挨"。在另一封信里,她说"我和少数不赌博的人遭到冷嘲热讽","现在的宫廷毫无快乐可言"。⑤ 因为这种性格,加上不想融入宫廷社会,奥尔良公爵夫人同其他宫廷人士(特别是贵妇,她与曼特农夫人堪称仇敌,在信中经常用"老婊子"等语指称后者)的关系并不好。1680年,塞维涅夫人跟随太子妃去打猎。太子妃同样出身巴伐利亚家族,同样喜欢打猎,却在许多事情上与奥尔良公爵夫人相龃龉(包括太子妃喜欢赌博,也擅长跳舞等其他宫廷游戏。圣西门公爵称她为宫廷"所有节庆、欢乐、舞会的灵魂"⑥)。太子妃在追猎野兽时并不急于抓住它们,这给了大家谈论奥尔良公爵夫人的机会。塞维涅夫人说,

---

① Elisabeth Charlotte d'Orléans, *The Letters of Madame: the Correspondence of Elisabeth-Charlotte of Bavaria*, v. 1, p. 141.

② Elisabeth Charlotte d'Orléans, *The Letters of Madame: the Correspondence of Elisabeth-Charlotte of Bavaria*, v. 2, p. 126.

③ Elisabeth Charlotte d'Orléans, *The Letters of Madame: the Correspondence of Elisabeth-Charlotte of Bavaria*, v. 1, p. 69.

④ Louis de Rouvroy de Saint-Simon, *Mémoires complets et authentiques du duc de Saint-Simon sur le siècle de Louis XIV et la Régence*, t. 3, pp. 158-160.

⑤ Elisabeth Charlotte d'Orléans, *The Letters of Madame: the Correspondence of Elisabeth-Charlotte of Bavaria*, v. 1, p. 234; v. 2, p.70.

⑥ Louis de Rouvroy de Saint-Simon, *Mémoires complets et authentiques du duc de Saint-Simon sur le siècle de Louis XIV et la Régence*, t. 10, Paris: L. Hachette, 1856, p. 176.

若非如此,大家已经把她遗忘了。她还称,这些狩猎也许有助于弥合巴伐利亚家族这两个分支之间的裂痕。① 这从正反两个方面表明了游戏在宫廷社交中扮演的重要角色。路易十四本来对奥尔良公爵夫人还相当友善,但后来在曼特农夫人的影响下,对她也日渐冷淡起来。

宫廷游戏的社交性使得它不仅是一种特权,还变成了宫廷贵族的一种义务。这主要是指宫廷贵族需要通过游戏来表明和确认他们的宫廷身份。埃利亚斯在《宫廷社会》一书中指出,任何人如无法维持符合其社会地位的面貌,就会失去其所在社会的尊重。② 游戏主要通过两个方面帮助贵族表明和维持其宫廷身份。第一个方面是游戏的时间。由于拥有大量空闲时间成为宫廷贵族的特权,用于打发时间的游戏也就成为特权身份的标志。对此前文已作探讨,兹不赘述。

第二个方面是游戏(特别是赌博游戏)中的消费。在《宫廷社会》一书中,埃利亚斯还专门探讨了贵族的奢侈消费问题,并使用了几个相关的词语加以描述:荣誉消费(prestige consumption)、地位消费(status-consumption)和炫耀消费(conspicuous consumption)。③ 他指出,贵族需要通过不断的奢侈消费来证明他们的地位。工业时代也有奢侈消费,但其与宫廷社会的奢侈消费的根本性区别在于,这些消费具有更明显的私人性质,它们与权力机制没有直接联系。宫廷社会的奢侈消费则带有显著的社会压力,它是不可逃避的。④ 换言之,宫廷社会的奢侈消费具有公共社交的性质。

在路易十四的宫廷,赌博消费就具有这种鲜明的公共社交特征。这些消费金额巨大。王后有一个上午输掉了两万埃居。国王、王后、蒙特斯潘夫人和其他贵族贵妇玩荷维希纸牌(reversis),每天输赢达两三千个金路易。人们玩巴塞纸牌(basset),一晚上会输掉十万皮斯托尔。奥尔良公爵一次能输掉十万法郎之多。当然也有赢钱的人。最擅长这些游戏的当若曾在十天内赢了二十万法郎,一个月赢了十万埃居。⑤ 考虑到宫廷贵族花在赌博上面的时间之多,赌博消费之高更加无法想象。更重要的是,"荣誉消费"的义

① Madame de Sévigné et al., *Lettres de Madame de Sévigné*, *de sa famille et de ses amis*, t. 6, p. 500.

② Norbert Elias, *The Court Society*, Dublin: University College Dublin Press, 2006, p. 74.

③ Norbert Elias, *The Court Society*, pp. 75, 79, 80.

④ Norbert Elias, *The Court Society*, p. 79.

⑤ Elisabeth Charlotte d'Orléans, *The Letters of Madame: the Correspondence of Elisabeth-Charlotte of Bavaria*, v. 1, p. 117; Madame de Sévigné et al., *Lettres de Madame de Sévigné*, *de sa famille et de ses amis*, t. 4, pp. 247, 544; Madame de Sévigné et al., *Lettres de Madame de Sévigné*, *de sa famille et de ses amis*, t. 5, Paris: L. Hachette, 1862, p. 507.

务决定了宫廷贵族根本无法量入为出。不喜欢赌博的奥尔良公爵夫人和塞维涅夫人都对家人的这些消费心惊胆战。奥尔良公爵夫人说,因为丈夫输掉太多钱,家里连一个里亚尔都没有,经常缺生活必需品。她也一再表示,按照公爵的花钱方式,如果他先于她去世,她必将坠入悲惨的境地,只能仰仗国王过活。① 塞维涅夫人的儿子写信告诉她,他准备跟他的小主人一起玩荷维希纸牌,令她"全身冰冷",因为这种游戏可以让人瞬间输掉两三百甚至四百皮斯托尔。另一次,一位副主教说看见她的女婿在玩奥卡纸牌,她"头发都竖了起来","简直气疯了"!② 因赌博破产的宫廷人士并不罕见。1698 年,有四位军官因此陷入绝望而自杀。奥尔良公爵夫人评论道,如果他们的娱乐是德国的消遣和简单游戏,就不会落到如此境地。③ 这种德国人的视角或许反而道出了问题的实质:在法国宫廷人士看来,与其因为远离宫廷游戏而沦落到奥尔良公爵夫人这般孤独的境地,还不如在上流社交界娱乐至死。这个上流社交界当时被称作 le monde 或 le grand monde,表明在宫廷人士看来,宫廷社会就是整个世界(或唯一值得生活的世界)。圣西门公爵关于奥尔良公爵未能说服夫人过上更"人道"的生活方式的评价,就是此种观念的鲜明反映。

很多时候,宫廷贵族痴迷赌博,并为狂热的冲动所支配。这种热情很容易遮蔽游戏情感的另一面:对失去宫廷人士的尊重,进而丧失宫廷身份的恐惧。1693 年前后,拉·沃居永失宠了,无以谋生,但仍出入于宫廷的赌局。一次在佩洛(Pelot)夫人家的布勒朗赌局上,夫人下注时他没跟,她便半开玩笑地称他为懦夫。他当时未发一言,但等所有人离开后,他恶狠狠地教训了她一顿,甚至差点把她掐死。两人和解后,此事秘而不宣,拉·沃居永照常参加佩洛夫人家的赌局。之后他的处境并未改善,最终精神失常,吞枪自杀。④ 这反映了陷入贫困的宫廷人士在无法维持"荣誉消费"时的脆弱心态,而留在宫廷社会的强烈渴望又促使他们在恐惧之中继续游戏。出于同样的原因,他们在被骂作"穷鬼"时表现得异常敏感,有两位贵族就曾因此在

① Elisabeth Charlotte d'Orléans, *The Letters of Madame*: *the Correspondence of Elisabeth-Charlotte of Bavaria*, v. 1, pp. 117, 131-132, 178, etc..

② Madame de Sévigné et al., *Lettres de Madame de Sévigné*, *de sa famille et de ses amis*, t. 6, pp. 492-493; Madame de Sévigné et al., *Lettres de Madame de Sévigné*, *de sa famille et de ses amis*, t. 3, Paris: L. Hachette, 1862, pp. 473-474.

③ Elisabeth Charlotte d'Orléans, *The Letters of Madame*: *the Correspondence of Elisabeth-Charlotte of Bavaria*, v. 1, p. 180.

④ Louis de Rouvroy de Saint-Simon, *Mémoires complets et authentiques du duc de Saint-Simon sur le siècle de Louis XIV et la Régence*, t. 1, pp. 111-116.

赛马后决斗。① 由此我们也就可以理解奥尔良公爵罔顾后果的花钱方式了，对他来说，节省"荣誉消费"是不可想象的，因为作为法国所有宫廷娱乐的推动者，他就处在"世界"的中心。

三、宫廷游戏与绝对君权

关于宫廷游戏的"义务"性质，路易十四本人就有明确论述。不过，他主要是从君王统治术的角度进行解释，因而其理解的游戏"义务"与贵族明显不同。他说："将贵族留在宫中的最好方式，就是让它变成一个有吸引力的地方。"②他在凡尔赛等宫廷举办众多游戏盛会，正是出于此种目的。同时，无论是骑士比武、宫廷芭蕾还是赌博游戏，路易十四总是亲身参与，并要求其他王室成员也这样做。③ 他甚至鼓励王子们向他要钱参加赌博，嘱咐他们不用担心输钱，因为像他们这样身份的人输多少都无所谓。当他的儿媳勃艮第公爵夫人欠下巨额赌债无力偿还时，他还安排人替她偿清。④

路易十四在写给儿子的《致王储训言》中，明确地从君王统治术的角度阐述了他这样做的理由。他以一些国家的国王喜欢深藏不露并依靠恐惧进行统治作为对照，称法国君主制的非凡之处在于君王与臣民（主要指宫廷人士）的亲近性，而游戏正是达成此目标的重要手段。不过，法国国王参加这些游戏是有条件的：当这些游戏只是"轻浮的娱乐"时，他会敬而远之；但当它们变成盛大的表演时，君王就有了参加的"义务"。这是因为，一方面，"这种游戏交际让宫廷人士跟我们形成一种真诚的亲密关系，令他们获得无法言说的感动和陶醉"。另一方面，游戏不仅能让人民尽情愉悦，而且臣民们看到君王也喜爱他们喜爱或擅长的东西时就会欣喜若狂，君王则"借此控制他们的思想，俘获他们的忠心，这有时比奖赏或恩惠更有效"。众所周知，路易十四还亲自参加了宫廷芭蕾的演出并扮演太阳神。他也对此种参与的意义作了精辟的阐释："我们选择扮演太阳，因为在这种艺术的规则里，太阳是最高贵的。太阳独一无二。它光芒四射。它为其他星辰送去光明，众星环绕使它仿若宫廷。它分配公平正义，就像它的光芒普照万民。它赐福万方，

---

① Elisabeth Charlotte d'Orléans, *The Letters of Madame*: *the Correspondence of Elisabeth-Charlotte of Bavaria*, v. 1, pp. 35-36.

② François Bluche, *Louis* XIV, trans. Mark Greengrass, Oxford: Basil Blackwell Ltd, 1990, p. 188. 转引自洪庆明：《路易十四时代的文化控制策略》，《史林》2011年第6期。

③ 洪庆明：《路易十四时代的文化控制策略》，《史林》2011年第6期。

④ Louis de Rouvroy de Saint-Simon, *Mémoires complets et authentiques du duc de Saint-Simon sur le siècle de Louis* XIV *et la Régence*, t. 2, pp. 384-385 & 416.

令万物生生不息。它运行无止,却似岿然不动。它仪轨如一,永不偏离正道。凡此种种,使太阳无可争辩地成为伟大君王最生动、最高贵的象征。"①总之,路易十四是在有意识地利用游戏来彰显王权的合法性,强化国王的权威,构建以他本人为中心的宫廷社会。

除了《致王储训言》中明确说明的理由之外,路易十四的宫廷游戏策略还有他不能明说的方面。利用游戏削弱贵族的势力,同时增加他们对王权的依赖是其中的重要方面。如前所述,游戏是国王吸引贵族留在宫廷,远离其势力根基的重要手段。路易十四允许赌博游戏在宫廷大行其道,且亲身参与和鼓励王室成员参与其中,也有着不可言说的政治目的。对此,当时的宫廷贵族圣西门公爵就看得十分清楚。他指出,国王把荣誉与奢侈消费捆绑在一起,根本目的是让所有人陷入贫穷,这些人想要维持生活,就必须完全倚仗国王的恩惠。圣西门公爵在这里所说的"所有人"(toute le monde),显然是指上流社交界即宫廷人士,因为"荣誉消费"只与他们有关,而圣西门公爵本人是主张维护等级差别的。他接着说:"同时,一个富丽堂皇的宫廷,以及越来越泯灭自然差别(指等级差别——笔者注)的巨大混淆,也满足了他的自恋。"②圣西门公爵关于路易十四利用游戏消费削弱贵族的说法,并非其个人臆断,路易十四对其弟弟和弟媳运用的手腕就足以证明这一点。作为所有宫廷娱乐的推动者,奥尔良公爵在游戏上的开销十分庞大。公爵夫人说,丈夫公开宣称他不打算留下任何东西,而是行乐至死,并且言行如一。③ 换言之,路易十四把弟弟推到如此崇高的地位,是为了让他耗尽家产,从而完全依赖于自己。这可以从一件事情当中得到充分体现。1695年,路易十四强迫肖尔纳(Chaulnes)放弃布列塔尼总督一职,尽管肖尔纳在宫廷和民间深受爱戴,且已担任该职很长时间。按国王与其弟弟之间的事先约定,该职位应授予沙特尔公爵。但国王爽约了,把位置给了另一个人。奥尔良公爵十分生气。不过,国王轻而易举地化解了弟弟的愤怒:给他一笔钱去赌博和装饰圣克卢城堡。④ 普里米·维斯孔蒂(Primi Visconti)证实,只要有钱赌博和进行其他娱乐,奥尔良公爵就不再关心其他事情。他还说,

① Louis ⅩⅣ, *Mémoires de Louis ⅩⅣ pour l'instruction du Dauphin*, t. 2, pp. 566-570.

② Louis de Rouvroy de Saint-Simon, *Mémoires complets et authentiques du duc de Saint-Simon sur le siècle de Louis ⅩⅣ et la Régence*, t. 12, Paris: L Hachette, 1857, p. 465.

③ Elisabeth Charlotte d'Orléans, *The Letters of Madame: the Correspondence of Elisabeth-Charlotte of Bavaria*, v. 1, pp. 131-132.

④ Louis de Rouvroy de Saint-Simon, *Mémoires complets et authentiques du duc de Saint-Simon sur le siècle de Louis ⅩⅣ et la Régence*, t. 1, pp. 243-245.

当时所有的法国贵族都是如此。① 路易十四利用宫廷游戏的"荣誉消费"令贵族陷入贫穷的策略相当奏效。由于情感不和,加上资金紧张,奥尔良公爵经常不给妻子提供必要的开销,以致她连打猎用的马匹都没钱换,最后只能依靠国王。公爵夫人也一再表示,如若丈夫先于她死去,她必将处于悲惨的境地,因为家里没有钱,只能仰仗国王过活。尽管与曼特农夫人相互仇恨,但她对国王始终抱有好感,而国王则给她赖以生活的年金和资助。1691年,国王额外送她二千皮斯托尔,令她感激不尽,因为这让她得以偿清欠债,且"这一方面表示国王不再像去年那样疏远我,另一方面也维持了我在债权人面前的信誉"。由此也可看出,她似乎经常依靠举债维持开支。丈夫一去世,她立刻在国王的调解下与曼特农夫人和解,显然也是出于生计的考虑。②

但圣西门公爵关于路易十四希望消除等级差别的判断并不准确。国王确实有削弱佩剑贵族、扶持穿袍贵族的做法,但其目的是制衡,而非让两者合为一体。埃利亚斯认为,等级隔离,强化各等级之间的分歧和对立,是法国绝对主义制度不可分割的组成部分。在青年时代,路易十四就亲身体会到,各等级的精英(特别是佩剑贵族和高等法官及行政官员)克服对彼此的厌恶,联合起来对抗国王,是多么危险的事。③ 圣西门公爵所说的那些做法,事实上是路易十四通过分化手段确保两种贵族保持相互厌恶的策略的组成部分。在很多时候,他仍旧注意维护旧贵族的特权。圣西门公爵自己也说,路易十四每周要去猎鹿一次以上,其中枫丹白露的猎鹿活动任何人都可以参加,其他地方的猎鹿活动则只有获允许的人才能去。④ 1683年竣工的马尔利城堡是只有宫廷亲密成员才能进入的小型节庆场所,它平均一年举行十几次集会,每次约60人,同样只有获得邀请的人方可参加。⑤ 因此,参加特定宫廷游戏的资格,就成为恩宠的重要标志。虽然获得邀请的人未必都是旧贵族,但新旧贵族得到的待遇却有实质性区别。18世纪下半叶,康庞(Campan)夫人记录了两位密友之间的一段对话:有人问一位男爵,他

① Primi Visconti, *Mémoires sur la cour de Louis ⅩⅣ*, traduits par Jean Lemoine, Paris: Calmann-Lévy, 1908, p. 158.

② Elisabeth Charlotte d'Orléans, *The Letters of Madame: the Correspondence of Elisabeth-Charlotte of Bavaria*, v. 1, pp. 100, 117, 131-132, 178, 210-212.

③ Norbert Elias, *The Court Society*, p. 77.

④ Louis de Rouvroy de Saint-Simon, *Mémoires complets et authentiques du duc de Saint-Simon sur le siècle de Louis ⅩⅣ et la Régence*, t. 13, Paris: L Hachette, 1856, p. 184.

⑤ Marie-Christine Moine, *Les Fêtes à la cour du Roi Soleil: 1653-1715*, p. 66.

是否在国王前往马尔利的队列（voyage）中，男爵回答"不，我只在无关紧要的人当中（en polisson）"。康宠夫人解释道，这个回答等于说，"我和所有1400年以后才获得贵族身份的人一样"。① 尽管这是路易十六时期的事，但吕弗纳（Luynes）公爵证明此种状况在1744年同样存在，并表示这些被称作沙龙客（Salonistes）或被戏称为"无关紧要者"的人，虽然被获准进入马尔利的沙龙，但在那里却没有住所。② 由此看来，这种区别对待很可能是马尔利行宫的传统。

① 　Mme Campan, *Mémoires sur la vie privée de Marie-Antoinette*, t. 1. Londres: Henri Colburn, 1823, p. 213.

② 　Duc de Luynes, *Mémoires du duc de Luynes sur la Cour de Louis ⅩⅤ : 1735-1758*, t. 5, Paris: Didot, 1861, p. 304.

第四章 游戏的分化和衰落

世俗化和"文明化"使游戏发生了分化。一方面,在教士退出游戏、贵族游戏"文明化"之后,大众游戏的道德问题被凸显出来。大众(尤其是下层民众)的游戏仍保留着许多中世纪的特征,因而被教会视作异教行为、被宫廷贵族视作"不文明"的行为加以排斥。同时,迅速扩张的国家权力与大众游戏的社群自治传统发生冲突,使狂欢游戏具有了社会暴动的色彩。而在早期工业化的背景下,城市当局则把大众的游戏视作懒散的表现。大众游戏因此被道德化并遭到压制。另一方面,游戏的范畴也发生了变化。比如,戏剧在经历了世俗化和私人化之后,又借助宫廷社会的力量上升为优雅的文学和艺术,它由此脱离了游戏的范畴,变成宫廷的休闲。游戏的分化使它们不再具有中世纪的重要地位,造成了游戏的衰落。这种衰落突出地表现在两个方面。首先,在狂欢游戏遭上层社会鄙弃后,国家和教会极大地压缩了狂欢游戏节庆的天数,游戏社团也被压制并在 17 世纪中叶消失,导致狂欢游戏走向衰微。其次,从上层社会开始,儿童游戏的观念形成了,这意味着游戏最终被成年人认定为幼稚的、无意义的行为,从而为休闲的兴起铺平了道路。

第一节 大众游戏的道德化

一、"发现"粗俗

到了 17 世纪,随着宫廷贵族的文化趣味日益与大众阶层分离开来,上层社会对包括狂欢文化在内的大众游戏的态度发生了明显变化。1669 年,当路易十四的宫廷节庆理论家梅内特里耶读到关于 1468 年在勃艮第公爵查理和英国国王的妹妹玛格丽特・德・约克(Marguerite d'Yorck)的婚礼上举行的狂欢表演的描述时,他忍不住笑了出来:因为牲畜竟然在这场节庆中扮演了主要的角色,有好几拨人分别装扮成山羊、狼、驴、猴子载歌载舞,包括唱荒诞不经的驴之回旋曲。梅内特里耶的评价让我们对社会演进造成的文化隔阂有了最直观的认识,他说:"对于当时还处于半野蛮状态的人们来说,这些设计还算不错。但我们现在处在一个如此文雅(poli)的时代,应当有比这些滑稽游戏更精巧的东西。"①显然，对于他们两百年前的先辈的文化，路易十四的廷臣们已经失去了理解的能力。

拉伯雷的小说经历了同样的遭遇。如前文所述，一直到 17 世纪中叶，法国上层社会依然没有对拉伯雷作品的文化趣味表现出明显的反感。特别是在该世纪上半叶，拉伯雷的小说仍旧是法国许多宫廷节庆活动的灵感来源，比如 1622 年在布卢瓦举行的"庞大固埃之诞生"假面舞会，卢浮宫 1638 年的"拉伯雷滑稽芭蕾"，1645 年的"巴奴日结婚"，1668 年的马术芭蕾"庞大固埃马步"，等等。② 不过，从该世纪中叶开始出现了一些新的声音。夏尔勒·索雷尔尽管也创作了许多滑稽小说，且其作品中也充斥着各种肮脏、下流的词汇，但他却很不喜欢拉伯雷。他在 1646 年出版的《怪诞的牧羊人》中评价说："拉伯雷的小说通篇都是各种蠢故事，任何拥有良好鉴赏力（bon jugement）的人都无法卒读。高康大、庞大固埃、香肠大军的故事都愚蠢且幼稚。此外，在我看来，他的小说像字典一样（指各种清单罗列——笔者注）……那些白痴由于看不懂他说的话，便以为他非常博学。"③索雷尔在此提出了一个纯世俗化的新评价标准：鉴赏力。在这种新的评价标准之下，拉伯雷的小说显得愚蠢和幼稚，其表现的狂欢文化（包括狂欢文化的清单罗列）也变得难以理解。当然，对于索雷尔的评价，我们不应理解为 16 世纪的法国人没有鉴赏力，而应理解为 16 世纪的鉴赏标准与 17 世纪中叶有着明显不同。这才是索雷尔无法理解拉伯雷的实质。略晚一些的德·吉拉克（de Girac）也有相同的发现，不过与索雷尔情绪化的用词相比，德·吉拉克的观察更加敏锐、冷静。1657 年前后，在与皮埃尔·科斯塔尔（Pierre Costar）的论战中，德·吉拉克指出，拉伯雷已经不像从前那样令许多人发笑，因为他的笑话已经"冷"了，重提他的笑话，就犹如要在 17 世纪的舞会上跳 16 世纪时髦的转圈舞（volte）和孔雀舞（pavane）一样。④ 德·吉拉克的这个比喻让我们隐约看到，他的评价背后有一个参照物，那就是 17 世纪以"优

---

① Claude-François Menestrier，*Traité des tournois，joustes，carrousels，et autres spectacles publics*，pp. 77-79.

② Jacques Boulenger，*Rabelais à Travers les Ages*，Paris：Le Divan，1925，p. 34.

③ Charles Sorel，*Le Berger Extravagant où parmy des Fantasies Amoureuses On Void les Impertinences des Romans & de la Poésie*，troisiesme partie，Rouen：Jean Osmont，1646，pp. 549-550.

④ Pierre Costar，*Apologie de Mr. Costar à Monsieur Ménage*，Paris：A. Courbe，1657，pp. 147-149. 不得不说，德·吉拉克比记录此事的科斯塔尔更具历史洞察力，后者认为拉伯雷仍旧时髦如初——只要世上有懂得欣赏笑话的妙人，拉伯雷的笑话就永远宜人。但今天拉伯雷的笑话已很难令我们发笑。

雅"为核心追求的宫廷风尚。

"无法理解"是 17—18 世纪法国人在评价拉伯雷时最经常使用的一个词语。这种"无法理解"主要包括两个方面。首先,随着时间的流逝,拉伯雷小说中的许多词语掌故脱离了时代背景,已经变得难以理解。这也是 1711 年勒迪沙编纂《巨人传》注释本并获得巨大成功的重要原因。其次,17—18 世纪的法国人"突然"发现,才华横溢的拉伯雷竟然那么"愚蠢""肮脏",他们完全不能理解拉伯雷为何要这样写作。本书主要探讨第二个方面。

如前所述,这种新的认识大约是在 17 世纪中叶开始出现的。从那时起的一个多世纪内,不断有人提出同样的问题,其中被引用最多的评论来自拉布吕耶尔和伏尔泰。1690 年,拉布吕耶尔评论道:

> 马罗(Marot)和拉伯雷是不可饶恕的,因为他们在书中到处散布肮脏的东西,而他们拥有的才智和天赋本足以避免这些……拉伯雷尤其令人费解。他的书……是个怪物:它有一副美人的面孔,却长着蛇或某种更丑陋的动物的脚和尾巴。这是一个由精妙的精神和腐败的嗉囊结合而成的怪胎。它不好的地方简直糟糕透顶,完全就是小瘪三的伎俩;好的地方呢,却又极优雅迷人,简直就是最精美的菜肴。[1]

伏尔泰的批评更加激烈:

> 拉伯雷在他荒诞无稽又难以理解的书中,散播了一种极端的欢乐和极度的不得体;他卖弄渊博、肮脏和无聊;以通篇蠢话换得两页好故事。只有几个具有奇嗜怪癖的人才炫耀自己能领会和评价他的整部著作,其他人则嘲笑拉伯雷的笑话并蔑视他的书。人们把他视作头号小丑,并为一个如此聪明的人将才智用在如此微不足道的事情上面深感痛惜。[2]

拉布吕耶尔和伏尔泰的上述评论都是基于世俗化的审美标准,他们一方面肯定拉伯雷的才华和部分创作,一方面又无法容忍不符合他们的审美标准即"愚蠢"和"肮脏"的部分。相比于之前不同宗教信仰带来的情绪化反应,他们的观点显得更加中立,因而对于本书讨论的主题也更有意义:在 17

---

[1] Jean de La Bruyère, *Oeuvres de La Bruyére*, Paris: A. Belin, 1818, p. 13.

[2] Voltaire, *Lettres philosophiques*, t. 2, Paris: Hachette, 1917, p. 135. 译文参考了高达观的译本(伏尔泰:《哲学通信》第二十二封信《谈蒲柏先生和其他几位著名的诗人》,高达观等译,上海:上海人民出版社,2005 年,第 119 页);及巴赫金《弗朗索瓦·拉伯雷的创作与中世纪和文艺复兴时期的民间文化》,第 133—134 页。

世纪末和 18 世纪，即便是欣赏拉伯雷的人（尽管欣赏的程度有所不同）也不得不承认拉伯雷是"肮脏"的。这种"肮脏"是全新的发现，早一些的索雷尔和德·吉拉克都没提到，遑论更早的加拉苏神父、蒙田、加尔文、皮埃尔博。更重要的是，拉布吕耶尔和伏尔泰在表述这种"肮脏"时，使用的都是同一个词：ordure（原义为"粪便"，引申为"污物""脏话"等）。他们所指的显然是拉伯雷小说中与"物质-下体因素"密切相关的内容。这些在《巨人传》里一直存在，直到此时才引起人们的不适，反映了 17 世纪的"文明化"带来的法国上层文化趣味的变化。

对此，比拉布吕耶尔略早的勒内·拉潘说得更加明白。他对 16 世纪的一些讽刺作家进行了评价。谈到拉伯雷时，他说："拉伯雷的讽刺尽管才华横溢，却用如此滑稽的方式写出来，它太不符合我们这个时代的正直（honnêteté）标准，因此我认为它不适合正直的人阅读。"在这里，他肯定了拉伯雷"才华横溢"的讽刺，但批评他"滑稽"的呈现方式。他接着评价另一位名叫马蒂兰·雷尼耶（Mathurin Régnier）的作家："雷尼耶的讽刺也是一样的，因为他太过无礼，并且丝毫不注意礼貌（bienséance），即便他很有天赋。"也就是说，根据 17 世纪的标准，"正直的人"应当懂得"礼貌"——这正是埃利亚斯极力呈现的"文明化"的基本特征。在评价拉伯雷之前，拉潘还称赞了 16 世纪末神圣同盟时期一个名叫弗朗索瓦（Françoise）的讽刺作家，说他"以极有趣的方式向公众揭露了吉斯家族的宗教图谋，但他的全部作品里充满了高尚的睿智，因为他没有让这些讽刺显露出那个时代粗鲁和粗野的作风（les manières rudes & grossières）"。[1] 对于两个世纪里文化趣味的演变，拉潘的认识无疑清晰得多。同时，尽管拉潘也是耶稣会士，但他对拉伯雷没有那么反感，这反映了同一阵营内部的复杂性。

在另一本小册子里，伏尔泰虚构了一个叫"品味圣殿"的神圣所在。"品味圣殿"里有个图书馆，所藏作品几乎都由众缪斯删改过，令它们符合高尚的文化趣味。其中，拉伯雷的作品被缪斯删掉至少四分之三（另一个版本则说最多保留八分之一），这些被删掉的部分被归入"蓝色书库"（la Bibliothèque bleue）系列。剩下的部分仍旧十分古怪，时而让"品味之神"发笑。[2] "蓝色书库"是 17—19 世纪法国专门面向城乡居民的大众类图书，因

---

[1] René Rapin, *Reflexions sur la Poetique de ce Temps et sur les Ouvrages des Poetes Anciens & Modernes*, Paris: François Muguet, 1675, pp. 154-155.

[2] Voltaire, *Le Temple du goût*, Amsterdam: Jaques Desbordes, 1733, p. 39; Voltaire, *Oeuvres complètes*, t. 2, Paris: Firmin Didot Frères, 1870, p. 546.

早期使用蓝色封面而得名。伏尔泰显然认为这些书与拉伯雷小说的绝大部分内容一样,趣味粗俗低下,不适合有品味的人阅读。18 世纪下半叶,伏尔泰的设想被付诸实践,扮演现实版"缪斯"的是一些教士和书商:他们删除了小说中亵渎和不符合时代品味的内容,以获得"净化"版的拉伯雷作品。尤其值得一提的是,1776 年的一个"净化"版是给女性阅读的——这让 16 世纪中叶的玛格丽特·德·纳瓦尔情何以堪?[①]

那么,18 世纪前后的法国上层认为什么是好笑的? 这个题目很大,这里仅举与本书有关的一个方面。莫里哀是 17 世纪下半叶法国宫廷重要的喜剧作家,他的许多作品都是表演给宫廷人士看的,因而可以大致说明这些人眼中的一种"好笑"标准。莫里哀的不少喜剧,特别是《贵人迷》和《乔治·唐丹》,都表现了同一个具有明显时代特征的主题:贵族阶级对竭力挤入其圈子的资产阶级的嘲笑和蔑视。《贵人迷》的法语名称直译为"资产阶级绅士",其主角和另一部喜剧中的乔治·唐丹一样,都是削尖脑袋想变成贵族的资产者。我们可以想象,当"贵人迷"汝尔丹为了学习贵族的生活方式,在音乐、舞蹈、剑术、哲学老师面前丑态百出的时候,在宫廷剧场观众席上的贵族贵妇们会意地讥笑的情形。同样,这些"贵人"们大概也不会像今天的读者一样,会同情试图通过娶落魄贵族的女儿来获得贵族身份的乔治·唐丹,而只会嘲笑他那一类人的异想天开。苏联学者阿龙·古列维奇深刻地指出,笑是恐惧的另一面相。[②] 莫里哀在喜剧背后刻画了路易十四宫廷贵族对崛起中的资产阶级的排斥和恐惧。不过,莫里哀有意无意地略过了"穿袍贵族"这个已经挤入贵族阶层的资产阶级群体。莫里哀的喜剧还揭示了 17 世纪下半叶各阶层之间难以逾越的文化鸿沟(从这个意义上说,这种嘲笑与 1594 年嘲笑亨利四世的巴黎资产者有重要的共通之处[③]),它不仅造成同时代不同阶层之间的隔阂,也导致 16 世纪的拉伯雷在 18 世纪前后变得无法理解。

---

① 关于这些"清洁"版本的介绍,参见 Sainéan Lazare, *L'influence et la Réputation de Rabelais*, p. 107。更多 18 世纪读者对拉伯雷的看法,参见 Richard Cooper, "'Charmant mais Très Obscène': Some French Eighteenth-century Readings of Rabelais", in Giles Barber and C. P. Courtney (eds.), *Enlightenment Essays in Memory of Robert Shackleton*, Oxford: Voltaire Foundation, 1988, pp. 39-60。

② 阿伦·古雷维克:《巴赫金及其狂欢理论》,简·布雷默等编,北塔等译:《幽默文化史》,第 81 页。

③ 见前文注释。在巴黎人看来,亨利四世就是一个竭力挤入巴黎"优雅"文化圈子的粗鄙的外省人。

二、狂欢与暴动

在前文有关近代早期法国狂欢文化的研究中,我们发现,在谋求独立的个人与代表着传统的社群自治力量的游戏社团之间,有第三股力量强势介入,那就是新兴的国家权力。从这个意义上说,法国绝对君权的构建过程,也就是它与传统的自治社群争夺权力的过程。游戏社团对权力和时政的狂欢式嘲弄或抗议,乃是其传统的社群管理功能在新的社会背景下的自然延伸。然而,这个传统一旦与触角正迅速伸向各个地方社群的绝对君权发生碰撞,激烈的冲突便不可避免。16—17世纪分别发生在罗芒和勃艮第的两次狂欢冲突,可以视作上述情况的两个典型例子。

根据勒华拉杜里的研究,16世纪下半叶,罗芒地区的狂欢节日庆祝明显分成两个剑拔弩张的对立阵营。一个阵营是城市上层,主要包括行政官员和富人,他们以王家法官为中心,与巴黎宫廷联系密切,并享受着政治权力带来的好处。另一个阵营是城市和乡村平民,主要包括并不宽裕的布商、工匠和城乡贫民,他们是在社会集权化的过程中权益受损最大的群体。平民希望回归更公平的权力模式,并维持传统的社群价值,而这些都已经被统治精英所践踏。因此,两个阵营之间的冲突,实际上是中世纪的城镇民主模式(即传统的社群自治模式)与新兴的绝对权力之间的冲突。狂欢节庆成为联络各自力量的契机,并为双方的密谋提供天然的伪装,因为两个阶层的人都在这个时候分别聚集以庆祝节日。冲突的结果是平民社团的领袖和众多成员在1580年的狂欢节被精英社团设计屠杀。①

16—17世纪的勃艮第更是以狂欢文化著称,因为它有一个非常有名的游戏社团,称作"第戎步兵团"或"疯妈妈"社团。不过,这里的情形与罗芒并不相同。第戎是勃艮第的首府,而勃艮第尽管早在15世纪就已并入法国,但一直到17世纪为止,它都享有高度的自治权。不过在17世纪前后,它的自治权不断地受到日益强大的绝对王权的威胁。因此,"疯妈妈"作为当地上层社会的游戏社团,它的一个重要任务就是借助狂欢游戏来维护勃艮第的自治传统并抵御绝对君权的入侵。也是因此,在16世纪最后30年,正当法国其他地方的游戏社团普遍趋于沉寂的时候,"疯妈妈"却进入其最活跃的时期。1576年,"疯妈妈"通过一系列闹剧讽刺了国王派驻勃艮第的水流和森林大总管,因为他违反习俗在5月殴打了老婆(根据法国的民间传统,5月

① Emmanuel Le Roy Ladurie, *Carnival in Romans*.

是个十分特殊的月份,女性在这期间受到特别的保护),同时还抗议他代表国
王掠夺本地的资源。在其他狂欢表演中,它还讽刺了法国宫廷的奢侈和腐
败。① 1630 年"疯妈妈"被路易十三取缔,则与勃艮第的自治权被取消有直接
的关联。国王于 1629 年来到第戎,但拒绝按照惯例保留该市的各种特权,引
起普遍的不满。同年 7 月,他进一步撤销了勃艮第公国(états de Bourgogne),
把它拆分成十个选区。翌年第戎发生骚乱,有高官的住宅被劫掠并焚烧,一幅
路易十三的画像也被烧毁。尽管没有证据表明事情与"疯妈妈"有直接关联,
但当局认为,它长期以来针对王家和宫廷代表的讽刺表演激化了民众的不满
情绪,因而将它取缔。1631 年社团恢复,但已完全失去了旧日的锋芒,例如它
被要求只能恭维而不能讽刺王国的大人物,同时必须取得当局批准才能进行
狂欢表演。在投石党叛乱期间,"疯妈妈"暂时重现活力,但路易十四在亲政之
后取缔了法国所有的游戏社团,它就永远地从人们的视野中消失了。②

　　总之,正是因为狂欢活动的"政治转向",③加上狂欢文化原有功能的严
重弱化或转变,才使得社会抗议成为这个时期的狂欢文化的一个突出特征。
但我们也必须注意到,所有以上冲突案例都反映了一个相同的事实:即使是
在 16—17 世纪这个狂欢文化的颠覆性和反抗性被急剧放大的时期,狂欢文
化也只是呈现社会冲突的一个窗口,它本身并未创造这些冲突,因而不能把
它与反抗和颠覆官方秩序相等同。更何况,上层社会同样利用狂欢节庆来
施展他们的血腥阴谋,从这个意义上说,1580 年罗芒狂欢节的屠杀,与 8 年
前发生在巴黎的圣巴托罗缪节大屠杀相似。当然,并非所有的游戏社团都
与官方发生了如此尖锐的对抗,积极合作者也不在少数——有些"作乱修道
院"就在这个时期更名为"良政修道院"(l'Abbaye de Bongouvert)。④ 绝大
多数游戏社团则是在 17 世纪前后悄无声息地消亡了。只是由于对抗是最
醒目的存在方式,才使得狂欢游戏的颠覆性和反抗性被凸显出来。总之,颠
覆和反抗"官方"的秩序并非狂欢文化的本质或固有特性,它只是在特定的

---

① Juliette Valcke, "La satire sociale dans le répertoire de la Mère Folle de Dijon", in Konrad
　Eisenbichler and W. Hüsken (eds.), *Carnival and the Carnivalesque: The Fool, the
　Reformer, the Wildman, and Others in Early Modern theatre*, Amsterdam: Rodopi, 1999,
　pp. 147-162.

② Juliette Valcke, *La société Joyeuse de la Mère Folle de Dijon*, pp. 31-99; Jacques Rossiaud,
　"Fraternités de jeunesse et niveaux de culture dans les villes du Sud-Est à la fin du Moyen Âge",
　Cahiers d'Histoire, No. 21 (1976), p. 102.

③ 娜塔莉·泽蒙·戴维斯也对法国的游戏社团在 16 世纪的这种"政治转向"表示认同,参见
　Natalie Zemon Davis, "The Reasons of Misrule", p. 74。

④ Emmanuel Le Roy Ladurie, *Carnival in Romans*, p. 297.

历史条件下才会发生,即先有社会冲突,然后才会有以狂欢文化的形式进行的反抗。此外,狂欢反抗也往往与狂欢"镇压"相伴随。

当然,颠覆日常秩序确实是狂欢文化的一个固有特征,因为狂欢节庆原本就是与日常生活截然不同的时间窗口,但这绝不能简单地归结为反抗"官方"的秩序。在16世纪下半叶,罗芒地区狂欢节期间的"柯肯乐土"(pays de Cocagne)是一个把物品的贵贱进行颠倒的时间窗口,但仅限于物品,并不包括人。比如它规定最稀缺的食物最便宜,而干草、麦秸、燕麦等动物饲料以及劣质酒、腌鱼烂鱼等则最昂贵。非常重要的一点是,这些活动是由城市的精英社团(而不是下等阶层)所控制并强制推行的。同时勒华拉杜里指出,这种颠倒的宗旨并非颠覆,恰恰相反,它是为了强调正常的社会秩序。[①] 在中世纪和近代早期的法国,狂欢节庆中人的社会等级颠倒的现象确实存在,但它发生和影响的范围都极有限。比如在14世纪下半叶,路易·德·波旁公爵有一个习惯,他在三王节让人在整个城市找出最贫穷的八岁小孩,让他穿上王家服饰当节日"国王",把自己的官员交给他统治。第二天,公爵本人提供四十利勿尔,他的宫廷骑士每人一法郎,见习骑士每人半法郎,送给这名小孩的父母作为孩子上学的学费。[②] 显然,角色的转换仅发生在这个小孩和公爵的官员之间。在1536年的三王节,弗朗索瓦一世的宫廷贵族们争相扮演地位低下的仆人,但游戏也仅限于这些贵族内部。[③] 同样,在16世纪下半叶的罗芒,平民社团的领袖尽管能在狂欢节庆期间坐上行政官的位置,但他并不能对当地的贵族和官员发号施令。[④] 真正全面颠覆社会秩序的现象并不存在。因此可以说,狂欢文化反抗和颠覆"官方"秩序的一面被明显夸大了。

三、"勤勉革命"的影响

"勤勉革命"(the Industrious Revolution)原本是日本学者速水忧晃在讨论日本劳动密集型的工业化路径时提出的概念。1994年,美国学者扬·德·弗里斯借用该概念并修改其定义,用以研究英国工业革命的问题。弗里斯认为,大约在1650年至1850年间,西北欧和英属北美洲发生一场"勤勉革命",即家庭增加劳动投入(包括男性劳动时间延长和劳动强度增加、妇女儿童加入劳动市场),这既增加了以市场为导向的赚钱活动(从而增加家

---

① Emmanuel Le Roy Ladurie, *Carnival in Romans*, pp. 189-190.

② A. M. Chazaud, *La Chronique du Bon Duc Loys de Bourbon*, Paris: Renouard, 1876, p. 17.

③ 玛丽·霍林斯沃斯:《红衣主教的帽子》,第121页。

④ Emmanuel Le Roy Ladurie, *Carnival in Romans*, pp. 103-104.

庭收入），又增加了对市场化商品（区别于自给自足的产品）的需求，从而促进了经济的发展和所谓的"工业革命"的发生。①

弗里斯的研究在欧美学术界产生了较大的影响，先后有一批学者加入到对"勤勉革命"的讨论中来。通过各自的研究，他们有人支持弗里斯的观点，也有人认为"勤勉革命"根本不存在。综合来看，这些学者的研究普遍存在几个误区。其一，他们试图在消费革命的背景下讨论"勤勉革命"，并因消费需求而将其与工业革命联系起来，因而都在寻找消费需求增加的证据，并为此各执一词。其二，他们视"勤勉革命"为普适性的，不分城乡和阶级，甚至有学者专门以农村作为研究对象，导致结论出现偏差。其三，他们把"勤勉革命"当成劳工阶层的主动行为，而忽视新的社会机制造成的强制力，导致研究方向和对材料的解读都不够精准。其四，他们过于注重宏观的量化研究，比如寻找和分析劳动时间和消费能力增加的证据，而忽视日常生活中的直接证据。②

相比之下，笔者更认同 R. C. 艾伦和 J. L. 魏斯多夫的研究结论，即"勤勉革命"主要是城市现象，而与农村无关。③ 同时笔者认为，如果单纯以城市工人为对象来观察劳动时间和劳动强度本身，"勤勉革命"的存在是确切无疑的。事实上，弗里斯已经注意到 18 世纪观察家对劳工大众的懒惰、无能、不负责任等多有谴责，但他把这视作否定"勤勉革命"的证据。④ 笔者认为，18 世纪的观察家发出谴责并不是因为劳工大众在该世纪突然变懒，

---

① Jan De Vries, "The Industrial Revolution and the Industrious Revolution", *Journal of Economic History*, Vol. 54, No. 2 (1994), pp. 249-270; Jan de Vries, *The Industrious Revolution: Consumer Behavior and the Household Economy, 1650 to the Present*, Cambridge: Cambridge University Press, 2008.

② 反对"勤勉革命"的主要学者和论著包括：Hans-Joachim Voth, "Time and Work in Eighteenth-Century London", *The Journal of Economic History*, Vol. 58, No. 1 (1998), pp. 29-58; Hans-Joachim Voth, "The Longest Years: New Estimates of Labor Input in England, 1760-1830", *The Journal of Economic History*, Vol. 61, No. 4(2001), pp. 1065-1082; Gregory Clark & Ysbrand Van Der Werf, "Work in Progress? The Industrious Revolution", *The Journal of Economic History*, Vol. 58, No. 3(Sep., 1998), pp. 830-843; Sheilagh Ogilvie, "Consumption, Social Capital, and the 'Industrious Revolution' in Early Modern Germany", *The Journal of Economic History*, Vol. 70(June 2010), pp. 287-325; 等等。对欧美学者"勤勉革命"研究的学术史梳理，参见刘景华、张松韬：《用"勤勉革命"替代"工业革命"？——西方研究工业革命的一个新动向》，《史学理论研究》2012 年第 2 期。

③ R. C. Allen and J. L. Weisdorf, "Was there an 'industrious revolution' before the industrial revolution? An empirical exercise for England, c. 1300-1800", *Economic History Review*, Vol. 64, No. 3(Aug. 2011), pp. 715-729.

④ Jan De Vries, "The Industrial Revolution and the Industrious Revolution", p. 258.

而是时代对劳工的工作态度(即"勤勉")有了新的要求,导致他们一贯的工作与游戏不分的行为方式①变成问题并遭到精英的谴责。弗里斯之所以这样解读,是因为他把"勤勉革命"当成劳工的主动行为,但正如下文的例子所示,他们更多地可能是因为时代的裹挟而"被迫勤勉"。

笔者认为,"勤勉革命"是一个长期的历史过程。在法国,16—17世纪之交,亨利四世就曾向教皇申请缩减节日,以帮助被宗教战争破坏的国家恢复过来。几十年后,路易十四也向法国各教区的主教们提出了同样的要求,理由变成了担心劳工的节日放纵会影响家庭生计和公共利益。17世纪的拉封丹、18世纪的启蒙哲学家如伏尔泰也以关心劳工生计为由,要求把节假日变成工作日。大革命、拿破仑帝国、七月王朝等时期同样有类似的做法。可见,法国在17世纪就已经有推进"勤勉革命"的切实措施并逐步取得成效,到大革命前夕,停工节日的数量已大幅减少。② 下面以罗伯特·达恩顿重点研究过的"屠猫狂欢"事件为例,从劳动时间、阶级分隔等角度浅探"勤勉革命"及其影响。

在发生于18世纪30年代巴黎樊尚印刷厂的"屠猫狂欢"事件中,群猫彻夜叫春导致学徒无法入眠,这是屠猫事件的导火索。然而,猫叫春是自然现象,自古有之,为何独在此时招致杀身之祸?诚然,我们不能说该事件是必然的,也不能说其他时代必无此类事件。实现樊尚印刷厂式的屠猫需要一个基本条件,即获得师傅、师娘驱逐猫的授权,而这又需要一个能在半夜爬到瓦屋顶上,并在靠近师傅、师娘屋子的地方学猫叫的人——在樊尚印刷厂,学徒莱维耶(Léveillé)是唯一能完成这项任务的人选,因为他是屋顶瓦工的儿子,又能惟妙惟肖地学猫叫。因此,此次"屠猫狂欢"确实有偶然的因素。但偶然之外也有必然,其中最重要的因素莫过于西方中世纪至近代的猫文化以及早期城市化和工业化背景下的阶级冲突。

在事件记述者尼古拉·孔塔的叙述中,猫叫春造成学徒极端焦虑的原因具有鲜明的时代性:两个学徒住在这座位于巴黎的印刷厂里,每天凌晨必须爬起来给第一拨来上班的人开门,并同他们一起开始一天的工作。这是早期城市化和工业化带来的紧张生活节奏,它在传统农业社会是不存在的,因为在农业社会,工作和休息时间主要由个人自行掌控,它具有极大的模糊

---

① 可参见前文关于中世纪大众游戏的研究。
② 详见第五章第三节"一、休闲时间的制度化"。

性和弹性,可以根据需要自主调节。① 因此,即使农民夜晚的睡眠被猫叫声干扰,也不会对他们的生活造成严重影响。② 实质性的变革就出现在发生"屠猫狂欢"的这个时期。首先是精确的机械计时技术在 17 世纪下半叶取得重大突破,随即是瑞士钟表行业在 18 世纪迎来的爆发性增长。③ 供给侧的繁荣反映了早期工业化背景下西欧市场对精确计时的旺盛需求。

在"屠猫狂欢"事件中,学徒在印刷厂一楼寄宿的破败的木板屋里有一个铃铛,来上班的工人一拉响它,学徒就得起来开门。孔塔是这样记述这个开门时间的:

> 也就是凌晨三四点钟,即使在冬天也是如此。④

在文本中,类似的记录还有许多:工人们下班吃晚饭的时间在夏天是晚"九点",冬天是晚"八点";王家印刷厂的排字工人必须早上"六点整"来上班,一直工作到晚上"八点";"十点"是该离开酒馆的时间……⑤

精确计时与具有极大强制性的工业化生活节奏挂钩,是孔塔的文本关于时间的记录最突出的特点。相比于中世纪农民"头觉睡了一半的时候""鸡叫三遍的时候"⑥这种典型的农业社会计时方式,孔塔的计时方式反映了城市化和工业化带来的精确计时需要。这种新的生活节奏正是扬·德·弗里斯所称的"勤勉革命"。在这种情况下,睡眠屡遭打扰带来的影响自然与农业社会截然不同。

身为资产阶级的师傅、师娘一家尽管也住在同一幢楼里,但群猫叫春对

---

① 关于中世纪农民的时间观念,可参见埃曼纽埃尔·勒华拉杜里:《蒙塔尤:1294—1234 年奥克西坦尼的一个山村》第十八章"心态工具——时间和空间",第 429—458 页。勒高夫的研究则表明,尽管 14 世纪的城市出现了取代手敲钟(bell)的机械钟(clock),但在相当长的时期内,与自然节奏、农业活动和宗教行为相联系的时间仍是主要的时间框架,甚至到了 17 世纪,机械钟仍主要是让城市引以为荣的奇迹和装饰,而不是有用的日常生活工具,参见 Jacques Le Goff, *Time, Work and Culture in the Middle Ages*, trans. by Arthur Goldhammer, Chicago: University of Chicago Press, 1980, pp. 48-49。

② 以散居为主的传统农村也不大可能出现几十只猫聚集叫春的情况,这同样是一个重要的影响因素。

③ 时钟技术的进步参见 G. J. Whitrow, *Time in History: Views of Time from Prehistory to the Present Day*, Oxford: Oxford University Press, 1988, p. 127;瑞士钟表业的发展参见马丁:《欧洲宗教改革与瑞士钟表业的崛起》,《世界历史》2020 年第 2 期,第 45—60 页。

④ Nicolas Contat, *Anecdotes typographiques où l'on voit la description des coutumes, moeurs et usages singuliers des Compagnons imprimeurs*, ed. Giles Barber, Oxford: Oxford Bibliographical Society, 1980, p. 49. 达恩顿称开门时间为凌晨四五点,似为引用错误,参见罗伯特·达恩顿:《屠猫狂欢:法国文化史钩沉》,第 98 页。

⑤ Nicolas Contat, *Anecdotes typographiques*, pp. 40, 50, 63-64, 91.

⑥ 埃曼纽埃尔·勒华拉杜里:《蒙塔尤:1294—1234 年奥克西坦尼的一个山村》,第 430 页。

他们的影响并不大。造成这种差别的原因有两个。其一是师傅一家住在顶层,而根据文本的描述,群猫叫春应当主要发生在地面。其二是师傅、师娘可以自行掌握时间。所以孔塔说:"工人学徒都在工作,师傅、师娘却独享甜蜜的睡眠。"[①]于是心怀嫉妒的学徒连续三天在师傅、师娘的屋顶学猫叫,终于把他们拉下水。

总之,对"屠猫狂欢"的案例研究表明,在巴黎这样的大城市中,18 世纪的法国确实存在可以称作"勤勉革命"的社会现象。严格的劳动时间表固然是其最主要的表征,但劳动时间同时也能反映劳动强度的增加。然而,仅从该事件来看,劳工阶层并非心甘情愿地主动开展这场所谓的"革命",他们是因为工业化的大趋势而毫无选择地被卷进来。同时,这场革命对各个阶级的影响并不相同,资产阶级可能也变得更加勤勉,但时间是有阶级性的,工人阶级必须服从精确的工业化时间,资产阶级则拥有很大的自由度。

对劳工阶层来说,在新的时间秩序下,由于工作时间的延长和劳动强度的增加,首先,他们的游戏时间被严重压缩,其次,他们也不能再像以前那样在劳动和游戏之间自由地切换——因此,在工作时间进行"屠猫狂欢"便成为他们的罪名。无论是上层社会把"粗俗"和暴力与下层的游戏联系在一起,还是劳工阶层的"被迫勤勉",这些伦理变化都把批评和控制的矛头指向社会下层,使广大劳工阶层的游戏变成权力管控和打压的对象。

第二节　戏剧:从游戏到艺术

1630 年前后,法国戏剧界发生了许多意义重大的事件:"王家剧团"永久占据勃艮第府,与之竞争的剧团则逐渐在玛莱区的老式网球场站稳脚跟;剧作家亚历山大·阿尔迪的剧集正式出版;关于戏剧创作的规则即"三一律"的辩论兴起并日趋白热化;路易十三和黎塞留将戏剧创作、剧作家乃至演员纳入绝对国家的体制;高乃依的悲剧《熙德》上演并大获成功。这些此起彼伏的事件标志着法国戏剧发展到了一个质变的节点:戏剧表演和鉴赏正在变成一种艺术行为。

---

① Nicolas Contat, *Anecdotes typographiques*, p. 52.

一、戏剧趣味的"文明化"

欣赏悲剧的新风尚

1636 年,高乃依创作的悲剧《熙德》①在巴黎上演,万人空巷,轰动一时。这是法国戏剧发展史上的一个里程碑。学界对该剧的探讨大多集中在它的文学性上,但本书更看重它的文化史意义:它宣告了悲剧这个此前在法国备受冷落的剧种从此登堂入室,进而取代了闹剧的地位。这是法国戏剧艺术化的重要标志。然而,这个转变并不是由《熙德》独力完成的,《熙德》只是在长时间的量变的基础上为质变提供了爆发的契机。这个变化首先是在法国的宫廷社会酝酿的。

如前所述,与现代文学艺术判断一样,艾罗阿尔更看重的是悲剧和悲喜剧。然而,日记中所记录的戏剧演出状况与此形成鲜明反差,喜剧和闹剧占据了绝对的统治地位。尽管并非主流,但艾罗阿尔在当时的法国上流社会并不孤单。16 世纪末的让·博丹在《共和六论》中说:"喜剧和杂耍演员(笔者注:博丹把他们看作同一种人,后面以单数指代)是人们能设想到的对共和国危害最大的另一类害虫……如今人们总是在悲剧结束后表演闹剧或喜剧,就像在肉里放毒一样。"②跟那个时代的许多人一样,博丹把喜剧和闹剧捆绑在一起,放到了悲剧的对立面。1615 年前后,曾在勃艮第府演出的喜剧演员布吕斯坎比尔在一篇题为《为喜剧辩护》的短文里把喜剧和闹剧明确区分开来。他先是引经据典为喜剧作了诸番辩护,最后说:"诋毁我们的人最后的反对意见是,我们表演悲剧和喜剧似乎是可以接受的,但一场充斥着丑陋言语的闹剧却把一切都糟蹋了,就像一场毒雨毁掉了我们最美丽的花朵。啊!真的,对此我没什么好抱怨的。但这是谁的错呢?是愚蠢的大众迷信,人们认为没有闹剧,其他的表演就一文不值,花一半的钱却没有获得任何乐趣。只要你们愿意,我们现在就可以放弃它,把它埋到永久被遗忘的角落;它只会给我们的声誉带来难以忍受的严重损害。实事求是地说,最贞洁的意大利喜剧的言行比这些还要堕落一百倍……"③在布吕斯坎比尔眼中,喜剧和悲剧具有同等价值,但主流观点显然不这么认为,所以他才有为之辩护的必要。这番言论揭示了一个有趣的戏剧"鄙视链":悲剧、喜剧、闹

---

① 高乃依最初把这出戏定义为悲喜剧,1648 年以后定义为悲剧。

② Jean Bodin, *Les six livres de la république*, Gabriel Cartier, 1608, pp. 847-848.

③ Bruscambille, *Les Nouvelles et plaisantes imaginations de Bruscambille, en suitte de ses Fantaisies*, Bergerac: Martin la Babille, 1615, p. 120.

剧、意大利喜剧。总之，博丹和布吕斯坎比尔都跟艾罗阿尔一样更喜欢悲剧，但现实戏剧演出却被观众低下的欣赏趣味"绑架"了——也正因为如此，本书才把悲剧在戏剧市场上的地位改变视作法国戏剧成熟的一个风向标。在此种文化氛围下，以喜剧创作为主的阿尔迪在 1626 年把自己出版的作品集称作"悲剧集"也就不足为奇了。[①]

　　不过到了 17 世纪中叶，情况已经有了明显改变。戏剧理论家奥比尼亚克神父在 1657 年出版的《戏剧法式》中表示，在法国宫廷，悲剧比喜剧更受欢迎；而在"市井小民"(le petit peuple)中间，喜剧乃至闹剧和下流的滑稽剧比悲剧更令他们愉快。[②] 奥比尼亚克神父早在 17 世纪 40 年代就已撰写该书，但由于黎塞留去世等原因，他在 10 多年后才将它出版。他的上述说法表明，不同于二三十年前，在这个时期，法国宫廷社会的戏剧欣赏趣味已经与其他阶层拉开了距离，悲剧可以在这里找到它的市场，而欣赏悲剧的能力也成了"文明化"的宫廷人士区别于普通大众的文化资本。这时距离高乃依的《熙德》上演还没有几年，显然该剧也对这种趣味转变起到了重要的推动作用。同时，悲剧的流行还意味着戏剧打动人心的艺术力量取代了笑料和杂耍，成为吸引观众的核心要素，因而它是法国戏剧艺术化的重要标志。

喜剧与闹剧的分离

　　奥比尼亚克神父的言论还反映了另外一个微妙的变化。让·博丹把喜剧和闹剧都视作"毒药"，作为演员的布吕斯坎比尔则试图把喜剧从闹剧的泥淖里拯救出来。乍一看，奥比尼亚克神父的态度似乎同博丹一样，仍旧把喜剧和闹剧乃至滑稽剧混为一谈。他甚至表示，喜剧、闹剧和滑稽剧根本不配进入戏剧诗的行列，因为它们没有技法、没有结构、没有理性，只适合卑鄙下流之徒，因为无耻的言行就是它们的全部魅力。[③] 但仔细分析可以发现，他只是在论及"市井小民"的戏剧时才把喜剧与闹剧和滑稽剧放在一起，而在宫廷那里则只有悲剧与喜剧之分。事实上，他清楚地认识到，在古希腊、古罗马，喜剧的地位并不低下；而在"我们"的时代，喜剧之所以"长期以来不仅可耻，而且臭名昭著"，是因为"它堕落成了我们的剧院在悲剧之后必须忍受的闹剧或不得体的滑稽剧"，而这些闹剧被创作出来是为了取悦那些"市

① 参见陈杰：《十七世纪法国的权力与文学：以黎塞留主政时期为例》，上海：复旦大学出版社，2018 年，第 108—109 页。
② Abbé d'Aubignac, *Pratique du théâtre*, Amsterdam: Jean Frederic Bernard, 1715, p. 64.
③ Abbé d'Aubignac, *Pratique du théâtre*, p. 132.

井小民"。① 换言之,他不仅看到了喜剧欣赏的阶级分化,也看到了喜剧在法国被"污名化"及与闹剧混同的历史和现实原因。结合布吕斯坎比尔等人的论述,我们可以认为:在 17 世纪 20 年代以前,无论是鉴赏还是演出,法国人普遍把喜剧和闹剧混淆在一起;1740 年前后,这种状况在宫廷之外继续存在,但宫廷人士已经认清两者的区别,并把闹剧排除在宫廷之外。

现实的戏剧活动也证实了这一判断。在《熙德》之前,初出茅庐的高乃依曾在 1630 年前后创作过若干颇为成功的喜剧作品,它们主要面向所谓的"高贵之士"(honnêtes gens,即上层社会),以活泼、愉悦为宗旨,从而与追求爆笑的闹剧拉开距离。其他剧作家也跟风创作了许多喜剧作品。阿兰·维亚拉称之为"喜剧的复兴"。② 按照这个新标准,此前人们(包括艾罗阿尔)所谓的"喜剧"恐怕都属于闹剧。

确实,无论是瓦勒兰、拉波尔特、"大胖子"纪尧姆这些先后在勃艮第府演出的"国王的喜剧演员",或是以塔巴林为代表的极受欢迎的街头表演者,还是来自意大利的演员,他们在当时都被称作"喜剧演员",但时人最喜欢的是他们的闹剧,而他们在后世也全都被称作"闹剧演员"(farceurs)。17 世纪初,当瓦勒兰试图转而表演较严肃的戏剧时,就输给了意大利演员以及刚刚冒头的新一代法国闹剧演员。"大胖子"纪尧姆代表了最典型的闹剧演员的形象:据说他个子很矮,却胖得出奇;他身上总是缠着两条皮带,这让他走起路来就像个大酒桶。然而,一直到 17 世纪 20 年代,他在上流社会仍然极受欢迎(尽管不受尊重),不少贵族都模仿过他。③ 这些演员的名字频繁出现在当时的散文、诗歌和绘画作品中,不过他们的作品很少被保存下来,因为它们大都是即兴创作的短剧,剧本并不重要,也不具备多少文学价值。④

这些闹剧对演出的环境要求不高,观众来观看时也总是吵闹不休。无论如何,安静在这个时期绝非观剧的礼仪要求,哄笑甚至吵闹才是戏剧追求的效果。但到了 1640 年前后,事情发生了重要变化。一方面,"大胖子"纪尧姆的闹剧被蒙托里和"俏玫瑰"(Bellerose)更优雅的喜剧和悲剧表演所取代。而在该世纪 20—40 年代,被布吕斯坎比尔排在闹剧之后的意大利戏剧

---

① Abbé d'Aubignac, *Pratique du théâtre*, pp. 132, 348.
② Alain Viala (ed.), *Le théâtre en France*, pp. 183-184. 这个说法并不确切,因为真正的喜剧此前从未在法国流行过。
③ W. L. Wiley, *The Early Public Theatre in France*, p. 65.
④ W. L. Wiley, *The Early Public Theatre in France*, pp. 59, 62.

也在巴黎乃至整个法国失宠了近 20 年时间。① 另一方面，1634 年蒙托里的
剧团改造玛莱区的老式网球场并入驻之后，驻扎在勃艮第府的"王家剧团"
突然发现，这所建造于 80 多年前且至今仍是巴黎唯一专业剧院的场所已经
过时，但其主人耶稣升天兄弟会拒绝了剧团的改建要求。在这所剧院里，观
众可以坐在高层包厢或站在地堂里看戏。夏尔勒·索雷尔在 1642 年出版
的《游戏之屋》中说，因为包厢位置不好，只能从很远的侧面看到演员，所以
许多"骑马和坐马车"的上层社会观众宁愿与"走路"的市民挤在地堂里。地
堂鱼龙混杂，拥挤不堪，很不舒服。更重要的是，那数以千计的无赖汉总想
无事生非地跟"高贵之士"干上一架。就算最安静的时候，他们也不会停止
说话、吹口哨和大喊大叫。② 索雷尔的话语中隐含着一种对安静的观戏秩
序的新要求。无独有偶，根据 1633 年出版的古热诺的《喜剧演员的喜剧》，
演员"俏玫瑰"也在演出前特别赞扬了观众安静和守秩序的品质。③

　　索雷尔还说，勃艮第府以前只是一群粗鲁无礼的街头卖艺者的寓所，只
有巴黎的社会渣滓才去那里看戏，但现在我们在那里有了杰出的喜剧演员，
他们由国王和王公贵族供养，表演严肃认真的戏剧，值得最贞洁的人和严肃
的哲学家去看。以前除了阿尔迪，没有剧作家愿意让自己的名字出现在演
出的海报上，因为他们不敢宣布自己是那些烂戏的作者。不过如今情况不
同了，现在的喜剧写得非常好，在海报上署名能给人带来荣誉。④ 对于索雷
尔所谓之前只有"巴黎的社会渣滓"才去勃艮第府看戏的说法，我们不必太
当真，因为亨利四世、路易十三以及许多贵族都去那里看过戏。萨拉·比恩
则指出，没有证据显示最贫穷的巴黎人去过勃艮第府，相反，这些观众都是
识字的市民甚至是巴黎的贵族。⑤ 因此，更合理的解释是把这种言论视作
索雷尔这一代人普遍使用的一种修辞手法，用以表明时代风尚的进步。不
过，他的话仍然表明，巴黎的戏剧创作水平在这些年有了很大提升。索雷尔
还表示，有一些顽固坚持身份的上等人认为到地堂看戏是一种耻辱；而在听
到一些他们不喜欢的小丑说的话时，他们就会不屑地说那是讲给地堂的人

---

① 参见 Alain Viala（ed.），*Le théâtre en France*，p. 145；Alan Howe et al.，*Le théâtre professionnel à Paris*，1600-1649，pp. 164-166。尽管阿兰·豪的研究表明情况不完全如先前预想的那样，但意大利演员的失宠仍是不争的事实。

② Charles Sorel，*La maison des jeux*，Paris：Antoine de Sommaville，1657，pp. 406-407，463-464.

③ Nicolas Gougenot，*La comédie des comédiens*，Paris：Pierre David，1633，pp. 1-5.

④ Charles Sorel，*La maison des jeux*，pp. 409-410.

⑤ Sara Bean，*Laughing Matters：Farce and the Making of Absolutism in France*，New York：Cornell University Press，2007，p. 149.

听的笑话,尽管地堂里并不缺少上等人和有鉴赏力的"诗人"。① 迪尔考夫-霍尔斯波尔夫人在罗列勃艮第府的不足时,同样对不同阶层的观众混杂在一起表达了不满。② 因此,尽管在同一所剧院里看戏,但不同阶层的欣赏趣味已经明显分化,上层社会甚至出现了在物理距离上与市民阶层区隔开来的愿望。1644 年被焚毁后重建的玛莱剧院,1647 年终于翻新的勃艮第府,1641 年落成的黎塞留的宫廷剧院,加上一众新兴的王家剧场,最终在不同层次上解决了上层观众的关切。同时,这些新剧场引入了大量机械装置以实现奇观效果,它们帮助演员摆脱了杂耍艺人的身份,而专注于戏剧表演本身。

与闹剧分离令喜剧获得了解放,也获得了更大的发展空间。不过,奥比尼亚克神父的评价也表明,即使是在宫廷,喜剧在此时仍无法与悲剧比肩。它真正的崛起要等到莫里哀的出现。无论如何,戏剧作为一种文学艺术体裁的地位已经确立:从 1642 年高乃依的《辛纳》(Cinna)开始,文学财产权利适用于戏剧的原则得到了肯定,意味着一直被称作"诗"的戏剧真正获得了与"诗"同等的地位。③

二、戏剧的艺术化

绝对国家的角色

闹剧的衰落以及悲剧和喜剧的流行,使戏剧的文学艺术水平得到了显著提升。而在法国戏剧文学化和艺术化的过程中,绝对国家扮演了至关重要的角色:它通过制度化的手段,直接而彻底地提升了戏剧及其从业者的地位。虽然法国的职业剧团一直向国家和贵族寻求保护(后者也乐于提供这种保护),并以国王或某位大贵族的"喜剧演员"或"国王的诗人"自居,但真正的制度化运作要从 1629 年黎塞留主政算起,这位红衣主教兼王室大臣在法国戏剧制度化的进程中起到的作用甚至超过了国王路易十三。对于这个问题,W. L. 威利、阿兰·维亚拉、卡特琳·吉约、陈杰等学者都有过较深入的探讨。④ 总的来说,绝对国家干预戏剧生活的主要手段包括以下几种。

---

① Charles Sorel, *La maison des jeux*, pp. 463-464.
② Alan Howe et al., *Le théâtre professionnel à Paris*, *1600-1649*, p. 155.
③ Alain Viala (ed.), *Le théâtre en France*, p. 166.
④ 参见 W. L. Wiley, *The Early Public Theatre in France*; Alain Viala (ed.), *Le théâtre en France*; Catherine Guillot, "Richelieu et le Théâtre", *Transversalités*, 2011/1 N° 117, pp. 85-102;陈杰:《十七世纪法国的权力与文学:以黎塞留主政时期为例》。

　　第一,保护和赞助剧作家及其创作,包括把他们纳入 1635 年成立的法兰西学院,给他们提供年金,开展有组织的戏剧创作等。对于这个问题,前述学者已有许多研究,这里主要讨论他们尚未充分论及的一些问题。前文引述过一份路易十三于 1619 年为"弃戏从商"的演员兼剧作家"拉波尔特"恢复名誉的文献,它反映了两个基本事实。首先,剧团的当家演员兼任剧本作者应当是当时法国主流的戏剧创作模式,像亚历山大·阿尔迪这样的职业剧作家则屈指可数,这在一定程度上可以解释为何 17 世纪 20 年代以前留存下来的剧本不多且质量不高。其次,在上层社会眼中,职业剧作家和演员的地位都不高,甚至低于普通市民。但演员和职业剧作家被鄙视的原因并不相同:前者主要是出于道德和宗教的原因,后者则是因为卖文为生辱没了上流社会极为看重的文化的尊严。甚至在高乃依因为《熙德》而声名大噪之后,掌握了文学权力的宫廷贵族夏普兰仍旧把他视作可鄙的"为钱而创作的诗人"(poète mercenaire)。① 不过,其中还有一个学者未曾充分注意的问题,它在高乃依事件中得到了鲜明的反映。

　　1634 年,黎塞留组建了一个专门服务于他的戏剧理想的"五人剧作家"团队,以创作符合"三一律"②新规则、宣扬"文明化"的意识形态、并通过宏大的戏剧叙事和演出场面宣扬黎塞留和法国在欧洲的地位的戏剧作品,其中许多戏剧都是他本人的"命题作文"。高乃依原本是这个团队的成员,但不久便退出,很可能是因为他受不了那种刻板的创作模式。在退出之后,他很快就创作了引起巨大轰动的《熙德》:一方面,《熙德》在市场上获得了前所未有的成功;另一方面,它又引起主张新戏剧规则的"规则派"剧作家的口诛笔伐,直至法兰西学院在黎塞留的授意下作出不利于高乃依的裁决。"规则派"剧作家对高乃依的不满有多方面的原因:有些是不满他表现的英雄主义情怀(特别是他正面表现被绝对国家反复明令禁止的贵族决斗),有些是非议他违反黎塞留主导的戏剧创作规则,有些则纯粹是文人相轻。除此之外,高乃依"市侩"(即"不高贵")的创作方式也是他受到非议的一个原因,因为在退出"五人剧作家"团队、从而离开黎塞留的庇护之后,高乃依主要是为玛莱和勃艮第府剧院的职业剧团,而不是为以黎塞留为代表的掌权者而创作。相比之下,另外一些人则明确宣布自己就是为了取悦黎塞留才创作的,甚至

① 参见陈杰:《十七世纪法国职业文人剧作家的诞生》,第 89—90 页。
② Règle des trois unités,即"三个统一的规则":戏剧活动集中在一个主要事件上,于 24 小时之内在同一个地点展开。

在黎塞留死后就放弃了戏剧创作。① 换言之,在他们(以及相当多的宫廷贵族)看来,剧作家为市场效力是可耻的,为体制(及其代表者)效力则是光荣甚至高尚的。这种以根深蒂固的贵族传统为基础的观念是 17 世纪法国贵族阶层的主流意识形态。当时许多贵族作家都以公开出版自己的作品为耻。塞维涅夫人说,"在图书馆里"或者(更糟糕)在带有完全市场意味的书店里见到自己的作品,这不仅有失体面,也有损于高贵的出身。斯居代里小姐则说:"写作就等于失去了一半的高贵。"所以,塞维涅夫人的书信最初仅在一个特定的圈子内流传,它的出版纯属意外;斯居代里小姐最早的小说是用她哥哥的名字出版的;拉法耶特夫人至死都不肯承认自己是《克莱夫王妃》的作者。在 18 世纪的英国,玛丽·沃特利·蒙塔古夫人仍然反复强调高贵的男人和女人不应该出版作品,所以在她死后,她的女儿觉得应该把母亲的日记烧掉。② 出于同样的道理,黎塞留尽管经常指定"五人剧作家"的创作主题,却不愿意承认自己的这一角色;夏普兰则只肯在戏剧演出时承认自己的作者身份,却拒绝在出版的剧本上署名。③ 与此相应,有学者指出,在 17 世纪,贵族教育的宗旨并非造就饱读诗书的学者(即文化作品的生产者),而是培养"在行的观众"(亦即文化作品的鉴赏者)。④ 由此看来,在这些宫廷贵族眼中,文化欣赏比文化生产高贵,为体制创作比为市场创作高贵。

总之,尽管剧作家分为不同等级,但通过国王、大臣和宫廷社会被纳入国家体制之内,既显著提高了他们的收入,也极大地提高了他们的社会地位。⑤ 黎塞留死后,国家的保护和资助一度出现中断,导致剧作家的收入和地位急剧下滑。菲勒蒂埃称,此时的剧作家不得不依靠演员和出版商提供的微薄版税度日,他们有些人"屈尊为喜剧演员、画家和出版商服务,而之前剧作家是这些人的主人;或为生计所迫,只能去做一页 30 苏到 1 埃居的翻译活计"。⑥ 与此同时,绝对国家则通过这种依附关系空前地加强了自己的

---

① 参见 Catherine Guillot, "Richelieu et le Théâtre"。

② N. Z. Davis and Arlette Farge (eds.), *A History of Women in the West* Ⅲ: *Renaissance and Enlightenment Paradoxes*, Cambridge: The Belknap Press of Harvard University Press, 1993, pp. 411-412.

③ 参见陈杰:《十七世纪法国职业文人剧作家的诞生》,第 115—116 页。

④ Donna Bohanan, *Crown and Nobility in Early Modern France*, New York: Palgrave, 2001, p. 14.

⑤ 此前剧作家主要依靠市场获得收入,主要包括演出和出版两个方面,参见 J. Lough, "The Earnings of Playwrights in Seventeenth-Century France", *The Modern Language Review*, Vol. 42, No. 3 (Jul., 1947), pp. 321-336。

⑥ J. Lough, "The Earnings of Playwrights in Seventeenth-Century France".

权威和对剧作家的控制,违背绝对国家意志的剧作家将受到制裁。对戏剧创作而言,这种变化最重要的影响之一是,16世纪曾经十分盛行的政治和宗教讽刺戏剧在17世纪头几十年逐渐消失,①戏剧转而为从宫廷社会开始的"文明化"进程服务,并在18世纪把这种"文明化"推广到市民阶层。

第二,为演员正名。尽管剧作家的地位有了显著提升,但在收入上,他们依旧被演员远远甩在后面,而后者对于被迫付给剧作家很多钱也表现得极不情愿。17世纪的拉布吕耶尔对剧作家与演员之间的这种反差有一个极精彩的比喻:"喜剧演员躺在豪华的四轮马车里,车轮甩起的泥浆溅在步行的高乃依的脸上。"②确实,曾以主演高乃依戏剧出名的演员蒙多里尽管在1638年因为舌头瘫痪而提早退出舞台,但他在10年后仍有能力向国王的司库提供高达26,760里弗的贷款。③ 相比之下,高乃依只能在穷困中度过晚年。莫里哀的演出收入同样远远超过他的版税收入。④ 不过,就社会地位而言,尽管有些职业演员在16—17世纪之交就已获得"国王的喜剧演员"的称号,但后来他们的整体社会地位却低于剧作家。

17世纪30年代前后,在勃艮第府和玛莱剧院演出的职业演员与街头表演者的差距明显拉大。闹剧逐渐淡出他们的舞台,更高雅的悲剧和喜剧取而代之。演员在舞台上下的举止也更加符合上流社会的规范,比如勃艮第府的"俏玫瑰"力图以一种更自然的表演风格取代其法国和意大利前辈们的粗俗华丽和夸张滑稽;玛莱剧院的蒙多里经常出入宫廷的文人雅士圈子,举止优雅得体,被奥比尼亚克神父称作"那个时代最伟大的演员"。在这一背景下,这些演员迫切地希望把自己与臭名昭著的街头艺人区别开来。⑤

绝对国家在一定程度上回应了演员们的愿望。勃艮第府和玛莱剧院的演员们继续得到路易十三和黎塞留的保护。1664年,路易十四同意给莫里哀的孩子当教父。黎塞留甚至想合并巴黎的职业剧团,并由国家提供更强有力的保护和控制,这个设想最终在路易十四时代得以实现,其成果是1680年成立的法兰西剧院。⑥ 在这些举措当中,最经常被引用的是路易十

---

① 这方面的研究参见 Sara Bean, *Laughing Matters: Farce and the Making of Absolutism in France*。

② Jean de La Bruyère, *Les caractères*, Paris: Flammarion, 1880, p. 261.

③ Alan Howe et al., *Le théâtre professionnel à Paris, 1600-1649*, p. 189.

④ Alain Viala (ed.), *Le théâtre en France*, p. 170.

⑤ W. L. Wiley, *The Early Public Theatre in France*, pp. 81, 98; Catherine Guillot, "Richelieu et le Théâtre".

⑥ W. L. Wiley, *The Early Public Theatre in France*, p. 271.

三在 1641 年颁布的一份诏书,它通常被描述为法国国王替演员的职业辩护的诏令。但事实上,该诏书的内容分为两部分。前一部分基于宗教立场谴责"喜剧演员"们不体面的表演给观众造成的心理伤害,故而"明令禁止任何喜剧演员进行任何可能有违公序良俗的不道德表演或使用这类淫秽或双关的言语,违者将被宣布为不名誉并处以其他处罚"。在此基础上,诏令的第二部分宣布,"只要喜剧演员的戏剧表演没有任何不洁的内容,朕希望他们不会因为那些让人们远离恶事的无罪的表演而遭受指责,或因为那些表演而令他们在公共领域的名誉受损"。① 该诏令实际上是以国王的名义正式宣告传统的闹剧为非法的表演,并从表演的方式和内容上在闹剧演员和较严肃的戏剧演员之间作了区分,反映了后者的时代诉求。同时,它也体现了王权把戏剧纳入绝对国家体制的强烈愿望。无论如何,与前文引述的 1619 年诏令相比,路易十三 1641 年的诏令不再把从事戏剧职业本身视作原罪,并声明"正经"职业演员的名誉是无可指摘的。

尽管 W. L. 威利指出法国职业演员直到 18 世纪才获得完整的公民权利,②但绝对国家的上述努力在 17 世纪显然取得了实质性的成效。保尔·斯卡龙在 17 世纪中叶表示,在他那个时代,演员的职业在某些方面已经得到认可,他们获得了比以前更高的评价。③

第三,制定并强力推行戏剧创作的新规则,推动剧本的文学化和戏剧演出的艺术化。1628 年以前,法国基本上没有人关注过戏剧创作的规则问题,戏剧的语言和情境也很少受到控制。但在这一年,法国戏剧界爆发了一场关于戏剧及其创作规则的激烈辩论,围绕"三一律"等创作规则,剧作家和戏剧理论家从此划分成"规则派"和"反规则派"两个阵营。1630 年,黎塞留身边掌握着文学权力、后来成为法兰西学院创始成员的夏普兰写了一封影响深远的《关于二十四小时规则的信》,标志着"规则派"理论完成体系化,戏剧创作规则的问题也由此进入绝对国家体制的视野。1636 年底高乃依的《熙德》上演,使戏剧规则之争趋于白热化,许多剧作家要求新成立的法兰西学院就《熙德》的问题作出裁决。1637 年底,经黎塞留授意,由夏普兰执笔,法兰西学院裁定《熙德》在诸多方面违反戏剧创作的规则,标志着"规则派"在国家权力的支持下取得了胜利。在这之后,高乃依也努力使自己的创作

---

① 诏令原文参见 Charles Mazouer, *Le théâtre français de l'âge classique*, t. 1, Paris: Champion, 2006, pp. 139-140。

② W. L. Wiley, *The Early Public Theatre in France*, p. 81.

③ Paul Scarron, *Le roman comique*, t. I, Paris: P. Jennet, 1857, pp. 315-316.

符合"三一律"的规则。通过介入戏剧规则之争,绝对国家在戏剧创作领域获得了最高的权威。

对创作规则的空前关注(无论支持还是反对)也使这些剧作家的作品获得了前所未有的文学维度。在此之前,法国戏剧的剧本基本上都是为舞台演出而临时拼凑的,17 世纪 30 年代玛莱剧团的女演员在抱怨高乃依的剧本过于昂贵时所说的话就是例证。不难想象,这些临时拼凑的剧本不可能有多少文学性。戏剧规则之争促使戏剧界对剧本的创作给予了前所未有的关注,剧本从此同时具备了既适合舞台演出、又适合阅读的特性。这一变化意义重大,因为它意味着戏剧舞台对剧本的要求不再是一味求新,剧本变得可以重复排演,戏剧演出由此走向经典化、规范化、艺术化。

当奥比尼亚克神父在 17 世纪中叶遵照那个时代的习惯,为他那部《戏剧法式》起了一个很长的副标题"愿意从事戏剧诗写作、公开诵读或观看其演出的人的必备读物"的时候,就说明戏剧创作和表演已经成为正当的职业——同样重要的是,它还意味着戏剧欣赏不再是人人皆可为之,而是变成了具有艺术门槛的高雅的文化活动。同一时期的保尔·斯卡龙也说,人们在戏剧中发现了一种最纯真的消遣方式,它既能给人以启发,又能给人以快乐;至少在巴黎,戏剧已经完全没有了以前的那种放荡。[①] 我们可以认为,法国戏剧的艺术化之路到 17 世纪中叶已基本完成。尽管它还要等到路易十四时代才得以完善并走向巅峰,而法国宫廷的戏剧文化则要等到 18 世纪才扩散到市民阶层,但这些都是后话了。

受众的角色

通过梳理法国戏剧在 16—17 世纪从节庆公共游戏变成专业艺术表演的历程,我们可以得出一个基本结论:至少在这个阶段,决定戏剧演变的最根本因素不在于戏剧本身,也不在于剧作家或演员,甚至不在于权力当局,而在于戏剧的受众。可以说,有什么样的受众,就有什么样的戏剧。不过,这个结论还需要进一步细化,因为它容易给人以人多就有决定权的印象。确切地说,是拥有话语权的受众决定着戏剧的发展方向。而这个拥有话语权的受众群体的变化是由整体社会的发展所决定的。因此,戏剧的变化与社会的演进密不可分,这使通过戏剧的专业化和艺术化考察近代法国的社会转型成为可能。

在中世纪,掌握戏剧话语权的是地方社群,因为戏剧表演是一种社群公

---

① Paul Scarron, *Le roman comique*, t. Ⅰ, pp. 315-316.

共行为。戏剧的批评者主要来自教会。这些批评者留下了清晰的文字证据,其他方面的证据则零散且模糊,因而人们很容易误以为是他们掌握了中世纪戏剧的话语权。但实际上,他们的批评对 16 世纪以前的戏剧发展几乎没有影响,拉伯雷笔下的维庸排演戏剧的情节就是例证。当时的演员和观众都是社群成员,且两者之间的界限模糊不清。让-皮埃尔·博尔迪耶认为,说 15 世纪人人都看戏,无论如何都不夸张;但说人人都会演戏或能演戏,那就比较勉强了。① 就现代的戏剧概念来说,他说的没错。但我们必须注意,中世纪的戏剧跟现代戏剧是两个十分不同的概念。中世纪的戏剧是一种具有明显宗教意味的节庆游戏,"演出"是移动的,整个社群的空间都是戏剧的舞台,所有社群成员以狂欢社团作为中介,以不同的方式参与到戏剧"表演"中来。所有人既是演员,也是受众。戏剧活动与社群的集体生活息息相关,它表达集体的世界观,塑造群体与自然和超自然环境的关系,凝聚群体内部的认同,以应对内部和外部的、实际的和想象的危险。借用法国历史学家米桑布莱德的话来说,中世纪法国的大众文化实质上是在一个充满了各种现实或想象、自然或超自然的危险的世界里谋求生存的体系,这些危险既包括战争、瘟疫、饥饿、死亡,也包括紧挨着人们的生活世界的黑森林和黑夜里的各种巫魔怪兽。无论是分崩离析的教会还是孱弱的王权都无法有效地根除这些恐惧,因此人们只能依靠周遭的集体即地方社群来获得安全感。② 作为游戏的中世纪戏剧正是这种大众文化的组成部分,它的宗教性和与集体生活的关系便来源于此。

　　中世纪晚期,法国的经济和社会发展显著地改变了人们的生活方式以及人与人、人与环境之间的关系。1600 年前后,繁荣的城市取代乡村,成为上层社会首选的生活场所;日益强化的国家权力为所有人提供了前所未有的安全保障,它渗透到传统的社群自治空间并瓦解了后者的防线;宗教改革和反改革努力重建人们的信仰,并致力于根除被视为"异教"信仰的东西。在这些背景下,人们逐渐远离了传统农业社会的生活方式和世界观,戏剧与群体存续之间的传统纽带断裂了,它的宗教性被弱化直至消失。狂欢社团本身及其主导的戏剧表演都过时了,戏剧变成了职业演员为城市居民提供的娱乐。这意味着戏剧演出丧失了原先与社群生活密切相关的公共性,而变成了私人的表演。与此同时,书写文化尽管发展迅速,但社会的总体文化

---

① Alain Viala (ed.), *Le théâtre en France*, p. 74.
② Robert Muchembled, *Popular Culture and Elite Culture in France 1400-1750*.

水平仍然不高;宫廷社会开始成形,但它的文化趣味尚未与大众(尤其是市民阶层)拉开距离。究其原因,30 年惨烈的宗教战争显然是罪魁祸首。相对而言,英国 16 世纪宗教转向的代价要小得多,伊丽莎白一世治下近半个世纪的稳定和繁荣,更使它把同一时期的法国远远甩在身后。因此,伊丽莎白时期的英国率先形成了一个规模足够庞大、并在文化上超脱于市民阶层之上的上层社会(如果不能称之为宫廷社会),它是英国戏剧最核心(亦即拥有话语权)的受众群体。这表现在几个方面。首先,伊丽莎白时期的戏剧繁荣与戏剧保护人的作用密不可分。这些保护人既有女王和大贵族,也有重要政府职位的持有者。他们的角色是如此重要,以至于有学者声称,伊丽莎白时期的戏剧史就是这些保护人的剧团的历史。其次,当时戏剧在周一至周六下午上演,在那些被称作“下午人”(afternoon's men)的戏剧观众当中,有钱有闲的上层占了多数。最后,当时的戏剧从业者最看重的也是这些付得起包厢座席费用、举止较为文明的上层观众。① 这个核心受众群体的存在,是英国戏剧在这一时期走向成熟(即文学化、艺术化)的决定性条件。反观法国,拥有较“高雅”的戏剧趣味的受众直到 1630 年前后才真正掌握了戏剧的话语权,从而决定了法国戏剧在这个时期向文学和艺术的过渡。这就是法国戏剧比英国戏剧晚熟近半个世纪的根本原因。这也可以解释为何1630 年以前的法国是闹剧的天下,此时意大利戏剧在法国城市和宫廷都极受欢迎,而远为成熟的英国戏剧却备受冷落。但也应注意到,话语权包含了多个层次,在法国宫廷欣赏高雅戏剧的同时,巴黎街头的闹剧表演依然广受欢迎。

　　1630 年前后,法国宫廷社会的文化趣味明显改观。许多戏剧研究者都强调了黎塞留的作用,这当然没错。但我们也应注意到此前一二十年法国上层文化氛围的转向,包括艾罗阿尔的日记所反映的细微变化以及朗布依埃侯爵夫人等贵族沙龙所扮演的角色。从上文的梳理以及大量的相关研究中,我们都能看到这一时期法国宫廷人士对优雅的文化趣味的敏感以及他们与市民阶层(特别是资产阶级)区隔开来的强烈愿望。因此,一方面,法国王权借助宫廷社会“驯化”贵族,使后者从中世纪的尚武好斗、因而带有强烈

---

① 以上关于伊丽莎白时代英国戏剧的研究,参见 Andrew Gurr, *The Shakespearean Stage 1574-1642*, Cambridge: Cambridge University Press, 1992, pp. 212-231; Jane Milling and Peter Thomson (eds.), *The Cambridge History of British Theatre: volume 1, Origins to 1660*, Cambridge: Cambridge University Press, 2004, pp. 142-147;劳伦斯·斯通:《贵族的危机:1558—1641 年》,于民、王俊芳译,上海:上海人民出版社,2011 年,第 319 页。

的分离主义倾向的阶层,变成了 17 世纪追求文明礼貌、符合绝对王权旨趣
的阶层——正如《法国文化史》的作者指出的,《熙德》之争及其后续发展,见
证了法国贵族伦理从英雄主义到文明礼仪的转变。① 另一方面,宫廷贵族
对日益威胁到其地位的资产阶级产生了强烈的排斥情绪,他们希望以"文
明"和文化作为资本,在两者之间竖起一道隔离墙。对于资产阶级竭力挤进
贵族圈子并模仿贵族文化的行为,他们认为这不仅徒劳无功,反而徒增笑
柄。这在莫里哀的《贵人迷》《乔治·唐丹》等戏剧中表现得尤为明显——它
们是宫廷贵族的喜剧,却是资产阶级的悲剧。法国的宫廷社会及其风尚,对
1630 年前后法国戏剧的文学化和艺术化具有决定性的推动作用。

　　在英国,宫廷社会更具开放性:它不是唯一的权力中心,且英国的绅士
阶层是贵族与资产阶级的结合体。② 宫廷社会的这种性质差异,决定了法
国戏剧的艺术旨趣与英国存在根本性区别。在这方面,莎士比亚戏剧在
17—18 世纪法国的接受史是一个十分值得研究的课题。约翰·A.格林曾
对这个问题进行了梳理。他指出,在整个 17 世纪,莎士比亚在法国基本上
默默无闻。③ 考虑到法国戏剧在 17 世纪 30 年代以后已开始成熟,并且法国
曾在英国革命之后为英国的查理二世提供庇护,而后者也把英国戏剧带到
了巴黎,④莎士比亚在法国的这种遭遇就更加值得深思了。约翰·A.格林
指出了英法两国戏剧发展路径的差异,尤其强调了法国戏剧追求简单和逼
真以及在戏剧中控制想象、去除情感的倾向,但把这些倾向出现的时间推得
太早(追溯到 16 世纪中叶),也没有注意到法国戏剧的专业化进程。他也强
调了《熙德》对 17—18 世纪法国戏剧发展的影响,却忽视了被它激化的戏剧
规则之争。笔者认为,应当把法国戏剧这些特殊的旨趣追求放在法国绝对
王权和宫廷社会这个更广阔的时代背景下加以考察,因为控制情感、追求理
性正是法国宫廷贵族的基本行为准则。表现在戏剧上,"规则派"认为,沉浸
在戏剧情感之中是低级的享受,通过理性化的规则获得戏剧欣赏的乐趣才
是符合贵族身份的做法。⑤ 由此看来,莎士比亚的戏剧显然不符合 17 世纪
法国宫廷人士的胃口,而戏剧也成为绝对王权"驯化"贵族和宫廷贵族自我
"规训"的一种工具。从路易十四统治末期开始,随着绝对王权的松动和资

---

① 　让-皮埃尔·里乌等主编:《法国文化史》卷二,第 233—237 页。
② 　以上关于法国和英国宫廷社会的研究,参见 Norbert Elias, *The Court Society*。
③ 　John A. Green, "French Reaction to Shakespeare", *BYU Studies Quarterly*, Vol. 8:Iss. 2, 1968, pp. 147-157.
④ 　Alan Howe et al., *Le théâtre professionnel à Paris*, 1600-1649, pp. 193-200.
⑤ 　参见陈杰:《十七世纪法国职业文人剧作家的诞生》,第 137 页。

产阶级的进一步崛起,法国出现了古典派与现代派之争,经过伏尔泰等人的引荐,莎士比亚才正式进入法国人的视野。直到 1745 年,法国人才第一次尝试翻译出版莎士比亚的部分作品。①

第三节　游戏的衰落

随着中世纪的游戏文化"共同体"的解体,近代法国的游戏首先在上层社会丧失了宗教和社会管理的功能。下层社会尽管仍旧或多或少地长期保留着传统的游戏方式,但随着掌握了权力话语的上层社会将大众游戏道德化,游戏在他们那里也丧失了独立存在的合法性。同时,戏剧的艺术化反映了游戏范畴在近代发生的变化(在 19 世纪还将有球类游戏的体育化)。游戏的衰落已经不可避免。

一、狂欢文化的式微

上层社会游戏与大众游戏的分离,以及法国走向绝对主义体制,这两种变化对 17 世纪以后法国的狂欢文化有着重要影响。一方面,上层社会掌握着国家权力,国家的意识形态自然地就与上层的游戏伦理结合在一起。另一方面,大众阶层则继续保持着中世纪的游戏方式和自治传统,他们的游戏文化必然地与上层和国家的游戏伦理势同水火。从 16 世纪上半叶开始,各地政府就已经着手镇压可能对统治秩序造成威胁的狂欢游戏,特别是通过禁令和逮捕等手段禁止讽刺上层社会的成员。纳塔莉·泽蒙·戴维斯也证明,这个时期还出台了许多法令禁止人们在狂欢游戏中戴面具,以防止发生暴力、密谋、煽动性活动。② 在鲁昂,笨蛋修道院最迟在 1542 年就已经需要向当局申请狂欢游戏的许可,这种申请在 1570 年以后常态化。③ 勒华拉杜里的研究则表明,在 1580 年罗芒的狂欢节冲突中,平民的诉求是回归更公平的权力模式,希望维持传统的社群价值,而这些公平和价值已经被统治精英所践踏。因此,这年的冲突实际上是中世纪的城镇民主模式(即传统社群自治模式)与新兴的绝对权力之间的冲突。④ 就作为社群自治传统的关键

---

① John A. Green, "French Reaction to Shakespeare"; Jean Jules Jusserand, *Shakespeare in France Under the Ancien Régime*, London: T. F. Unwin, 1899, p. 220.
② Natalie Zemon Davis, "The Reasons of Misrule", p. 67.
③ Dylan Reid, "Carnival in Rouen: A History of the Abbaye des Conards", p. 1046, note 57.
④ Emmanuel Le Roy Ladurie, *Carnival in Romans*, p. 292.

载体的游戏社团来说,它们的命运无非两种:要么向绝对权力臣服,要么反抗并被镇压。但其最终结局都是游戏社团无可挽回的衰落。

绝对国家、狂欢游戏及地方自治传统之间的复杂关系,也可以从第戎的"疯妈妈"这个特殊的游戏社团的历史得到印证。第戎是勃艮第的首府,而勃艮第尽管早在 15 世纪就已并入法国,但一直到 17 世纪为止,它都享有高度的自治权。不过在 17 世纪前后几十年,它的自治权不断地面临着日益强大的绝对王权的威胁。受这种特殊的政治局势影响,这里的游戏文化(至少从"疯妈妈"来看是如此)表现得与法国其他地方有所不同,即狂欢游戏并不是大众阶层的对抗形式,而是被当地贵族用来反抗绝对王权对其长期享有的自治传统的侵入。如果"疯妈妈"起源于 1381 年在第戎成立的"愚人社团"的说法属实,那么它从一开始就是一个由包括克莱韦(Clève)伯爵在内的 36 名贵族组成的统治精英的社团。[①] 在 16—17 世纪,它的成员以第戎高等法院的书记员、官员、律师、公诉人等为主,同时也包括高级贵族甚至高级教士,如 1626 年的孔代亲王、1629 年的德·阿尔古伯爵以及朗格尔主教和公爵等。事实上,只要不危及当地的自治权,这个属于精英阶层的游戏社团还是非常乐意向王权表达忠心的。1601 年 10 月,第戎市政府曾出资 40 埃居让它参加未来的路易十三的出生庆典。1611 年,社团又收到 45 利勿尔,用以筹备献给国王和一位公爵的公开演出。社团还积极招待过国王派来的勃艮第总督,参加过许多贵族的生日、洗礼和婚礼。这也证明了我们前面关于游戏社团分化的论述,即上层的游戏社团会与政府权力自然地结合。

然而冲突不可避免。随着法国的绝对主义构建在 16 世纪下半叶提速,"疯妈妈"也在 16 世纪最后 30 年进入其最活跃的时期,成员人数达到 200—500 人——这种状况显然十分反常,因为前面的研究已经表明,其他地方的游戏社团恰恰是在这个时候走向沉寂的。在这期间,"疯妈妈"继续通过狂欢游戏履行着在其他地方越来越罕见的自治功能,这既包括第戎本地的事务,也涉及宗教战争等时代重大事件。此外,它还不时地表现出对王权的不满。比如在 1576 年,"疯妈妈"通过一系列闹剧讽刺国王派驻勃艮第的水流和森林大总管埃利·迪·蒂耶(Élie du Tillet),因为这位大总管违反习俗在 5 月这个特殊的月份殴打老婆(这也表明,"疯妈妈"跟当时其他地方的精英

---

① 根据它的成立章程,该社团与我们前面研究的按小教区或村落划分的游戏社团有所不同,它的 36 名成员分居多地,每年只聚会一次(参见 Adriaan Schoonebeeck, *Histoire de tous les ordres militaires ou de chevalerie*, seconde partie, pp. 222-224)。而 16—17 世纪第戎的"疯妈妈"则明显是属于这个城市的。这可能是社团的演变使然,也可能是两者并无继承关系。

游戏社团一样，他们的游戏总体上仍属于"共同体"文化的范畴），同时还抗议他代表国王掠夺本地的资源。在其他狂欢表演中，它还讽刺了法国宫廷的奢侈和腐败。[1] 1630 年"疯妈妈"被路易十三取缔，则直接与勃艮第的自治权被绝对王权瓦解有关。国王于 1629 年来到第戎，但拒绝按照惯例保留该市的各种特权，引起普遍的不满。同年 7 月，他进一步撤销了勃艮第公国，把它拆分成十个选区。翌年第戎发生骚乱，有高官的住宅被劫掠并焚烧，一幅路易十三的画像也被烧毁。尽管没有证据表明事情与"疯妈妈"有直接关联，但当局认为它长期以来针对王家和宫廷代表的讽刺表演激化了民众尤其是资产者的不满情绪，因而将它取缔。1631 年社团恢复，但已完全失去了旧日的锋芒，例如它被要求它只能恭维而不能讽刺王国的大人物，同时必须取得当局批准才能进行狂欢演出。在投石党叛乱期间，"疯妈妈"暂时重现活力，但在路易十四亲政之后，它就永远地从人们的视野中消失了。[2]

除了第戎的"疯妈妈"，在 17 世纪中叶也还有少数其他游戏社团存在，比如在前文提到过的克莱蒙——但当地人证实了社团的严重衰落，而来自巴黎的弗莱希耶修道院长等人显然对这种狂欢游戏也已经相当陌生。路易十四时期，法国达到绝对主义的巅峰，也意味着游戏社团的终结。1671 年，国王的一纸敕令解散了法国所有的"作乱"社团，并将它们的财产收归孤儿院。[3]

当局压制大众游戏文化的重要措施还包括大幅缩减节庆天数，这同样是与教会配合完成的。加强思想控制、为大一统服务是当局的一个重要目的，不利于思想统一的五花八门的圣人节日成为定点清除的主要对象。本书在第一章就已经指出，中世纪的人们每年庆祝的节日数量远远超出现代人的想象，古贝维尔记录的节庆天数有五六十天之多。前面已经说到，限制节庆的举措早在 16 世纪中叶以前就已经开始，当时主要发生在法国北部由西班牙控制的地区。这些举措在 17 世纪取得重大进展。1666 年，巴黎地区的节庆天数已经缩减至 21 天。但各地在这方面的进展不一，在有些地方，这些努力一直持续到大革命前夕。[4] 缩减节庆天数的受害者显然只是

---

[1]　Juliette Valcke, "La satire sociale dans le répertoire de la Mère Folle de Dijon".

[2]　除另有注释外，以上关于"疯妈妈"的描述主要参考朱丽叶·瓦尔克的博士论文（Juliette Valcke, *La société joyeuse de la Mère Folle de Dijon*, pp. 31-99）。

[3]　Jacques Rossiaud, "Fraternités de jeunesse et niveaux de culture dans les villes du Sud-Est à la fin du Moyen Âge", *Cahiers d'Histoire*, No. 21 (1976), p. 102.

[4]　John McManners, *Church and Society in Eighteenth-Century France*, v. 2, pp. 202-208.

大众阶层,因为路易十三和路易十四的宫廷依旧夜夜笙歌。对于绝对主义国家来说,这些举措起到了一石二鸟的作用:既限制了带有反抗因素的大众节庆狂欢,又为早期的工业生产腾出了劳动时间。

总而言之,在经历过 16 世纪最后的辉煌之后,法国的狂欢文化在 17 世纪明显衰落。在前文提到过的 1666 年的克莱蒙,一位"有身份的人"(他当时已经很老了,但以前曾经非常热衷于"青年王国"的狂欢)向来自巴黎的客人悲悼当地狂欢传统的没落。根据他的描述,以前该市的习俗是三个街区各选出一位狂欢"王子",分别叫作"荒诞不经王子""美好时光王子"和"月亮王子",并举行"更无邪""更盛大""更欢乐""设计和花销更引人注目"的狂欢。可现在只剩下一个狂欢王,还很难找到出色的人选。① 这样的描述极具代表性,只是这种衰落在法国各地发生的时间有所不同而已。

不过,18 世纪以后,狂欢文化在法国底层社会仍长期存在。这是因为,在中世纪的"文化共同体"分裂的过程中,被上层社会遗弃的文化、世界观和生活方式,在很大程度上仍然为下层社会所保留。到 20 世纪初,法国部分地方还能看到某些传统的狂欢游戏。

二、游戏成为"儿戏"

在对 17 世纪中叶的作家索雷尔的研究中,我们注意到,他经常把儿童的游戏和平民或农民的游戏相提并论。这是一个非常重要的新动向,它意味着贵族阶层的成年人正在抛弃那些显得过于幼稚的游戏。正如前文所指出的,"儿童游戏"这个概念虽然早已存在,但一直到 16 世纪为止,它的含义都仍然十分模糊,特别是人们总是把儿童跟青年甚至成年人混淆在一起。不过在索雷尔所代表的上层社会的眼中,这种状况已经有了明显的改变,其中一个重要的标志是他明确地认识到拉伯雷的游戏列表中有些是儿童游戏,有些则是成人游戏。他还对儿童与青年的游戏作了区分:在谈到混合游戏的时候,他说这是指从儿童一直到更大的青年都可以玩的一类游戏,甚至成年人也可以玩并从中获得很多乐趣。② 在这里,他表面上是在说所有年龄的人玩同一种游戏的现象,但实际上是为了在游戏与年龄的关系上作出更好的区分,因为他所说的"混合游戏"不是按照游戏方式来定义,而是按年龄层来区分。这是相对适合成年人的会话或智力游戏和仅适合儿童的较简

---

① Esprit Fléchier, *Mémoires de esprit Flechier sur les grands-jours tenus à Clermont en 1665-1666*.

② Charles Sorel, *La maison des jeux*, pp. 208 & 216.

单的游戏而言的。索雷尔把儿童的游戏与农民或平民的游戏相提并论,这种看法当然是十分表面的,因为两者尽管同样地简单,但游戏的内涵和功能却截然不同。不过,这种观点也从一个侧面证明贵族的游戏已经完全丧失了"共同体"时代的传统功能。总之,索雷尔的表述涉及了儿童游戏观念形成的两个重要方面:一是成年人退出了那些"变得"简单幼稚的游戏,二是"儿童"概念的明晰化,即青(少)年与童年的分离。

贵族阶层的成年人退出这些游戏,是社会结构的变化导致游戏世俗化的必然结果,因为他们不再受中世纪垂直"共同体"的世界观和生活方式所约束,并向由宫廷社会这个按照阶层组成的新的横向共同体寻求认同。宫廷社会要求人们在游戏中的言行举止要优雅得体,因而一些游戏变成了粗野的"下等人"的专属游戏,另一些则变成了幼稚的儿童的专属游戏。这个问题在前面的讨论中已多有涉及,比如 1521 年三王节弗朗索瓦一世模拟打仗的游戏、简单的文字游戏等。阿利埃斯也介绍了许多这方面的例子,比如滚环游戏、阅读或讲述童话故事等。①

"儿童"概念的明晰化同样首先发生在贵族阶层,它与 16 世纪兴起的人文主义教育有着密切的联系。伊拉斯谟、比韦斯、科尔迪耶等人关于儿童教育的对话录显示,贵族家庭的孩子到了一定的年龄就会到学校去上学,由此产生了一个新的年龄群体:学童(écoliers)——之所以翻译成"学童"而不是"学生",是因为他们同时也被称作"儿童"。在学校里,学童们的游戏已经开始受到限制,最典型的就是比韦斯关于学童游戏的六条准则。不过,当这些孩子回到家里的时候,他们仍旧跟还没上学的儿童玩一样的游戏,而家长也没有加以约束。到了 17 世纪初,情况已经有所不同:在贵族阶层的成年人的观念里,七岁被明确地看作是儿童应当改变游戏方式的年龄界限。在这方面,路易十三的御医艾罗阿尔给我们提供了一些非常有用的资料。在 7 岁以前,小太子的游戏基本上不受干涉。但一到 7 岁(1608 年),就立刻有人试图禁止他再玩以前的游戏,就连一直默默观察的艾罗阿尔本人也加入其中。1608 年 10 月 8 日,小太子玩他的小马和纸板马车时,莫特马尔(Mortemart)先生们的家庭老师德・拉克鲁瓦先生(M. de la Croix)对他说:"先生,您不应该再玩这些小玩具了,也不应再扮演车夫,您长大了,您不再是儿童了。"——尽管他并没有说明"不再是儿童"之后应该称作什么,但从更大的社会范围来看,他指的应当就是"学童"或者是索雷尔所说的比儿

---

① 菲利浦・阿利埃斯:《儿童的世纪:旧制度下的儿童和家庭生活》,第 138—145 页。

童更大一些的青年。太子辩解说他不知道该玩什么,家庭教师告诉他说:"您应该学其他与您的身份相配的游戏。"这个回答非常重要,它说明大人们已经开始要求他朝着贵族阶层特有的优雅游戏的方向发展。一个星期后,他又玩起了 7 岁以前的游戏,这次是艾罗阿尔站了出来:"我对他说:'先生,您不应该再玩双轮载重车和运货马车。'他捂住耳朵不听我的,还骂我。过了一会儿,他叫他的裁缝师来做纸板马,还用笔和墨画眼睛、马鬃和尾巴。"①尽管孩子本人的游戏习惯很难一夜之间改变,但大人们的观念却是明确而坚定的。"莫特马尔先生们"的家庭老师的介入,则证明了这种观念在上层贵族当中的普遍性,而不是人们对王太子一个人的特殊要求。② 同样的情况也发生在其他贵族的孩子身上。差不多就在索雷尔的《游戏之屋》出版的时候,有一个很会作诗的 15 岁的女孩尽管很受人们的欢迎,却因为喜欢玩孩子气的游戏(如像小孩一样跳舞、玩玩具娃娃)而被大人责备③——而根据 1587 年纪尧姆·勒贝的《儿童游戏之三十六图》,过家家都还是这个年龄的青年男女正常玩的游戏。此外,17 世纪以后裸体儿童游戏绘画的表现对象已经全部是幼童,像 1500 年的《安格家族之日课经或儿童之书》那样让大孩子混杂其间的现象已经成为历史。

米歇尔·芒松还提供了另外一个极好的观察这个问题的维度。他在《永恒的玩具》这本书中考察了法语"玩具"一词的演变轨迹,结果与我们的上述结论基本相符。16 世纪以前,法语中并没有专门表示"玩具"这个类别的词语,而拉丁语中可能对应的词汇尽管与儿童有关,但也并非专指现在意义上的玩具,而是包括了襁褓、衣服、护身符等幼儿用品。这可以佐证当时儿童游戏的专属性还没有确立。1534 年的一篇文章正式出现了 jouet 这个词,且其含义就是指儿童的玩物。不过在拉丁语-法语词典中,人们仍旧用罗列许多儿童玩物的办法来解释相应的拉丁语词。这说明儿童游戏的观念已经开始出现,但还没有成为普遍的共识。16 世纪末的西班牙语、意大利语、英语、佛兰德语词典中都出现了专指玩具的词,但在法语词典的解释中却把它们与妇女的小服饰相提并论。此外,玩具的生产商往往也是成年人用作装饰的小摆设的生产商。这两种现象放在一起,反映了儿童游戏的观

---

① 米歇尔·芒松:《永恒的玩具》,第 128—129 页;Jean Héroard, *Journal sur l'enfance et la jeunesse de Louis XIII*, t. 1, pp. 363-365. 本书作者目前能查到的艾罗阿尔日记是删节版,故上述内容主要转引自米歇尔·芒松的研究,译文略有修改。

② 阿利埃斯也指出,小路易十三的教育与其他贵族儿童基本相同。对王子的特殊教育是从 17 世纪下半叶开始的。参见菲利浦·阿利埃斯:《儿童的世纪:旧制度下的儿童和家庭生活》,第 97 页。

③ 米歇尔·芒松:《永恒的玩具》,第 144 页。

念和宫廷贵族的优雅游戏品味同步形成的状况。儿童的玩具和成年人的小摆设尽管一样精致,但用途却完全不同:前者是用来玩的,而后者则是用来观赏的。①

需要说明的是,在这个时期,游戏的年龄分化还只处在初始阶段,儿童与成年人的游戏还没有完全区分开来。这个过程要等到 19 世纪工业化的时代才最终完成。在性别方面,随着宫廷游戏风尚的改变,17 世纪贵族阶层的女性也不再直接参加体能游戏,不过她们在骑士比武中的精神性角色依然存在,一直到路易十四时代骑士比武没落为止。而在较为温和的游戏(如会话游戏或“猜猜谁打了你”)中,不同性别的人一起玩仍旧是常态。同时女性还比男性更多地参与到儿童的游戏中。

儿童游戏观念的形成具有重要的社会史意义。从此以后,即使在拥有游戏特权的上层社会那里,游戏本身也不再具有天然的合法性。换言之,上层社会不再屑于玩那些他们认为简单幼稚的游戏,他们转而选择具有挑战性的智力游戏,而这些也将游戏转换成了“消闲”,以便更加合理地存在于上层社交界之中。

三、“屠猫狂欢”的阶级性

狂欢文化的式微和上层社会中成人游戏与儿童游戏的分离,并不意味着狂欢文化的彻底消失。18 世纪以后,狂欢文化仍旧在下层社会长期存在,不过与中世纪相比较,它的组织形式和功能已经发生根本性变化。以下以发生在 18 世纪 30 年代巴黎雅克·樊尚印刷厂的工人的“屠猫狂欢”事件为例探讨该问题。

工人和学徒的身份意识

在“屠猫狂欢”事件中,受猫叫春影响的仅仅是居住在作坊一楼的学徒,为何住在外面的工人们也一样憎恨这群猫? 这绝非出于工人们的同仇敌忾和义愤。孔塔的记录一再显示了工人们对学徒的歧视和刻意打压。在这里,我们必须先厘清孔塔在《印刷工人轶事》中使用的一对重要概念:apprenti 与 compagnon。apprenti 的含义很明确,就是“学徒”,由其父母与师傅订立合同,一个完整的学徒期为四年。由于在那个学徒制行将没落的时代又出现了一个称作 alloué 的“半学徒”群体(学徒期减半,费用也减半,入行门槛低很多,出师后没有保障。《屠猫狂欢》中译本将其译作“待雇”),

---

① 米歇尔·芒松:《永恒的玩具》,第 48—51、94—108 页等。

因而 apprenti 又可称作"完整学徒"。在"屠猫狂欢"事件的两个学徒主角中,热罗姆(Jérôme)是 apprenti,也是师傅雅克·樊尚的最后一个"完整学徒",莱维耶是 alloué 即"半学徒"。身份的差异决定了两人在屠猫事件后遭遇的不同:"半学徒"莱维耶被师傅开除。

相比之下,compagnon 的含义则要复杂得多。它首先指已完成学徒期的人,所以可译作"满师学徒",对应的英文是 journeyman 即熟练工。从孔塔的叙述中可以看出,雅克·樊尚印刷厂的工人(ouvrier)应该都是由 compagnon 构成的,所以他经常混用 compagnon 和 ouvrier 这两个概念——但从未提及达恩顿经常使用的 artisan(技工)一词。但 compagnon 还有别的含义,这与 17—18 世纪法国学徒制度的演变有关。从词源上看,compagnon 更根本的含义应是"伙伴"。从这个语义出发,我们或许可以发现西方公司(compagnie,即英语中的 company)制度的源头:在早期的学徒制度中,师傅与学徒之间更像是伙伴而非雇主与雇员的关系,其中一个重要原因是师傅与学徒的身份是相通的,即学徒满师后可以被接纳为所在行业的师傅。正因为如此,compagnon 在指"满师学徒"时,其含义是已出师但尚未成为师傅的工人。然而,从路易十四统治中期开始,法国的学徒制度开始走向僵化,学徒很难再有机会进入师傅的行列,他们由师傅的"伙伴"变成了纯粹的雇员,双方变成了相对立的两个阶级。在此背景下,compagnon 变得可以与 ouvrier 通用。① 由此也产生了 compagnon 在《印刷工人轶事》中的另外一个含义:印刷工人兄弟会(compagnonnage)的成员。compagnonnage原本指从学徒出师到成为师傅之间的过渡期,现在它的含义显然也变了。学徒出师时,现有的"满师学徒"即"工人"会给他举行一场出师仪式,同时新的"满师学徒"会支付一笔会费,成为兄弟会的成员。因此,这是一个雅克·樊尚印刷厂内部纯粹由"满师学徒"组成的组织。

孔塔对这个"印刷工人兄弟会"充满了美好的想象,他把它描绘成一个"共和国",由此可见启蒙思想对当时这些与图书打交道的出版业工人的影响。② 这是一个纯属于"满师学徒"们的"共和国",里面没有师傅和学徒的

① 吉尔斯·巴伯在《印刷工人轶事》的导言部分介绍了 17—18 世纪法国学徒制度的演变及雅克·樊尚招收学徒的情况,雅克·樊尚本人是通过娶一位寡妇而成为印刷行业的师傅的,这被认为是在制度僵化后学徒们咸鱼翻身的唯一机会(Nicolas Contat, *Anecdotes typographiques*, pp. 7-11)。亦参见罗伯特·达恩顿:《屠猫狂欢:法国文化史钩沉》,第 101—102 页(译文中的"职工"即是 compagnon)。

② 孔塔在序言中提到了狄德罗主编的《百科全书》(Nicolas Contat, *Anecdotes typographiques*, p. 30)。

位置。热罗姆出师并加入兄弟会时，老会员向他讲解了兄弟会的规则。这些规则被称作"共和国"的"治安法律"，它们是由一个被称作"小教堂"（Chapelle）的全行业兄弟会制定的，每个印刷厂的工头和兄弟会长老都要遵行。从这个意义上说，一个印刷厂的兄弟会可被视作全行业兄弟会的分会，这也使孔塔的文本具有了更普遍的意义。这些"法律"清晰地反映了印刷工人们的自我意识。它们可以分为两类。第一类关乎兄弟会内部的团结，重中之重是对抗师傅们的价格同盟：如果某个工人不接受某项工作的价格并因此离开工厂，其他人就不能按低于该价格的报酬来承接这项工作。违反价格同盟是出卖兄弟的行为，这样的人将被兄弟会通报到整个行业，令他没有立足之地。影响兄弟会团结的其他"罪行"和处罚包括：说兄弟会的坏话，罚款 3 里弗；打架斗殴，主动攻击的一方罚 3 里弗，被动防御的一方罚 1 里弗 10 苏，如造成流血，则双方都罚 3 里弗。① 另一类"法律"则关乎印刷工人们的自我定位。盗窃是绝对不允许的，违者将受到严厉的制裁。除此之外，以上帝之名赌咒以及赤身露体等不雅行为，罚款 3 里弗；跟学徒喝酒，罚 1 里弗；在女人面前说脏话，罚 5 苏。这后面几条尤其耐人寻味，它们一方面反映了"满师学徒"们对学徒的排斥，另一方面则表明这些与文字打交道的工人或多或少自视为是有别于粗俗之辈的"文明人"。②

"满师学徒"即印刷工人对学徒的歧视和排斥是显而易见的，尤其是在学徒的岗位几乎全部被水平极低却极廉价的"半学徒"占据的情况下。③ 学徒被呼来喝去，干各种脏活累活，更重要的是，工人们一致同意不教给学徒任何东西。这进一步反映了学徒制的衰落：教授技能这个本应由师傅承担的责任现在转移到了工人身上。孔塔的文本显示，热罗姆几乎没跟师傅学过任何技能，师徒关系已名存实亡。许多学徒学不到手艺，被迫改行，而这正是工人们的目的。对此，热罗姆的解决办法是自行观察最优秀的工人并向他学习，文本称"这就是热罗姆选择的师傅"。学徒的遭遇只会受到工人们的嘲笑，而不会得到他们的同情。热罗姆曾写信给他当本堂神父的叔叔

---

① 相比之下，排字工一天的工钱是 50 苏即 2.5 里弗。

② 这些规则参见 Nicolas Contat, *Anecdotes typographiques*，pp. 65-67。另外几个细节也很好地反映了工人们的自我意识：工人们在酒馆狂欢过于喧闹时，老板过来劝阻基本无效，但若老板娘过来，工人们就能安静一会儿；在印刷厂里，排字工人看不起操作印刷机的工人，并给他们起绰号叫"熊"，因为后者的工作粗笨、肮脏、不需要智力；在肉铺，他们对屠夫说："先生，看来您对印刷工人不太了解，这块肉留着给补鞋匠吃吧。"（Nicolas Contat, *Anecdotes typographiques*，pp. 38，41，71）。

③ 参见吉尔斯·巴伯的导言（Nicolas Contat, *Anecdotes typographiques*，p. 8）。

诉苦,后者的回信落到工人手中,里面一句"我告诉过你的,热罗姆!"成为工人们嘲弄这个可怜的学徒的一个经典"复本"。①

猫迷信的消解

对于工人恨猫的理由,《印刷工人轶事》给了一个简单粗暴的答案:"师傅们爱猫,所以他们(指工人们——笔者注)必须恨猫。"②这个答案反映出法国的猫文化在 18 世纪出现了阶级分化,即猫在资产阶级那里变成了宠物,而它的前提是猫迷信的消解。

诚如达恩顿所述,猫与巫术、魔鬼及西方厌女主义传统的紧密联系导致猫在中世纪晚期至近代早期遭受了广泛的虐待和屠杀,这是樊尚印刷厂"屠猫狂欢"事件根本的文化基础。达恩顿还断言,18 世纪中叶的印刷工人所生活和呼吸的环境"处处弥漫着传统风俗和信仰"。③ 这种说法并不准确,甚至可以说是错误的,因为他忽略了法国人关于猫的观念在这几个世纪发生的变化,包括 18 世纪新出现的不同阶层对猫的理解分歧。达恩顿称,樊尚夫妇曾想请神父来驱魔,但中途改变了主意。然而,从《印刷工人轶事》的文本来看,请神父驱魔纯粹是莱维耶第一次学猫叫惊动四邻之后由孔塔提出的说法,在莱维耶连续三个晚上在屋顶学猫叫之后,樊尚夫妇只是说"得让孩子们(指两个学徒——笔者注)想办法赶走这些作恶(malfaisant)的动物"。④ 如果说工人和学徒仍在较大程度上承袭中世纪的风俗和信仰,那么从资产阶级往上的精英阶层的观念已发生实质性的变化。樊尚夫妇的话语中并未透露出关于魔巫的猫的明显信仰,否则这对虔诚的夫妇如何能爱猫、宠猫呢?

放眼 17—18 世纪欧洲的精英阶层,观念的变化清晰可见。文艺复兴和宗教改革时期,猫经常出现在欧洲的宗教画里,表现偷吃禁果、神圣家族、最后的晚餐的画作和表现众巫夜会的版画尤其喜欢以猫作为魔鬼的符号。但从 17 世纪的佛兰德斯乡村风俗画开始,特别是到了 18 世纪法国的厨房静

---

① Nicolas Contat, *Anecdotes typographiques*, pp. 34-37, 42-45, 45-48, 68.
② Nicolas Contat, *Anecdotes typographiques*, p. 52.
③ 罗伯特·达恩顿:《屠猫狂欢:法国文化史钩沉》,第 114—118 页。
④ 参见罗伯特·达恩顿:《屠猫狂欢:法国文化史钩沉》,第 118 页;Nicolas Contat, *Anecdotes typographiques*, p. 52。在孔塔的原文中,樊尚夫妇的这句话用了直接引语。

物画和人物肖像画中,魔巫的猫不见了,它们被世俗生活场景里的猫所取代。① 在文学领域,这一时期诞生了夏尔·佩罗改编自民间故事的《穿靴子的猫》。但在讨论佩罗的故事之前,我们需要先了解它的文学文化史背景。

17—18 世纪之交,在法国宫廷出现了第一波童话热潮,它同样反映了精英阶层与传统世界观的分离。这些童话在当时被称作"仙女故事"(conte des fées),许多作者都把中世纪的游吟诗人当作这些故事的源头,②表明他们对中世纪产生了特殊的想象。夏尔·佩罗则直接把他的故事集命名为"过去的故事"(Contes du temps passé)。童话史学家刘易斯·C.塞弗特认为"仙女故事"这一体裁起源于法国 17 世纪中叶的沙龙,并用"怀旧的乌托邦"(Nostalgic Utopias)这一悖论词语来概括第一个爆发期的法国童话的精神实质。怀旧意味着疏离的过往,乌托邦则是对理想世界的想象。换言之,塞弗特认为,这一时期的童话反映了在沙龙聚会的上层作者和受众在一种业已疏离的文化中寻求逃遁的愿望。③

女巫是现代西方童话中十分常见的角色。但笔者检阅了佩罗在 17 世纪末出版的《鹅妈妈的故事》等童话,意外地发现其中完全没有女巫或男巫的位置。《格林童话》等后世流行版本中通常由女巫或男巫扮演的角色,在佩罗的故事中大都是由"仙女"(fée)或其他角色来承担:《林中睡美人》中,被邀请给小公主当教母的是七个年轻的仙女,诅咒她的则是一个没有受到邀请的老仙女;为了让公主避开嫁给国王父亲的厄运,《驴皮》中的仙女教母送给了公主一根魔杖;另一位仙女教母则帮助灰姑娘变出了马车、骏马、车夫、脚夫、衣服和水晶鞋;《仙女》里的仙女让美丽善良的小女儿一说话嘴里就掉出钻石,坏心肠的大女儿一开口就掉出蛇和青蛙;《蓝胡子》(大致对应《格林童话》中的《费切尔的怪鸟》)的主人公不是巫师,而是长着蓝胡子的富人;《小拇指》(大致对应《格林童话》中的《糖果屋》)的故事中,森林里的面包

① 这些画作参见 Elisabeth Foucart-Walter and Pierre Rosenberg, *The Painted Cat*: *The Cat in Western Painting from the Fifteenth to the Twentieth Century*; Laura Vocelle, *Revered and Reviled*: *A Complete History of the Domestic Cat*. 前一本书的画作排列较杂乱,后一本书大致按年代顺序作了梳理,变化相对直观。

② Alicia C. Montoya, "Contes du Style des Troubadours: The Memory of the Medieval in Seventeenth-Century French Fairy Tales", in Karl Fugelso and Carol L. Robinson (eds.), *Medievalism in Technology Old and New* (*Studies in Medievalism*, Volume ⅩⅦ), Cambridge: D. S. Brewer, 2008, pp. 1-24.

③ Lewis C. Seifert, *Fairy Tales*, *Sexuality*, *and Gender in France 1690-1715*: *Nostalgic Utopias*, Cambridge: Cambridge University Press, 1996.

屋的主人不是女巫而是食人魔,他还有一个善良的妻子。① 唯一提到女巫的是《林中睡美人》:一百年后,王子来到睡美人城堡所在的密林,随从给他讲述了几个关于城堡的传说,包括闹鬼、女巫夜会、食人魔等。② 总之,女巫或男巫在佩罗的故事中没有起到任何作用。包括法国在内,西欧的猎巫运动在 17 世纪中叶已基本结束,但巫术恐慌在特定的地区和社会阶层中依旧长期存在,比如 1669 年法国梅斯就发生了针对犹太青年拉斐尔·利维的巫术审判,他被法官认定有罪并被处死。③ 因此,佩罗对女巫的回避很可能是刻意为之。事实上,佩罗的童话中仍有大量关于魔法的描述,但掌握魔法的不是生活在现实世界里的女巫或巫师,而是只存在于幻想世界中的仙女或食人魔。

我们需要在上述背景下来理解佩罗改编自意大利民间故事的《穿靴子的猫》。佩罗对它进行的一个重要改编是往故事里添加了魔法的元素。有意思的是,这只猫帮助主人实现人生逆袭时,所依靠的是无双的智计而非魔法。事实上,与中世纪至近代早期流行的魔巫的猫不同,这只猫根本不会魔法。在佩罗的故事里,操控魔法的是住在城堡里的食人魔,而在此前的意大利版本里,这个城堡属于人类。可以说,魔法和食人魔的加入强化了《穿靴子的猫》的"仙女故事"的特征,也强化了它的非现实性。④ 在《驴皮》的最后,佩罗告诉他的读者:"《驴皮》的故事可能很难让人相信,但只要这个世界上还有孩子、母亲和祖母,人们就会记得它。"⑤因此,无论是佩罗本人还是他同时代的宫廷社会读者都已认识到,魔法纯粹是人们幻想出来的东西,它们在现实世界里并不存在。

---

① 本书参照的格林童话版本为格林兄弟:《格林童话全集》,龚卫国译,长沙:湖南少年儿童出版社,2013 年。

② 以上所引佩罗童话出自 Charles Perrault, *Histoires, ou Contes du temps passé, avec des moralitez*, Paris: C. Barbin, 1697.

③ 1669 年,一个出身于梅斯基督教家庭的小男孩在森林里走失,犹太青年拉斐尔·利维被指控绑架了这个孩子并与其他犹太人一起用他的血进行血祭仪式,最终利维被处死,多个犹太人被判有罪。不过,在排犹主义的氛围下,该案件的判决在很大程度上是被仍保有旧信仰的大众绑架了(参见皮埃尔·比恩鲍姆:《牲人祭:近代早期欧洲的犹太人想象》,唐运冠译,杭州:浙江大学出版社,2017 年)。

④ 佩罗的版本参见 Charles Perrault, *Histoires, ou Contes du temps passé, avec des moralitez*, pp. 83-104. 两个意大利故事版本参照的是美国匹兹堡大学荣休教授阿什里曼(D. L. Ashliman)的英文译本(网址 https://www.pitt.edu/~dash/type0545Blit.html,引用日期:2021 年 5 月 5 日)。

⑤ Charles Perrault, *Grisélidis, nouvelle, avec le conte de Peau d'asne, et celuy des Souhaits ridicules*, Paris: J. -B. Coignard, 1694.

这就是猫的世俗化的总体背景。在 17 世纪的法国宫廷,焚猫游戏的宗教性已经淡化。因此,1604 年,年仅三岁的路易十三才能拯救被投入圣约翰节篝火的猫,并被宫廷医生艾罗阿尔评价为"人道"之举(见第二章第二节)。

在猫被祛魅的背景下,18 世纪的法国出现了第一个具有结构性意义的爱猫阶层——资产阶级,和第一个具有结构性意义的爱猫性别群体——中上层女性。孔塔在《印刷工人轶事》中写道:

> 这位夫人(指师娘——笔者注)热爱(passionnée)猫,好些印刷业师傅都是如此:其中一位有二十五只猫,他给它们画像,用烤肉和家禽喂养。①

可以说,养宠物猫在相当程度上已经成为当时巴黎印刷业师傅这个资产阶级群体的共同行为和共有文化,与 18 世纪以前上层社会零星的爱猫个案形成了鲜明对比。这在西方文化史上具有重要的意义。②

事实上,猫迷信的消解不仅发生在社会中上层,也发生在工人和学徒中间。严格来说,18 世纪巴黎的"屠猫狂欢"事件尽管继承了中世纪以来的虐杀猫的文化,却剥离了它背后的有关猫的巫魔化信仰。虽然孔塔也曾提及学徒学猫叫在邻里引起的巫术恐慌,③但工人和学徒都十分清楚其中并无巫术成分,他们屠猫也不再是出于迷信,而是缘于现实的冲突。而对资产阶级来说,猫迷信的消解使猫的宠物化成为可能。但在学徒和工人那里,18 世纪还远不具备将猫宠物化的基本条件。

恨猫和"恨"资产阶级

工人之所以跟学徒一样恨猫,尤其憎恨师傅和师娘的宠物猫"小灰",不是因为他们同情学徒,而是因为他们跟学徒一起面对着共同的"敌人"。在他们那里,恨猫、厌女、恨资产阶级是统一的。

在孔塔的文本以及印刷厂工人和学徒的日常对话中,他们都喜欢把师傅和师娘称作"资产阶级"。根据孔塔编纂的"印刷工人黑话集",这是巴黎印刷业工人中间通用的"黑话"。吉尔斯·巴伯进一步指出,同样在 18 世纪的巴黎当过印刷工人的雷斯蒂夫·德·拉布勒托纳(Restif de la Bretonne)

---

① Nicolas Contat, *Anecdotes typographiques*, p. 52.
② 关于猫在法国被宠物化的历史及女性和资产阶级在其中扮演的角色,笔者将另文进行阐述。
③ Nicolas Contat, *Anecdotes typographiques*, p. 52.

也使用这个词语来指代师傅。① 鉴于"资产阶级"一词在近代法国带有强烈的贬义色彩,②可以确定,巴黎印刷工人通过该称谓表达的不是对师傅们的尊敬,而是嘲讽、蔑视乃至憎恨。

在蔑视资产阶级这一点上,处在社会金字塔下层的法国工人难得地与处于顶层的贵族达成了一致。事实上,工人们口中的"资产阶级"这个词就极有可能来自 17 世纪的宫廷文化,因为当巴黎的印刷工人集体用"资产阶级"一词来指代师傅们的时候,他们心目中想必有一个莫里哀的"资产阶级绅士"③的底本,而在那个以戏剧为主要大众娱乐形式的时代,这些识字且自视甚高的工人平日里必定也去看戏。"师傅们爱猫,因此他们必须恨猫",在工人和学徒的文化中,形象不佳的猫和同样形象不佳的资产阶级被联系在了一起。

除了文化因素之外,工人和学徒恨猫还有经济上的原因。再回到佩罗的《穿靴子的猫》。在 16—17 世纪流传于意大利的两个版本中,故事开头留下微薄遗产的都是极其贫苦的平民:一个波希米亚妇女给三个儿子留下了揉面槽、做面点的砧板和一只猫,或一个那不勒斯老人给两个儿子留下一个筛子和一只猫。佩罗把主人公变成了磨坊主——尽管贫穷,但根据法国的传统,这仍是贵族身份的标志。他还给猫穿上了作为法国贵族身份象征的长统靴,这个装备在故事中除了身份象征,并没有任何其他作用。这是故事法国化和宫廷化的标志。有一点在这三个故事版本中出奇地一致:在发现它有超出人类的智计之前,这只猫被认为一无所用,包括它的捕鼠技能在内。尤其是在老主人都十分贫穷的两个意大利版本中,几个哥哥可以出借揉面槽和砧板或用筛子给别人干活,从而换取食物,但没有人需要借一只猫去抓老鼠。④ 这种"猫无用论"是从中世纪传承下来的。比如在中世纪法国民间故事集《列那狐传奇》里,蒂贝尔猫就是一只跟人类关系十分疏远的野猫,它不仅总是与狐狸为伍(尽管它们也斗智斗勇),还经常被农民和他们的

---

① Nicolas Contat, *Anecdotes typographiques*, p. 68. 吉尔斯·巴伯的注释见于该页脚注 57。
② 关于近代法国人对"资产阶级"一词的观感,参见萨拉·梅萨:《法国资产阶级:一个神话》。
③ bourgeoise gentihome,这是莫里哀一出著名的喜剧的名称,通常译作《贵人迷》。莫里哀作为路易十四的宫廷剧作家,他的戏剧首先是为宫廷贵族演出的。
④ 佩罗的版本参见 Charles Perrault, *Histoires, ou Contes du temps passé, avec des moralitez*, pp. 83-104;两个意大利版本参见 https://www.pitt.edu/~dash/type0545Blit.html,引用日期:2021 年 5 月 5 日。

狗追逐围猎。猫对人类只有一个用处：不是抓老鼠，而是提供毛皮。[①] 这些"猫无用论"反映了一个基本的现实：在物质匮乏的世界里，养一只捉老鼠的猫都是莫大的奢侈。这是下层民众疏远乃至厌恶猫的根本经济逻辑。

在孔塔的叙述中，食物是工人和学徒与师傅的猫发生冲突的另一个焦点。学徒期第三年，由于师傅拒绝给未满学徒期的热罗姆发工资，热罗姆一度私自逃离师傅的工厂，到王家印刷厂打工。孔塔特别提到位于卢浮宫的王家印刷厂的与众不同。除了工厂特别气派之外，王家印刷厂的工人"不得在印刷厂里聚众喝酒，甚至不得在那里吃午饭"，排字工人和印刷机工人全部在中午"十二点"的钟敲响时出去吃午饭，"一点"准时回来。[②] 由此看来，樊尚印刷厂的工人应当是在作坊里吃午饭，而且很可能是跟学徒们一样吃由樊尚雇用的厨娘做的饭。

在发生屠猫事件的那段时间里，名叫克里斯蒂娜的厨娘严重克扣学徒们的伙食，"这个化身为女人的恶魔"娴熟地把好肉藏起来拿去卖，却拿原本用来喂猫的腐肉给他们吃。即便如此，学徒们仍不得不把盘里的肉分一半给猫，猫却不肯吃。没有奶酪皮的面包则硬得无法下咽。听说这些事后，工人们添油加醋地讲述了自己的故事，令热罗姆倍加忧虑。可见，工人们拥有跟学徒相同的经历和记忆。屠猫事件后，两个学徒把厨娘克扣伙食之事捅了出去，师傅因此换了一个厨娘并加强监管，事情才有所改观。[③]

无论如何，在工人和学徒吃住条件如此恶劣的情况下，师傅一家竟然花那么多钱去养一群毫无用处的猫，而这些猫不仅侵占了原本属于工人和学徒的伙食，甚至它们的生活条件和待遇也优于工人和学徒！这就使学徒和工人有了恨师傅的猫的共同理由。此外，正如凯瑟琳·沃克-梅克尔所说，即使宠物本身价格并不昂贵，但拥有宠物这一行为本身就给人以特权的印象，因为他/她可以纵情地宠爱这些没有任何生产功能而纯粹用来消遣的动物，并用其他阶层所欠缺的食物和其他资源来饲养它们。[④] 印刷业师傅们

---

① 较可靠的中世纪版《列那狐传奇》参见 Armand Strubel ed. , *Le roman de Renart*。在通行的中译本中，译林译本在故事情节上较接近中世纪的版本（保兰·帕里编著：《列那狐的故事》，陈伟译，南京：译林出版社，2009 年）。人类猎取猫皮的情节参见"蒂贝尔猫的晚祷""蒂贝尔猫与两神父"等故事分支。

② Nicolas Contat, *Anecdotes typographiques*, pp. 61-64.

③ Nicolas Contat, *Anecdotes typographiques*, pp. 49-51, 53-56. 作为报复，厨娘咬定是两个学徒杀了师娘的爱猫，导致尚未学到手艺的"半学徒"莱维耶被辞退。师傅原本也打算辞退"完整学徒"热罗姆，但由于他已进入学徒期第三年并变得有用，因而收回成命。达恩顿颇为奇怪地宣称两人未受任何处罚（参见罗伯特·达恩顿：《屠猫狂欢：法国文化史钩沉》，第 124 页）。

④ Kathleen Walker-Meikle, *Medieval Pets*, pp. 109-110.

用烤肉和家禽喂养猫,还给它们画像,这使猫成为他们表达自身的优越地位的"文化资本"。① 基于这些原因,恨资产阶级的工人们必然恨猫。

当然,工人和学徒对资产阶级的"恨"必须加上引号。他们对资产阶级的厌恶尽管与贵族文化有重要联系,却也存在本质区别。17—18 世纪的法国贵族对资产阶级是基于忌惮的厌恶,因为他们的地位正受到资产阶级日益严峻的威胁。相比之下,工人和学徒则是基于艳羡的"恨"。在《印刷工人轶事》后面部分,孔塔也不无得意地讲述了热罗姆(他身上有明显的孔塔的影子)受邀参加师傅的家庭聚会的情形。② 他们的真实梦想是变成师傅那样的人——就像他们的师傅雅克·樊尚那样,他原本也是学徒,后来通过娶一个寡妇进入师傅的行列。只不过到了 18 世纪 30 年代,由学徒通往师傅的路基本上被堵死了,阶级对立由此变得尖锐起来。③

静物画中的猫:资产阶级的镜像

除了下层民众,精英阶层也喜欢将猫与资产阶级联系在一起,他们尽管并不参与底层的虐猫狂欢,但同样普遍厌憎猫。18 世纪,猫开始频繁出现在法国的绘画作品中,很好地反映了猫文化在这个时期发生的变化。记述了著名的"屠猫狂欢"事件的孔塔曾说有一位印刷业师傅养了 25 只猫,还给它们画像,可惜这些画作并未留存下来。④ 不过,我们仍旧可以从同时代的其他画作中得到一些重要的信息。按照题材划分,这些绘画可以分为两类:厨房静物画和肖像画。这里先讨论静物画,肖像画留待下一章再作探讨。

表现猫的静物画以亚历山大-弗朗索瓦·德斯波尔(Alexandre-François Desportes)、让-巴蒂斯特·奥德利(Jean-Baptiste Oudry)和让-巴蒂斯特·西梅翁·夏尔丹(Jean-Baptiste Siméon Chardin)的作品为代表,厨房是他们最钟爱的表现场景,但有时他们也把场景放在廊厅里或室外。牡蛎、干鱼、大猪腿、蔬菜、水果、酒瓶,以及死亡的禽鸟、野兔等猎获,都是典型的静物画元素。

猫的出现打破了画面的静态特征。猫总是被描绘成厨房里的盗贼。它

---

① 据雷古娜·佩尔努,1727 年圣布里厄的一个资产者请人为他画了一幅肖像,花费 65 里弗(雷古娜·佩尔努:《法国资产阶级史》下,康新文等译,上海:上海译文出版社,1991 年,第 15 页),相当于樊尚印刷厂排字工人 26 天的工资。

② Nicolas Contat, *Anecdotes typographiques*, pp. 60-61.

③ Nicolas Contat, *Anecdotes typographiques*, pp. 7-11.

④ Nicolas Contat, *Anecdotes typographiques*, p. 52.

图 4-1　德斯波尔的静物画（打盹的狗没有发现偷盗的猫。注意壁炉上的古典浮雕和旁边柱子的样式）

悄无声息地从画面的角落里钻出来，只探出半个身子，或把身体隐藏在篮子、桌子或柱子后面。它伸出贪婪的爪子，试图偷走盘子里的牡蛎或干鱼，以及挂在钩子上或放在台面上、地上的禽鸟或野兔。它蹑手蹑脚，随时戒备着。在德斯波尔的一幅画里，一只全身竖纹的肥硕的猫从矮柱后面伸出一只前爪，准备勾走放在地上的一只雉鸡。但这一偷盗行为似乎被发现了，猫朝画外露出凶狠的目光，张开嘴巴，发出威胁式的怒吼。夏尔丹那幅受到迪德罗激赏的《干鳐鱼》（*La raie*）里也有一只这样的猫。

　　发现猫的偷盗行为的更可能是狗，而不是人，因为人从未出现在这些画面里，狗则不然。德斯波尔和奥德利都对此作了直接的描绘。在一幅画（图4-1）里，一条大狗蹲坐在地上打盹，没有发现试图从壁炉上偷走野兔的猫。但在另外一些作品里，狗和猫发生了激烈的冲突。另一幅画（图4-2）里，一条狗从左侧冲了出来，扑向桌子上的猫，猫则收起尾巴，耸起身子，对着狗狂叫。另外几幅画里，狗已经把猫扑倒在地上。有一只正在啃食雉鸡的猫被狗抓了现行：狗直接把猫按在野鸡上，牙齿咬住猫的后脖颈，旁边地上掉了许多鸡毛；另一只猫隔着被打碎的碗跟一条小狗对峙。很明显，狗不是在和猫抢夺食物，而是在保卫主人的财产，它们脖子上的皮带既暗示了它们与主人的紧密联系，也表明了它们的忠诚。

　　有充分的证据表明，画家所呈现的是贵族家中的场景。一些画面里出现了巨大的拱廊、石柱或壁炉上的古典浮雕,还有银质餐具或昂贵而典雅的青花瓷。画家的身份也是重要的证据:德斯波尔和奥德利都是17—18世纪法国宫廷的御用画家,他们的一项重要工作就是描绘王室的狩猎场景,而他们的许多画作都表现了猎犬在狩猎时或狩猎后的场面,有些猎犬脖子上拴着皮带,猎物既有牡鹿、野猪、狼、狐狸,也有雉鸡和野兔。这些拴着皮带的猎犬和被猎获的雉鸡、野兔甚至狐狸一起出现在了猫偷腥的厨房里,有一幅画还把一串雉鸡直接挂在了猎枪的枪托上。在中世纪和旧制度时期的法国,狩猎一直是贵族的特权,因此猎获本身就可表明那是贵族的厨房。可以说,猎犬是在代表贵族主人守卫他们共同的劳动果实,以免它们被不劳而获的猫偷走。①

图 4-2　奥德利的静物画(厨房里偷盗猎获的猫被抓了现行)

　　既然狗代表着贵族,相应地,与狗相对峙的猫就可以被解读为代表了近代早期受到法国贵族极力贬低和防备的资产阶级。尽管在现代学者看来,旧制度时期法国人对"资产阶级"一词的理解存在许多暧昧不清之处,但资产阶级希冀通过购买官职、联姻等手段进入贵族的行列,并竭力通过模仿贵族的行为举止使自己显得高贵,乃是不争的事实。路易十四时期的宫廷剧作家莫里哀的《贵人迷》《唐璜》等戏剧表明,当时的宫廷贵族非常清楚法国有一个正在崛起并日益威胁到他们地位的资产阶级群体,因而力图借助血

---

① 夏尔丹在法国王室尽管没有德斯波尔和奥德利的那种地位,但他的厨房静物画中的猫及相关元素与后两人的画作有许多相似之处。

统和高雅文化来保持自身的优越感。《法兰西学院词典》等权威词典对"资产阶级"一词的释义，特别是诸如"这玩意儿有一股资产阶级的味道""切勿把武器交给资产阶级"之类的示例表述，也从宫廷贵族的视角表达了对资产阶级的贬抑和提防。① 从这个意义上说，把觊觎着贵族厨房的"不劳而获"的猫视作觊觎贵族地位和特权的资产阶级的镜像，并非没有道理。

哲学家的厌猫逻辑

哲学家们厌猫的理由比民众更具有哲学思辨性，因此也显得更加冷酷无情。在 17 世纪，笛卡尔曾提出，所有动物都像机器一样没有意识能力，这被称作"动物-机器"（animaux-machines）理论。同一时期的英国自然学家爱德华·托普塞尔（Edward Topsell）则十分肯定地说，猫的呼吸和味道会消耗人的体液，破坏人的肺部；瘟疫期间，它们不仅会把病毒带回家，甚至只要它们用眼睛看人就会让人中毒。到了 18 世纪，上述理论已经过时，在"文明化"和自然主义兴起的背景下，启蒙哲学家们空前地关注动物的情感，并竭力基于经验和观察把论述纳入"科学"的框架之内。② 然而，猫并未从这一历史性的动物情感升温中受益。

狄德罗《百科全书》"猫"词条的编写者约库尔骑士（M. le chevalier de Jaucourt）努力用一种客观、中立的语气来描绘猫，并花费很多篇幅来描绘猫的身体特征，尤其是用科学化的语言来描述猫眼睛的生理结构。他的一些说法很有意思。比如他注意到，与猫一起归入"猫科"（felinum genus）动物的都是一些非常野蛮、凶猛的动物，而"猫"无疑是最适合用来给该类属命名的，因为人类对它最熟悉，也最容易让从未见过狮子、老虎、豹子、熊等的人对这些动物有一些印象。鉴于前文关于中世纪"野性难驯"的猫的研究，我们不禁要问：当近代早期的动物学家们把猫与狮子等归入同一类属时，有多少是出于"科学"的考量，有多少是受到文化传统的影响？另外一些描述则明显流露出时代的偏见。他说，被雄猫亲近时，雌猫会厉声尖叫，这是因为卵子在灼伤它。他还说，英国国王的动物园里有一只老鼠跟母猫交配所生的后代。他接着试图平衡他的观点，勉强承认被驯服得很好的猫确实很讨

---

① Sarah Maza, *The Myth of the French Bourgeoisie: An Essay on the Social Imaginary*, 1750-1850, Cambridge: Harvard University Press, 2005, pp. 21-26.

② 关于笛卡尔的"动物-机器"理论和 18 世纪启蒙哲学家对动物情感的关注，参见 Nathaniel Wolloch, *The Enlightenment's Animals: Changing Conceptions of Animals in the Long Eighteenth Century*, Amsterdam: Amsterdam University Press, 2019, pp. 13-24；关于托普塞尔猫观念的研究，参见 John D. Blaisdell, "A Most Convenient Relationship: the Rise of the Cat as a Valued Companion Animal", *Between the Species*, Fall 1993, p. 221。

人喜欢。但他立即警告那些爱猫爱到亲吻猫和让猫用嘴蹭自己脸的人：如果与猫太过亲密，吸入猫的气息会让人得肺结核。[1]

另一位《百科全书》撰稿人、《自然史》的作者布丰甚至懒得做出看似客观的伪装，而是直接把猫视作必要的恶，即人们只是为了抓老鼠才不得不养猫。在《自然史》有关猫的段落，布丰开宗明义地说：

> 猫不是忠诚的家仆……这种动物有一种天生的恶意，虚假的性格，邪恶的天性……它们天生就是盗贼，教养得好的话，它们会变得像骗子一样柔顺和谄媚；它们拥有和骗子一样的机敏，一样的狡猾，一样的作恶癖好，一样的小偷小摸的倾向；像骗子一样，猫知道如何掩饰它们的脚步，隐藏它们的计划，窥视四周，耐心等待，抓住时机发动攻击，然后逃避惩罚，逃跑，直到被召唤回来。它们很容易接受社会的习性，但从不接受道德：它们只有依恋的外表……它寻找爱抚只是为了给自己带来快乐。猫与狗这种忠诚的动物截然不同，狗的一切情感都与主人有关，而猫看起来只在乎自身的感受，只带着条件去爱，只为滥用关系才肯投身交际；而由于这种天性的契合，它与人的冲突比人与狗要少，因为狗的一切都是真诚的。

布丰这种带着强烈感情色彩的论述，很难让人不把他笔下的狗和猫与旧制度法国的贵族和资产阶级联系在一起。他还表示，母猫的情欲比公猫旺盛，它会强迫公猫满足它，尽管交配总是伴随着剧烈的疼痛。猫还会吃掉自己的后代。猫猎杀弱小的动物不是出于需要，而是因为它喜欢破坏。[2]

蒙克里夫的遭遇充分表明了厌恶猫的观念在 18 世纪上流社会的流行程度。这位作家于 1727 年出版了欧洲第一部关于猫的历史的专著，原因是他在一场沙龙中试图替猫辩护，而在场的"才智之士"立刻失去理智，他们全都愤怒地反对他，宣称一切哲学推理对猫的问题均告失效，并且"无论过去、现在还是将来，猫都是危险的、不合群的动物"。蒙克里夫在书中梳理了自古以来不同文明对猫的看法，希望为猫平反，并相信自己能成功。[3] 但事实与他的设想完全相反，他遭到巴黎知识界的冷嘲热讽——当时出现了众多讽刺他的小册子、歌曲、诗歌，他的王家历史学家（historiographe）头衔也被

---

[1]　Denis Diderot et al. (eds.), *Encyclopédie, ou Dictionnaire raisonné des sciences, des arts et des métiers*, t. 3, Paris: Briasson, 1753, pp. 234-236.

[2]　布丰关于猫的论述参见 Buffon, *Oeuvres complètes*, t. 2, Paris: Garnier Frères, 1853, pp. 497-505。

[3]　Paradis de Moncrif, *Les chats*, Paris: Gabriel-François Quillau, 1727, pp. 1-22.

伏尔泰篡改成王家"利爪学家"(historiogriffe)。巨大的社会压力迫使蒙克里夫在当选法兰西学院院士后把该书从自己的作品中剔除。①

综上所述,封建贵族庇护制主导下强调公共情感的价值取向对中世纪到 18 世纪法国的猫文化具有决定性的影响,猫的野性难驯以及它与离群索居的女巫和威胁到贵族地位的资产阶级之间的特殊联系,都因为偏离这个价值体系而使猫遭到普遍厌弃。同理,近代法国猫文化的转变也以该价值体系的瓦解作为前提。此外,以上关于启蒙精英普遍厌恶猫的判断仅适用于男性,女性对猫的态度将在下一章进行讨论。

---

① 有关蒙克里夫及其著作的遭遇,参见 Champfleury, *Les chats*, Paris: J. Rothschild, 1869, pp. 105-107; Katharine MacDonogh, "A Woman's Life: The Role of Pets in the Lives of Royal Women at the Courts of Europe from 1400-1800", in Mark Hengerer and Nadir Weber(eds.), *Animals and Courts: Europe, c.* 1200-1800, Berlin: De Gruyter, 2000, p. 332。

第五章　城市生活与近代休闲的兴起

　　法国城市化造成的阶级分隔和法国社会对资产阶级的敌视一直持续到19世纪。除此之外，从18世纪开始，法国的城市化还有一个重要特点，即它的工业化和商业化步伐要慢于英国，这导致旧制度时期的社会结构和与之相伴的世界观拥有较为持久的生命力，并决定了法国游戏和休闲发展的重要特征。

　　大约从17世纪初开始，随着游戏的衰落，休闲的概念逐渐形成并在人们的日常生活中占据越来越重要的地位。在这一过程中，许多游戏变成了休闲，因而得以正当地在成年人的世界里保留下来；另外一些游戏则变成了儿童的专属领域。但有两个问题需要注意：首先，尽管许多休闲来源于游戏，但休闲与游戏的范畴并不完全相同；其次，19世纪之前和之后的休闲概念存在重要的区别。本章主要从三个方面探讨近代法国游戏的休闲化和休闲文化的兴起：16—18世纪宫廷贵族的"消闲"、18—19世纪资产阶级的私人休闲、19世纪休闲的大众化。

第一节　从贵族的"消闲"到平民的休闲

一、休闲的概念

关于休闲概念史的讨论

　　在西方，随着社会文化史的兴起，自20世纪50年代以来，休闲史引起了众多历史学家的关注，其中就包括德国著名的社会史学家诺贝特·埃利亚斯，他在"文明的进程"的视野下探讨了休闲的社会功用等问题。埃利亚斯认为，在国家机器垄断了暴力的现代国家，缺乏暴力对抗的刺激导致日常生活变得寡淡无味。在这种情况下，休闲（特别是有强烈冲突的电影、戏剧、体育运动等）为平淡无奇的现代生活提供了兴奋情感的补偿。现代体育之所以诞生于英国,正是因为英国首先形成了这种类型的现代国家。① 埃利亚斯的研究在社会学领域影响较大,但在历史学界反响平平。

对于休闲的历史演变,一种观点认为休闲自古有之,且从古代到现代并未发生根本性变化。② 但更多历史学者认为,尽管古代社会也有休闲,但它与现代休闲有着本质区别,这种区别与学者们关于现代休闲的起点的看法有关。多数学者认为,现代休闲是工业社会的产物,工业化之前并不存在现代的休闲概念。1990 年,布莱恩·维克斯基于拉丁语词 otium 的语义变化,从思想史视角详细分析了从古罗马到 18 世纪的休闲观念。他指出,从古典时代到近代早期,西方人都是基于"美德/罪恶"的绝对伦理二分法来理解休闲,把休闲视作万恶之源,而休闲只有在能产生文学、诗歌、哲学或历史工作成果的严格条件下才能被接受。尽管布莱恩·维克斯把主要精力放在对早期休闲观念的分析上,但他在该文中也提出,休闲获得独立的价值并与工作平起平坐是在 19 世纪,其背景是工作变成一个事实的赚钱过程,而不再具有任何道德内涵——相应地,休闲也不再被谴责为罪恶。因此,布莱恩·维克斯认为,前现代休闲与现代休闲的区别在于休闲是否具有道德性。③ 法国著名文化史学家阿兰·科尔班对欧洲的休闲史也有着深入研究,他将前现代休闲与现代休闲的区别放在时间上。科尔班认为,工业革命之前,无论是农民、手工业者还是工人,他们的时间节奏缓慢且有很强的随意性,其工作经常与偶发事件或游戏娱乐交叉进行。从 19 世纪中叶开始,工业革命导致工作的节奏发生变化,促使社会时间重新分配,原先随意的时间逐渐被计划有序、快节奏、讲究效率的线性时间所取代,从而形成了工作时间与自主时间之间的严格区分。但科尔班提醒说,切勿天真地将非工作时间与休闲时间混为一谈。④

① Norbert Elias and Eric Dunning, *Quest for Excitement: Sport and Leisure in the Civilizing Process*.

② 若昂-路易斯·马尔法尼在 1997 年发表于著名历史学期刊《过去和现在》的一篇批评彼得·伯克的论文中提出了这种观点,他甚至认为,任何事物只要不是工作,那便是休闲(Joan-Lluís Marfany, "Debate the Invention of Leisure in Early Modern Europe", *Past & Present*, No. 156 (Aug., 1997), pp. 174-191)。Peter Borsay 有关英国休闲史的研究尽管起始于 1500 年,但他表示选择这个时间点仅是出于方便,而非因为他相信 1500 年是一个休闲史大分裂的时间点。相反,他特别强调了休闲观念的连续性(Peter Borsay, *A History of Leisure: The British Experience Since 1500*, New York: Palgrave Macmillan, 2006)。

③ Brian Vickers, "Leisure and idleness in the Renaissance: the ambivalence of otium", *Renaissance Studies*, Vol. 4, No. 1 (March 1990), pp. 1-37; Vol. 4, No. 2 (June 1990), pp. 107-154.

④ Alain Corbin et al., *L'avènement des loisirs (1850-1960)*.

关于西方休闲观念最重要的研究来自英国历史学家彼得·伯克。1995年,彼得·伯克在著名的历史学期刊《过去和现在》上发表《近代早期欧洲休闲的"发明"》①一文,明确提出了另一种观点,即现代休闲概念诞生于近代早期的欧洲。他认为,在休闲史中并不存在前工业化时代与工业化时代之间的断裂。在中世纪和近代早期的欧洲,尽管现代意义的"休闲"一词并不存在——当时英语 leisure 和法语 loisir 通常是指"机会"或"场合"而非"休闲"——但有众多与"工作"相对的词语,其中最常用的是英语 pastime 和法语 passetemps。英语 pastime 首次出现在 1490 年,主要指避免无聊的努力(在这里,彼得·伯克提出一个重要的问题,他认为"无聊"也有其历史,因为无聊的情形和"无聊的门槛"会随时间而变化)。薄伽丘《十日谈》中的轮流讲故事就是以一群男女急于消磨时间作为框架。法语 passetemps 也是在15 世纪被创造出来的,有学者认为它表达了一种新的假设,即"时间是可以被人的意志型塑的东西"。

不过,彼得·伯克反对抽离这些词语的语境来进行考察。他指出,当时这些词语主要是在教育话语、法律政治辩论、神学-道德话语、医学话语这四种语境下使用的,它们表明休闲活动在中世纪晚期以后日益从边缘走向中心。而他之所以在标题中使用"发明"一词,也是为了强调人在休闲从边缘走向中心的过程中扮演的角色,而非意指变化是突然发生的。

既然"休闲机制"早在工业化之前就已存在,那就不能像之前那样用工业资本主义兴起来解释休闲的诞生。彼得·伯克提出,休闲的兴起是与诺贝特·埃利亚斯提出的"文明化"和米歇尔·福柯提出的"规训"进程相联系的——这两位理论家的说法看似相反,实则都强调现代组织机制的强化。工作与休闲的对立就是这种现代"规训社会"的一种表现形式。换言之,伯克认为,休闲的"发明"是近代欧洲"文明化"或"规训化"进程的组成部分。

在 1997 年回应若昂-路易斯·马尔法尼的补充文章中,②伯克进一步明确,近代早期休闲意识的觉醒主要发生在精英阶层,尤其是在男性精英中间。同时,他以旅行变成一种娱乐并明确地出现现代"休假"概念为例,提出欧洲的大众休闲兴起于 18 世纪,因此,大众休闲不是工业社会的产物,它是在 18 世纪末跟随商业社会兴起的(在这里,伯克似乎是把工业化等同于工业革命。笔者认为,工业化或工业社会的诞生是一

---

① Peter Burke, "The Invention of Leisure in Early Modern Europe".

② Peter Burke, "The Invention of Leisure in Early Modern Europe: Reply". 质疑者的文章参见 Joan-Lluís Marfany, "Debate the Invention of Leisure in Early Modern Europe".

个长期的过程，工业革命之前一两个世纪的发展可称作"早期工业化"）。18 世纪还有两个趋势性的变化：一是休闲活动的正式化、正规化和制度化；二是出现了相对固定的自由时间，而不仅仅是工作间隙或完成任务后剩余的时间。

伯克还试图解释中世纪和近代早期的大众如何看待他们的游戏、喝酒、跳舞等活动。他表示，他和质疑者一样"不接受这样的观点，即在那几个世纪，工作的人在任何时候都无法准确地分辨他们是在工作还是在从事我们现在所说的休闲"。伯克把这些活动解释为他们为忍受繁重的工作压力而引入、并为老板所容忍的插曲，就像罗伯特·达恩顿所研究的"屠猫狂欢"事件一样。他同时指出，就如同公共与私人或神圣与世俗之间的界限一样，工作与休闲之间的界限也随着时间的推移而变动并变得越来越清晰。言下之意，他认为，随着休闲的制度化，游戏、喝酒、跳舞由早期的工作"插曲"变成了在正式的自由时间从事的正式休闲。总而言之，伯克认为前现代休闲具有较大的随意性，现代休闲则更加正式化、制度化。

西方学者的研究很有启发性，但也存在明显不足。首先，笔者认为休闲从古代到现代确实有其连续性，但不能以此否认休闲在不同历史阶段具有明显不同的特征。尽管彼得·伯克的研究对笔者有重要启发，但笔者并不赞同他关于现代休闲诞生于近代早期的欧洲——即欧洲近代早期的休闲与现代休闲是一贯的——的观点。同时，笔者也不完全认同现代休闲起源于工业化之后的说法，而是认为，尽管 19 世纪的休闲与欧洲近代早期的休闲明显不同，但同样的区别也存在于古代和近代早期之间。换言之，笔者认为，休闲在古代早已存在，但它在历史上经历了由古代休闲、近代休闲到现代休闲的演变，在各个阶段呈现出不同的面貌。以西方的历史观之，中世纪和更早时期的休闲只存在于文人学者等极少数人那里，比如基督教神学家很早就以弓的张弛有度来比喻游戏放松的必要性，[①]这些以放松身心为目的的游戏便是休闲。这种休闲同样存在于布莱恩·维克斯所讨论的从古罗马到中世纪的众多学者那里。但对于绝大多数中世纪的人来说，工作与娱乐之间并没有明确的区分，因而也就不存在休闲的概念。大约在 16 世纪，西欧宫廷开始出现被称作 pastime 或 passetemps 的近代休闲形式。到了18—19 世纪，以资产阶级、市民、工人为主体的现代休闲逐渐形成并扩散开来。从某种意义上说，笔者认为 16—18 世纪的贵族休闲是古代休闲与现代

---

① 圣多玛斯·阿奎那：《神学大全》第十一册，第 458 页。

休闲之间的过渡,在这期间发生了阅读/写作、戏剧、赌博、狩猎等活动的休闲化。[1]

自由时间:休闲的核心要素

西方学者的研究还存在另一个明显不足:他们把"空闲"和"休闲"混为一谈。英语 leisure 和法语 loisir 主要有两种含义,一是空闲和可自由支配的时间,二是在这些时间里从事的偏向于享受的活动。[2] 受此影响,西方学者在研究休闲史时普遍没有对这两种含义作出区分的意识。比如,布莱恩·维克斯所说的早期学者把"休闲"视作万恶之源,他们所指的实际上是"空闲"。相比之下,在普遍理解的汉语语义中,"空闲"与"休闲"的区别是很明显的,它们分别对应 leisure 和 loisir 的两重含义。笔者认为,无论是基于中国问题视角还是西方历史视角,都有必要对这两者加以区分。因此,笔者把"休闲"定义为在空闲和可自由支配的时间里从事的偏向于放松和享受的活动。休闲诞生的前提是严格的工作时间与不工作且可自由支配的时间之间出现明确的区分。时间的历史性和阶级性决定了休闲必然有其自己的历史,而休闲在不同阶级的发展也不同步。科尔班尽管也提出了休闲的时间性的问题,但笔者并不认同他以 19 世纪中叶的工业革命作为断代的做法,而是认为许多变化在 18 世纪已经发生。

即使摒除了"空闲"的概念,西方学者所使用的休闲概念仍过于随意和宽泛:他们普遍把一切游戏娱乐都视作休闲。若昂-路易斯·马尔法尼甚至提出,任何事物只要不是工作,那便是休闲。[3] 其他学者(科尔班除外)尽管没有这么说,但从他们的研究实践看,基本都采用了这种做法。这种做法完全忽略了休闲与游戏娱乐之间的重要区别。就算彼得·伯克也未能免俗。他尽管从历史观念出发做了一些区分,声称文艺复兴之前没有休闲、18 世纪之前没有大众休闲,但他没有把游戏娱乐与休闲区分开来。

如前所述,笔者认为,在 16—18 世纪,法国经历了一个游戏休闲化的历

---

① 亚历山德罗·阿尔坎杰利尽管提出 15—17 世纪的欧洲形成了一种独特的休闲文化,并指出它与之前和之后的休闲既有联系又有区别,但他的研究存在两个明显的问题:首先,他只关注这个时期出版的著作中有关休闲的论述,而忽略了休闲的社会实践;其次,如同其他西方学者一样,他使用的是泛化的休闲概念,即把一切游戏娱乐都视作休闲。参见 Alessandro Arcangeli, *Recreation in the Renaissance:Attitudes Towards Leisure and Pastimes in European Culture, 1350-1700*, New York:Palgrave Macmillan, 2003。

② 可参见大英百科词典(https://www.britannica.com/dictionary/leisure,引用日期:2023 年 8 月 15 日)或法兰西学院词典(https://www.dictionnaire-academie.fr/article/A9L1160,引用日期:2023 年 8 月 15 日)的定义。

③ Joan-Lluís Marfany, "Debate the Invention of Leisure in Early Modern Europe", p. 175.

史进程。传统游戏与近现代休闲的根本区别在于"自由时间"。在中世纪和近代早期社会中下层的游戏中,游戏与日常生活的其他方面并没有明晰的界限,而是相互交织、交融。换言之,在这些游戏中,"自由时间"的概念并不存在,游戏是在任何时间都可以进行的活动。但在近代早期,从宫廷贵族开始出现了明确的"自由时间"的概念,在非生产性的"自由时间"里从事的活动——包括游戏——便被视作休闲。因此,尽管游戏是一种常见的休闲形式,但并非所有的游戏都可称作休闲。总体上说,单纯的游戏受追求愉悦的自然冲动所支配,休闲则显得更加从容、理性并涉及主动的时间分配。另一个更容易理解的区分是,休闲明确地与工作相对,它以消磨非工作时间为目的;单纯的游戏则是以获得身心愉悦作为主要目标。

以此观之,不同的人做出的相同或相似的行为,或同一人在不同时间做出的同一种行为,未必具有相同的性质,即未必都是休闲。例如,17—18世纪的法国贵族、资产阶级、下层民众可能一同在巴黎集市上看戏。贵族可能是在休闲,因为其时间大概率是空闲且可以自由支配的,并且他/她是在享受戏剧演出。资产阶级则未必是在休闲——尽管其时间或许可以自由支配,但就像莫里哀的戏剧反复表现的那样,他/她有可能是在模仿贵族,假装高雅。下层民众也未必是在休闲——尽管他/她可能是在享受娱乐,但他/她很可能是在工作中偷溜出来,或是在工作时正好路过,便忘掉工作驻足观看了。同理,在18世纪巴黎的林荫大道上散步的贵族和贵妇人是在休闲,跟在后面观看他们的市民则未必。

从"自由时间"获得的第二个基本结论是,近现代的休闲总体上是城市社会的现象。阿兰·科尔班指出,由于大多数农民控制着他们的全部或部分生产资料,因而他们也是时间的主人,诸如假期、周末、工作日等由现代休闲社会学发展出来的分析网络并不适用于农民的世界。科尔班为此列举了冬季守夜(农民在冬季夜晚聚集在一起,一边听故事,一边干活)、放牧(干活的同时有很多游戏的时间)、赶集(既是交易场合,也是节日)等例子,以证明在传统乡村文明中,工作时间和休闲时间之间并没有明确的区分。[1] 不过,笔者不赞同科尔班把农民的娱乐称作休闲,因为农民的世界里既然没有工作与娱乐的对立,自然也就没有了现代的"自由时间"概念。即使站在农民的立场观之,他们在守夜、放牧、赶集时恐怕也不会纠结于自己是在工作还是在娱乐,因为这两者在他们那里就是一个整体。因此,笔者认为,传统乡

---

[1]　Alain Corbin et al., *L'avènement des loisirs*（1850-1960）, pp. 306-311.

村社会并不存在休闲的概念。古代社会也有休闲，但仅极少数精英具有明确的休闲意识。近现代休闲则是城市化和工业化的产物，它诞生的前提条件是工作时间与休闲时间之间的明确分割。

二、近代城市贵族的"消闲"

为了行文的便利，上文比较笼统地使用了"休闲"一词。然而，近代早期法国城市贵族的"休闲"与现代休闲存在重要的区别。具体来说，现代休闲是以工作之后的放松身心和恢复精力为宗旨，近代法国城市贵族的passetemps尽管也与工作相对立，但它主要是为了消磨明显过剩的"自由时间"。为了表明二者的区别，笔者借用香港和台湾的说法，将这种被法国近代早期的上层社会称作passetemps的活动称作"消闲"。

"消闲"的诞生和游戏的"消闲"化

近代的"消闲"与中世纪的休闲的一个本质区别在于，前者仅属于极少数精英个人，后者则是相对社会化的集体行为。在14世纪意大利人文主义作家薄伽丘创作的《十日谈》中就已经有了这种"消闲"：为了躲避可怕的瘟疫，十个贵族青年男女一同离开佛罗伦萨，到乡村别墅自我隔离，在这个背景下，轮流讲故事成为他们打发漫长的时间的一种重要手段。不过，薄伽丘的这个叙事框架发生在黑死病这个特殊时期的一个封闭圈子里，参与者十分有限，并不具备普遍的社会意义。16世纪，玛格丽特·德·纳瓦尔的《七日谈》模仿薄伽丘的叙事框架，以恶劣天气为由把十个青年男女困在一所修道院里讲故事，就这里所讨论的问题而言，这种纯粹的虚构使作品失去了史料的价值。作为纳瓦尔王后的玛格丽特收集故事并编成《七日谈》，这个行为本身对她可能具有"消闲"的意味，但这仅属于个人行为，而不具有普遍性。

根据彼得·伯克的说法，法语passetemps一词诞生于15世纪。[①] 16世纪的法国贵族作家蒙田则表示，在他写作《随笔集》的年代，"消闲"（passetemps）或"消磨时间"（passer le temps）已经是"常用词"（phrase ordinaire）。蒙田还对该词的文化内涵作了解释，认为它反映了使用它的"审慎之人"（prudentes gens）逃避生活的愿望，犹如生活乃是令人厌烦的可鄙之物。蒙田还说，他自己也会"消闲"或"消磨时间"，但他与别人不同：他仅在天气不佳或令人不适的时候才这样做；当天气宜人时，他还是会珍惜时

---

① Peter Burke, "The Invention of Leisure in Early Modern Europe", p. 142.

光,过积极有为的生活。① 因此,蒙田的"消闲"不同于他笔下的同时代的其他人,他只是希望不舒适的时间快些过去,而非消极地面对人生。

蒙田所说的"审慎之人"大概是指贵族,尤其是在 16 世纪下半叶加速城市化的法国大贵族。在该世纪 50 年代诺曼底乡村贵族吉尔·德·古贝维尔的日记里,这位小贵族的日常生活中尽管有众多节日和游戏,但总体来说,我们并未看到那种悠闲的生活方式,相反,他的日子过得忙碌而充实。② 我们很难知道,这些"审慎之人"的人生态度是否真如蒙田所说的那般消极。倘若是,这种消极是否与蔓延整个法国的宗教战争有关?倘若不是,它是否是以消极的表象来表达某种抗争,比如对王权控制强化和自身地位下降的不满?

无论如何,在法国王权强化和城市化加速的背景下,城市贵族变成"有闲阶级"的趋势不可避免。这是由几个方面的因素促成的。其一,移居城市的贵族远离了他们的乡村地产,不再有大量的日常事务需要处理。其二,随着冷兵器时代的终结和绝对君主制的构建,骑士贵族的军事地位急剧下降,他们由割据一方的诸侯变成了国王的廷臣。然而,国王在行政事务上更多依赖新兴的穿袍贵族,从而限制了旧贵族从政的机会。其三,在旧制度时期,无论是旧贵族还是新贵族都被禁止从事商业活动,否则将失去贵族的身份。正因为如此,德国社会史学家诺贝特·埃利亚斯在《文明的进程》一书中指出,在旧制度时期的法国,宫廷贵族有特权身份,却没有专门的职业。③ 在 16—18 世纪,法国的贵族和贵妇们越来越多地聚集到以巴黎为首的大城市,17 世纪晚期以后则大量聚集在凡尔赛宫。这些贵族贵妇们无所事事,因而有大量的空闲时间需要打发。

从历史上看,西方在近代有一个游戏休闲化的过程。以戏剧为例,前文讨论过戏剧在近代法国从游戏变成艺术的过程,这里从游戏休闲化的角度再作一次简单梳理。在专业化之前,戏剧只有一种属性:游戏。所有人都参与并纵情其中,而没有演员与观众之分。专业化的戏剧区分出了演员和观众,演员是在工作,观众则是在娱乐——但未必是休闲,比如巴黎民众经常是抛下工作去看戏,或是过度(超出了休闲即消磨非工作时间的限度)纵情于观戏之中。在 17 世纪的法国宫廷,戏剧进一步变成了文学和艺术。

① Michel de Montaigne, *Essais*, livre Ⅲ, Paris: Abel l'Angelier, 1595, p. 494. 相关段落的汉译版本参见蒙田:《蒙田随笔全集》下卷,潘丽珍等译,南京:译林出版社,1996 年,第 400 页。
② 参见第一章第三节"古贝维尔的游戏世界"。
③ 诺贝特·埃利亚斯:《文明的进程:文明的社会起源和心理起源的研究》,第 466 页。

　　也正是在这里,游戏发生了休闲化的转变:宫廷里的戏剧演员仍是在工作,但观众却是在休闲,因为看戏是宫廷贵族消磨过多的闲暇时间的重要手段。不过,宫廷贵族的这些活动属于"消闲"而非现代意义的休闲。

　　尽管 passetemps 一词早在 15 世纪便已诞生,但最典型的"消闲"出现在路易十四的宫廷。如前文所述,如何消磨时间是宫廷人士共同面临的一大难题,他们打发时间的方法包括旅行、散步、聊天、下象棋、打牌、听音乐、看戏、看别人玩游戏、看书、写信等。这些"消闲"活动有些是游戏,有些则不是。事实表明,这些"消闲"只有在城市——尤其是在巴黎宫廷——才有意义。奥尔良公爵夫人曾记录了这样一则轶事:一位叫作隆格维尔夫人的贵妇来到丈夫的诺曼底乡村领地,她不喜欢乡村生活,日子无聊透顶。周围人问她:"天哪,夫人,您太无聊了! 有什么可以让您高兴起来的吗? 这里有狗和美丽的森林,您要不要去打猎?"她回答:"不,我不喜欢打猎。""您喜欢女工吗?""不,我不喜欢女工。""您要去散步,或玩游戏吗?""不,我都不喜欢。""那您喜欢什么?""我不知道怎么说才好。单纯的娱乐(innocent pleasures)对我毫无用处。"塞维涅夫人也记录了一则类似的故事,但主角变成了太子妃。从语境上看,这里所说的"单纯的娱乐"应是指缺乏上层社交意义的娱乐活动。且奥尔良公爵夫人在同一封信中说,她儿子——即 18 世纪初的摄政奥尔良公爵——对乡村生活的态度与这位隆格维尔夫人一样,而她儿子很喜欢各种宫廷游戏,太子妃亦是如此。① 由此可见,对于习惯了城市社交生活的人来说,这些巴黎的"消闲"活动到了农村就失去了意义,它们并不能解除乡村生活的无聊。

　　前文已经对路易十四宫廷的游戏作了详细介绍,这里仅基于游戏休闲化的视角提出以下观点:第一,有一些"消闲"化了的游戏仍是游戏(如棋牌),有一些却不再是游戏(如戏剧);第二,游戏休闲化需要特定的条件,在近代早期的法国宫廷,这个条件就是以消磨时间这一理性目标作为宗旨——因此,塞维涅夫人观看别人赌博是"消闲",作为消遣的赌博也是,以盈利为目的的赌博则不是;第三,"消闲"和游戏的范畴既有交集,也存在重要的区别。下面将从路易十四宫廷的日常生活出发,进一步讨论近代早期法国宫廷的"消闲"文化及其对社会伦理产生的影响。

① Elisabeth Charlotte d'Orléans, *The Letters of Madame: the Correspondence of Elisabeth-Charlotte of Bavaria*, v. 2, p. 172; Madame de Sévigné et al., *Lettres de Madame de Sévigné, de sa famille et de ses amis*, t. 6, p. 322.

作为"消闲"的文学和艺术

文学和艺术不是游戏,却是另外一种具有明显特权性质的"消闲"。美国历史学家唐娜·博哈南在有关近代早期法国贵族的研究中指出,在 17 世纪,随着文化成为贵族身份的重要标志,教育也成为贵族寻求与其他社会阶层区分开来的新手段。不过,贵族教育的宗旨并非造就饱读诗书的学者,而是培养"在行的观众,使他能够解读宫廷芭蕾的神话隐喻或马术节庆中骑手携带的拉丁语箴言"①。这段精辟的论述对于理解近代早期法国贵族的文化追求具有提纲挈领的意义。就文学艺术而言,近代早期法国贵族教育的主旨并不是为了培养他们的创作能力,而是为了培养他们作为文学艺术"保护人"(patron)的鉴赏能力。这个具备卓越鉴赏能力的保护人,正是路易十三、黎塞留和他们的继承者以及 17—18 世纪法国文化沙龙的男女主人热衷扮演的角色。对于国王、大臣、贵族贵妇们来说,鉴赏、保护甚至消费文化作品是他们比文化作品的创作者高贵的自然表现。因此,宫廷贵族的文化鉴赏必须是高贵的行为,这意味着只能把文化鉴赏当作"消闲",而不能当作工作,更不能以此逐利。

在这种背景下,近代早期的宫廷贵族看重鉴赏力,却轻视创作本身。用 17 世纪下半叶的斯居代里小姐的话来说,就是"写作就等于失去了一半的高贵"②。这里的写作是指创作小说、戏剧之类的流行作品,而非泛指所有的写作行为。事实上,17—18 世纪的贵族贵妇们经常创作书信、回忆录,他们并不以此为耻,而是把它和文艺鉴赏一样当作非功利的"消闲"活动的一部分。但如若公开出版这些文字,那就由"消闲"变成可耻的逐利了。塞维涅夫人说,"在图书馆里"或者(更糟糕)在带有完全市场意味的书店里见到自己的作品,这不仅有失体面,也有损于高贵的出身。所以她的书信最初仅在一个特定的圈子内流传,它的出版纯属意外。斯居代里小姐的话至少有一部分是针对自己的,因为她会写小说并公开出版,但她早期的小说在出版时借用了她哥哥的名字。拉法耶特夫人则至死都不肯承认自己是小说《克莱夫王妃》的作者。而在 18 世纪的英国,玛丽·沃特利·蒙塔古夫人仍反复强调高贵的男人和女人不应该出版作品,所以在她死后,她的女儿觉得应

---

① Donna Bohanan, *Crown and Nobility in Early Modern France*, p. 14.
② N. Z. Davis and Arlette Farge (eds.), *A History of Women in the West* Ⅲ: *Renaissance and Enlightenment Paradoxes*, pp. 411-412.

该把母亲的日记烧掉。① 出于同样的原因，黎塞留尽管经常指定"五人剧作家"的创作主题，却不愿意承认自己的这一角色；夏普兰则只肯在戏剧演出时承认自己是作者，却拒绝在出版的剧本上署名。②

　　同理，如前文讨论戏剧专业艺术化的章节所说，17 世纪的作家普遍地位不高，以致演员都不愿意向剧作家支付应给的费用。拉布吕耶尔对高乃依与演员之间的地位反差作了极其形象的比喻："喜剧演员躺在豪华的四轮马车里，车轮甩起的泥浆溅在步行的高乃依的脸上。"③甚至到了 18 世纪，文艺创作者们仍自觉或不自觉地自认为低人一等，无论是初出茅庐、亟须获得认可的新人，还是业已成名的作家、画家，在"保护人"面前莫不如此。纵观卢梭的《忏悔录》，卢梭、狄德罗等与为他们提供保护的贵族贵妇之间的关系，与中世纪的附庸和领主之间的关系有许多相似之处。卢梭也总是不自觉地以附庸式的心态与贵族贵妇们相处，这种心态和行为模式与他执着地追求平等之间的撕裂感，正是他后来在巴黎社交界感觉极不舒服的一个重要原因。

　　创作者内部也有高低贵贱之分。区分的标准不是作品的质量或赚钱多寡，而是为谁创作。简单地说，当时人们认为，为上流社会的"消闲"创作是高贵的，为娱乐市场大众而创作则是低贱的。高乃依离开黎塞留组建的"五人剧作家"团队，转而为职业剧团创作，即使他写出轰动一时的《熙德》，也仍被掌握了文学权力的夏普兰视作为钱而创作的"雇佣诗人"（poète mercenaire），甚至遭到法兰西学院刻意打压，至死都生活窘迫。④ 100 年后，卢梭也试图反抗这个"保护人-作家"制度，以获得独立的人格和自由，为此他必须脱离对其他作家而言如同水和空气一般的巴黎社交界，转而精打细算地依靠作品的版税生活。结果他与巴黎几乎所有的贵族贵妇和作家都闹翻了，被所有人视作怪胎。卢梭本人则因为试图冲破那张社会文化的"意义之网"而患上严重的精神疾病。不过，他晚年与巴黎社交界和解，意味着随着启蒙运动的推进和大革命的降临，那重"意义之网"正在消解，作家和创作逐渐获得独立的地位。

① N. Z. Davis and Arlette Farge (eds.), *A History of Women in the West* Ⅲ: *Renaissance and Enlightenment Paradoxes*, pp. 411-412.
② 参见陈杰:《十七世纪法国职业文人剧作家的诞生》，第 115—116 页。
③ Jean de La Bruyère, *Les caractères*, Paris: Flammarion, 1880, p. 261.
④ 见第四章第二节"戏剧：从游戏到艺术"。

"消闲"与早期现代性

宫廷伦理要求宫廷贵族的"消闲"不仅要从容、理性,还要优雅。对宫廷贵族来说,"优雅"首先是对身体和情感的得体控制。这在骑士比武中表现得最为明显。骑士比武这种在中世纪非常粗暴的贵族游戏,到 17 世纪已经失去身体对抗性,变成极度讲究身体控制的象征性游戏。[①] 相比之下,老式网球的游戏方式在 17 世纪变化不大,尽管索雷尔在 1642 年仍称它"高贵而体面",但由于打网球时不适合穿正装,且体力消耗过大,难以保持优雅体态,它逐渐被视为一种"粗野"的游戏,并在这个世纪急剧衰落。据学者统计,巴黎在 16 世纪末有网球场约 200 个,到 1657 年带顶棚的网球场剩下 114 个,而且是网球和弹子球合用。到了 1700 年,该数目已经锐减到 10 个,到 19 世纪则只剩下 2 个。[②] 在这期间,一些网球场被改成了剧院,反映了时代风尚的变化。[③] 与此同时,运动量较少、更容易控制体态、也更适合穿正装的桌球和槌球在路易十四时期明显受到追捧,国王本人也很喜爱这两种游戏。

这些伦理追求不仅涵盖技巧和体能游戏,也同样适用于赌博。生活在路易十三至路易十四时代的梅雷骑士被阿利埃斯称作"正直"的"上流社会成员的典型",他在书中专门教授如何在宫廷优雅地赌博。他写道,"我还注意到,如果用灵巧优雅的姿态去赌博,那就可以产生好的效果",因为它非常容易打开通向上流社会的大门,"尤其当你玩起来像一个雅士的时候"。他还说,"要尽可能像'高贵之人'那样玩,无论输赢均可做到面不改色",而不要像普通赌徒那样暴跳如雷或得意扬扬。[④] 当然,与中世纪的骑士精神一样,"优雅"作为一种人格理想,在现实生活中总有反例。圣西门公爵和奥尔良公爵夫人都证明,宫廷人士在赌博时表现出来的性情与平时大相径庭,不可理解。不过他们是把这些事情当作不体面的行为加以记录的,因而仍反映了宫廷社会正面的价值取向。塞维涅夫人十分欣赏的当若身上就体现了正面的品质:当若全神贯注于游戏中,表面看似漫不经心,但没有什么能令

---

① 详见拙文《西欧中世纪骑士比武的兴衰》,《世界历史》2016 年第 1 期,第 46—57 页。

② 菲利浦·阿利埃斯:《儿童的世纪:旧制度下的儿童和家庭生活》,第 143 页。

③ 参见拙文《从游戏到艺术:论近代法国戏剧的专业化》,《法国研究》2022 年第 2 期,第 71—95 页。

④ Antoine Gombauld de Méré, *Œuvres posthumes de Monsieur le Chevalier de Meré*, pp. 157-160. 亦参见菲利浦·阿利埃斯:《儿童的世纪:旧制度下的儿童和家庭生活》,第 124—126 页。

他分神,他的良好举止使运气对他全无影响。①

这种对身体和情感的控制是骑士贵族廷臣化的重要表征。法国文化史学家米桑布莱德曾借用福柯的术语"肉体的政治技术学"②来解释"社会对肉体的控制"与集权国家构建之间的联系。③ 据此,个体对身体和情感的控制,意味着他放弃了自主权,转而接受并自觉服从统一的模式。不过,本书更愿意从文化的角度来解读此种转变。应当说,上述控制身体和情感的要求,是与宫廷贵族的身份意识紧密联系在一起的,这些人希望通过这种方式与其他阶层区分开来。阿利埃斯在《儿童的世纪:旧制度下的儿童和家庭生活》一书中详细探讨了这种意识在 16—17 世纪的发生。④ 总之,对 17 世纪的宫廷贵族来说,"优雅"的实质是社会地位和身份特权的外在表现。尽管这种伦理是以宫廷贵族的特权意识为中心,但其中也包含有许多积极的因素。就整体社会进程而言,17 世纪法国宫廷对"优雅"举止的追求,也意味着社会对个体的身体和情感的控制达到了很高的程度,且这种控制在宫廷人士身上已经充分内化为个人修养。这是现代社会伦理构建的一个里程碑。

推崇理性和鉴赏力,也是以"优雅"为中心的宫廷伦理和特权身份意识的重要内容。塞维涅夫人非常喜欢象棋,因为它是"最崇高、最理性的游戏,运气在其中完全不起作用,一切取决于我们的智慧"⑤。这种对理性计算的推崇和对运气的排斥也体现在本书第三章提到过的索雷尔的《游戏之屋》中,此书主要面向宫廷社会的读者,它取得很大的成功,并在接下来的半个多世纪里出现了众多跟风之作,因而可视为 17 世纪下半叶法国宫廷游戏的指南。如前所述,索雷尔在书中把游戏分为六大类并作了等级区分,从中可看出索雷尔认为智力或理性同样是与运气相对立的,前者等级最高,后者等级最低。他认为,最适合上层人士玩的是主要通过游戏者之间的对话进行的智力游戏,比如诗词歌赋游戏、接话游戏、格言游戏、押韵问答游戏、猜谜游戏、名著游戏、藏头诗游戏、限韵诗游戏等。他把包括网球在内的体能游戏排在倒数第二,仅高于运气游戏,其理由是这两类游戏"适合所有的人玩,

---

① Madame de Sévigné et al., *Lettres de Madame de Sévigné, de sa famille et de ses amis*, t. 4, p. 544.

② technologie politique du corps,详见米歇尔·福柯:《规训与惩罚:监狱的诞生》,第 25—28 页。

③ Robert Muchembled, *Popular Culture and Elite Culture in France 1400-1750*, p. 196.

④ 菲利浦·阿利埃斯:《儿童的世纪:旧制度下的儿童和家庭生活》,第 97—151 页。

⑤ Madame de Sévigné et al., *Lettres de Madame de Sévigné, de sa famille et de ses amis*, t. 6, p. 249.

无论他是仆人还是主人……文盲和粗人还是学者和雅士"。相比之下，书中最看重、讨论得最多的智力游戏却是"只有上流社会的人才能从中获得乐趣"。他还把儿童游戏与平民的游戏相提并论，这些小孩和平民的玩意儿不配有身份的人去玩，而且儿童游戏"也可以为乡间村夫们所用，他们的智力在这方面没有比儿童高出多少"。① 索雷尔的理论明显反映了宫廷社会的特权意识，而这种特权意识是通过他和其他宫廷人士认为其他阶层所不具备的卓越智力体现出来的。

崇尚智力和理性，使鉴赏游戏和娱乐的能力成为"优雅"生活的必备条件。奥尔良公爵夫人不喜欢赌博，却非常喜欢戏剧。在一封信中，她向德国姑姑介绍了自己对莫里哀的几出喜剧的看法，"我认为《伪君子》(Tartuffe)最好。《恨世者》(Misanthrope)也不错，《可笑的女才子》(Fammes Savantes)也是。"接着她说："要看懂浦尔叟雅克(Pourceaugnac)和茹尔丹阁下(Monsieur Jourdain)，你必须很了解这个国家，特别是巴黎。"② 可以说，对戏剧的鉴赏力为她孤独的宫廷生活提供了难能可贵的慰藉。塞维涅夫人则更明确地说明了游戏娱乐的鉴赏力对于融入宫廷生活的重要性。她同样不爱赌博，但她仍然要学翁布尔(ombre)等风靡法国宫廷的纸牌游戏。她解释说，学这些游戏不是想自己去玩，而是为了在看别人玩的时候，自己不至于像个傻瓜。③

宫廷"消闲"这个贵族特权意识的载体，还神奇地孕育了启蒙时期追求社会平等的种子。圣西门公爵和奥尔良公爵夫人都是贵族特权的坚定维护者，特别是奥尔良公爵夫人，她对贵族与其他阶层联姻的行为尤其反感。④一般都认为路易十四时代特别强调等级秩序，但在这两位宫廷贵族眼中，等级秩序却在日趋瓦解。综合他们的描述，瓦解的原因主要有三个。首先是路易十四的政策，这在上一节已作讨论。尽管这种瓦解可能并非国王的本意，但事情的发展未必都在他的掌控之中。其次是游戏——特别是赌博——的特性使然。奥尔良公爵夫人说，朗斯克内(Lansquenet)纸牌等游

---

① Charles Sorel, *La maison des jeux*, Avertissement & pp. 162-163, 211-212. 不过，索雷尔的分类与宫廷人士的理解也有差异，比如塞维涅夫人把象棋(甚至纸牌)视作智力游戏(至少包含智力因素)，而索雷尔把它们归作休闲和运气游戏。

② Elisabeth Charlotte d'Orléans, *The Letters of Madame: the Correspondence of Elisabeth-Charlotte of Bavaria*, v. 1, p. 257.

③ Madame de Sévigné et al., *Lettres de Madame de Sévigné, de sa famille et de ses amis*, t. 4, p. 522.

④ Elisabeth Charlotte d'Orléans, *The Letters of Madame: the Correspondence of Elisabeth-Charlotte of Bavaria*, v. 1, pp. 178 & 231.

戏需要能下重注的人，但最高贵的人却不是最有钱的，所以他们就愿意跟鸡鸣狗盗之徒游戏，只要后者有钱就行。他们允许所有妇女——甚至包括女仆——下注，而要让她们参与，就得让她们坐下。这意味着贵妇人也不能站着。因此无论身份等级的高低，所有人都一样坐着，没有了尊卑之别。① 圣西门公爵对奥尔良公爵评价很高，特别是"他维护等级秩序并身体力行，根据人的出身、地位、年龄、德行给予不同对待"。不过，他也对后者在圣克卢招待低等级的人感到不满，称有许多贵妇在别的地方根本不会得到接待。② 最后则是对理性和鉴赏力的推崇，它使得不少并非贵族出身、却拥有一技之长的人能够进入宫廷的游戏沙龙，甚至跻身贵族之列。前文对此已作探讨，这里再举两个例子。第一个例子出现在圣西门公爵的回忆录里，是一个叫隆热皮埃尔（Longepierre）的人曾依靠写戏剧，一度得到奥尔良公爵的宠信。另一个例子出现在奥尔良公爵夫人的信中，她说自己的儿子——即后来的摄政王——很聪明，谈吐优雅，但格调不够高：他更愿意同艺术家和音乐家之类的普通人交往，而不是出身高贵的人。③ 可见，正是这种对鉴赏力而非创作能力的推崇使贵族成为17—18世纪法国沙龙的东主，为启蒙运动的兴起创造了条件。

三、18 世纪的平民休闲

在17世纪，尽管法国宫廷有强烈的"消闲"需要，但 loisir 还没有"休闲"或"消闲"的含义。在塞维涅夫人及其亲友的通信中，loisir 只是偶尔才有"闲暇"之意，绝大多数时候指的是做某事的时机，如"他没有机会（loisir）回答这些指控""我有更多时间（loisir）来研究这个问题"④。这显然是 loisir 在中世纪的"机会"之意的延续。到了18世纪，loisir 一词有在法国普及的明显趋势。最早是在1739年出现了一部以 loisir 为题的著作，即安托万·佩凯的《论闲暇时间的利用》（*Discours sur l'emploi du loisir*）。⑤ 不久之后，

---

① Elisabeth Charlotte d'Orléans, *The Letters of Madame: the Correspondence of Elisabeth-Charlotte of Bavaria*, v. 1, pp. 194-195.

② Louis de Rouvroy de Saint-Simon, *Mémoires complets et authentiques du duc de Saint-Simon sur le siècle de Louis XIV et la Régence*, t. 1, pp. 158-159.

③ Louis de Rouvroy de Saint-Simon, *Mémoires complets et authentiques du duc de Saint-Simon sur le siècle de Louis XIV et la Régence*, t. 3, p. 230; Elisabeth Charlotte d'Orléans, *The Letters of Madame: the Correspondence of Elisabeth-Charlotte of Bavaria*, v. 1, p. 184.

④ Madame de Sévigné et al., *Lettres de Madame de Sévigné, de sa famille et de ses amis*, t. 1, Paris: L. Hachette, 1862, pp. 454 & 464.

⑤ Antoine Pecquet, *Discours sur l'emploi du loisir*, Paris: Nyon Fils, 1739.

狄德罗和达朗贝尔的《百科全书》出现了 loisir 词条："我们的职责留给我们的闲暇时间，我们可以愉快而诚实地支配它。如果我们受过良好的教育，对美德有强烈的兴趣，那么我们的休闲活动（loisirs）将在死后给予我们最大的荣耀，也将在弥留之际给予我们最欣慰的回忆：这些活动将完全由我们基于自身的善意，根据品味和感觉作出选择。"①这里有两个重要的变化。首先，与 17 世纪相比，loisir 明确地具有了与"职责"相对的"闲暇时间"的含义。其次，出现了复数的 loisirs，意指休闲活动。就与职责的明确对立和对德性的关注而言，《百科全书》的释义既是对 17—18 世纪贵族"消闲"文化的反叛，也是在回归古典的精英休闲传统。复数 loisirs 的出现则反映了 18 世纪法国休闲文化的扩张。

除了宫廷贵族外，18 世纪的法国资产阶级也渴望休闲，阿莱特·法尔热研究的蒙让夫人的小资产阶级圈子在相当程度上反映了这种现象。蒙让先生和夫人在巴黎一起经营着一家制衣作坊。作为作坊主，除了时装设计和制作外，蒙让先生还需要外出拉订单，其足迹甚至远到荷兰。因此，同为裁缝的妻子是家庭作坊不可或缺的劳动力。这个家庭作坊尽管工作十分繁忙，但生活还算宽裕。然而，蒙让夫人的一次旅行给这个家庭带来了灾难。1774 年春，蒙让夫人回了一趟娘家，在那里与一个仰慕贵族生活方式的小资产阶级圈子相处了一个多月。回到巴黎的蒙让夫人性情大变。她拒绝帮助丈夫完成订单，说自己不适合工作，因为女人应该由男人来养活。她宣称，工作夺走了她的生活，这种生活就是随时有人陪着去散步、看戏、娱乐，同地位高一些的人保持暧昧关系——一言以蔽之，就是 18 世纪令人羡慕的上流社交生活：不工作，有饭吃，有社交。蒙让夫人和她那个小圈子的人模仿上层沙龙，频频轮流坐庄，大家吃喝玩乐，去王宫花园游玩，去林荫大道散步，去巨石区游泳，去小酒馆喝酒，去剧院看戏。他们是在模仿贵族的"消闲"，即在休闲性的社交生活中消磨他们并不具备的"闲暇"。他们的模仿非常拙劣，比如总是在所谓的"沙龙"里酩酊大醉，腮红浓得像妓女，穿着也不

① « Temps vide que nos devoirs nous laissent, et dont nous pouvons disposer d'une manière agréable et honnête. Si notre éducation avait été bien faite et qu'on nous eût inspiré un goût vif de la vertu, l'histoire de nos loisirs serait la portion de notre vie qui nous ferait le plus d'honneur après notre mort et dont nous nous ressouviendrions avec le plus de consolation sur le point de quitter la vie : ce serait celle des bonnes actions auxquelles nous nous serions portés par goût et par sensibilité, sans que rien nous y déterminât que notre propre bienfaisance ». Diderot et d'Alembert, *Encyclopédie, ou dictionnaire raisonné des sciences, des arts et des métiers*, article «Loisir», t. IX, Neufchastel ; Samuel Faulche, 1765, p. 680.

得体。蒙让和他的资产阶级岳父都同意,蒙让夫人的行为并不符合她的身份和条件,若非蒙让反对,蒙让夫人早已被她父亲关进修道院加以惩戒。蒙让夫人的小群体既不工作、又渴望"消闲"的生活方式花费巨大,使他们的家庭陷入绝境。因此,蒙让夫人和她的小圈子所模仿的"消闲"并非真正的"消闲"或休闲,而是一种在过上贵族生活的幻想中罔顾现实的歇斯底里症。[1]

不过,大多数资产阶级并未如此歇斯底里,有些资产阶级不仅保持了相当的理性,甚至对贵族的生活方式提出批评。比如,波尔多的拉莫特家族对自身的价值和才能有很深的自信,他们的自我价值感和身份感无关乎贵族式的显赫的古代头衔及其外在展示,而取决于家庭纽带、专业知识和满足感,他们自身的文化贡献和个人修养,以及备受社区尊重的成就和地位带来的地方身份感。因此,他们致力于在波尔多创造一种既效仿、又迥异于巴黎主流的地方文化。[2] 罗伯特·达恩顿研究的蒙彼利埃资产阶级尽管艳羡贵族的地位,却排斥贵族社会的荣誉观,批评贵族以无所事事为荣的价值观——这无异于是在批评贵族的"消闲"文化。[3]

路易-塞巴斯蒂安·梅西耶在《巴黎图景》中介绍了18世纪末巴黎各个人群在不同时间的活动,从中可以看出"休闲"与"消闲"的分化。在工作日,工人和农民是没有休闲的:农民要在凌晨一点把蔬菜、水果、鲜花运到巴黎;工人要在清晨六点赶往工场,直到天黑才能返回郊区住所。股票经纪人则在中午涌向证券交易所。就在工人们上床睡觉之时,贵妇人们才穿衣起床,准备去歌剧院——这些"消闲"活动显然与工人无关。有"消闲"的除了贵妇人外,还有游手好闲的人,他们在中午时分涌向王宫,或是跟懒惰的人、蹩脚诗人一起去咖啡馆,直到晚上十一点才回家。[4]

按照梅西耶的说法,工人和资产阶级有专门的休闲时间,那就是节日和周日。在这些日子里,工人的休闲就是去廉价酒馆喝得酩酊大醉。至于资产阶级,梅西耶把他们分成两类:富裕的资产阶级和"需要节俭"的资产阶级。"需要节俭"的资产阶级包括各色商店的主人,他们关门歇业,早早出门去做弥撒,以便有一天的休息时间。这些小资产阶级不会离开市区,而是去杜伊勒里宫、卢森堡宫、兵工厂和林荫大道散步,在梅西耶看来,他们的这种

---

① 参见阿莱特·法尔热:《蒙让夫人的反抗:启蒙时代一对工匠夫妇的生活》,杨书童译,北京:生活·读书·新知三联书店,2023年。

② Christine Adams, *A Taste for Comfort and Status: A Bourgeois Family in Eighteenth-century France*, University Park: The Pennsylvania State University Press, 2000, pp. 1-2.

③ 罗伯特·达恩顿:《屠猫狂欢:法国文化史钩沉》,第155—156页。

④ Louis-Sébastien Mercier, *Tableau de Paris*, Paris: Pagnerre, 1853, pp. 206-215.

休闲方式非常无聊。此外，他们还到帕西（Passy）、奥特伊（Auteuil）、文森纳（Vincennes）或布洛涅森林（Bois de Boulogne）吃晚餐。甚至连宗教活动也是休闲：它是小资产阶级在黄昏时外出散步的借口，年轻女性则利用这些时间与情人幽会。富裕的资产阶级则有不同的安排，他们携带妻儿，提前一天乘坐马车前往位于城郊的乡间小别墅，在那里度过轻松而温馨的假期。节日和周日属于工人和资产阶级，还因为"有品味的人"——即上层社会，尤其是贵族——在这些日子都不出门，他们不愿意与平民共用散步和表演场所，进而也让符合平民趣味的平庸演员和老套节目占据了舞台。①

梅西耶说，富裕的资产阶级前往乡间别墅时，会把店里的小伙计也带上，这在巴黎樊尚印刷厂学徒的记述里得到了证明。《印刷工人轶事》称，印刷师傅和书商都是精明的商人，他们会利用城市或乡间的一切值得炫耀之物使自己显得与众不同。樊尚先生在塞纳河畔就有这样一所乡间别墅。曾导演屠猫狂欢的学徒热罗姆通过自己的努力重新博得师娘青睐，得以跟随师傅一家到乡间游玩。化身为热罗姆的《印刷工人轶事》作者孔塔显然觉得，能参加师傅一家的假日休闲是一件值得夸耀之事，因而专门辟出一章把它记录下来。② 此外，根据《印刷工人轶事》，在18世纪30年代的资产阶级和工人那里，工作时间与休闲时间的对立已经形成。不过，这种对立还没有在城市或国家的层面上制度化，而且资产阶级与工人之间也存在时间自由度上的阶级之分。③

由此可见，在一定范围内，法国的资产阶级和工人在18世纪已经形成自身的休闲文化。不同于17—18世纪法国贵族以消磨过多无聊时间为宗旨的"消闲"，法国资产阶级和工人的休闲与工作截然分开且彼此对立，具有明显的现代休闲的特性。此外，资产阶级的休闲旨趣与贵族的"消闲"明显不同。下一节将以猫的宠物化为线索，探讨18世纪女性和资产阶级私人休闲的兴起及他们的身份意识问题。

第二节　宠物猫：私人休闲与"情感革命"

当养猫不再是为了捉老鼠，而是为了把猫当作宠物时，养猫便从生产性

---

① Louis-Sébastien Mercier, *Tableau de Paris*, pp. 206-215.
② Louis-Sébastien Mercier, *Tableau de Paris*, p. 215; Nicolas Contat, *Anecdotes typographiques*, pp. 60-61.
③ 参见第四章第一节第三小节"勤劳革命的影响"。

的活动变成了休闲行为。欧洲基督教世界的猫自中世纪以来便形象不佳，猫的野性、与女性（或女性观念）的联系、与巫术和魔鬼的联系等，都使猫成为信奉罪感文化的欧洲人的替罪羊，并成为节庆狂欢中理所当然的被折磨和屠杀的对象。在此背景下，猫在 18—19 世纪经由女性和资产阶级之手变成了被广泛接受的宠物这一历史过程便具有了特殊的意义。

一、"情感革命"与宠物猫的诞生

18 世纪，法国发生了重大的经济和社会变革。布罗代尔和勒华拉杜里笔下长达四个世纪的"静止的历史"在 1730 年前后宣告终结，法国的人口和生产力迎来一次大跃进，使法国城市人口急剧增长。[①] 城市人口的增长以及他们创造的新生活方式为法国猫文化的转变提供了契机。

家庭情感与猫的宠物化

18 世纪以前，法国也有一些宠爱猫的例子。比如 17 世纪的黎塞留就养了很多猫，他甚至在遗嘱中给它们留出了一大笔钱。一些贵妇人和诗人也开始给死去的爱猫写墓志铭，七星诗社成员约阿希姆·杜·贝莱就为他的猫写过悼亡诗。[②] 但总体来说，它们都是极罕见的个案，并没有结构性的意义。假如女巫与猫的亲密关系是可信的，那么女巫或许是西欧历史上第一个明确把猫当作宠物的群体。不过这种亲密关系未必可靠，它很可能只是被猎巫运动不断强化的社会想象。

法国的宠猫文化在 18 世纪发生了实质性的变化。在讨论宠猫文化之前，我们先来看该世纪的肖像画中表现的猫，代表画家是弗朗索瓦·布歇（François Boucher）和让-巴蒂斯特·佩罗诺（Jean-Baptiste Perronneau），他们画作中的主要人物都是女性。表面上看，这些画作仍旧延续了法国的厌猫传统。弗朗索瓦·布歇喜欢用猫来表现女性的淫欲。但值得注意的是，布歇笔下的猫的色欲成分随着社会阶层的下降而逐级递减。在刻画贵族女性时，这种联系最为直白。在《危险的抚摸》（*Les caresses dangereuses*）和《出其不意》（*La surprise*，图 5-1）中，贵妇人和贵族小姐把猫抱在怀里抚弄，猫高高翘起的臀部和尾巴明白无误地象征着情欲。但他刻画资产阶级女性

① 罗伯特·达恩顿：《屠猫狂欢：法国文化史钩沉》，第 35 页；Sarah Maza, "Bourgeoisie", in William Doyle (ed.), *The Oxford Handbook of the Ancien Régime*, Oxford: Oxford University Press, 2012, pp. 129-131。

② Kathleen Walker-Meikle, *Medieval Pets*, pp. 29 & 99-100；Laura Vocelle, *Revered and Reviled: A Complete History of the Domestic Cat*, pp. 97, 107 & 148.

图 5-1　弗朗索瓦·布歇《出其不意》，1730 年

的画作则明显克制得多。《装扮》(*La toilette*)和《女服饰商》(*La modiste*)描绘的是同一个女服饰商。前一幅画中，一只小黄猫躺在她两腿之间的地上玩耍，这似乎指向女性的性器官。后一幅画中，穿戴齐整的女服饰商在给一个年轻女孩挑选饰物，一只猫独自卧在旁边的扶手椅中。另一幅《泡脚的年轻女子》(*Une jeune femme prenant un bain de pieds*)的主角可能也是同一人，她披着浴袍在一个描着中国青花图案的水桶里泡脚，一只猫很享受地卧在水桶旁边打盹。在表现社会下层时，布歇又换了一种风格。《美丽的厨娘》(*La belle cuisiniere*)里，厨娘在和男仆偷情，趁机躲在木桶后偷鸡的猫露出似是嘲讽的神情。而在农村题材的画作中，连这种微弱的联系也消失了。《美丽的村妇》(*La belle villageoise*)中的村妇在厨房里照看三个幼儿，

一只漂亮的小猫被一个小孩抱在怀里，透着天真和童趣。《小小农妇》(La petite fermière)中，喂鸡的小女孩和鸡舍上的猫都是乡村风俗的元素。

在让-巴蒂斯特·佩罗诺笔下，猫的形象取决于女主人的年龄。他在18世纪40年代创作了至少三幅女性抱猫的肖像画，这些猫被用来映衬女主人的个性。主人公或露正脸或露侧脸，猫则全都看向观众。其中《抱小猫的女孩》(Jeune fille au chat)①和《抱小猫的于基埃小姐》(Mademoiselle Huquier tenant un chat)的主人公是小女孩，她们的脖颈上系着蝴蝶结，瞪大的眼睛里透出自然的倔强或野性。她们双手抚弄着同样年幼的小猫，它们的眼神同样透出稚气、野性和好奇。猫身上没有任何饰物，它们与人的个性高度一致。另外一幅《马德莱娜·平克卢·德·拉格朗日》(Magdaleine Pinceloup de la Grange，图 5-2)是一个中年贵妇人抱着一只品种高贵的大猫。跟前面的两个小女孩相比，这位女子坐姿僵硬，皮肤松弛，神情疲倦，完全没有了启蒙时代所崇尚的"自然"之感。主人公脖颈上的蝴蝶结变成了珍珠项链，与猫脖颈上的铃铛形成呼应。然而，猫与人的神情却表现出明显反差。女主人显得比较平静。猫则面色可怖，神情阴郁、凶狠。这或许是因为它脖颈上被系上了铃铛？这串铃铛可能出自那个著名的寓言故事：一群老鼠商量着给猫系上铃铛，好在它走动时向老鼠发出警示。铃铛使猫丧失了它的天赋能力。②异体同构的猫代表了女主人的内心世界，她的铃铛就是那串珠链。三幅画放在一起，构成一个相对完整的卢梭式的社会隐喻：社会文明使人堕落。

总之，在这两位画家笔下，成年贵族女性肖像画里的猫仍旧是厌女主义的，他们特意把猫与女性的淫欲和内心阴暗等"缺陷"联系在一起。但随着年龄和社会阶层的下降，猫的形象愈发趋近自然，这颇有些卢梭式的启蒙主义的味道。比他们略晚一些的让-奥诺雷·弗拉戈纳尔(Jean-Honoré Fragonard)尽管没有那么强烈的厌女主义，但他笔下的猫仍与情欲——尤其是女性的情欲——有关。

然而，这些都是男性画家视角下的女性与猫的形象。倘若抽离性别视角就会发现，上文所讨论的肖像画的女主人实际上已经把猫当作宠物。上一章引述的约库尔骑士关于避免与猫太过亲密的警告则表明，尽管厌猫仍

---

① 有观点认为这是模仿让-巴蒂斯特·佩罗诺的作品，但这对我们的分析影响不大。

② 17 世纪法国作家拉封丹的寓言故事集里就有该故事(参见拉封丹：《拉封丹寓言诗全集》第二卷第二则"群鼠会"，杨松河译，南京：译林出版社，2004 年，第 48—49 页)。因此，这串铃铛出现在 18 世纪法国画家笔下不足为奇。

图 5-2　让-巴蒂斯特·佩罗诺《马德莱娜·平克卢·德·拉格朗日》,1747 年

是 18 世纪法国人的主流态度,但社会上已经出现了足以引起关注的爱猫人群。路易-塞巴斯蒂安·梅西耶估计,18 世纪末巴黎家猫的数量可以与狗并驾齐驱,大约有 20 万只,并且全部是用面包或饼干喂养的。① 鉴于大革命前夕法国出现了严重的谷物危机,梅西耶所说的喂养方式可以视作这些猫是宠物的证据。尽管他的说法过于夸张,但他对于这些宠物消耗过多粮食的反感仍可反映出他对宠物猫数量增长的切身感受。

　　宠猫者都是些什么人? 首先可以排除的是处在社会下层的群体,他们没有养宠物猫的物质和文化条件,达恩顿在《屠猫狂欢》一书中所作的微观研究扩展到法国下层社会应当没有多大问题。包括启蒙哲学家在内的上流社会男性也基本可以排除,这在前文已有探讨。结合启蒙哲学家的社交范围推测,约库尔骑士的警告应该主要是针对贵妇人。同样,肖像画的女主人包括了贵妇人和资产阶级女性。那些男性画家的态度还表明,18 世纪法国

---

① 　Louis-Sébastien Mercier, *Tableau de Paris*, t. 2, Neuchatel: Samuel Fauche, 1781, p. 304;

精英阶层的男性普遍无法理解女性的爱猫行为,因而把猫与女性的"缺陷"联系在一起。另一个宠猫群体是资产阶级,其中的女性同样能在肖像画中见到。根据尼古拉·孔塔记述"屠猫狂欢"事件的文本,热爱猫的不只是他的师傅和师娘,还有许多巴黎印刷业师傅,"其中一位养了二十五只猫,他给它们画像,用烤肉和家禽喂养"——在这里,孔塔用的全是阳性名词,即是指男性师傅。① 可以说,在某种程度上,养宠物猫已经成为 18 世纪巴黎印刷业师傅这个资产阶级群体和他们的家庭的共有文化。另外两个事实也可以从侧面证明宠猫文化与资产阶级的特殊联系:其一,17—19 世纪,在资本主义经济和资产阶级文化更发达的英国,其宠物猫文化比不承认资产阶级地位的法国更早熟、更发达;其二,法国宠物猫文化的飞跃式发展出现在大力发展资本主义经济的第二帝国时期,且与英国资本主义文化的输入有明显联系。② 这些联系绝非偶然。由此看来,在 18 世纪面向法国贵族阶层的静物画中,猫被视作资产阶级的镜像并非全无来由。而在孔塔所记述的"屠猫狂欢"事件中,工人和学徒也抱有和贵族同样的看法,因而才有可能把屠猫虐猫视作对资产阶级夫妇的"精神胜利"。

尽管宠猫者仅占 18 世纪法国资产阶级和中上层女性的一部分甚至一小部分,但与此前零星的爱猫个案相比,它仍然具有明显的群体性特征,这也是法国猫宠物化进程中第一次具有结构性意义的重要变化,而它的背景是以资产阶级和中上层女性为中心的近代法国私人生活的兴起。如果说狗的属性和形象使贵族选择它是出于彰显身份和地位的社会需求(见下文),那么猫在近代早期的文化形象决定了它不可能具有这种社会功用。③ 可以说,资产阶级和中上层女性选择猫更多的是出于个人化的情感需要。

在中世纪,与巫术和魔鬼发生关联的除了猫,还有许多其他动物,其中既有狐狸、猴子、蝙蝠、蟾蜍等野生动物,也有羊、狗、鸭、鹅等家畜。但随着时间的推移,猫的地位日益凸显,最后几乎成为魔鬼在世间唯一的代言动物。这一过程是如何发生的? 可以推测,它与近代西方的城市化和私人生活的兴起且城市文化成为主要的社会文化模式有关,因为在这一社会进程中,其他动物都远离了城市居民的日常生活,唯独猫——和主要以正面形象

① Nicolas Contat, *Anecdotes typographiques*, p. 52.
② 这些探讨参见 Kathleen Kete, *The Beast in the Boudoir: Petkeeping in Nineteenth-Century Paris*, Berkeley: University of California Press, 1994。
③ 近代早期的法国宫廷社会是一个带有极大社会强制力的交际场,宫廷贵族的行为举止在很大程度上是出于社会压力而非个人选择(参见 Norbert Elias, *The Court Society*)。

出现的狗——与人的关系日趋密切。洛朗斯·博比发现的猫狗关系取代猫
鼠关系成为人们观念中动物世界的主要矛盾，①就是这种变化的突出反映。
另一个有意思的佐证是，18世纪的法国哲学家布丰尽管厌恶猫，但他发现
猫是一种恋家——但并非依恋主人——的动物，②这与中世纪人所说的猫
总喜欢往外面跑的形象形成了鲜明对比。发生变化的并非猫的秉性，而是
人们愈加室内化和秘密化的生活方式给猫带来的影响。

　　菲利浦·阿利埃斯在他开创性的家庭史和私人生活史研究中提出，在
强调人际依赖关系的旧社交性结构下，家庭并不具备情感的功能，而情感也
不是家庭生活的必需。尽管家庭情感在16世纪开始出现，但家庭与社会直
到18世纪才开始拉开距离，家庭从公共空间的一部分变成了私人生活的场
所。他进一步提出，这一变化首先发生在贵族、布尔乔亚、富有的手工业者
和农场主阶层中。③ 较新近的研究把引领这一变化的主体更明确地指向了
城市资产阶级。安尼克·帕尔代尔-加拉布兰在其关于近代早期巴黎室内
亲密生活兴起的研究中指出，巴黎家庭的室内物品在18世纪急剧增加，并
在18世纪下半叶出现了专门用于睡觉和私密生活的卧室，而卧室此前是会
客的场所。在她的研究样本中，资产阶级占了一半以上，教士和贵族仅占
8.5％。④ 尽管莎拉·马萨（Sarah Maza）试图说明以温情脉脉的家庭之爱为
中心的社会理想并非资产阶级所特有，但启蒙时代流行的"资产阶级戏剧"
（drame bourgeois）表明，资产阶级对这种注重家庭情感的新生活方式的兴
起发挥了重要作用。根据林·亨特的研究，18世纪法国文学中严厉专横的
旧式父亲向慈爱的好父亲的转变，便是在反映贵族家庭生活的小说向反映

---

① Laurence Bobis, *Une histoire du chat : de l'antiquité à nos jours*, p. 143.

② Buffon, *Oeuvres complètes*, t. 2, pp. 499-500.

③ 参见菲利浦·阿利埃斯：《儿童的世纪：旧制度下的儿童和家庭生活》第三部分"家庭"；菲利浦·阿利埃斯、乔治·杜比主编：《私人生活史》第三卷"激情——文艺复兴"，杨家勤等译，哈尔滨：北方文艺出版社，2009年。在旧制度时期，法语 bourgeoise 既可指城市居民，亦可指教士、贵族以外的有产者，因此富有的手工业者和农场主都可算作资产阶级。

④ Annik Pardailhé-Galabrun, *The Birth of Intimacy : Privacy and Domestic Life in Early Modern Paris*, trans. by Jocelyn Phelps, Cambridge: Polity Press, 1991, pp. 23, 40-72. 如果立有财产公证的商人、市民、行会师傅、律师、医生及部分官职人员都可算作资产阶级，则该阶级的人数占到总数的60％以上。

资产阶级生活的"资产阶级戏剧"的过渡中完成的。① 在孔塔的记录中,巴黎的印刷业师傅养猫是一种包括男主人在内的家庭行为,而不是像下文分析的玛格丽特·热拉尔(Marguerite Gérard)反映贵族生活的画作那样只与女主人和儿童有关。由于雅克·樊尚全家就住在他们的印刷厂的楼上,雅克·樊尚不仅和妻子一起养猫,还深度参与包括养育子女在内的所有家庭生活,而妻子和子女也反过来参与印刷厂的工作。与此相对,18 世纪的法国贵族依然聚集在巴黎郊外的凡尔赛宫,恋家很难成为贵族男性的基本情感。

另一个对家庭情感起到关键作用的群体是女性,特别是中上层家庭中的妻子。随着大革命前夕父亲角色的缺席,女性的角色显得愈发重要。② 女性与家庭私人生活的联系在 19 世纪和 20 世纪上半叶依旧十分稳固,以致法国一直到 1944 年才赋予女性选举权,皮埃尔·罗桑瓦龙认为这主要是因为女性被长期禁锢在家庭私人生活领域,以至于不能像男性那样被视为自主的社会人。③

阿利埃斯在研究近代家庭的情感化时,主要讨论的是父母与孩子,特别是母亲与孩子之间的情感,对夫妻情感则很少论及。在旧制度法国的贵族阶层,基于爱情的婚姻仍旧罕见。17—18 世纪之交的贵妇人经常在私人通讯中表达与子女的亲密及与丈夫的疏远。塞维涅夫人将丧偶视同获得新生,并称应该为在战争中失去儿子的母亲们感到悲痛,但年轻的寡妇不需要同情,因为她们会很乐意做自己的女主人或更换男主人。④ 奥尔良公爵夫人经常带着亲密的情感提到她的儿子即 18 世纪初的摄政奥尔良公爵,也经常提到她与丈夫之间的冷漠关系,并在 1696 年称两人已有 19 年未曾同床。⑤ 卢梭则在《忏悔录》中证明 18 世纪中叶法国贵族阶层的夫妻关系仍

---

① 关于"资产阶级戏剧"与家庭情感之间的关系的讨论,参见 Sarah Maza, *The Myth of the French Bourgeoisie: An Essay on the Social Imaginary, 1750-1850*, esp. pp. 61-68;林·亨特:《法国大革命时期的家庭罗曼史》,郑明萱、陈瑛译,北京:商务印书馆,2008 年,第 28—30 页。或许有人认为这里的 drame bourgeois 应译作"市民剧",但即便如此,从这些戏剧的内容来看,这个"市民"也不应是所有拥有城市权力的人(见下文),而是更接近于今天所理解的城市资产阶级。

② 林·亨特:《法国大革命时期的家庭罗曼史》,第 34—59 页。

③ 皮埃尔·罗桑瓦龙:《公民的加冕礼:法国普选史》,吕一民译,上海:上海人民出版社,2005 年,第 98—109、322—334 页。

④ N. Z. Davis and Arlette Farge (eds.), *A History of Women in the West* Ⅲ: *Renaissance and Enlightenment Paradoxes*, p. 281.

⑤ Elisabeth Charlotte d'Orléans, *The Letters of Madame: the Correspondence of Elisabeth-Charlotte of Bavaria*, v. 1, p. 141.

缺乏情感支撑，但这种情感在卢梭的父母亲组成的这个日内瓦小资产阶级家庭已经生根。① 斯蒂芬妮·库兹(Stephanie Coontz)关于爱情和婚姻史的研究表明，为爱结婚在18世纪成为一种社会理想，婚姻由政治和经济联盟变成两个人之间的私人关系，是否满足情感需求成为衡量婚姻成功与否的标准。相应地，丈夫和妻子的形象也在18世纪发生了变化，丈夫成为家庭的经济支柱，妻子则成为家庭的情感核心。但这一进程在不同国家和社会阶层并非同步发生。基于爱情的婚姻早在17世纪60—70年代就已受到英国人追捧，但18世纪中叶的法国人还对它感到新奇，许多工人家庭则到20世纪才把它当作一种准则。② 由此看来，夫妻关系的情感化似乎与资产阶级意识形态在各个国家和社会阶层的普及程度有关。斯蒂芬妮·库兹还指出，在18世纪70年代，已经有超过40％的法国人认为基于感情的婚姻才是有效的；而到了19世纪，欧洲的中上层阶级更是将打老婆视为"下层人"的恶习。③ 当然，在18世纪的法国，尤其是在上流社会，也许我们更应该把这种新式夫妻关系看作一种理想或未来趋势，而非主流的现实选择。但无论如何，夫妻关系的情感化以及母亲在家庭情感中扮演的核心角色，使女性的社会地位在18—19世纪持续上升。

18世纪法国绘画中表现猫的场景及猫的形象的变化，反映了猫的宠物化与以女性和资产阶级为中心的私人生活兴起之间的关系。15—16世纪的绘画大都把猫放置在开放性的公共场景中，即使是放在室内，这些房屋也往往十分开阔，并通过巨大的拱门等结构与室外直接连通。17世纪，尼德兰等地的画家开始在乡村风俗画中表现猫在小型家庭生活中的地位，而在喜欢宏大叙事的法国巴洛克画家笔下，猫却没有相应的地位。尽管黎塞留喜欢养猫，甚至专门拨出一部分遗产来喂养猫，但他的画像中有具有政治象征的狮子等动物，却没有猫，这或许表明他已经把猫视作私人生活领域的动物。④ 在路易十四的宫廷罕有朋友且备受丈夫冷落的奥尔良公爵夫人也喜欢养猫，以作为其孤独生活的慰藉，但这位巴伐利亚选帝侯之女与凡尔赛宫的文化格格不入，倘若生活在一个世纪以前的中下层社会，她很可能会被视

① 卢梭在《忏悔录》开头温情脉脉地回忆了父母亲之间的深厚感情，但这种情感在后面的华伦夫人等贵族贵妇中间很难看到。参见卢梭：《忏悔录》。

② Stephanie Coontz, *Marriage, a History: How Love Conquered Marriage*, New York: Penguin Books, 2005, pp. 145-147.

③ Stephanie Coontz, *Marriage, a History: How Love Conquered Marriage*, pp. 147-148.

④ Laura Vocelle, *Revered and Reviled: A Complete History of the Domestic Cat*, p. 148; Champfleury, *Les chats*, pp. 90-92.

作女巫。到了18世纪,随着更加关注私人生活尤其是室内私密生活的洛可可绘画的兴起,法国画家第一次表现出了对刻画猫的浓厚兴趣。在这个时期的静物画和肖像画中,猫便是主要出现在封闭的室内或其他私人生活场景里。

这里需要特别介绍18、19世纪之交的女画家玛格丽特·热拉尔,与早些时候的男性画家相比,她更直接地从女性视角揭示了家庭私人生活中的贵族女性与猫的宠物化之间的关系。她的画笔清晰地展现了一种以母亲和婴儿为中心的新的家庭情感,并暗示了贵族阶层男性和女性的角色分工。她的猫同样是上层女性和儿童的宠物,同时她明确表明猫在女性主导的家庭内的地位高于狗。但她没有男性画家那种厌猫和厌女主义。《猫的午餐》(Le déjeuner du chat)中,一只蹲坐在椅子上的猫从女仆端着的碟子里舔食牛奶,狗则眼巴巴地蹲在地上看着,它的食碗放在椅子下面的地上。但当家里出现一个婴儿时,猫、大一些的孩子、男主人都被冷落了。在《母爱》(La maternité,图5-3)中,光亮聚集在一个少妇和被她托举起来亲吻的婴儿身上。一条狗从地上立起来,前腿趴在她膝盖上,似乎竭力代表男主人向她争宠。[①] 真正的男主人站在背后的阴影里,百无聊赖地看着大一些的孩子用木棍逗两只小猫,似乎暗示他的世界在家庭之外。然而,这是一幅创作于大革命之后、拿破仑上台之前的作品,此时贵族男性在外面亦无用武之地。在创作于大革命前的《婴儿学步》(Le premier pas de l'enfance)中,一个婴儿在母亲和女仆的看护下迈出人生第一步,一只猫蹲坐在旁边看着,画面中既没有狗,也没有男主人。《哺乳的母亲》(La mère qui allaite)中,只有墙上的男主人画像在注视学步的婴儿,猫躺在女主人旁边的椅子上。男主人和他的狗去哪里了?应该不是去打仗。在画家创作于拿破仑时代的几幅画中,狗代表去打仗的男主人留在家中。《读信》(La lecture d'une lettre)中,婴儿被交到女仆手中,女主人站在火炉前专心阅读丈夫寄来的家书。狗抬高了头,似乎也急切地想知道男主人的消息。背后的暗影里,漠不关心的猫

---

① 18—19世纪的画作喜欢用狗来代表男主人,猫代表女主人,比如19世纪一幅题为《家庭权力大争斗》(La grande querelle du ménage)的典型版画:一对夫妻在争抢一条象征着家庭主导权的裤子,狗和男孩帮助丈夫攻击妻子,猫和女孩帮助妻子攻击丈夫。根据学者的研究,夫妻争夺裤子是15—19世纪西欧绘画的常见主题。从作者提供的材料来看,19世纪以前该主题的绘画中偶尔会出现狗,但同时出现狗和猫并明确地与男女主人对应是19世纪法国的新现象。参见 Christiane Klapisch-Zuber, "La lutte pour la culotte, un topos iconographique des rapports conjugaux (XVe-XIXe siècles)", *Clio. Femmes, Genre, Histoire*, Vol. 34, 2011, pp. 203-218, DOI: 10.4000/clio.10331. 所述版画见于第213页。

图 5-3　玛格丽特·热拉尔《母爱》,约 1795—1800 年

独自向着炉火。《坏消息》(*La mauvaise nouvelle*)带来了男主人阵亡的消息,伤心欲绝的女主人手持信笺在扶手椅中晕厥过去,女仆把药瓶放到她鼻子底下。一条小狗共情地望着女主人,猫则不见了踪影。总之,在女画家笔下,猫是贵族家庭女性和儿童的伴侣动物,但它与男主人的关系相当疏远。

玛格丽特·热拉尔的画作还包含着一层重要的历史隐喻:家庭生活、女性和猫三者地位的提升发生在同一个历史时期,甚至属于同一个历史进程。她同时表明,在贵族阶层以女主人和婴儿为中心的家庭之爱中,男主人是缺席的——她发现了夫妻之爱,但它只在拿破仑时代丈夫去打仗时才强烈地表现出来。总之,在贵族家庭里,男主人还没有准备好担当起慈爱的"好丈夫""好父亲"的角色。无论是与家庭还是与猫的关系,这些贵族男性与孔塔记述的巴黎印刷业师傅都明显不同。这或许也是这位女画家终生未婚的原因。

资产阶级和女性的"文化宣言"

那么,这些中上层资产阶级和女性为什么会选择臭名昭著的猫,而不是早已被普遍接受的狗？

随着历史研究的"文化转向"，18—19世纪的法国资产阶级史成为当今法国史研究领域的重大关碍，其原因是多方面的，包括近代法国的bourgoise一词含义模糊不清，且学者认为在这个时期的法国很难找到拥有自我文化认同的资产阶级群体。这一学术观点发展的极端是莎拉·马萨直接否认法国资产阶级的存在。尽管马萨后来对自己的观点作了一些修正，特别是承认1720年以后法国的经济发展和城市化必然带来了资产阶级人数的增长，但她仍然坚持法国不存在资产阶级的自我认同。[①] 对于这个问题，学者们提出了各种解决方案，但至今未有定论。[②] 笔者在此大胆提出，宠物猫是18世纪法国资产阶级具有自我意识的重要表征：它是资产阶级的"文化宣言"。

首先，在旧制度时期的法国，bourgeois或"资产阶级"并非总是一个模糊不清的概念。诚如学者所指出，旧制度法国的"资产阶级"成分庞杂，各种定义或理解互相矛盾，造成概念上的严重混乱。[③] 然而，这种混乱并不是绝对的，在某些语境下，bourgeois一词的所指十分明确。比如，在尼古拉·孔塔记述"屠猫狂欢"事件的《印刷工人轶事》中，无论是在孔塔本人的记述中还是在印刷工人和学徒的日常对话中，他们都喜欢把师傅称作 le Bourgeois；招收新学徒时，工头要把人带到 le Bourgeois 的房间做报告；排版完成后，作者如要做修改，他需要与 le Bourgeois 商定重新排版的价格；学徒需要跟 le Bourgeois 同时吃完午饭；师娘和 le Bourgeois 都渴望为"小灰"报仇……[④]这里的 bourgeois 显然不能遵照一些17—18世纪的字典或法律

① Sarah Maza, *The Myth of the French Bourgeoisie: An Essay on the Social Imaginary, 1750-1850*; Sarah Maza, "Bourgeoisie", pp. 127-140.

② 马萨称，虽然有人呼吁基于穿衣、吃饭、行动、说话等社会实践来研究资产阶级，但截至她发稿时学界仍没有这方面广泛或系统的研究（Sarah Maza, "Bourgeoisie", p. 138）。在国内，庞冠群建议采用社会史和文化史相结合的路径对法国资产阶级进行综合研究，而非片面地强调某些因素（庞冠群：《从社会史到文化史：法国资产阶级研究范式的变迁》，《天津社会科学》2010年第1期，第136—144页）。黄艳红认为只有在三级制度的框架之下才能真正理解旧制度法国的bourgeois这一概念，因此提出 bourgeois 是第三等级中争取获得贵族等级所特有的尊贵身份的一个上层集团（黄艳红：《法国革命史中的"资产阶级"概念辨析》，《史学理论研究》2013年第3期，第4—8页）。张弛基于大革命期间关于财产及其权利的话语转变，认为大革命期间财产观念的狭隘化促成了现代资产阶级意识的形成（张弛、吕一民：《法国革命时期的财产观念、政治权利与资产阶级的自我认同》，《史学集刊》2015年第1期，第71—80页）。

③ Sarah Maza, *The Myth of the French Bourgeoisie: An Essay on the Social Imaginary, 1750-1850*, pp. 21-26.

④ Nicolas Contat, *Anecdotes typographiques*, pp. 33, 47, 49, 54.

翻译成"市民",而只能译作"资产者"或"资产阶级"。① 根据孔塔编撰的"印刷工人黑话集",这是巴黎印刷业工人中间通用的"黑话"。吉尔斯·巴伯进一步指出,同样是在 18 世纪的巴黎,当过印刷工人的雷斯蒂夫·德·拉布勒托使用这个词语来指代师傅。② 总之,在 18 世纪巴黎印刷工人和学徒口中,bourgeois(和指代整体的 bourgeoisie)的含义十分明确,就是指行业师傅这个今天同样被视作资产阶级的阶层。因此,在一定范围内,语义明确且符合古今理解的法国资产阶级是存在的。

那么,印刷业师傅们是否认可自身的资产阶级身份? 笔者认为,印刷业师傅集体性地养宠物猫,便是他们认可自身的资产阶级身份的重要表征。这是因为,无论有意还是无意,他们选择猫都是对旧制度法国精英文化和大众文化的双重反叛。自中世纪以来,狗早已被广泛接受为人类的忠诚伴侣,它是帮助人类对抗来自社会、自然和超自然的威胁的亲密仆从。在宗教改革时期的宗教画中,狗被描绘成基督的战士。而在世俗社会中,狗的社会和文化形象很早就与贵族的身份地位联系在一起,因为早期的狗首先是生产性的,即守护主人和用于狩猎,前者是附庸制的隐喻,后者是贵族的特权。这使狗的宠物化几乎不存在文化上的障碍。在近代早期的法国宫廷,狩猎已不再具有生产功能,而变成了一种彰显王室荣耀和贵族身份的娱乐。相应地,从 15—16 世纪开始,欧洲出现了许多论述狗的文章和著作,它们对狗的品种和等级也作了极为详细的区分,饲养品种优良的狗成为贵族身份的重要象征。因此,狗频繁地出现在贵族主人昂贵的肖像画中,贵族的城堡里甚至挂有单独的狗的肖像画。③ 到了启蒙时代,在布丰具有明显的人类中心主义的动物观念中,不同物种是有等级高低的,这主要取决于动物的内在品质。家狗性情温顺,热情忠诚,能迅速适应主人的行为习惯,与主人形成亲密的关系,竭诚守护主人,以主人的情感为中心,凡此种种,都使它成为德行完备的高贵动物和卓越的人类伴侣。④ 狗的品性实际上反映了继承自中

---

① 这些词典定义参见 Sarah Maza, *The Myth of the French Bourgeoisie: An Essay on the Social Imaginary, 1750-1850*, p. 23。另外,根据旧制度时期的巴黎法律,某人只要在城里住上一年零一天便可获得巴黎 bourgeoisie 的权利或资格(黄艳红:《法国革命史中的"资产阶级"概念辨析》)。如此,则"屠猫狂欢"事件中的工人和学徒都属于 bourgeoisie,因为工人基本上都是已出师的学徒,而一个完整的学徒期是四年。然而,在《印刷工人轶事》中,当孔塔、工人和学徒贬抑地使用 bourgeois 一词指称师傅时,他们显然把自身排除在该词的所指范围之外。

② Nicolas Contat, *Anecdotes typographiques*, p. 68. 吉尔斯·巴伯的注释见于该页脚注 57。

③ 蒂莫西·布莱宁:《企鹅欧洲史》卷六"追逐荣耀:1648—1815",吴畋译,北京:中信出版社,2018 年,第 487—497 页。

④ Buffon, *Oeuvres complètes*, t. 2, pp. 474-475.

世纪附庸制的近代法国等级社会对忠诚的要求。夏多布里昂曾把法国贵族的历史划分成优越、特权、虚荣三个时期,由第一时期走出后堕入第二时期,并毁灭于第三时期。① 如果说狗在优越阶段是贵族的狩猎工具和伴侣,那么在特权和虚荣阶段,它们就日益变成一种身份记忆,成为特权的象征。

猫则恰恰相反。它贪婪、自我、野性难驯、爱慕虚荣、喜欢盗窃,在贵族和平民社会中都没有地位,在宗教观念里更被视作巫术和魔鬼的化身。17—18世纪的英国和法国哲学家在"科学化"的观察中进一步发现,第一,猫虚伪、诡诈,懂得隐藏自己的意图,懂得观察、等待、把握时机,懂得如何逃避惩罚、规避危险。第二,它喜欢舒适,热衷于保持光洁的外表。第三,最为重要、也是哲学家们花了最多笔墨加以描述的,是猫的独立性。比如,猫自私自利,它只在乎自身的快乐,而不像狗那样乐于取悦主人;它的领地意识很强,依恋自己的成长环境,不愿意在任何陌生的地方逗留;它不依恋主人,从不愿意出于对任何人的爱而离开家。这种与狗截然相反的独立性被视为猫天然不忠诚的罪证。②

在这种社会文化背景下,作为中间阶层的资产阶级一反精英和大众的态度,率先把猫当作宠物,自然具有文化反叛的意味。从这个意义上说,集体养宠物猫表明法国资产阶级是一个具有自觉文化意识的社会阶层。至少在18世纪喜欢养宠物猫的巴黎印刷业师傅中,这一论断是可以成立的。

由此可以进一步认为,宠物猫反映了资产阶级有别于贵族精英和普罗大众的特殊文化追求。这大致包括以下几个方面,它们都与启蒙哲学家发现的猫的上述特性有关。第一,资产阶级注重私人生活和私密情感。第二,资产阶级寻求精致、舒适的生活方式,而非贵族式的浮夸排场。第三,资产阶级追求独立性,而非贵族式的忠诚。我们很难获得这种联系的直接、确凿的证据,但从侧面加以论证仍是可能的。前文已讨论过由资产阶级和女性引领的旧制度法国日常生活的私密化和情感转向,这里重点讨论资产阶级追求舒适性和独立性的问题。

经济是独立的基础。路易十四时代的圣西门公爵早已发现,国王鼓励贵族进行夸张的奢侈消费,其目的正是令他们陷入贫困,从而死心塌地地依

---

① 夏多布里昂:《墓畔回忆录》上,程依荣等译,上海:东方出版社,2005年,第2页。
② Buffon, *Oeuvres complètes*, t. 2, pp. 497–505. 事实上,英国人爱德华·托普塞尔(Edward Topsell)在17世纪初就已经探讨这些问题,比法国的布丰早了一个多世纪,这可能与英国的资产阶级及其养猫文化更早成熟有关,参见 John D. Blaisdell, "A Most Convenient Relationship: the Rise of the Cat as a Valued Companion Animal", p. 220。

附于王权。① 大革命前,以高等法院法官为核心的新贵族强调自由,②因为出身资产阶级的他们在加入贵族行列后发现自己丧失了原有的独立性,不能再经商无疑是造成这一困境的原因之一。相比之下,新兴资产阶级尽管被贵族视为市侩、庸俗的逐利阶层,但他们在经济上是独立的。莎拉·马萨指出,18世纪的法国人在谴责奢侈问题时,他们最核心的论点是它扰乱了社会等级。由于君主和贵族旨在维持社会地位的奢侈消费是正当的,谴责自然而然地指向了新兴的资产阶级。"奢侈"被视为具有威胁性的社会变革暗语。而防止法国变成像英国或荷兰那样的被资产阶级操控的"没有灵魂的共和国",正是18乃至19世纪法国知识界的普遍理想。③ 换一个视角来看,这些批评实际上指出了法国资产阶级相对于宫廷贵族的独立性。

莎拉·马萨还发现,尽管"资产阶级"一词在17—18世纪的词典中几乎都是贬义的,但却有一个例外:当与家庭和私人生活联系在一起的时候,它的用法总是褒义的。她认为这是因为当时的法国社会要求把资产阶级的角色限定在家庭和私人领域之内,一旦超出这个范围则其用义变成贬义。④但笔者认为,更合理的解释也许是,它表明了一种首先在资产阶级中间形成的生活方式得到了社会的认可,这种生活方式以新兴的家庭私人情感为中心,其内涵还包括达恩顿所说的以"资产阶级烹饪"为标志的崇尚简单、精致、舒适(相对于路易十四时代贵族公开展示的奢华排场而言)的风气——达恩顿甚至认为,就确认资产阶级作为城市新主人的身份而论,"资产阶级烹饪"所发挥的作用超过了工厂。⑤ 克里斯汀·亚当斯(Christine Adams)对18世纪波尔多的拉莫特家族的微观研究则显示,这个资产阶级家庭的夫妻、亲子、兄弟姐妹之间维持着充满爱的亲密关系,他们有明显的隐私意识,过着一种干净、讲究、适度奢华且强调舒适性的家庭生活。尤为重要的是,他们对自身的职业身份和地位拥有强烈的认同感和自豪感,对巴黎文化则

① Louis de Rouvroy de Saint-Simon, *Mémoires complets et authentiques du duc de Saint-Simon sur le siècle de Louis XIV et la Régence*, t. 12, p. 465.
② 关于大革命前法国贵族对"自由"的追求,参见黄艳红:《法国旧制度末期的税收、特权和政治》,北京:社会科学文献出版社,2016年。
③ Sarah Maza, *The Myth of the French Bourgeoisie: An Essay on the Social Imaginary, 1750-1850*, esp. pp. 53-61.
④ Sarah Maza, *The Myth of the French Bourgeoisie: An Essay on the Social Imaginary, 1750-1850*, p. 26.
⑤ 罗伯特·达恩顿:《屠猫狂欢:法国文化史钩沉》,第165—166、169页。关于"资产阶级烹饪"的流行,亦可参见丹尼尔·罗什:《启蒙运动中的法国》,杨亚平等译,上海:华东师范大学出版社,2010年,第575—578页。

怀着既仰慕又戒备的心态,反映出他们具有独立的文化和身份意识。①

　　达恩顿所研究的那位 18 世纪下半叶蒙彼利埃"如假包换的中产阶级市民"具有更明确的资产阶级身份认同,尽管这个"资产阶级"与今天的理解有显著差异:在这个蒙彼利埃中产阶级的意识中,"资产阶级"作为仅次于贵族的城市第二等级,他们是"只靠定期收益生活"的食利者,而不是经营产业的商人,因而他一面为该阶级与上层贵族②的融合沾沾自喜,一面却极端仇视尼古拉·孔塔在《印刷工人轶事》中所称的那种"资产阶级",他把后者视为威胁并将他们排除在他的"资产阶级"之外。可以说,曾经备受莫里哀嘲讽的"资产阶级绅士"的理想在这位中产阶级身上实现了,只不过他的自我身份认同是"资产阶级"而非贵族。他甚至批判传统贵族的特权和无所事事。③ 该如何理解这种既仰慕又批判贵族的现象?笔者认为,就像资产阶级也效仿贵族养狗一样,这是法国资产阶级谋求独立性和形成自身文化的正常过程,而效仿贵族与形成文化自觉之间并不矛盾。

图 5-4　弗朗索瓦·布歇《装扮》,1742 年

---

① Christine Adams, *A Taste for Comfort and Status: A Bourgeois Family in Eighteenth-century France.*

② 指出身于资产阶级并通过购买官职等手段晋阶的新贵族,而非传统贵族。

③ 罗伯特·达恩顿:《屠猫狂欢:法国文化史钩沉》第三章"资产阶级梳理他的世界:城市即文本"。

　　关于宠猫与资产阶级和女性的文化自觉之间的联系，还可以从弗朗索瓦·布歇的《装扮》中获得有益的启示。这幅画作和同为布歇创作的《女服饰商》《泡脚的年轻女子》表现的都是同一个资产阶级女性，而且三幅画里都有猫。与画家在蓬巴杜夫人等贵妇人的肖像画里呈现的虽有序但夸张和僵硬的感觉不同，这几幅以资产阶级女性为主角的画作给人以虽略显杂乱，但总体上轻松自在甚至温馨的感觉。《装扮》(图 5-4)里，晨起的女主人一边系袜带，一边打量年轻的女助手送来的褶边帽。一只黄色的小猫在她腿下玩弄线团，旁边的地上丢着中国团扇等小物件。中式矮屏风边上随意地挂着一个钱袋。壁炉已经燃起，炉台上的烛火尚未熄灭。朝阳照在后面墙纸上，反射出温暖的色调。壁炉只装饰了简单的雕花，不似贵族家庭那种繁复夸张的罗马浮雕。一切都显得简单、自然而舒适。女主人身后立着一面绘有花鸟图案的中式折叠屏风，隔离出后面的隐私空间，它和其他洛可可时代的中国风格饰物一起透露出女主人的文化趣味。墙壁上挂着一幅肖像画，它被中式屏风遮挡住了，只露出半个脑袋，但依然可以看出是女主人公的肖像。近代西欧的许多贵族家庭肖像画都采用了类似的构图，让男女主人公在画像的注视下活动，而画像中的角色通常是不在场的男性家长。[①] 因此，《装扮》中的女主人公挂上自己的肖像，可视为一个重大突破，它或许暗示这位资产阶级女性是个独身女子，并且表明她具有强烈的独立意识和自我身份认同。画家用中国屏风遮住半幅肖像画，或许就是因为这种性别和阶级的双重独立性表态过于惊世骇俗？ 此外，如前文所述，在布歇笔下，贵族女性都把猫抱在怀里，而三幅资产阶级女性画作中的猫要么躺在主人身下，要么独自卧在沙发椅里，这似乎是以猫的独立性来暗示女资产阶级的独立性。

　　从以上对弗朗索瓦·布歇的《装扮》和玛格丽特·热拉尔诸多画作的分析可以看出，通过宠物猫表达其文化宣言的不单是资产阶级，还有中上层女性——玛格丽特·热拉尔这位女画家的出现和成功本身就是一个有意义的参照。猫、资产阶级、女性共有的负面形象使三者的"结盟"更加意味深长。当然，资产阶级和中上层女性借由宠物猫发出的"文化宣言"并非大声疾呼，而是一种静默的宣言。然而，这种默而不宣的文化宣言并非没有力量。蒙克里夫在 1727 年出版的《猫》中讲述了这样一件真人真事：一位贵妇人终生与猫为伴，临死时把一笔财产和两幢房子遗赠给这只猫，并专门请公证人来

① 参见 N. Z. Davis and Arlette Farge (eds.), *A History of Women in the West* Ⅲ: *Renaissance and Enlightenment Paradoxes*, pp. 236-239。前述玛格丽特·热拉尔的《哺乳的母亲》里就有这样一幅画中画。

立一份以猫为受益人的遗嘱。在反映这件事情的插画中,贵妇人躺在床上抚摸她的爱猫,一边向公证人口授她的遗嘱。坐在床边的男性公证人停下手中的笔,把头转向贵妇人,他目瞪口呆的神情表明了遗嘱的内容令他震惊。画面的张力表达了垂死的贵妇人对主流观念提出的挑战。[①] 总之,资产阶级和中上层女性率先以具有结构性意义的宠猫群体的姿态出现,意味着他们作为具有文化自觉的社会群体开始登上法国的历史舞台,尽管他们距离获得法国主流文化的承认还有一段距离。

凯瑟琳·凯特在关于 19 世纪巴黎养宠行为的研究中提出,宠物标志着家庭与公共生活的疏离。[②] 尽管如此,猫与其他宠物仍有重要区别。可以想象,在蒙克里夫图书的插画中,如果贵妇人的宠物是 18 世纪女性肖像画中经常出现的微型犬,这种冲击的效果将大打折扣,因为肖像画中的宠物狗完全不具备猫所特有的负面象征。因此,尽管贵妇人怀中的狗和猫对主人可能具有同样的功能,但它们在文化上的意义却大相径庭。近代早期的贵族也饲养鹦鹉、大象、狮子等从殖民地运来的动物,但严格来说它们不是宠物,而是具有社交性的炫耀品。

二、猫与 19 世纪的"法国性"之争

如前所述,宠物猫所承载的私人生活和私密情感背离了公共生活的传统,代表着一种追求独立的新价值取向,而这正是资产阶级生活方式的核心要素。对传统价值的留恋和对资产阶级新秩序的怀疑,也给猫招致了诸多无妄之灾。19 世纪,随着资产阶级秩序在法国缓慢确立,宠物猫日益被法国人接受,但这个过程相当漫长。该世纪法国知识界关于宠物猫的争论,在一定程度上反映了人们对私密情感所代表的资产阶级新秩序——亦即对法兰西民族的特性和法国的未来——的不同看法。

正如凯瑟琳·凯特所说,养宠行为勾勒出了个人主义发展的历史分界线。根据她的研究,19 世纪下半叶以后,养宠物的行为在巴黎变得愈加普及。1845 年动物保护协会的成立可视作一个标志性事件,尽管该协会的宗旨远超出保护宠物的范畴。[③] 但猫仍与其他宠物有着显著不同,因为它具

---

① Paradis de Moncrif, *Les chats*, pp. 138-140.

② Kathleen Kete, *The Beast in the Boudoir: Petkeeping in Nineteenth-Century Paris*, p. 48.

③ Kathleen Kete, *The Beast in the Boudoir: Petkeeping in Nineteenth-Century Paris*, esp. p. 2. 动物保护协会关心的问题包括下层残忍对待动物与社会暴动的关系,及通过爱护动物培养儿童的爱心和公民意识等。从该世纪 60 年代起,协会一些成员也在试图为猫恢复名誉,但下文将显示,这项工作在其成员内部也是有争议的(参见该书第 5—8 及 127—131 页)。

有极为特殊的象征性。在 19 世纪的法国,尽管有更多动物被当作宠物饲养,但在知识界的讨论中,只有猫和狗能够上升到与"法国性"直接挂钩的程度。

猫形象的反转

大革命后,猫在一些法国文人学者眼中的形象发生了明显的反转。随着旧制度的崩溃和"自由"的理念日益深入人心,猫的形象,尤其是它曾被启蒙哲学家深恶痛绝的独立性得到了一些知识精英的公开颂扬。在这些新的爱猫者中不乏出身于旧贵族的男性文人学者,他们尽管不是资产阶级,却真诚信奉个人的独立和自由。夏多布里昂说,他喜欢的就是猫那种独立到近乎无情的性格,因为它不需要依附于任何人,也不需要屈从于社会习俗。[1]这是因为,夏多布里昂是一个拥有贵族情怀的保王派,但他不满于爱慕特权和虚荣并依附于王权的近代法国贵族的堕落,希冀通过重建贵族的独立性来恢复其卓越性,因而对猫的独立性赞赏有加。其他人也表达了类似的观点。安托万·L. A. 费(Antoine L. A. Fée)说,猫是唯一不能通过训练来达到人的功利目标的动物,它总是顽强地保持自我,维护自己的尊严。戈蒂埃(Gautier)把这解释为猫的"自由意志",他认为获得猫的敬重相当困难,而即使人配得上猫的友谊,它也不会成为人的奴隶,因为它不会被感情所左右。卡图尔·门德斯(Catulle Mendès)的爱猫被阉割后从五楼掉下摔死,门德斯称他"明显感觉到"它是自杀。"猫拥有我,非我拥有猫"这样的修辞在19 世纪下半叶更是成了陈词滥调。[2]

总之,这些文人学者通过赞扬猫的独立性,表达了一种迥异于封建贵族庇护制下的忠诚观念的新人格理想。夏多布里昂甚至为了夸赞猫而贬低狗,并把狗原先的优点视作缺点:猫永远不会像狗那样阿谀奉承,它也会与人交际,但只为追求自己身体上的快乐;而狗呢,主人用脚踢它以感谢它的爱和忠诚,它却从中获得愚蠢的满足。[3] 猫的形象在许多知识精英眼中完成了反转:猫的特性始终如一,但评价的尺度发生了变化。[4] 在此背景下,19 世纪下半叶法国人不仅重新出版了蒙克里夫曾经备受嘲讽的《猫》,还推

---

[1] Comte de Marcellus, *Chateaubriand et son temps*, Paris: Michel Lévy Frères, 1859, p. 49.
[2] Kathleen Kete, *The Beast in the Boudoir: Petkeeping in Nineteenth-Century Paris*, pp. 125-128.
[3] Comte de Marcellus, *Chateaubriand et son temps*, p. 49.
[4] 事实上,蒙克里夫早在一个多世纪以前就已提出大致相同的观点(Paradis de Moncrif, *Les chats*, pp. 70-71, 75, 79, 99-102),但遭到同时代男性作家的一致嘲笑。

出了其他作家关于猫的新作。① 维克多·雨果通过文学化的手法证明了这种反转的普遍性。在首版于 1862 年的《悲惨世界》中，雨果写道，被寄养在乡村旅店里的小珂赛特跟猫和狗一起在桌子底下用木盆吃剩饭，但"她吃得比狗好一些，比猫又差一些"。② 对于小说中这种从猫到珂赛特再到狗的等级差别，我们不应理解为对某一具体事件的如实描写，而应视为基于普遍生活感受的虚构：在雨果创作《悲惨世界》的年代，猫在许多法国人那里已经拥有了高于狗和仆人的地位。

　　到了 19 世纪 70 年代的第三共和国时期，法国人对猫的情感出现了新一轮的升温，这一次，猫干净卫生的品质受到了特别赞赏。人们再次将猫与狗作比较。首先，猫喜欢独居，因此不像爱社交的狗那样容易感染各种病菌。其次，猫喜爱自我清洁，皮毛总是干净而有光泽。狗则不然，它们即使满身污秽也毫不在乎。最后，猫对食物很挑剔，这在物质匮乏的时代曾被视作贪婪、不安本分，如今则被视作对精致生活的追求；相反，狗选择的食物（尤其是食用其他动物的粪便）则往往令人作呕——这是第三共和国时期法国人的新发现，之前很少有人讨论到这一点。凯瑟琳·凯特认为，上述变化是法国资产阶级文化兴起的结果。她还表示，猫展等文化活动也在这一时期从英国传入法国，这进一步证明了猫的宠物化与资产阶级文化之间的联系。③

　　有趣的是，随着猫的宠物化，中世纪《列那狐传奇》中未曾明确交代的猫的神话起源成了一个困扰 19 乃至 20 世纪法国人的问题。根据《圣经》的创世神话，上帝用六天时间创造了天地万物，其中陆地上的动物是在第六天创造的。但 12—13 世纪的《列那狐传奇》提供了另外一个动物创世的版本——鉴于中世纪大众信仰的复杂性和较低的识字率，这种流传广泛的故事或许比《圣经》更有普遍的文化意义。在"列那的孩子们"（Les enfances de Renart，分支 XXV）故事分支中，上帝把创造陆生动物的任务交给了人类：上帝怜悯被逐出伊甸园的人类始祖，于是交给亚当一根拥有神力的小木棒，亚当只要用它敲打海面，便能获得想要的一切。亚当首先用它创造了一只可以提供羊奶和奶酪的母羊。夏娃却不知足，抓住木棒猛烈敲打海面，结果创

---

① F. A. Paradis de Moncrif, *Histoire des chats*, Paris：Sansot, 1909. 其他新作比如 Jean Gay, *Les Chats*, *extraits de pièces rares et curieuses en vers et en prose*, Paris：L'auteur, 1866; Champfleury, *Les Chats*. 其中最后一部著作在两年内再版了五次。

② 维克多·雨果：《悲惨世界》，李丹、方于译，北京：人民文学出版社，2003 年，第 162 页。

③ 以上研究参见 Kathleen Kete, *The Beast in the Boudoir：Petkeeping in Nineteenth-Century Paris*, pp. 131-137。

造出来一头狼。狼一把叼住羊，飞快地跑进了森林。亚当拿过木棒，创造出一条狗，狗从狼那里抢回了羊。故事接着说，亚当创造出来的动物都能被人类驯服，但夏娃创造出来的则一个都留不住——它们一从海里出来，就跑到森林里找狼做伴，而狐狸就是其中之一。换言之，温顺而易被驯服的动物都是亚当的造物，诡诈凶残的野生动物都是夏娃的造物。[①] 那么，猫是亚当还是夏娃创造的？许多现代人可能不假思索地认为是前者，但中世纪的人未必这么认为，因为在中世纪的《列那狐传奇》中，猫总是与狐狸为伴，并且总是站在人类和狗的对立面。之所以没有交代猫的出身，或许是因为中世纪的人觉得其答案不言自明。

朗贝尔·索弗尔(Lambert Sauveur)创作于 19 世纪下半叶的童蒙对话录反映了传统观念与现代观念的冲突。对话发生在一位教师和一男一女两个学生之间：

— (男生)上帝什么时候创造了狼？

— (教师)你认为是上帝创造了狼吗？

— (男生)狼、虎、熊、狐狸和猫是从哪里来的？

— (女生)乔治，千万不要把猫和老虎放在一起：猫是我们的朋友，它们住在我们的房子里。

— (教师)你也许是对的，玛丽：猫是一个棘手的问题。

— (女生)是的，先生，非常棘手：这是我和乔治争吵的最大的也是唯一的问题。

— (教师)很庆幸你们只有一个争吵的问题。

— (女生)不，先生，因为乔治总是和我们的小猫打仗。

— (男生)我会跟她讲和的，玛丽。当我把猫和老虎放在一起时，我会为你的小猫破例：她是猫中的天使。

在这里，博学的教师承认，将猫归作野生还是家生动物是一个棘手的问题。男孩认为猫跟狼、虎、熊、狐狸一样都是野生动物，但女孩坚决反对。尽管男孩最后作出让步，但也只是对女孩的宠物——而非所有的猫——网开一面。他们接着讨论了《列那狐传奇》中的动物创世神话：

— (教师)每次亚当击打水面，都会出来驯顺的牲畜：它们生活在人类的社会里。亚当给我们创造了狗、马、母羊、牛、山羊和母鸡。每次

---

① Armand Strubel (ed.), *Le roman de Renart*, pp. 827-835.

夏娃去打海面,就会产生野蛮的动物,它们马上就跑到森林里去。它们至今还在那里:狼、狐狸、老虎、野猪、熊。你觉得这个故事怎么样,玛丽?

——(女生)我抗议,先生:夏娃不是狐狸和狼的母亲。

——(教师)那猫呢?

——(女生)我希望是,我相信是。①

可以说,男孩的看法反映了中世纪以来法国人的普遍认知,女孩的回答则明显渗透着现代女性主义的意识,她对猫的起源和归类的看法是一种全新的观念。同时我们看到,尽管她反对厌女主义传统,但仍然同意把猫和女性联系在一起。

但并非所有人都认同这个女孩的观点。19世纪末的法国剧作家雷米·德·古尔芒(Remy de Gourmont)就把狗和猫都视作亚当的造物,而亚当创造出它们,是为了克制夏娃创造的狼和老鼠。莱奥波德·肖沃(Léopold Chauveau)在1924年出版的《现代版列那狐传奇》中则认为,猫究竟是亚当还是夏娃创造的一直不得而知,因为对人来说猫既有好的方面,也有坏的方面。法国女作家玛特·H.吉罗在20世纪30年代改编的《列那狐传奇》中提供了一个折中的解决方案:猫是在亚当和夏娃争夺神圣木棒的混乱中创造出来的,所以它时而乖巧可人,时而恶劣可憎,这全都取决于别人对它的态度。② 很明显,这些争论都有一个共同的出发点:人类中心视角下的猫的双重性格。19—20世纪的一些改编甚至极大地强化了中世纪版本所呈现出来的厌女情绪。比如,玛特·H.吉罗就凭空添加了如下情节:上帝嘱咐亚当勿让木棒落入夏娃之手;夏娃偷听并哄骗亚当得到木棒;亚当藏匿木棒但被夏娃找到;亚当撞见夏娃用木棒做坏事,二人在争抢中创造了猫。③ 这种改编竟然出现在20世纪西方女性作者的笔下,足见厌猫与厌女

---

① 以上对话参见 Lambert Sauveur, *Petites causeries*:*suivies de devoirs et traductions pour les classes*, New York:F. W. Christern, 1875, pp. 87-91. 括号中的文字为笔者所加。

② 以上参见 Georges Jean-Aubry, "Le théâtre de M. Remy de Gourmont", *La Grande Revue*, 18e année, n°7, 10 avril 1914, pp. 474-487; Léopold Chauveau, *Le roman de renard. Version moderne*, Paris:Payot, 1924, p. 13; Mad H. -Giraud, *Le roman de Renart*, *joyeuses aventures des compères Renart et Ysengrin*, p. 7.

③ Mad H. -Giraud, *Le roman de Renart*, *joyeuses aventures des compères Renart et Ysengrin*, pp. 5-8. 17世纪的皮埃尔·帕利奥(Pierre Palliot)提供了一个不那么厌女主义,但同样仇视猫的创造版本:太阳创造了美丽、高贵、慷慨的狮子,得到众神的赞赏;出于嫉妒,月亮创造了猫这种害处多于用处的动物(它唯一的好处是抓老鼠)和猴子这种最荒谬的动物(转引自 Champfleury, *Les chats*, pp. 44-45)。

传统在法国民间是何等的根深蒂固。在所有这些改编中，猫的双重性格中的善都被归于亚当，恶则归于夏娃。

猫、狗与"法国性"问题

综上所述，在 19 世纪以后的法国，尽管猫的形象和地位出现了明显反转，但这种转变并不彻底。总体来看，19 世纪法国知识界关于猫的讨论有以下显著特点：其一，猫和狗经常被放在一起进行比较，这时不仅出现了不少之前很罕见的恨狗的文人，而且猫与狗在许多人眼中变得几乎无法并存，即爱猫者必恨狗，爱狗者必恨猫；其二，关于猫和狗的讨论经常与他们有关法兰西的民族特性的想象联系在一起。

19 世纪的法国仍有对猫恨之入骨的文人学者，其中最典型的要数阿尔方斯·图森内尔，一位重农抑商的傅立叶派空想社会主义的忠实信徒，《犹太人：时代之王——金融封建主义的历史》和《激情动物学：论法国哺乳动物的性情》是他的代表作，它们都出版于七月王朝末期。图森内尔的思想十分奇特，在某些方面又很有代表性。他十分厌恶英国、荷兰、日内瓦这些重商的新教国家和地区，批判英国人是以劫掠为生的民族，认为它为了自身利益在全世界发动战争，奉行的是虚伪的商业自由主义，[①]还向中国输出鸦片。但他的思想中又有许多匪夷所思的地方。比如，他把资本主义称作"金融封建主义"（féodalité financière），并把以商人为代表的资产阶级统统称作"犹太人"，因为"在我的民族语言中找不到比'犹太人'更适合的名词来指代我想痛斥的那些人"。因此，他在书中经常混用"犹太人""商人""资产阶级"这些概念。他声称，法国的原则和利益与英国原本是完全不相容的。法国渴望道德、法律、领土统一，在宗教上和政治上都是天主教的。而信奉新教的英国是个人主义的，它的目标是分裂，战争、垄断以及撕裂的世界是它的生存基础，因而对它来说，忠诚和慷慨无异于自杀。然而，在当时，七月王朝的法国已经沦落为被"犹太人"掌控的四分五裂的社会，法兰西民族已经到了最危险的时刻。正因为如此，他痛心疾首地以"犹太人：时代之王"作为著作的标题。他渴望回归黎塞留、路易十四或拿破仑时代的强势政府，以结束 19 世纪 40 年代法国的混乱局面。他甚至提出，在法国，只要认定一项政治

---

① 比如，他指出："英国从未犯过把它对其他国家宣扬的理论应用到自己身上的愚蠢行为。英国向全世界传播了最广泛的商业自由理念，却没有哪个国家比它更会滥用海关保护和禁令。它要求废除的关税仅仅针对那些外国工业无法与英国竞争的产品。但凡我们比英国人做得好的东西，在他们的国家都是被禁止的。"（Alphonse Toussenel, *Les Juifs*, *rois de l'époque*: *Histoire de la féodalité financière*, t. 1, Paris: Gabriel de Gonet, 1847, p. 73）。

或商业改革的原则来自英国，就应该立即把它排除。[①] 在图森内尔的论述中，我们不难嗅到行将到来的 1848 年革命和第二帝国的气息，因而可以说，他的某些思想代表了同时代法国人相当普遍的看法。[②]

图森内尔关于猫的论述必须放在他的整体思想框架下来理解，并与他对狗的看法作对照。在图森内尔那里，爱猫和爱狗同样水火不容。但与夏多布里昂恰好相反，他极力赞扬狗的忠诚，声称它是上帝赐予人类的，而为了使狗完全为人服务，"上帝以友谊和奉献作为它的全部情感，把对家庭和天伦之乐的最深刻的蔑视放在它心里，把它的情爱感受限制在繁衍的冷酷本能中。上帝把爱情、亲情等低级的激情留给低等的犬科动物，留给英国人钟爱的狐狸"。[③] 由此可见，图森内尔的动物观与他对英国人和法国人的看法密不可分，并与他对家庭情感的态度联系在一起。在以动物为主题的《激情动物学》中，图森内尔开头便大谈法兰西的特性，他哀悼法国民族精神的衰落，而把英国人称作"红头发的犹太人"。他声称，荷兰人、日内瓦人、英国人自封为基督徒，其实都是犹太人；他们吹嘘自身的优越性，其实奉行的是最狡诈者必胜的肮脏的重商原则。[④] 图森内尔把狗无限拔高，认为狗是人类进步的第一要素，因为作为辅助动物的它通过狩猎等给人类带来了食物，获得解放的人类由此开始创建文明。他甚至提出，如果没有狗，人类将永远处在野蛮的状态；19 世纪的美洲土著还在吃人，是因为他们没有狗；中国、印度等东方文明如果没有狗，就会堕入与美洲土著一样的食人状态。[⑤]

至于猫，图森内尔没有指明它的起源，只说野猫是家猫的父亲。这指的不是猫的进化，而是具体的交配和繁衍。这是因为，图森内尔有一种十分奇特的性别-文明观。他认为，包括人类在内，所有动物的进步都是通过雌性实现的：母狼与公狗交配，把下一代变成狗，从而实现物种的进步；母狗则从

---

① Alphonse Toussenel, *Les Juifs, rois de l'époque: histoire de la féodalité financière*, t. 1, pp. I, 1, 53, 73-74.

② 因此，图森内尔的许多观点在我们看来十分奇特，甚至难以理解，但在 19 世纪的法国并不缺少认同者。因为他的反犹思想，在世纪末的德雷福斯事件中，反德雷福斯的右翼分子甚至建了一座纪念碑来纪念他（Zvi Jonathan Kaplan, "A Socialist Drumont? Alphonse Toussenel and the Jews", *Jewish History*, Vol. 29, No. 1 (March 2015), p. 54）。

③ Alphonse Toussenel, *L'esprit des bêtes: zoologie passionnelle: mammifères de France*, Paris: E. Dentu, 1858, pp. 149-150.

④ Alphonse Toussenel, *L'esprit des bêtes: zoologie passionnelle: mammifères de France*, pp. 113-118.

⑤ 以上关于狗的讨论，参见 Alphonse Toussenel, *L'esprit des bêtes: zoologie passionnelle: mammifères de France*, pp. 149-182。

不接受与公野狗、公狼或雄狐的不正当关系,因为那意味着退步。出于同样的道理,只有黑人妇女来找白人男性,从来没有白人女性去找黑人男性;犹太人的女儿渴望牵绅士的手,从来没有绅士的女儿向犹太男人屈服;所有的欧洲妇女都来找法国男人,法国妇女很少在法国以外找丈夫。可见,他的文明观中包含了法国人至上的民族主义甚至种族主义成分。猫则截然不同,野猫本已行将灭绝,但雌性家猫通过频繁地与雄性野猫杂交来维持该物种的存续。因此在猫的世界里,雌性是退步而非进步的力量。正因如此,图森内尔特别强调野猫是家猫的父亲而非母亲。他同时认为,猫这一物种是由雌性主导的,至于雄性,除了作为中性名词,人们几乎不知道它的存在。相应地,在讨论猫时,他绝大多数时候并未按照习惯使用阳性名词 le chat,而是使用阴性名词 la chatte,尽管他指的是猫这一物种而非仅指母猫。而在讨论狗时,他使用的都是阳性名词 le chien。总之,在他看来,与作为人类文明阶梯的狗完全相反,以雌性为代表的猫是一种堕落的动物。

如前所述,图森内尔把爱情和亲情视作低等的情感,上帝没有把这些情感赋予高尚的狗,而留给了英国人钟爱的狐狸。在讨论猫的段落,他进一步指出,爱(神)是一个恶毒的小神灵,它玩弄着搅乱一切社会关系、颠覆一切公序良俗的游戏,而猫是爱的象征。猫从根本上反对婚姻,"她"可以接受好几个情人,甚至可以接受奴隶,但绝不接受暴君;如果文明拒绝"她"自由恋爱的权利,"她"会要求回到野生状态,回到森林中去。这就是为什么蛮族女人像猫一样曼妙多姿。在此基础上,他不仅顽固地坚持一个世纪前布丰的论调,认为养猫跟卖淫一样都是人类文明无法摆脱的家庭和社会需要,他甚至更进一步,明确地把厌女与厌猫结合在一起。除了使用阴性名词指代猫,并反复将猫与女性作类比,图森内尔还表示:猫既懒惰又胆小,它以晚上要抓耗子为借口,整天不是睡觉就是想入非非;它热爱夜生活,对不喜欢的事情绝不作丝毫努力,对快乐、游戏、性则孜孜不倦。他最后总结道:"我们究竟在写谁? 猫还是女人?"

图森内尔承认许多人都对猫十分着迷,这印证了前文关于猫的普遍地位在 19 世纪发生逆转的观点。他表示理解并原谅有识之士的爱猫行为,就如同他理解并原谅古罗马的安东尼钟情于埃及艳后克莱奥帕特拉一样,他们都是被猫——和女性——的红唇、虚情假意的爱抚、阿谀奉承的语言所迷惑。但他表示,他绝不赞同猫被普遍地宠物化,因为猫的激情是一种恶,而且是品行卑劣的才识之士所特有的恶。①

　　可以说,有关动物的论述是图森内尔整体思想体系不可分割的组成部分,他对猫和狗的看法与他对当时法国和周遭局势的理解以及他对"法国性"的想象息息相关。在图森内尔那里,爱狗、恨猫、厌女、反资产阶级具有奇妙的统一性。尽管他并未明说,但这种联系渗透于他的字里行间。比如,他哀叹法国的精神在衰落,这显然与资产阶级即他所谓的"犹太人"在法国的崛起有关,并与他对法国狗的血统不再纯正和代表了退步的猫备受宠爱的感叹形成对照。他说,猫依恋房子而非住在里面的人,这证明了它的忘恩负义和冷酷无情;人类的家只不过是猫的临时住所,因此人类才是猫的辅助动物,而非反之。② 这里的猫可以视作他对资产阶级的隐喻,因为两者具备大体相似的特征。此外,他蔑视爱情和亲情(即家庭之爱),并把猫视作爱情的象征。本书在前面的讨论中已经表明,这两种情感是以资产阶级和中上层女性为中心在近代法国和西欧普及开来的。因此可以说,图森内尔鄙视猫,与他蔑视资产阶级和女性同样具有内在的联系。一言以蔽之,在图森内尔的思想中,狗慷慨、忠诚、乐于奉献,代表了基于重农主义的、男性化的纯正法国理想;猫则虚伪、冷漠、自私自利,代表了英国式的、资产阶级的、女性化的、没有灵魂的重商主义价值观。图森内尔批判猫,实质上是在批判资本主义和资产阶级。

　　那么,图森内尔的这种思想有多大的代表性? 在图森内尔之后,19 世纪下半叶的法国又出现了许多讨论动物性情的作品,其中不少人对图森内尔的观点表示赞同,尽管他们没有明显地上升到反犹、厌女、反资产阶级的程度。③ 奥斯卡·奥诺雷(Oscar Honoré)是其中一位颇有意思的人物。在其 1863 年出版的《动物之心》中,奥诺雷花了大量篇幅讨论狗,包括援引图森内尔的话赞扬狗的忠诚和对人类文明作出的贡献。在作品的后半部分,奥诺雷写道,当他重读前面的手稿时,发现几乎没怎么提到猫,于是决定用一小节来专门讨论猫的问题。他说:

　　　　我动用我全部的灵魂力量来恨猫。对我来说,猫为何被创造出来

---

① 以上关于猫的讨论,参见 Alphonse Toussenel, *L'esprit des bêtes：zoologie passionnelle：mammifères de France*, pp. 226-234。

② Alphonse Toussenel, *L'esprit des bêtes：zoologie passionnelle：mammifères de France*, pp. 229-230.

③ 参见 Kathleen Kete, *The Beast in the Boudoir：Petkeeping in Nineteenth-Century Paris*, pp. 50-52。

是一个谜团,它比章鱼或蛇①的创世还要难懂一百倍。它的神情躲躲闪闪;它发自内心地自私;除了最丰盛的食物储藏室和最温暖的炉灶,它不依恋任何东西;它把毫无目的的残忍杀戮做到精致细腻。它的一切都令我极端反感,以至于当我遇到它时,我会残忍地对待它。

奥诺雷说,他曾毫不留情地打死一只舔了他的空盘子的猫,并把它的尸体扔在粪堆上。他还逼着两只偷了他的羊腿和一只被怀疑咬死了他的鸟儿的猫从窗户跳出去。在加入令人尊敬的动物保护协会后,他"对自己的良心作了严格审查",一度改变对猫的态度。他会去抚摸猫咪,甚至救下了四只将被农夫扔进池塘里的小猫。然而,有一次,一只猫把他的一份珍贵手稿搅得乱七八糟,并在纸上留下"带有硫磺颜色和氨水气味"②的不明液体,还打翻了他的墨水瓶,把他削好的笔尖弄坏。奥诺雷觉得这只猫是在给之前被他"谋杀"的猫复仇,因为猫之间"无疑存在一种共济会式的关系",它们通过"第二视觉"(la seconde vue)或某种黑魔法互相感应,因而能在时隔十年之后在 100 古法里之外完成复仇。奥诺雷决定去猫窝向它或它的孩子发泄怒火,但那只聪明的猫早就带着它的孩子们不知去向。奥诺雷对猫的态度再次逆转,他尽管不再杀猫虐猫,却到处宣扬用猫头鹰取代猫来捉老鼠,并"已说服不止一个人接受了我的观点"。③

总之,这些爱狗而恨猫的文人在讨论猫和狗时,实际上是在哀悼忠诚观念在 19 世纪法国的缺失和个人主义的盛行。他们强调狗的忠诚,是因为人不再忠诚。同时,他们对英国资产阶级猫文化的入侵保持警惕。爱猫而恨狗的文人(如前面提到的夏多布里昂等)则表达了对传统忠诚观念的鄙夷和对独立人格的赞赏。然而,我们不能简单地在爱猫或爱狗与是否认可资产阶级文化之间画等号,因为正如我们所见,夏多布里昂尽管爱猫恨狗,但他却具有强烈的贵族意识;而傅立叶虽然是图森内尔的重农派空想社会主义思想的导师,两人一样痛恨犹太人和资产阶级,但傅立叶对猫和狗的看法与图森内尔正好相反,他甚至罗列了狗的十二大"罪状",包括凶残、贪婪、傲慢、卑躬屈膝、凌辱贫弱等。④ 有意思的是,在 19 世纪下半叶,随着资产阶级新秩序的确立,不少人开始为猫的独立性辩解,甚至试图证明猫也像狗一

---

① 在近代西方文化观念中,章鱼和蛇都与撒旦有关。
② 这暗示着猫与魔鬼的联系。
③ Oscar Honoré, *Le Cœur des bêtes*, Paris：Humbert, 1863, pp. 152-157.
④ Charles Fourier, *Dernières Analogies*, Paris：Phalanstérienne, 1850, pp. 54-55.

样忠诚。① 无论持何种观点,19 世纪法国知识分子关于猫和狗的讨论往往在各自的"法国性"想象之下展开。

第三节　休闲的制度化和大众化

如前所述,从贵族明显过剩的"自由时间"中诞生了近代"消闲"。强行模仿贵族的资产阶级假装拥有大量的"自由时间",因而也是在假装"消闲"。现代休闲诞生于真正与工作时间相对立的"自由时间",这在 18 世纪的资产阶级那里已经存在,只是这种对立具有很大的随意性,即资产阶级可以自主调整工作时间和休闲时间。对于广大劳工阶层来说,由于他们的休闲权利受到打压,因而更有意义的变化是制度化的"自由时间"即休闲时间的确立。

尽管由于政治动荡等,法国 18—19 世纪的发展落后于英国,但其生产力和城市工商业经济仍取得持续且可观的进步。这促进了以巴黎为首的城市的扩张,并使农村人口不断向城市转移。19 世纪上半叶,巴黎人口规模就翻了一番。该世纪下半叶,法国工业和交通运输业工人从 200 万增加到 320 万,中间阶层从 290 万增加到 430 万。② 城市人口的扩张为休闲的大众化提供了基本条件。

一、休闲时间的制度化

相比于贵族和资产阶级,城市劳工阶层的时间明显是不自由的。随着近代城市工业化的推进,法国社会逐渐意识到,劳工阶层需要有专门的休闲时间,这促成了大众休闲时间的制度化。不过,这是一个社会各方面共同参与的漫长的博弈过程。

节 日

如前所述,18 世纪法国的资产阶级和工人已经有了较为固定的休闲时间,这主要包括节日和星期日。然而,这些休闲时间并没有社会合法性,资产阶级和工人在节日和星期日休闲只是自然而然的选择,因为它们是宗教规则所规定的禁止工作的时间。不过,从宗教伦理来看,基督徒在这些日子

---

① Kathleen Kete, *The Beast in the Boudoir*: *Petkeeping in Nineteenth-Century Paris*, pp. 127-130.

② 贝纳德·马尔尚:《巴黎城市史(19—20 世纪)》,谢洁莹译,北京:社会科学文献出版社,2013年,前言,第 3—5 页;让-皮埃尔·里乌等主编:《法国文化史》卷四,吴模信、潘丽珍译,上海:华东师范大学出版社,2011 年,第 80 页。

里应当遵守宗教纪律，出席弥撒祷告仪式，并在余下的时间里保持虔诚，而不应用来工作或寻欢作乐。中世纪的节日生活曾经是人们纵情声色的场合。但在16世纪，无论是新教还是天主教都对人们的节日生活作出了严格的规范和管理，使社会风气一度明显改观。不过，随着基督教对社会生活的影响力无可挽回地衰退，节日时间及其使用方式再次成为各方争论的重要议题。

在近代城市化的进程中，随着经济的发展，人们感觉到应该把更多的社会时间投入到生产活动当中。社会各界很快就对这种需要作出反应。首先是基督教重塑了它的工作伦理，使人们对劳动的看法发生了根本性变化。在传统基督教伦理中，劳动是原罪的标记，因为它是上帝给予被逐出伊甸园的人类的惩罚。这很可能也是近代法国贵族轻视劳动而推崇"消闲"的一个重要原因。从16世纪开始，特别是在加尔文神学的影响下，基督教世界对劳动的看法发生了根本性变化。人们肯定了劳动的神圣性，劳动不再是人类遭受的诅咒，而被视为信徒参与上帝的伟业并获得"神召"的标志。[1] 随后是国家权力。早在16—17世纪之交，亨利四世就希望教皇能帮助他减少节日天数，以增加人们的工作天数，从而帮助法国从宗教战争中恢复过来。路易十四也曾要求各个教区的主教缩减节日天数，理由是工人们在节日里过度放纵，有损"公共利益"。[2]

17—18世纪的文人学者也参与到这场运动中。他们的核心诉求有两个：压缩节日时间，以及允许人们在节日和星期日工作。17世纪的拉封丹对节日停工提出了批评，理由既包括担心人们滥用空闲时间，也包括新出现的对生产力的痴迷。到了18世纪，伏尔泰也以一名里昂丝织工人的名义要求缩减节日数量，因为过多的节日使其生计维艰，比如圣诞季的十五天内就有多达八天的节日。伏尔泰同时讽刺法国教士的虚伪，称他们在节日弥撒之后去喝酒，却愤怒地惩罚在结束礼拜后去种地的虔信的穷人。伏尔泰说，人们应在拜过圣徒后回去服侍人，应从圣坛回到犁具旁边。过多的野蛮和无可忍受的奴役导致节日被奉献给懒散和邪恶。神父应在必要时要求人们节日上午做礼拜，行政官们则应命令人们照常劳作。劳动才是必需的，越是

---

[1] Alain Cabantous, *Le Dimanche, une histoire. Europe occidentale*（1600-1830），Paris: Seuil, 2013, pp. 136-137. 新教对劳动的看法可参见马克斯·韦伯：《新教伦理与资本主义精神》，康乐、简惠美译，桂林：广西师范大学出版社，2007年。在新教的英语术语中，"神召"和"天职"都可以用 Calling 表示。

[2] Noah Shusterman, *Religion and the Politics of Time: Holidays in France from Louis XIV through Napoleon*, pp. 1, 41-42. 路易十四书信原件参见 AD Saône-et-Loire G 89, fol. 37.

辛勤劳作，节日就越圣洁。①

大革命以前，更改法国节日的权力掌握在各地主教而非政府手中。因此，当亨利四世请求教皇帮助他削减节日数量时，教皇答复说这种改革不属于他的职责范围，建议国王特使与法国地方主教沟通。② 这种状况导致各地的节日差异很大，也给削减节日数量的努力带来很大困难。不过，在各方面的影响下，18 世纪的教会也在努力削减为数众多的节日。据学者统计，在路易十四时期，法国大多数教区每年的宗教节日多达 35 个，有时甚至多达 45 个。随着主教们致力于统一各自教区的节日，并把一些节日取消，另外一些节日则挪到相邻的星期日，到 1789 年，法国每年的节日数量已经下降到 20 多个。该数字在大革命期间更是大大减少，到拿破仑时期只剩下每年 4 个。③ 同样是在 18 世纪，全法国的日历变得越来越相似，但这种改变仍来自由各地主教主导的节日改革而非国家的统一行动。由国家推行的节日统一始于大革命时期。到拿破仑时期，法国出台了国家历法并得到有效施行，节日从此都是全国性的，且节日改革全部出自政府之手而非教会。④ 在这之后，法国具体的节日数量虽不时有所增减，但节日在法律层面上的世俗化和制度化已宣告完成。

星期日

不同于节日，星期日是一个休息日，其历史更加耐人寻味。星期日的法语词 dimanche 源自拉丁语 dies dominicus，原意为"主日"。从词源可以看出，星期日很早就与基督教联系在一起。阿兰·卡邦图指出，《圣经·旧约》虽未提及星期日，却通过其提出的时间命题突出了后来的基督教信仰的三个基本要素：《创世记》中，神在创世故事的最后将第七天定为休息日；《出埃及记》中，"摩西十诫"将安息日定为人类的圣日，禁止一切活动；《旧约》有三处明确提到，上帝给予亵渎安息日者以永罚。⑤ 因此，犹太教徒和早期基督

---

① Jean-Claude Perrot, *Une histoire intellectuelle de l'économie politique*, XVIIe - XVIIIe siècles, Paris: EHESS, 1992, pp. 155-156; Voltaire, *Œuvres complètes*, t. 4, Basle: Jean-Jaques Tourneisen, 1786, pp. 257-263.

② Noah Shusterman, *Religion and the Politics of Time: Holidays in France from Louis XIV through Napoleon*, p. 1.

③ Noah Shusterman, *Religion and the Politics of Time: Holidays in France from Louis XIV through Napoleon*, pp. 6-7; Robert Beck, *Histoire du dimanche de 1700 à nos jours*, Paris: l'Atelier, 1997, p. 127.

④ Noah Shusterman, *Religion and the Politics of Time: Holidays in France from Louis XIV through Napoleon*, pp. 3-5.

⑤ Alain Cabantous, *Le Dimanche, une histoire. Europe occidentale (1600-1830)*, pp. 30-31.

徒都遵循一周的第七天即星期六为安息日。遵守星期日的习俗是在罗马帝国时期确立的，基督教会以纪念耶稣复活为由，奉一周的第一天为安息日，以示与犹太教决裂。公元 4 世纪，君士坦丁皇帝颁布法案，要求居住在城市的官员和百姓在星期日休息。基督教的老底嘉会议亦禁止基督徒在星期六休息，而是命令他们在该日工作，待到星期日应尽量避免一切工作，以纪念主日。随后，各大公会议通过禁止戏剧表演等方式明确了主日戒律，皇帝们则将这些禁令转化为民法。遵守星期日休息的戒律由此成为基督教文明的一部分。不过，中世纪的人们并未很好地遵守星期日休息的戒律。16 世纪，特伦特大公会议重新明确了主日戒律和主日的神圣性，使主日的神圣化在 1700 年前后达到巅峰。①

不过，法国人遵守主日戒律的热情在 18 世纪迅速消退。这是由两个方面的原因促成的。首先是工作的需要。哲学家们对星期日停工的批评比较克制，他们希望在星期日工作与礼拜仪式之间寻找平衡。1734 年，对穷人问题十分关心的圣皮埃尔修道院长率先提出，教会应给予穷人在周日下午工作的权利，这样他们就不会失去赚取半天收入的机会，也不会被引诱去小酒馆。不久之后，孟德斯鸠在《论法的精神》中也对星期日不从事任何劳役的绝对原则提出了质疑。他回到罗马帝国时期君士坦丁皇帝颁布的星期日休息的法令，指出禁止在主日工作只涉及城市居民的实用工作，与农村的必要工作无关。《百科全书》"星期日"词条的作者菲盖·德·维尔纳夫（Faiguet de Villeneuve）接受了圣皮埃尔修道院长的理论，他同意劳动者可以用半个星期日工作赚钱，以避免混乱和愚蠢的开销。不过，他也建议利用星期日的半天时间从事那些在今天被视为"公共事业"的工作，包括涉及水井、喷泉、道路、饮水槽、盥洗池等的劳动。② 教会的批评也证明了 18 世纪星期日工作的普遍性。1743 年，土伦主教向海军总督提出强烈抗议，原因是他让兵工厂的工人在星期日工作。从 1755 年起，教士会议经常抱怨星期日和节日举办的集市以及照常工作的运输、商店、手工业者。③ 面对教会针对星期日工作问题的投诉，尽管有些地方当局也会采取罚款甚至监禁等管控措施，但更普遍的情况是，世俗官员们往往以"公共利益"为由宽容劳动者，一些地方会要求劳工事先就在星期日工作之事获得教会授权，另一些地

① Robert Beck，*Histoire du dimanche de 1700 à nos jours*，pp. 10-11.
② Robert Beck，*Histoire du dimanche de 1700 à nos jours*，pp. 110-111.
③ Alain Cabantous，*Le Dimanche，une histoire. Europe occidentale（1600-1830）*，p. 137；Robert Beck，*Histoire du dimanche de 1700 à nos jours*，p. 116.

方则认为只需获得法官口头许可而无需神职人员同意。①

其次是娱乐的冲动。对于许多劳工大众来说,星期日和节日是去小酒馆喝得酩酊大醉的好时光,以至于伏尔泰声称这些节日都是小酒馆老板发明的。② 18 世纪,劳工阶层在这些日子里多了一个新去处:歌舞厅。1760 年的法国教士大会表达了教士的无奈,因为在做礼拜和宣讲的时间,歌舞厅总是座无虚席。有研究表明,在 18 世纪的巴黎,酒馆和舞厅在星期日吸引的客流占到其一周客流量的四分之一。至于资产阶级,他们更喜欢去新兴的咖啡馆。散步这种贵族"消闲"也开始下沉,成为城市劳工阶层星期日的消遣。③ 星期一至星期六的城市工作周期,星期日的娱乐冲动,加上 18 世纪的主教们还把一些节日挪到邻近的星期日,都使星期日变成了休闲的节日。

然而,星期日作为休闲时间的制度化还远未完成。18—19 世纪,反对甚至敌视星期日休闲的声音十分强大,理由包括经济和道德两个方面,这与他们对节日的批评并无二致。其结果是,大革命期间,革命政府推行的新历法用十日节(decadi)取代了星期日,使原来每年 52 个星期日和 25 个公共节日减少为 36 个十日节和 5 个公共节日。拿破仑尽管恢复了星期日制度,但他认为星期日休息弊大于利,并和后来的七月王朝一样对星期日的使用采取自由主义政策,导致星期日工作在帝国期间开始普及,并在七月王朝时期迎来爆发式增长,在 19 世纪中叶达到顶峰。值得一提的是,19 世纪的资产阶级还找到了一个要求工人在星期日工作的新理由:避免工人利用星期日的休息和娱乐进行结社或罢工,并阻止社会主义思想的传播。④

同样在 19 世纪,反对星期日工作、支持星期日休闲的声音也出现了,并且影响越来越大。这些人的论点大致可以归纳为三种,其中包含了许多 19 世纪的新发现。首先是道德话语,这包括宗教道德和世俗道德两个方面。1814 年,复辟的波旁王朝迅速通过一项法律,要求在星期日和节日停止普通的工作(法律同时规定了若干豁免情况),这项法律在 1830 年之后继续存在,尽管它的影响力在持续衰弱。以高梅修道院长(Abbé Gaume)为代表的宗教道德家甚至把 1789 年以后法国经历的诸多不幸归结为星期日工作招

① Robert Beck, *Histoire du dimanche de 1700 à nos jours*, pp. 121-122.
② Voltaire, *Œuvres complètes*, t. 4, p. 258.
③ Alain Cabantous, *Le Dimanche, une histoire. Europe occidentale (1600-1830)*, pp. 141, 143, 146-147.
④ Robert Beck, *Histoire du dimanche de 1700 à nos jours*, pp. 141-142, 156-159, 181-182, 202.

致的上帝的报复性惩罚。从 19 世纪 30 年代开始,法国天主教徒组建了多个以恢复神圣主日为宗旨的协会,比如"纠正亵渎和污化主日行为协会"（Association réparatrice des blasphèmes et de la profanation du dimanche）、"主日和节日休息联盟"（Œuvre du repos des dimanches et fêtes）、"法兰西主日联盟"（Œuvre dominicale de France）、"人民主日同盟"（Ligue populaire pour le dimanche）。这些协会的成员不仅承诺自己在星期日不工作,也不允许任何人在星期日工作。在普法战争后,"法兰西主日联盟"甚至提出,法国人必须以遵守第三诫的形式回归上帝,这是法国复兴的唯一道路。它认为,一个没有主日的国家就是一个没有上帝的国家,很容易沦为无政府主义的牺牲品。此外,神圣的第七日停工还是抵御社会罢工的最佳手段。这些协会积极开展社会运动并取得了一定的成功。①

在世俗道德方面,社会主义者和宗教道德家一起猛烈批评贪婪的资产阶级对工人的剥削,前述恢复神圣主日的天主教协会就是在批判资产阶级自由主义的浪潮中诞生的。1839 年,贝桑松学院举行了一次主题为如何利用星期日的征文竞赛,空想社会主义者蒲鲁东从世俗而非宗教的角度讨论了星期日休息的意义。他认为,安息日自摩西以来就具有造福人类的普遍意义,因为它让犹太人在每周开始时聚集在一起,这使安息日成为表达犹太人的政治存在的纪念碑,也是强化社会制度的纽带。因此,安息日关系到整个社会的福祉。工业家和商人的逐利行为助长了自私和不幸,而安息日打破了时间的节奏,抑制了工业家和商人的贪婪。安息日鼓励共同体式的生活,而不是任由无所事事的个人自生自灭和自我放纵。现代人可以利用安息日进行法律、教育、道德、家庭、自由、公共秩序等各个方面的社会建设,增进团结友爱,构建社会和谐。1842 年,里昂红衣主教博纳德直言,星期日的公共工程不断:"对贪婪而言,人算什么? 不过是一台工作的机器,一个加速运转的轮子,一根提升的杠杆,一把敲碎石头的锤子,一张塑造铁器的铁砧。孩子是什么? 在贪婪眼中,他不过是一个尚未发挥全部潜能的齿轮……"略晚一些的吉罗主教也认为,星期日休息是防止堕落的良方,是人类自由的条件,而星期日工作是自由资本主义制度对人的滥用和蔑视,是人把自己的同

① Alain Cabantous, *Le Dimanche, une histoire. Europe occidentale*（1600-1830）, pp. 21-22, 25-26, 183; Robert Beck, *Histoire du dimanche de 1700 à nos jours*, pp. 252-254.

胞当作卑下的牲畜或当作纯粹的生产工具。[1] 19 世纪下半叶以后,支持星期日休息的人们越来越多地提到一个新的论点,即该日休息有助于工人回归家庭,从而促进家庭的正常运转和工人阶级的道德化。[2]

其次是健康话语。早在 19 世纪初,P. J. G. 卡巴尼(P. J. G. Cabanis)就开始抨击封闭式工场恶劣的卫生条件。他指出,在没有固定休息日的情况下,缺乏光照和空气流通会导致工人的神经系统陷入僵化,并出现不规则的躁动。1840 年,路易-勒内·维莱姆(Louis-René Villermé)强调,不应仅仅将星期天不从事任何奴役性劳动视作一种宗教制度,更应把它视作一种自然法则,即出于放松和娱乐的需要推行星期日休息的制度。1863 年,阿巴代·泰尔(Amadée Thayer)在写给议会的有关星期日休息的报告中说,过度劳累会导致工人的身体和精神退化,从而缩短寿命。蒂索(Tissot)教授则基于实验生理学研究,提出肌肉运动需要一定的体液,而工业生产中恶劣的空气环境阻碍了体液的再生,仅靠夜间休息并不足以让这种液体恢复,必须有一整天的休息才能让体液得到补充。1870 年以后,普法战争失败和德法矛盾加剧进一步刺激了人们对公民健康问题的关注,越来越多的人担心长时间的连续工作会导致种族退化。在面对德国压力的同时,法国不得不直面两个紧迫的问题:出生率下降和兵源减少。出生率下降被归咎于星期日工作导致家庭的乐趣被剥夺。征兵委员会则发现,在工厂实行七天工作制的地区,100 名年轻人中几乎找不到 20 人适合服兵役。人们认为,星期日休息能让家庭生活回归正常,从而提高生育率和解决兵源问题。[3]

最后是经济和社会话语。在健康话语的基础上,19 世纪下半叶的理论家们提出,星期日休息和休闲不仅不会妨碍经济生产,它反而能提高生产率,并促进人的自我完善和社会进步。他们用调查数据证明,不间断地工作会损耗工人的体力,导致生产效率下降。如若每周休息一天,生产效率至少与不休息相等,甚至每个工作日的有效产出还能大幅提高。实验生理学的进步使人们对身体和精神疲劳有了更可靠的认识,并给出了通过休息和休

---

[1] P.-J. Proudhon, *De la célébration du dimanche*, Paris: Garnier Frères, 1850; Cardinal de Bonald, *Instruction pastorale et mandement du carême de 1842, sur la sanctification du dimanche*, Lyon: Antoine Perisse, 1842, p. 9; Robert Beck, *Histoire du dimanche de 1700 à nos jours*, p. 247.

[2] Robert Beck, *Histoire du dimanche de 1700 à nos jours*, pp. 277-279.

[3] Robert Beck, *Histoire du dimanche de 1700 à nos jours*, pp. 271-273, 279-280.

闲恢复精力的方法。① 讨论很快就从经济层面上升到社会层面。1880 年，卡尔·马克思的女婿保罗·拉法格（Paul Lafargue）声称，工人只需每天工作三个小时便已足够，这样可以避免生产过剩及由此导致的周期性失业，并能够消费自己的生产成果。研究已经证明，生产效率丝毫不会因为工作时间减少而降低，而是恰恰相反。此外，拉法格还批评工人阶级"沉迷于工作的恶习"和被资产阶级的原则所熏陶。他声称，人生来不是为了工作，而是为了享受。② 让－约瑟·高梅（Jean-Joseph Gaume）和费奈隆·吉本（Fénelon Gibon）看到了通过星期日休闲实现大革命理想的可能性：富人和穷人、主人和仆人、老人和年轻人齐聚一堂，这本身就是平等和博爱的重要课堂；从强制参加宗教活动的"邪恶倾向"中解放出来，真正实现了自由的原则；不用工作的雇员和工人既获得了自由，也感受到自己与老板之间的平等。③ 1898 年，卡米尔·博索莱尔（Camille Beausoleil）向法国总工会提交了一份要求所有雇员在星期日休息一天的报告，认为休息有助于工人和雇员"履行公民义务，享受与人类同胞相伴的乐趣，品尝片刻作为一个活生生的、有思想的、享受生活的人，而不是一个不断被束缚在重担上的畜生的快乐"。④ 这些讨论已经超出了单纯的星期日休息或休闲的范畴，它不仅涉及更广泛的生产与消费和休闲时间之间的分配问题，还有关于人与人、人与社会的关系以及人的本质问题的思考。

　　总之，现代化生产和生活的发展使法国人日益认识到定期休息的必要性。尽管在不可阻挡的世俗化趋势下，天主教会恢复神圣主日的努力注定要失败，但它仍对星期日休息制度的定型起到了一定的推动作用。随着社会思想的转变，星期日休息制度在 19 世纪缓慢地向前推进。世纪初，拿破仑尽管认为星期日休息弊大于利，但帝国高等法院仍在 1809 年将星期日定为公务员的休息日，私人部门则由他们自行选择是否让工人休息。不过，私人雇主滥用了这种自由，在不增加工资的情况下让工人工作，这在 1830 年后成为普遍现象。工人有时会奋起反抗，有农场工人在星期日晚上烧掉了当天被强迫劳动的成果。这种反抗从世纪中叶开始日渐频繁，并出现了由工会引领的组织化趋势，抗争形式也由暴力对抗转向罢工，并在有限的范围

①　Robert Beck, *Histoire du dimanche de 1700 à nos jours*, pp. 270-271; Alain Corbin et al., *L'avènement des loisirs*（1850-1960）, pp. 364-377.

②　详见下文第三小节第一段"异化与休闲"。

③　Mgr Jean-Joseph Gaume, *La Profanation du dimanche*, Paris: Saint-Rémi, 1850, pp. 22-23; Fénelon Gibon, *Les Bienfaits du dimanche*, Paris: Delhomme et Briguet, 1891, pp. 5 & 9.

④　Robert Beck, *Histoire du dimanche de 1700 à nos jours*, pp. 292-293.

内取得了一些成效。1870年以后,法国遭受的经济危机使工作机会减少,越来越多的企业转而支持星期日休息。[①] 不过,更普遍的星期日休息权利还有赖于立法保障。1848年,自由派天主教徒和社会主义者要求普及星期日休息的议案虽未进入表决程序,但学徒在星期日上午十点以后休息的权利却获得准许。1871—1876年天主教徒的立法努力同样宣告失败。然而,国民议会在1874年给予了16岁以下儿童和21岁以下妇女在星期日和公共节假日休息的权利。[②] 第三共和国继续推进每周休息一天的立法,但他们的工作有一个突出的特点,即尽量避开Dimanche(星期日/主日)这个名称,以规避宗教化的嫌疑,同时彰显自由的原则。1889年在巴黎召开了一次以每周休息一天为主题的国际大会,共和政府同意将其列入万国博览会的正式日程,但明确要求在标题中不得出现Dimanche一词。会后成立的"星期日休息人民联盟"(Ligue populaire pour le Repos du Dimanche)尽管支持星期日休息,但它反对通过立法来强制推行,而追求通过移风易俗来实现。1892年颁布的法律允许妇女和18岁以下的儿童每周休息一天,同时共和党立法委员拒绝将该日明确为星期日,尽管法律的实施很快表明几乎所有企业都选择以星期日作为休息日。事情终于在20世纪头几年取得了实质性突破,由社会主义者在1900年提出的一项修正案在1902年获得议会通过,并在1906年成为法律,它最终确保法国大部分劳动人口每周拥有一天的休息时间。[③] 经过长达一个世纪的发展,法国终于完成了每周休息一天的制度化建设,比西欧大多数国家都要晚。[④]

其他休闲时间

除了节日和星期日,法国其他休闲时间的制度化也在19世纪下半叶以后缓慢推进。首先是工作时间逐步减少,休闲时间持续增加。这是各个政治派别达成共识的结果。资产阶级共和派看到了通过休闲磨平工人阶级政治棱角的可能性,社会主义和无政府主义党人则看到了无产阶级获得解放

---

① Robert Beck, *Histoire du dimanche de 1700 à nos jours*, pp. 157-159, 181-182, 259, 270.

② Robert Beck, *Histoire du dimanche de 1700 à nos jours*, p. 260.

③ Robert Beck, *Histoire du dimanche de 1700 à nos jours*, pp. 298-299, 309-310.

④ 若干其他西欧国家完成该立法的时间为:瑞士1877年,德国1891年,奥地利1895年,西班牙和丹麦1904年,比利时1905年。参见Alain Corbin et al., *L'avènement des loisirs*(*1850-1960*), p. 390; Alain Cabantous, *Le Dimanche, une histoire. Europe occidentale*(*1600-1830*), pp. 22-23。

的希望。① 从 1850 年到 1900 年,法国各个劳动门类的平均工作时间从
5000 小时下降到 3200 小时,同时,工作时间占除去睡眠时间后的生活时间
的比例从 70% 下降到 42%。② 换言之,在这半个世纪里,法国大众理论上可
以用于休闲的时间几乎增长了一倍。

在此背景下,每天工作八小时的理念逐渐得到认可。19 世纪中叶,包
括法国在内,西欧各国每天的工作时间为 12—15 个小时不等。在这之后,
缩短工作时间的呼声日益高涨。19 世纪 60 年代末,在日内瓦和布鲁塞尔
召开的国际大会要求给予工人更多休息时间,并提出了每天工作八小时的
要求。但根据调查,在 1893—1897 年间,巴黎 59% 的工人每天仍需要工作
9.5—10 个小时,38% 的工人达到 10 小时以上,百货公司员工则长达 14—
15 个小时。1889 年,巴黎社会主义者大会通过了设立国际五一劳动节的主
张,并要求实行八小时工作制。部分议员在 1894 年提出了每天工作八小时
的议案,但未能通过。1906 年,法国总工会提出的"三八制"——每天工作、
休闲、睡眠各占八个小时——同样被否决。不过,1912 年法国成功实现了
十小时工作制。1919 年,第一次世界大战结束后,包括法国在内的西方国
家通过《凡尔赛条约》和华盛顿会议确立了八小时工作的原则,使该制度在
法律上获得了认可,但其真正全面落实则要等到第二次世界大战之后。③

"英式周"即星期六休息半天加星期日休息全天的制度早在 19 世纪中
叶就已经在英国推行,其后逐渐传播到欧洲大陆,并于 1912 年在法国成为
法律。④ 至于带薪休假制度,它在 1870 年就已被写进英国法律,到 1938 年
已有 300 万英国体力劳动者享受带薪休假安排,到 1945 年更是激增至 1400
万人(约占英国劳动力的 80%)。在法国,1935—1938 年的人民阵线时期才
启动了带薪休假立法,在此之前,"休闲"一词仅被理解为在工作日之后或在
星期日进行的活动,"假期"一词则仅为学童和司法部门职工或富裕阶层
保留。⑤

---

① Claire White, *Work and Leisure in Late Nineteenth-century French Literature and Visual Culture: time, politics and class*, Basingstoke: Palgrave Macmillan, 2014, p. 22.

② 让-皮埃尔·里乌等主编:《法国文化史》卷四,第 82 页。

③ 让-皮埃尔·里乌等主编:《法国文化史》卷四,第 82 页;Alain Cabantous, *Le Dimanche, une histoire. Europe occidentale (1600-1830)*, pp. 22, 137-138; Robert Beck, *Histoire du dimanche de 1700 à nos jours*, pp. 298, 310; Alain Corbin et al., *L'avènement des loisirs (1850-1960)*, pp. 30-31, 380-381, 403。

④ Alain Cabantous, *Le Dimanche, une histoire. Europe occidentale (1600-1830)*, pp. 22-23; Robert Beck, *Histoire du dimanche de 1700 à nos jours*, p. 293.

⑤ Alain Corbin et al., *L'avènement des loisirs (1850-1960)*, pp. 31-32, 65, 416.

二、大众休闲的兴起

节日、星期日等非工作时间的世俗化和制度化,意味着大众阶层在理论上拥有了自主支配这些时间的权力。这是大众娱乐变成现代休闲的前提。

18 世纪劳工阶层的休闲

不过,在休闲时间法律化之前,18 世纪,伴随着"勤勉革命"[①]和星期日的世俗化,工作与非工作时间的区分已经出现在现实生活中,现代意义的休闲也开始形成。上一节已经简单探讨了 18 世纪法国资产阶级的休闲。资产阶级的休闲尽管也具有与工作相对立的特征,但它仍与大众休闲存在着重要的区别,即资产阶级的休闲时间并非制度化的时间,他们拥有大众阶层所不具备的极大的自由度。换言之,在 18 世纪,作为产业主人的资产阶级可以在他们想要的任何时间从事休闲活动,劳工阶层则不行,他们只能在开始变得制度化的非工作时间里休闲。在巴黎樊尚印刷厂的"屠猫狂欢"事件中,工人和学徒之所以受到老板和老板娘责备,一个重要原因就是他们在工作时间里狂欢。从制度化的角度来说,劳工阶层休闲的变化更有历史意义。前文介绍了 18 世纪的法国大众阶层喜欢在节日和星期日去酒馆和歌舞厅的行为,这里主要探讨这个时期星期日休闲化的另一个表征:主日弥撒的休闲化。

根据当时人们的描述,18 世纪的主日弥撒似乎又回到了 16 世纪宗教改革之前的混乱无序状态。18 世纪初,就有教士和教徒抱怨礼拜仪式的混乱:年长的孩子在人群中奔跑、相互推搡、嬉笑打闹,年幼的孩子哭喊、尖叫,干扰礼拜;妇女袒胸露肩,着装轻薄、浮夸;男人携带枪支或猎禽,准备在弥撒一结束就去打猎。此外教堂还挤满了狗。1706 年,洛林的一位教士说:"如今,在举行神秘仪式和圣事时,教堂里几乎总是挤满了狗,它们的吠叫打断了耶稣基督的使者,分散了正在祈祷的体面人的注意力,并经常激怒他们。它们破坏了教堂的装饰物。教堂里到处都是它们的粪便。哪怕是土耳其人的清真寺都无法容忍这种事情发生。"[②]1773—1774 年间,狄德罗访问阿姆斯特丹的犹太会堂,看到会堂里一派喧闹,信徒们各诵各经,礼拜后则在会堂里高谈阔论,"吵得上帝都要堵住耳朵"。狄德罗不无讽刺地说,这让

---

① 详见第四章第一节第三小节"勤勉革命的影响"。
② Robert Beck, *Histoire du dimanche de 1700 à nos jours*, pp. 26-27.

人以为是在法国的教堂里。[1]

对于 18 世纪的人们——尤其是女性——来说,星期日弥撒是难得的社交场合,星期日专用的礼服则是争奇斗艳和吸引关注的绝佳工具。据推测,星期日礼服起源于 16 世纪末到 17 世纪初教会的一项变革,它试图让信徒穿着体面的衣服出席弥撒,以提升礼拜仪式的庄重性。这方面的证据是,17 世纪初,一些教区的农民以没有合适的衣服为由缺席主日弥撒。荷兰学生菲利浦·德·维耶(Philippe de Villers)和同伴在 1656 年和 1657 年两次到访巴黎时,也曾经因为没有合适的衣服而不去参加主日弥撒,只能在住处读布道书和《圣经》。[2] 这导致人们越来越重视星期日着装的特殊性。然而,随着时间的推移,星期日礼服失去了宗教意义,变成了区分工作日与休息日的标志,即工作日穿普通服装,不用工作的星期日则穿最好的衣服。17 世纪末,法语字典里出现了这样的说法:"当普通人说星期日礼服时,指的是他拥有的最漂亮的衣服。人们还加一些装饰物当作星期日礼服。"同一部字典里还有一个反身动词 s'endimancher(意为"穿星期日礼服"),编者说它是一个带有嘲笑意味的贬义词,它说的是"把最好的衣服留到周日穿的普通人"。[3] 这表明星期日礼服就是大众阶层的着装现象,而上层社会的礼服并没有区分工作日与休息日的意义。大众着装的这种区分在 19 世纪上半叶仍旧存在。1835 年在巴黎旅行的英国女作家特罗洛普夫人(Frances Milton Trollope)说,在巴黎上流社会,星期日晚上与其他任何一天并无不同,他们有一样多的晚会、晚宴、游戏娱乐,但这一天也有专门的舞台留给"穿星期日礼服的群体"(the endimanchés)。[4]

18 世纪的经济发展使各个社会阶层的衣橱变得前所未有地充实。根据丹尼尔·罗什的研究,1789 年,巴黎贵族的服装消费是 1700 年的 3.3 倍,雇佣工人则是 2.7 倍,高于同期所有其他生活消费品的增长,而且服装的质量也显著提高。[5] 这为劳工阶层创造了突破传统约束的物质条件。一方面,他们的星期日礼服变得越来越花哨,并借星期日弥撒进行炫耀。作家马

---

[1] Denis Diderot, *Œuvres inédites de Diderot : Le neveu de Rameau. Voyage de Hollande*, Paris: J. L. J. Brière, 1821, pp. 257-258.

[2] Alain Corbin et al., *L'avènement des loisirs (1850-1960)*, pp. 149-150.

[3] Antoine Furetière, *Dictionnaire Universel : Contenant generalement tous les Mots françois*, t. 1, La Haye: Arnout et Reinier Leers, 1694, pp. 453 & 500.

[4] Frances Milton Trollope, *Paris and the Parisians in 1835*, v. 1, London: Richard Bentley, 1835, pp. 266-267.

[5] 丹尼尔·罗什:《启蒙运动中的法国》,第 520 页。

里沃在小说《玛丽安娜的一生》中的一段描写反映了星期日礼服的社交特性，它所能达到的效果，以及普通人借助它跃入上层社会的野心。因家庭变故由贵族沦落为缝衣女工的玛丽安娜身着符合贵族身份的新衣，掩盖住她的仆人身份，去参加节日弥撒。她迫不及待地想知道人们怎么看她。进入教堂后，她避开了普通人群，因为她的衣服和样貌"跟那里格格不入"。她来到教堂的高处，那里是"上流社会怡然自得的地方"。她的出现吸引了所有人的目光，包括年轻骑士们的追捧和极度奢华的女人们的妒忌。① 以社交礼服为标志，节日和星期日弥撒变成了休闲社交的场所。相应地，从 17 世纪末开始，教会对星期日礼服的态度发生反转，由原先的要求穿着体面变成了要求穿着克制，尤其要求女性的穿着要符合自身的社会地位，适度而不做作。此事甚至引起罗马教廷的关注，教皇克莱门十四世于 1770 年颁布诏书，要求女性戴上斗篷和面纱，以端庄的装束参加弥撒，并令神职人员禁止违反着装规范的女性进入教堂。② 另一方面，劳工阶层开始在非星期日或节日穿礼服。布列塔尼有这样一句谚语："贫穷的第一要义是在周中穿星期日礼服。"③该谚语基于星期日礼服与日常工作服的区分提出道德劝诫，即劳工阶层应当谨守本分，踏实工作，切勿好高骛远、爱慕虚荣。但它隐喻的社会事实是有人试图突破这种约束。所以，18 世纪下半叶的一个工作日，当巴黎玻璃行业学徒梅内特拉穿着漂亮的衣服在巴黎林荫道上遇见父亲时，父亲立刻问他为什么不工作。④

星期日弥撒之后，18 世纪巴黎的大众阶层除了去酒馆和歌舞厅外，还喜欢去林荫大道散步。该世纪 50 年代巴黎城市空间的重新规划，尤其是林荫大道的建设，极大地鼓励了人们对散步的兴趣。在这些林荫大道中，第一条也是最负盛名的大道是从杜伊勒里花园延伸出来的香榭丽舍大街，它配建了专门的人行道，而且花园和大道对出入者都没有限制。⑤ 当时的一位

① Pierre de Marivaux, *La vie de Marianne*, Paris: Charpentier, 1842, pp. 1-82.
② Robert Beck, "Paraître dominical et jeu des apparences dans les villes françaises de la fin du XVIIIe siècle à celle du Second Empire", in Isabelle Paresys (ed.), *Paraître et apparences en Europe occidentale du Moyen Âge à nos jours*, Villeneuve d'Ascq: Presses Universitaires du Septentrion, 2008, pp. 59-72.
③ Françoise Loux, *Le corps dans la société traditionnelle. Pratiques et savoirs populaires*, Paris: Berger-Levrault, 1979, p. 84.
④ Jacques-Louis Ménétra, *Journal de ma vie*, Paris: Montalba, 1982, p. 178.
⑤ Laurent Turcot, "Le corps de la ville, le corps du promeneur (XVIIe-XVIIIe siècles)", in Sylvie Miaux (ed.), *Corps urbains*, *Mouvement et mise en scène*, Paris: L'Harmattan, 2009, pp. 131-140.

匿名作者声称,在巴黎,"每逢节日或星期日,都会有 1.2 万至 1.5 万人经过杜伊勒利宫,前往香榭丽舍大街"。① 这些人群自然鱼龙混杂,有贵族贵妇,有资产阶级,也有劳工大众和无业者。相比于路易十四时代,此时的贵族阶层在散步的兴趣和散步的能力上已经有了很大提升,这在卢梭的自传中有很好的体现,他多次描述了自己与贵妇人长时间散步的情形。② 尽管贵族设法与平民区隔开来,包括不允许平民进入一些地方,并在节日和星期日避开挤满了大众的城市空间,但混杂仍不可避免。当身着盛装的贵妇人出现在大道上的时候,总是有一大群民众(尤其是妇女)跟在她们身后,渴望能够触摸她们华贵的衣服。1778 年 4 月 13 日,香榭丽舍大街警卫的报告就记录了这样的事件。报告称,12 日(星期日),朗巴勒王妃(Princesse de Lamballe)和一位女伴在大道上散步时被一群"愚蠢的平民"尾随。警卫建议驱赶人群,被王妃拒绝了。王妃离开后不久,布洛涅夫人也遭遇到同样的一幕,她迅速回到马车上,避开了人群。③ 可见,在林荫大道上散步和围观贵妇人是大众星期日生活的组成部分。在区分了工作日与休息日的前提下,这些散步和围观不再只是娱乐,而是现代意义上的休闲,只是大众的这些休闲仍然受到歧视。

在大革命之后的一个世纪里,尽管法国政体更迭频繁,但总体发展方向却很明显,即建立一个资产阶级秩序下的权利平等的社会。虽然从左派到右派的许多人都不喜欢资产阶级,但总体趋势仍不可阻挡。从 19 世纪初开始,人们就对这种社会的平等化有了切身的感受,只是有些人把它描述成资产阶级化,有些人则称之为抹除所有社会等级之间的差别。④ 阿兰·科尔班曾援引巴尔扎克的"步态理论"来说明城市休闲领域的平等化趋势。生活在 19 世纪上半叶的巴尔扎克曾称,一个人的步态缓慢,说明他有自己的闲暇时间,因此是一个富人,一个贵族,一个思想者,一个智者。但科尔班指出,到了法兰西第三共和国时期,随着每天的工作时间受到限制和每周休息

---

① Laurent Turcot, *Le promeneur à Paris au XVIIIe siècle*, Paris: Le Promeneur, 2008, p. 231.

② 路易十四时代的贵族不喜散步,参见第三章第二节"游戏与绝对国家的构建"。卢梭的记载参见卢梭:《忏悔录》,第 489、534、548、550、556、617、645 页等。

③ Ferdinand Federici, Arlette Farge, *Flagrants délits sur les Champs Élysées. Les dossiers de police du gardien Federici (1777-1791)*, Paris: Mercure de France, 2008, p. 17. 转引自阿莱特·法尔热:《蒙让夫人的反抗:启蒙时代一对工匠夫妇的生活》,第 36—37 页。根据维基百科日历,1778 年 4 月 12 日为星期日(https://fr.wikipedia.org/wiki/Avril_1778,引用日期:2023 年 10 月 12 日)。

④ 让-皮埃尔·里乌等主编:《法国文化史》卷三,朱静、许光华译,上海:华东师范大学出版社,2011 年,第 301—302 页。

时间的普及,在城市大道上缓慢地散步不再是上层阶级的特权,普通家庭的散步不再受人讥讽。①

大众休闲的扩张和组织化

19 世纪,随着平等社会带来的休闲权利的普及,加上以巴黎为代表的城市的进一步发展,大众休闲得到前所未有的扩张。其间,不仅参与休闲的人群持续扩大,人们享受的休闲种类和内容也越来越丰富。从英国来到巴黎度过 1835 年春天的特罗洛普夫人是直接的见证者之一。她多次提到巴黎人群的"自然欢快"和"众生欢腾",并且解释了巴黎为何是快乐之城:"巴黎之所以比伦敦有趣,一个原因是有很多巴黎人将全部精力用于娱乐自己和他人,这个人口比例远多于伦敦。"在特罗洛普夫人眼中,巴黎人没有英国人爱打拼,他们小富即安,宁愿花时间娱乐而不愿努力赚钱。除了巴黎人的天性,巴黎的气候、城市形态和布局也使它比其他城市更适合休闲娱乐的生活。② 这种"好逸恶劳"似乎在 19 世纪成为巴黎人的"秉性"。1889 年,E. 贝格拉特称,巴黎是一座"365 天都是星期日的城市"。③ 特罗洛普夫人详细描绘了她在杜伊勒里花园的见闻,她认为在这里可以看到巴黎一天的完整故事。首先是早餐后,花园里挤满了优雅的年轻母亲和她们漂亮的孩子,还有照看孩子的女佣。母亲们试图看书,但总是被嬉戏的孩子们打扰,直至完全放弃阅读。这些人群在下午一点的午餐时间后退出,之后一直到五点,欢乐的上流社会人群穿戴着最漂亮的服饰占据了这座花园。晚上来的是"另一群或许不那么优雅,但却更有活力的人",这似乎是指 19 世纪上半叶的上班族即劳工阶层。特罗洛普夫人称,现在的杜伊勒里花园取消了穿着得体的要求,因此工人阶级可以穿着脏兮兮的衣服进去游玩。④ 特罗洛普夫人还表示,在晚上,同样的人潮不仅出现在杜伊勒里花园,还出现在巴黎的每一座剧院、每一间小咖啡馆(guinguette)、每一条林荫大道、每一家咖啡馆。⑤ 可见,休闲的人群和休闲的方式扩大了,社会对休闲——尤其对大众阶层的休闲——的约束也减少了。

19 世纪法国城市休闲的变化远比特罗洛普夫人在 1835 年的惊鸿一瞥

---

① Alain Corbin et al., *L'avènement des loisirs* (*1850-1960*), pp. 179-180.
② Frances Milton Trollope, *Paris and the Parisians in 1835*, v. 1, pp. 258-259; Frances Milton Trollope, *Paris and the Parisians in 1835*, v. 2, London: Richard Bentley, 1836, pp. 59-60.
③ E. Bergerat, *Revue de l'exposition de 1889*, No. 1, mar 1889. 转引自 Alain Corbin et al., *L'avènement des loisirs* (*1850-1960*), p. 565, note 6。
④ Frances Milton Trollope, *Paris and the Parisians in 1835*, v. 1, pp. 110, 264-266.
⑤ Frances Milton Trollope, *Paris and the Parisians in 1835*, v. 1, p. 266.

丰富得多。埃米尔·左拉以法兰西第二帝国为背景创作的《鲁贡-马克夸特家族》(Les Rougon-Macquart)展现了多种多样的城市休闲,包括体育运动、购物、歌剧、戏剧、咖啡馆文化、打牌、芭蕾舞、赌博、阅读、滑冰、划船、看热闹、沙龙、喝酒、游泳、闲逛等,其中有些是从原先的上层社会进入大众视野的,有些则是 19 世纪新发明的。① 此外还有旅游、咖啡馆音乐会以及在世纪末兴起的电影。正如阿兰·科尔班所说,这些大众休闲所代表的消费文化有力地促进了法国社会的平等化。② 儒勒·米什莱在 19 世纪 40 年代描述大众购物这一新现象时说,机器生产带来了"全民的进步",因为它使廉价商品进入贫穷人家,让穷人变得干净而有尊严,实现了"看得见的平等"。因此,机器是"极强大的民主进步的推动力"。③ 围绕购物展开的"全民"休闲以蓬勃发展的大商店为中心。巴黎的第一批大商店诞生于复辟王朝时期,并很快发展出商业步行街。第二帝国时期,巴黎的塞维尔大街和巴克大街的交角处出现了面向下层民众的廉价商店,正式宣告平民百姓加入了购物休闲的行列。④ 咖啡馆音乐会被称作"穷人的剧院",它们从巴黎市中心向外扩散,在林荫大道上分布最多。通过降低门票和饮料价格,它们吸引了包括没落贵族、小资产阶级、工人在内的各个阶级和性别的顾客。19 世纪末,从这些场馆中诞生了著名的红磨坊。⑤

　　交通运输业的发展也为大众休闲的扩张提供了强大的动力。正如阿兰·科尔班所说,铁路和蒸汽轮船实现了休闲活动的工业化,促进了休闲活动的普及。⑥ 在法国,交通运输业的发展主要包括公共马车和铁路两个方面。1842 年,大作家巴尔扎克在《入世之初》的开头详细描绘了巴黎连通邻近区域的交通业的发展。根据他的描述,从 1820 年开始,通往巴黎周围 10 法里以内各个城镇的交通线上都出现了激烈的竞争,它首先促使车行派出漂亮、快速、舒适的马车在巴黎和这些城镇之间开展定时班车运营。随后,载客量有限的"布谷鸟"双轮公共马车在竞争中被淘汰,取而代之的是能拉 18 名旅客的四轮双马公共马车。巴尔扎克称,促成这些变化的是巴黎人高

---

① Claire White, *Work and Leisure in Late Nineteenth-century French Literature and Visual Culture: time, politics and class*, p. 47.

② Alain Corbin et al., *L'avènement des loisirs*（1850-1960）, p. 191.

③ Jules Michelet, *Le Peuple*, Paris: Hachette, 1846, pp. 80-81.

④ 让-皮埃尔·里乌等主编:《法国文化史》卷三,第 302—303、308—309 页。

⑤ Alain Corbin et al., *L'avènement des loisirs*（1850-1960）, pp. 194-197;让-皮埃尔·里乌等主编:《法国文化史》卷四,第 84—85 页。

⑥ Alain Corbin et al., *L'avènement des loisirs*（1850-1960）, p. 24.

涨的郊游兴致。① 据统计,在 1837—1840 年相关铁路建成前夕,巴黎与圣日耳曼之间马车交通流量每年约为 40 万人次,巴黎与凡尔赛之间约为 120 万至 150 万人次。②

不过,相比于即将兴起的铁路运输,这些驿马车的速度、安全性和舒适性仍旧不足。尽管法国的铁路建设在 1842 年才刚起步,但巴尔扎克已经敏锐地意识到铁路即将给法国带来的变化,尤其是给巴黎连接郊区的交通运输业带来的冲击。③ 事实上,1838 年巴黎到圣日耳曼的铁路开通后,两地的交通从四五个小时缩短到 45 分钟,人们惊叹圣日耳曼变成了巴黎的郊区,而且这是一条"专门为星期日修建的线路"。运营满 10 个月时,其载客量便已远超同一线路的马车此前一年的数字,达到近 50 万人次。④ 正是受到该线路取得的巨大成功的鼓舞,法国很快又建成了两条连接巴黎和凡尔赛的铁路,可惜它们未能复制前者的辉煌。⑤ 经过一段低谷期后,1847 年开通的巴黎-鲁昂-勒阿弗尔低价列车开创了新的周末滨海休闲旅游模式,并在第二帝国和第三共和国时期取得长久的成功。⑥ 根据沈坚的研究,19 世纪法国的铁路建设可以分为三个阶段:第一阶段是 30 年代,可以称实验期或预备期;第二阶段是 40—50 年代,法国铁路大干线建造与完成阶段;第三阶段是 60 年代以后,法国开始建造支线,铁路网不断完善。1870 年,法国的铁路里程已经大幅追近英德两国,到 1890 年更是超过了英国。⑦ 总之,交通运输业的发展不仅拓展了休闲的空间,也极大地提高了旅行的经济性、舒适性和便利性,使原先主要局限于上层精英的旅游日益变成一种大众活动。

尽管大众的休闲权利不再受到限制,但他们的休闲方式仍引起道德家的担忧。最常见的是对大众酗酒的批评。根据 19 世纪诸多观察家的调查,无论是哪个时期,每周的发薪日之后,法国各地的工人阶级都喜欢在卡巴莱

① 巴尔扎克:《人间喜剧》第二卷,许渊冲等译,北京:人民文学出版社,1994,第 284—285 页。
② Suzanne Vergeade, "Un aspect du voyage en chemin de fer: le voyage d'agrément sur le réseau de l'Ouest des années 1830 aux années 1880", *Histoire, économie et société*, 1990, 9 année, n° 1, p. 115.
③ 巴尔扎克:《人间喜剧》第二卷,第 284—285 页。
④ Suzanne Vergeade, "Un aspect du voyage en chemin de fer: le voyage d'agrément sur le réseau de l'Ouest des années 1830 aux années 1880", pp. 116, 121, 124.
⑤ Arthur L. Dunham, "How the First French Railways Were Planned", *The Journal of Economic History*, Vol. 1, No. 1 (May, 1941), pp. 13-14.
⑥ Suzanne Vergeade, "Un aspect du voyage en chemin de fer: le voyage d'agrément sur le réseau de l'Ouest des années 1830 aux années 1880", pp. 126-129.
⑦ 沈坚:《近代法国工业化新论》,北京:中国社会科学出版社,1999 年,第 152、157 页。

(cabaret)等放荡场所喝得酩酊大醉,还抽烟、斗殴、说淫秽语言等。更有甚者,卡巴莱成为工人们谋划罢工或暴动的场所。① 对大众戏剧的批评与18世纪相差无几,无外乎内容猥亵、败坏社会风气。面向大众的咖啡馆音乐会也被道德家称作数以千计沉湎酒色的疯子观看的令人精神失常的演出。②大众阅读则在19世纪发生了耐人寻味的新变化。18世纪,法国也有大众阅读,比如著名的"蓝色书库",城市里则涌现了大量的租书摊。但18世纪的大众阅读还没有那么普及,而且完全是自发的,也不受道德家关注。19世纪则不同,大众阅读受到道德家前所未有的关注,其原因可能有以下几个方面。首先,大革命后,随着学校教育的发展,法国大众的识字率稳步提升,能够阅读的人数大幅增加。其次,19世纪30年代以后出现了连载小说的廉价报纸,极大地降低了大众获取内容的成本,加上休闲时间的制度化,使大众阅读成为可能。最后,大革命后,从左派开始,底层大众的生存状态受到空前关注,其中既包括大众的休闲权利,也包括他们的休闲内容。在此背景下,许多城市大众(尤其是女性)将休闲时间用于阅读报纸上连载的低俗小说。在当时的道德家看来,这股风气就是一种病菌或令人上瘾的毒药,它的危害足以跟酗酒比肩。③ 总之,随着休闲时间的制度化,人们转而把关注重点放在大众如何利用休闲时间的问题上。里昂商会在1907年的表态具有典型性:"我们希望立法保障强制性的休闲时间,却忘了把工人以高尚的方式进行休闲也变成强制性。"④

与旧制度时期试图压制大众游戏和娱乐不同,19世纪的道德家和社会改良实践者致力于组织和"规范"大众的休闲活动,以期把它们纳入道德化的轨道,并提升公众各方面的素质。参与这些实践的势力包括宗教团体、社会主义者、政府、企业主等。比如,面向大众阶层的公共图书馆就是在这个背景下诞生的。19世纪初,法国还只有面向精英阶层的市镇图书馆和面向学生的学校图书馆。普通大众想要读书,最好的选择就是去租书摊。复辟王朝时期出现了最早的公共图书馆,但早期的图书馆普遍带有宗教背景。公共图书馆真正的大发展是在第二帝国和第三共和国时期,因为工会和市政当局都参与到图书馆的建设中来。不过,正如格雷厄姆·基思·巴内特

① Robert Beck, *Histoire du dimanche de 1700 à nos jours*, pp. 200-203.
② 让-皮埃尔·里乌等主编:《法国文化史》卷四,第86页。
③ 道德家对大众阅读的批评,参见 Alain Corbin et al., *L'avènement des loisirs (1850-1960)*, pp. 396-399。
④ AN, F22 334. 转引自 Robert Beck, "Esprit et genèse de la loi du 13 juillet 1906 sur le repos hebdomadaire", *Histoire, économie & société*, 2009/3 (28e année), p. 10.

所说,这类图书馆在法国的发展远远落后于英国和美国。究其原因,无论是教团、工会还是政府,他们都是以道德和技能教育作为公共图书馆的宗旨,消遣类书籍要么没有,要么只占很小的一部分,而大众最渴求的恰恰是后者。因此,图书馆与大众的需求显著脱节,成效也十分有限。[①] 这与下文所讨论的法国体育的早期发展十分相似。由精英阶层主导的休闲组织还有科技协会、哲学协会、技术协会、园艺协会、音乐协会等,它们的取向和命运也跟公共图书馆相似。尽管如此,它们仍反映了相关方面将大众休闲活动组织化的努力。

19 世纪的法国还大量涌现出另一类更加成功的大众休闲组织:体育社团。体操俱乐部是其中建立较早且影响较大的社团,它们在该世纪二三十年代就已出现,其中最负盛名的是由移民法国的西班牙将军弗朗西斯科·阿莫罗斯(Francisco Amoros)在巴黎设立的阿莫罗斯体操馆。阿莫罗斯还写了几本关于体操训练的著作,对七月王朝和第二帝国时期法国的军事训练影响极大。古斯塔夫·福楼拜于 1881 年出版的小说《布瓦尔和佩居榭》(Bouvard et Pécuchet)里的主人公还在按照阿莫罗斯的方法进行训练。[②] 1870 年色当战败后,法国人急切地希望借助体育运动强健国民的身体,从而使法国重新强大起来。在此背景下,包括体操在内的各种体育运动迅速发展和普及开来。亲眼见证这段历史的顾拜旦还提到了射击协会、赛马俱乐部、赛艇协会等。[③] 1873 年,法国体操协会联合会(l'Union des sociétés françaises de gymnastique, USFG)成立。在巴黎,其成员俱乐部的参与者主要是"工人、雇员和农民的儿子"。1888—1893 年间,平均每年有 41 个体操俱乐部加入该联合会,使其成员俱乐部总数达到 400 个左右。[④] 19 世纪 80 年代末,在包括报刊界、国会议员、法兰西学院院士在内的各界精英的推动下,法国接连成立了多个全国性质的体育协会,包括 1888 年的全法体育教育联盟(La Ligue nationale de l'éducation physique, LNEP)和 1889 年的法国田径运动协会联合会(l'Union des sociétés françaises de

① 相关研究参见 Graham Keith Barnett, Histoire des bibliothèques publiques en France de la Révolution à 1939, trad. Thierry Lefèvre, Yves Sardat, Éditions du Cercle de la Librairie, 1987。

② Richard Holt, Sport and Society in Modern France, London: Palgrave Macmillan, 1981, pp. 41-42.

③ Pierre de Coubertin, Les Batailles de l'éducation physique: Une campagne de vingt-et-un ans (1887-1908), Paris: l'Éducation physique, 1909, pp. 16-22.

④ Richard Holt, "Le destin des « sports anglais » en France de 1870 à 1914: imitation, opposition, séparation", Ethnologie Française, 2011/4 (Vol. 41), pp. 617-618.

sports athlétiques，USFSA），后者在 1900 年拥有 200 多个俱乐部。① 由此，法国形成了"大众-体育俱乐部-地方协会-全国性联合会"的体育活动组织架构。

家庭活动是另一种备受推崇的休闲组织形式。家庭生活的完整性就是推动星期日休息制度化的一个重要理由，因为在周中工作的情况下，家庭只有在周日休息时才能正常运转。自然地，从许多方面来看，家庭休闲都被视作解决工人阶级的道德问题的良方：家庭休闲让工人远离酒馆、歌舞厅等声色场所，既能避免道德问题，又能留住一周赚得的收入；它有助于促进家庭的和睦，从而解决诸多社会问题，甚至包括提高生育率。② 1870 年，工人出身且关心社会问题的巴黎企业主德尼·普洛根据其在 20 余年间对上万名巴黎工人所作的详细调查，将被调查者区分为"工人"和"崇高者"两个类别。其中，"工人"就是正常的工人，他们遵纪守法、举止得体；"崇高者"则是一个反讽的称谓，他们懒惰、暴力、酗酒，却自命不凡，德尼·普洛显然认为他们配不上"工人"的称号。"工人"中最杰出的一类被称作"真正的工人"，他一年至少工作 300 天，从不负债，从不喝醉。他热爱并尊重妻子儿女，把工作之余的所有空闲时间都献给他们。他把星期天视作家庭节日，除了做家务，还会带着妻子和孩子在公共人行道上散步，参观博物馆和展览，夏天则去巴黎附近的乡村避暑。有时，因为家人喜欢（尽管他自己不太愿意），他也会带家人去看戏，并和家人一起为悲惨动人的场景痛哭流涕。德尼·普洛特别提到，散步时，他要么抱着孩子，要么把胳膊交给妻子挽着——这个细节看似幼稚，却有其特殊的价值，因为"崇高者"从来不会让妻子挽他的胳膊。③ 这种通过家庭休闲形成的温情脉脉的家庭氛围和它所代表的价值观，是资产阶级秩序在 19 世纪混乱的法国逐步沉淀下来的宝贵成果。1892 年，一位评论家说道："你知道那些在周日带着孩子散步的工人是怎么说的吗？他们说自己像资产阶级。"④可以说，随着资产阶级生活方式的普及，家庭休闲不再只是一种社会理想，而是日益变成现实。

19 世纪末，大众休闲的组织化渗透到法国社会生活的方方面面，包括

---

① 阿兰·科尔班主编：《身体的历史》卷二"从法国大革命到第一次世界大战"，杨剑译，上海：华东师范大学出版社，2013 年，第 304—305 页。

② Robert Beck，*Histoire du dimanche de 1700 à nos jours*，pp. 277-280.

③ Denis Poulot，*Le Sublime ou le travailleur comme il est en 1870 et ce qu'il peut être*，Paris：Librairie Internationale，1870，pp. 12-14，21-34，etc.

④ 转引自 Hubert Landier，*À la recherche du temps choisi*，*à propos du travail du dimanche*，rapport pour l'Institut du Commerce et de la Consommation，1991，p. 33。

组织化的旅游以及风靡全法国的自行车运动等,这些将在下文进一步探讨。

三、休闲与现代乡愁

在大革命之后的一个世纪里,尽管法国政体更迭频繁,但总体发展方向却很明显,即建立一个资产阶级秩序下的权利平等的社会。虽然从左派到右派的许多人都不喜欢资产阶级,但其总体趋势仍不可阻挡。社会形态的转变必然带来社会伦理的重构。经历过启蒙运动和大革命洗礼的法国人对资本主义工业化带来的城市异化问题尤其敏感,而休闲在恢复人的价值和重建社会伦理的过程中发挥了重要的作用。

异化与休闲

1848 年二月革命后,巴黎工人要求法兰西共和国临时政府保证所有人都有工作。应示威工人的要求,以路易·勃朗等为代表的临时政府颁布了被称作"工作权"(le Droit au travail)的法令,宣布保证全体公民都有工作,以保障工人的生存。[①] 此事在 1880 年遭到马克思的女婿保罗·拉法格的尖锐嘲讽,他宣称,法国工人在 1848 年之后接受了将工厂劳动时间规定为 12 小时的法律,并视之为革命成果和革命原则,这是法国无产阶级之耻,只有奴隶才会沦落到如此卑下的程度。[②]

拉法格对 1848 年工人运动的批评或许有"何不食肉糜"的味道,因为工人关心的是基本的生存权,拉法格关心的则是在更高的生产力条件下才能实现的休闲的权利(拉法格橄文式地称之为"懒惰权")。然而,从马克思的异化理论来看,拉法格的观点自有其道理。马克思指出,在资本主义生产条件下,"工人生产得越多,他能够消费的越少;他创造的价值越多,他自己越没有价值、越低贱;工人的产品越完美,工人自己越畸形;工人创造的对象越文明,工人自己越野蛮;劳动越有力量,工人越无力;劳动越机巧,工人越愚笨,越成为自然界的奴隶"。[③] 该论断中隐含了工作时间的要素,与恩格斯批评英国工人阶级的工作时间过长、工资低、难以维持基本的生活水平异曲

---

① 亲历该事件的临时政府成员路易·勃朗对此事的前因后果做了详细记录,参见 Louis Blanc, *Histoire de la Révolution de 1848*, t. 1, Paris: C. Marpon et E. Flammarion, 1880, pp. 126-138。

② Paul Lafargue, *Le Droit à la paresse*, Paris: Arthème Fayard, 1994, p. 16. 中译本参见保罗·拉法格、查尔斯·克尔:《懒惰的权利以及其他》,陈苍多译,台北:唐山出版社,2016 年,第 13—14 页。以下对拉法格作品的引用均为参照此两个版本。

③ 马克思:《1844 年经济学哲学手稿》,中共中央马克思、恩格斯、列宁、斯大林著作编译局编译,北京:人民出版社,2014 年,第 49 页。

同工。拉法格认为，在所有的资本主义国家，劳工阶级都被一种奇异的谬见所荼毒，即视工作为神圣事业并对之抱有强烈的热情，而它的另一面是宣扬禁欲和自我节制。这种观念原本是基督教的道德信条。当革命的资产阶级反抗宗教和贵族统治时，这些宗教伦理曾遭到他们的否定。然而，一旦掌握政权，资产阶级却重拾这些宗教手段，以维持他们的经济和政治霸权，其在法国的代表人物是拉法格在此文最开头点名批判的七月王朝末代首相基佐。这种资本主义道德的目标是把生产者的需求压缩到最低限度，压制他们的快乐和激情，强迫他们像机器一样工作，得不到喘息的机会，也无人怜悯。

拉法格援引 1770 年英国一名匿名作者的论述来揭示这种资本主义道德的本质。这位作者认为，自由、独立的思想对军人可能是有用的，但工人抱有这种思想则对国家有害，鼓励英国工人沉迷于此尤其危险，因为英国八分之七的人都是无产者。唯有令工人满足于工作六天才能赚取原本四天就可得到的报酬，方能彻底消除自由、独立思想对工人阶级的"危害"。因此，匿名作者建议把穷人关在理想的"恐怖工厂"内，强迫穷人在其中每天工作14 小时。这种主张在 19 世纪初的法国出现了弱化的现实版本。1807 年，拿破仑命令法国人在星期日礼拜后回去工作，因为"我的人民越工作，就越不会作恶"。

拉法格表示，除了资本家和统治者把工人视作机器、奴隶或罪犯外，在资本主义社会中，工作还有其他严重的异化问题。第一，工作造成工人智力完全退化、器官全部畸形。因此，拉法格热烈赞美那些尚未被贸易传道士和宗教商人(les missionnaires du commerce et les commerçants de la religion)用基督教、梅毒、工作教条所污染的"高贵的野蛮人"。第二，工作也摧毁了工人的后代，因为他们不仅把自己，还把妻子儿女送进工厂。工厂把女人变成枯槁失色的花朵，无法生下健康、精力充沛的孩子；工厂同样伤害孩童的智力，腐化他们的天性，破坏他们的身体。第三，法国工厂工作时间过长，甚至超过囚犯和奴隶的工作时间，加上糟糕的工作条件，使工人与愉悦、健康、自由等美好的生命价值绝缘。第四，过度工作造成过度生产(和资本家的过度消费)，引发经济危机，导致工人处境恶化，使工人陷入越工作越贫穷、从而越需要工作的恶性循环中。第五，过剩的商品和资本还会带来殖民等罪恶……

总之，无产阶级对工作的热情是人类最可怕的祸源，是一切个人和社会悲苦的根源。在这种情况下，法国工人却在 1848 年把"工作权"视作战利品，何其可悲！无产阶级必须回归其天性即主张"懒惰的权利"，必须习惯于每天只工作三小时,其余时间则无所事事(fainéanter)或纵情享乐(bombancer)。更有甚者,拉法格一反将休息娱乐视作严肃工作的调节的惯常论调,而提出应通过强硬的立法禁止任何人每天工作超过三个小时,从而使工作变成"懒散之乐"的佐料,变成有益于人类身体的运动,变成对社会有用的激情。唯有如此,无产阶级才能获得解放。

由此可见,拉法格把"懒惰"和休闲视作对抗现代资产阶级秩序下的异化问题,进而对抗资本主义文明,让无产阶级重获自由的手段。因此,拉法格将其著作命名为"懒惰的权利:驳1848年'工作权'"。

拉法格的论断是对法国乃至西方传统工作伦理的反叛。在基督教伦理中,"懒惰"位列七宗罪之一,它经常被描绘成魔鬼对世人的诱惑。宗教改革之后,新教更是把工作解释为神给信徒安排的"天职",使工作成为侍奉上帝、坚定信仰的手段,也是获得救赎的必由之路。在世俗道德中,懒惰同样是被讨伐的对象,源自中世纪和近代早期民间故事的《坎特伯雷故事集》《格林童话》等均可见证。地理大发现之后,懒惰被欧洲人解释为非洲、美洲等地区的土著野蛮、落后的原因,也成为他们被屠杀和奴役的理由。当然,自古以来也不断有人歌颂"闲暇"甚至"懒散",但就如同前文所讨论的17—18世纪法国宫廷贵族的游戏一样,那些基本上都是上层社会的特权,而与普罗大众无关,也不具有现代性。①

现代人对懒惰或工作伦理的全面反思可以追溯到法国启蒙运动时期的让·雅克·卢梭。当时的启蒙思想家普遍相信,人类在原初时期有一个纯粹而美好的自然状态,在这种状态下表现出来的性情即是人类的天性。就连对卢梭观感极差且信奉进步论的伏尔泰也极力赞美"人们在深深的宁静中品味着/在鸿蒙初开时/自然以其慈悲之手赐予人类的/永恒的休憩,纯粹静谧的时日"②。在启蒙哲人们眼中,工作与自然是相悖的。不同的是,伏

---

① 有关基督教伦理对懒惰的看法、近代早期欧洲人将懒惰与野蛮人画等号、古人对懒散的歌颂等,可参见安德列·劳克:《懒惰的历史》,缪伶超译,上海:上海书店出版社,2015年;吴靖:《懒惰简史:从"七宗罪"到赋予劳动者革命的力量》,澎湃新闻,2020年9月17日(https://www.thepaper.cn/newsdetail_forward_8994483,引用日期:2024年5月1日)。关于新教的天职观,参见马克斯·韦伯:《新教伦理与资本主义精神》。关于欧洲传统民间故事对懒惰的谴责,参见杰弗雷·乔叟:《坎特伯雷故事》,第245、279页等;格林兄弟:《格林童话全集》"懒惰的纺织妇人""三个懒人""十二个懒农奴"等,魏以新译,北京:人民文学出版社,2003年,第366—367、407—409页等。

② "L'homme y semble goûter, dans une paix profonde / Tout ce que la nature, aux premiers jours du monde / De sa main bienfaisante accordait aux humains / Un éternel repos, des jours purs et sereins." (Voltaire, *La Henriade*, Londres: Hierome Bold Truth, 1730, p. 284)

尔泰、狄德罗等相信文明进步论,卢梭则持文明退步论。根据卢梭的观点,文明史可以粗略归结为因为群居生活和私有制的产生而使人类逐步走向堕落的历史。他同样认为散居状态的原始野蛮人是懒散的,但他将它解释为自然而非落后,因为那种"人活着仅仅是为了睡觉、吃饭和休息"的状态是一种"与世无争的田园牧歌式生活","没有比这种令人心仪的懒散的生活方式更让那些原始人心醉的了……无所事事乃是人的仅次于自我保存的最原始、最强烈的激情"。"不必要的艰辛劳作"是社会生活的产物,但即使在文明社会,"工作的目的仍是为了休息。甚至可以说,是为了懒惰,我们才勤奋"。① 在此语境下,卢梭的名言"人生而自由,却无往不在枷锁之中"或可这样理解:懒惰是热爱自由的原始人的天性,工作则是文明社会的枷锁。

然而,卢梭知道,人类不可能真正弃绝文明,回归原始时代,因而他主张在文明社会里建立以社会契约为基础的政治共同体。在这样的社会里,工作是公民资格的立足之本,懒惰则是公民责任缺失的表现。生活在 18 世纪的卢梭并没有看到下一个世纪资本主义工业文明下的无产阶级的生存状态,因而他对工作伦理的反思主要是针对法国旧制度时期的等级社会,将工作与公民资格挂钩,既针对底层"懒汉",也针对当时拥有"懒惰"特权的贵族。这一思想在 1789 年被支持第三等级的革命者所继承。② 1848 年,路易·勃朗等应示威工人的要求颁布的"工作权"法令,同样表达了临时政府以工作作为共和国政治基石的意愿。

卢梭的学说对马克思的异化理论有深刻影响,拉法格的论述里也有明显的卢梭的影子,比如对文明进步的反思和对野蛮人的赞颂。不同的是,马克思和拉法格的批判明确地指向了资本主义工业化。拉法格尤其反对把工作当作政治生活的基石,因为马克思指出,资本主义生产条件下的工人是活的、贫困的资本,他只是作为工人而不是作为人而存在,生活变成单纯的维持肉体生存的手段。③ 正如克莱尔·怀特所说,拉法格关于经由"懒惰权"通向工人解放的言论表明,19 世纪下半叶法国社会主义者要求缩短工作时间,不仅仅是为了改善工人阶级的物质条件,更是为了培养无产阶级对自身的劳动条件的反思意识:为了实现自身的解放,无产阶级必须首先充分认识

---

① 卢梭:《论语言的起源兼论旋律与音乐的模仿》,吴克峰、胡涛译,北京:北京出版社,2009 年,第 53、64 页。
② 安德列·劳克:《懒惰的历史》,第 91—92 页。
③ 马克思:《1844 年经济学哲学手稿》,第 53—54 页。

自身的异化状况,以及自身作为一切公共财富的创造者的潜在力量。① 埃米尔·戈蒂埃(Emile Gautier)建议将每天的工作时间限制在六小时以内:"一个人整天疲于工作,傍晚回到贫寒的寓所,四肢无力,头重脚轻,充耳仍是工厂的嗡鸣声,怎么可能有必要的精力去关心他感兴趣的严肃问题,去研究他所遭受的不公的根源和性质并寻求补救措施……匆匆扒拉完寒酸的饭菜,他就迫不及待地沉入梦乡,几乎没有时间翻一下手边的报纸!"②

缩短工作时间是工人解放的必要条件,但并非充分条件。马克思指出,资本主义把工人的需要归结为维持最必需的、最悲惨的肉体生活,把工人变成没有感觉和没有需要的存在物。因此,全部历史是为了使"人"成为感性意识的对象和使"人作为人"的需要成为需要而做准备的历史。③ 换言之,恢复五官感觉亦即审美能力(如有音乐感的耳朵、能感受形式美的眼睛④),还人之为人,是解决人的异化问题的必由之路。缩短工作时间不仅有助于提升劳动效率、进而提升工人的价值,还使工人拥有了从事审美实践的时间、精力和能力。在这种情况下,作为审美实践的休闲活动才能成为克服异化问题的根本手段。

重审乡村和自然

尽管休闲能够培养工人的审美能力,从而克服异化问题,但并非所有的休闲活动都有同样的功效。埃米尔·左拉认为,城市工人在工作之余的消费和休闲也存在异化的现象:女店员饕餮般地疯狂消费蛋糕等她无法消化的食物,休闲时间被压缩的工人们把餐馆挤得水泄不通……在小说中,左拉特地以无序的物体和堆积的动词造成一种幽闭恐惧症般的窒息感,以凸显城市大众休闲的异化特征。⑤ 研究者发现,19 世纪的乌托邦社团几乎都是清一色的农业社团,他们大部分的工作是整治土地、牧场和开发森林。⑥ 这一现象绝非偶然,因为在从卢梭到马克思及他们的后来者的批判话语里,日

---

① Claire White, *Work and Leisure in Late Nineteenth-century French Literature and Visual Culture：time，politics and class*, p. 22.
② Émile Gautier, *Les Endormeurs*, 2 vols (Derveaux, 1880)，Ⅱ：Heures de Travail, 19. 转引自 Claire White, *Work and Leisure in Late Nineteenth-century French Literature and Visual Culture：time，politics and class*, p. 23。
③ 马克思:《1844 年经济学哲学手稿》,第 86、120 页。
④ 马克思:《1844 年经济学哲学手稿》,第 84 页。
⑤ Claire White, *Work and Leisure in Late Nineteenth-century French Literature and Visual Culture：time，politics and class*, pp. 66-67.
⑥ 让-克里斯蒂安·珀蒂菲斯:《十九世纪乌托邦共同体的生活》,梁志斐、周铁山译,上海:上海人民出版社,2007 年,第 122 页。

益工业化和商业化的城市就是现代异化问题最集中的地方,传统的农业乡村自然成为对抗异化的理想所在。在现代城市中,不单是无产阶级深受异化影响,资产阶级亦如是。在这个背景下,随着休闲的大众化,18 世纪启蒙思想家对自然的崇拜,在 19 世纪发展为更广大阶层对乡村和自然的重新发

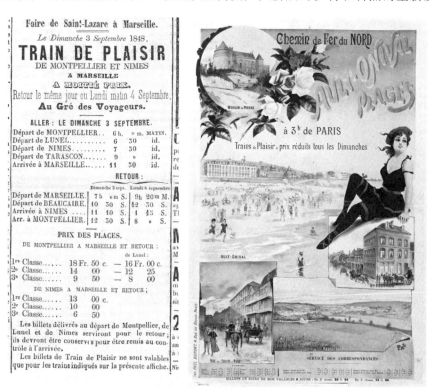

图 5-5　(左)1848 年 9 月 1 日《加尔省信使报》上的"快乐列车"广告
(右)1894 年北部铁路公司的"快乐列车"海报

现和审视。阿兰·科尔班称,正是在这个时期,旅行者(voyageur)突然变成了现代意义上的游客(touriste)。① 铁路的建设和扩张对这个转变起到了巨大的推动作用。

　　1844 年夏天,几家英国小型铁路公司推出了低价旅游列车,让人们在休息日摆脱锻造厂或工厂不健康的闷热,去呼吸乡村纯净清新的空气。该模式在三年后的夏天被引入法国,由两家铁路公司联合开通了巴黎-鲁昂-勒阿弗尔的"快乐列车"(les trains de plaisir)旅游线路,其最大的卖点是勒阿弗尔的沙滩和海洋,全线单程只需 6 个小时,往返车费只需 10 法郎,星期

---

① Alain Corbin et al., *L'avènement des loisirs*(1850-1960), p. 105.

六晚上从巴黎出发,星期一早上返回。尽管有 1848 年革命的干扰,但该低价休闲旅游模式仍大获成功,1849 年又有经营迪耶普(Dieppe)到费康(Fécamp)线路的公司加入进来,一起成为后来的西部铁路公司(la Compagnire de l'Ouest)的组成核心,以与经营布洛涅-敦刻尔克和巴黎-加莱等旅游线路的北方铁路公司(la Compagnie du chemin de fer du Nor)竞争。① 1852 年,中部铁路公司(la Compagnie des chemins de fer du Midi)成立,随着其铁路线的延伸,逐渐把法国西部的海洋资源和西南部丰富的温泉资源也纳入休闲旅游的网络中来。② 当然,其他自然、历史、人文景观(包括城市景观)也很快成为"快乐列车"的卖点,包括各种比赛、展览、节日庆祝等。发布于 1848 年 9 月 1 日《加尔省信使报》(Le Courrier du Gard)上的一则广告(图 5-5,左)显示,此时在法国南部也开通了蒙彼利埃-尼姆-马赛的半价"快乐列车",星期日早上六点从蒙彼利埃出发,中午十一点半抵达马赛,可以当晚或隔日返回。座位分三等,最低的三等座往返票价为 6.5 法郎。根据广告抬头,这趟"快乐列车"的首要卖点是马赛的"圣拉扎尔集市"(Foire de Saint-Lazare)。1894 年,北部铁路公司的一张彩色海报(图 5-5,右)主要推销距离巴黎三小时车程的欧特-奥尼瓦勒(Ault-Onival)海滩,其他卖点还包括乡野风光、中世纪磨坊、小镇教堂和街道。换言之,历史人文景观与乡村自然一起成为被重新审视的对象。法国的"快乐列车"一直运营到 20 世纪 30 年代。

从 1847 年"快乐列车"开通开始,一直到该世纪 70 年代,《众声喧哗报》(Le Charivari)先后刊登了一系列以"快乐列车"为主题的漫画和文章,其中奥诺雷·道米耶(Honoré Daumier)的系列漫画(图 5-6)尤为出名。在漫画中,巴黎市民(资产阶级)不分男女,携带行李疯狂地涌向列车的廉价车厢。在列车上,他们在没有顶篷的廉价车厢里大肆喝酒庆祝,或是瑟瑟发抖地承受着风雨的肆虐。到了海边,一场突如其来的暴雨把愁眉苦脸的游客阻拦在室内,或是把海滩上游玩的游客淋成落汤鸡。《众声喧哗报》报道"快乐列车"的文章也保持着与漫画相同的基调,即对资产阶级的休闲冲动的鄙夷和嘲讽。这是旧制度时期贵族价值观的延续。但它也表明,19 世纪中叶法国

---

① Suzanne Vergeade, "Un aspect du voyage en chemin de fer: le voyage d'agrément sur le réseau de l'Ouest des années 1830 aux années 1880", pp. 126-128.

② Christophe Bouneau, "Le rôle de la Compagnie des chemins de fer du Midi dans les trajectoires d'innovation des aires -touristiques du Grand Sud-Ouest de 1852 à 1937", Sud-Ouest européen, 39, 2015, pp. 13-29.

Invasion des wagons un jour où l'on fait partir un train de plaisir à cinq francs de Paris à la mer.

图 5-6　1852 年 5 月 1 日《众声喧哗报》上刊登的道米耶"快乐列车"漫画（文字显示，该列车从巴黎开往海边，廉价车厢票价为 5 法郎）

人对乡村和自然的休闲偏好是由城市资产阶级引领的。当然，随着法国资本主义经济的发展，越来越多相对富裕的工人也加入休闲旅游的行列，相应地，旅游列车上票价最低的三等车厢的配置比例和客流量也在增加。①

在绘画领域，19 世纪上半叶巴比松画派所代表的自然主义风格已经表现出对传统乡村和自然的浓厚兴趣，福楼拜等作家同样在文学领域掀起自然主义的创作热潮。然而，率先将乡村自然与资产阶级的休闲活动结合起来描绘的是该世纪下半叶的印象派画家，他们的努力也被浪漫派和后印象派所继承，从而诞生出马奈《草地上的午餐》及诸多同类画作、莫奈《蛙塘》、雷诺阿《大浴女》、巴齐耶《夏日》等众多杰作。与道米耶不同，尽管这些画家有时也会描绘铁路，但他们主要刻画的是郊区和乡村的休闲场面。其中，作为时代先锋的印象派在许多方面表现出与传统的决裂。18 世纪的洛可可画家也表现自然环境里的"消闲"生活场景，那是成双成对的贵族和贵妇人在爱神雕像装饰的古典神话氛围中玩爱情的游戏，以消磨多余的光阴（如华托《爱的盛宴》）。印象派画家开创了表现当代资产阶级野餐的主题，它去除

① Suzanne Vergeade，"Un aspect du voyage en chemin de fer：le voyage d'agrément sur le réseau de l'Ouest des années 1830 aux années 1880"，p. 117.

了古典和浪漫主义画派着重烘托的神话或田园诗氛围,而以当代资产阶级人物取代神话角色,并把他们放在当代现实之中。同时,不论是在草地上还是游船上(莫奈《草地上的午餐》、马奈《草地上的午餐》、雷诺阿《游船上的午餐》[图 5-7]),餐布上并没有刀叉,人们直接用手抓取食物;人物的姿态放弃

图 5-7　皮埃尔·奥古斯特·雷诺阿《游船上的午餐》,1881 年

了优雅的平衡感,而突出自由、松弛甚至懒散的自我享受。这样的野餐是对贵族的矫揉造作的反叛,是在人与自然的融合中回归原始自由的宣言。无怪乎同时代的赫伯特·斯宾塞斥责说:"野餐是回到原始状态、回到野蛮人的心理倒退。"不过,达尔文的看法较正面,视之为人类"回归其狂野和天然习惯的野蛮力量"。① 无论是正方还是反方,他们的思考都是以对现代文明中的异化问题的反思作为出发点。

迈耶·夏皮罗注意到,从浪漫派到印象派,19 世纪法国的绘画和文学存在着英、美、德等国家所不具备的同构关系。② 福楼拜、波德莱尔、里维埃、左拉、普鲁斯特等作家不仅是印象派画家的好朋友,还经常在他们的文学作品中表达出与印象派画家一样的对大自然的崇拜。例如,在左拉的小说《穆雷神父的罪错》(La faute de l'Abbé Mouret)中,被内心冲突逼迫至崩

① 迈耶·夏皮罗:《印象派:反思与感知》,沈语冰、诸葛沂译,南京:江苏凤凰美术出版社,2023 年,第 228—229 页。

② 迈耶·夏皮罗:《印象派:反思与感知》,第 356 页。

溃边缘的穆雷神父通过与狂野大自然赤裸裸的接触,重新获得了伊甸园般的新鲜情感,懂得了感官之爱的幸福。[①] 巴齐耶的《夏日》表达了与左拉的小说相同的感触,裸体既是亲近自然,也是发现自我的象征。在印象派的画笔下,野餐树林的空地里或游船外灿烂的阳光就具有这种无上的治愈力量,它帮助人们摆脱令人身心俱疲的城市生活,在重新审视自然的同时也重新发现了自我。

印象派的绘画至少印证了 19 世纪的两个历史事实:其一,在休闲中重新发现和审视自然的风潮是由城市资产阶级引领的(以至于后来左拉等人批评印象派过于关注资产阶级的休闲娱乐而无视现实苦难[②]);其二,借助休闲生活重新发现和审视自然有效地对抗了城市的异化,帮助资产阶级发现了自我,并使印象派绘画具有反叛法国传统贵族意识形态的意义。这种正面表现资产阶级休闲的做法,可能正是印象派在早年不被上流社会接受的原因之一。印象派、浪漫派、后印象派以及与之具有同构关系的 19 世纪法国文学界对乡村和自然的共同爱好,反过来也进一步培养了公众对乡村和自然的浓厚兴趣。

"快乐列车"漫画和印象派绘画有着坚实的现实支撑。布洛涅、迪耶普等法国的滨海度假胜地在波旁王朝复辟时期已经发展起来,但早期主要服务于英国和法国的贵族阶层,直到"快乐列车"带去大批的城市资产阶级。仿照英国巴斯镇(Bath)温泉模式建立起来的法国水疗胜地在第二帝国时期取得快速发展,其主要功能也由原先的治疗转向休闲度假。[③]

同时兴起的还有资产阶级对乡村自然的浓厚兴趣,这在旧制度时期曾经是贵族阶级的特权。19 世纪的法语里出现了一个新词 villégiature,《拉鲁斯词典》将它解释为"在乡村逗留以作消遣"。[④] 1858 年,伊波利特·里戈称这种乡村休闲"已经成为时尚",认为这是让·雅克·卢梭带给 19 世纪法国私人生活的一场革命:"过去,乡村意味着城堡和公园,只有大领主和大农场主才有足够的财力去热爱乡野。现在,我们恢复了对自然的真正热爱,一到五月,所有城市居民……不愿再被禁闭在巴黎,再也无法忍受巴黎的空气,渴望离开……一两个月后,全体巴黎人都会离开巴黎……到六月底,全

① 迈耶·夏皮罗:《印象派:反思与感知》,第 233—234 页。
② 迈耶·夏皮罗:《印象派:反思与感知》,第 406—407 页。
③ Alain Corbin et al., *L'avènement des loisirs*(*1850-1960*), pp. 108-111.
④ Pierre Larousse, *Grand dictionnaire universel du XIX e siècle*, t. 15, Paris: Administration du grand dictionnaire universel, 1876, p. 1053.

法国的人都跑到了农村。"①这段话中的"所有""全体"等词语显然不是如实统计,而是如印象派般基于主观感受的夸张描述。然而,里戈的观察仍然可以证明乡村休闲对于现代城市病的治愈能力。关于这种乡村休闲风尚的成因,里戈罗列了时人的三种观点:道德家认为这是法国人道德水平提高的表现,因为谚语说,人越有道德,就越热爱黎明、田野和美丽的大自然;另一些人认为这是铁路发展的结果;还有人认为人们需要用半年的乡村节俭来平衡昂贵的城市开支。同时,他根据同代人的观察得出与前文分析异曲同工的另一个论断:是文学唤醒了法国人对大自然的情感。②

除了自然,接受重新审视的还有人文景观和传统,比如乡村节日。在近代的城市化进程中,大量人口从乡村涌向城市,成为工业化城市中的寂寂无闻的存在,甚至因为城市的异化而丧失自我。科尔班认为,乡村节日给予了这些人与原籍社区重新建立联系的机会,在这些生之养之的地方,人们每天呼唤他的名字(而非像在城市社会里以姓氏称呼),帮助他找回自我。③ 19世纪至 20 世纪初西方民俗学和文化人类学的兴起,也可以归因于这个历史背景。

体育休闲与身份认同

马克思在《关于费尔巴哈的提纲》中指出,人是一切社会关系的总和。④然而,现代城市异化的一个突出表征是社会原子化造成的人的孤独感。休闲审美可以促进人与人、人与环境之间的正向互动,帮助人在社会关系中定位和完善自我,增强人的社会归属感。这样的休闲活动必须具备真实(非虚拟)的社交性,包括与人的交际和与空间环境的交际。归属感可以包含不同的层次,小到家庭,中到社区,大到民族国家。

小范围的归属感比较容易获得。居家游戏、阅读或阖家出游能有效地营造和睦愉悦的家庭氛围,各社会团体可以组织休闲活动来增强员工的归属感,基于兴趣爱好的聚会或运动可以帮助个人建立健康的交际圈。相比之下,实现社区认同和国家认同具有较大的难度。如前文所见,在传统农业社会,节庆性的游戏活动具有宗教仪式和社群管理的双重功能,它们借助特定的仪式,增进社区成员之间的交际及人与社区空间的互动,强化社区的物质和精神凝聚力。在城市化的进程中,由于社会的世俗化和原子化,这些游

---

① Hippolyte Rigault, *Conversations littéraires et morales*, Paris: Charpentier, 1859, p. 187.
② Hippolyte Rigault, *Conversations littéraires et morales*, pp. 188-190.
③ Alain Corbin et al., *L'avènement des loisirs* (*1850-1960*), pp. 121-122.
④ 《马克思恩格斯文集》第 1 卷,北京:人民出版社,2009 年,第 501 页。

戏丧失了原有的宗教仪式和社群管理功能,不再充当社区认同的纽带。不过在 19 世纪,随着现代体育休闲活动的兴起,法国拥有了凝聚社会认同的新手段。以 1870—1871 年的普法战争为界,该世纪法国体育的发展可以分成两个阶段。

　　普法战争以前,法国最流行的体育项目是体操。这项运动在 19 世纪上半叶传入法国。由于受 1816 年加入法国国籍的前西班牙军人弗朗西斯科·阿莫罗斯和迅速崛起的普鲁士的体操军训模式的影响,七月王朝和第二帝国时期,体操在法国的学校和军事系统里成为军事训练的手段。根据理查德·霍尔特的研究,在这个时期,除了少数著名政治家和爱国实业家,大部分体操运动的组织者和倡导者都来自中下层阶级,许多工人阶级青年也参与其中,这是因为他们把体操视作类似于杂技这样大众喜闻乐见的街头娱乐,后者属于历史悠久的大众娱乐传统。[①] 1851 年的一幅图画(图 5-8)显示,巴黎一座游泳池上方架设了体操架索,有人在上面做体操动作,但它们显然也可以被当作水上秋千这样的娱乐设施使用。因此,法国的体操运动被分成两个系统:统治阶层的着眼点是军事规训,在体操运动中要求个人服从集体意志;大众阶层的着眼点是休闲娱乐,对国家意志并不关心。

图 5-8　1851 年巴黎的一座游泳池

　　在色当战败并被迫签署屈辱和约后,强烈的复仇渴望促使法国民族主义高涨,培养体魄强健的国民成为国家的迫切需要,法国的体育运动因此被

① 　Richard Holt，*Sport and Society in Modern France*，pp. 41-45.

蒙上了浓重的功利色彩。马克思"异化"学说和达尔文进化论的流行也加剧了这种趋势,因为随着法国资产阶级时代到来,人们越来越担心"异化"问题和脑力工作的增多会造成种族退化。在这些背景下,大众健身很快成为精英阶层关注的焦点。上一节讨论大众休闲的组织化时介绍的法国体操协会联合会、全法体育教育联盟、法国田径运动协会联合会等全国性的体育社团,便是在这个背景下诞生和发展起来的。在该世纪90年代以前,体操仍是发展的重点,但大众体操的娱乐性开始受到精英阶层的猛烈批评。1875年,法国体操协会联合会的官方刊物《时代》明确指出,联合会发展体育的宗旨是强化种族而非娱乐大众,但其旗下的俱乐部却在追随后面这种愚蠢的趋势。① 1886年,巴黎学校体操运动督察拿破仑·莱斯内声称体操娱乐化的丑陋行为非常普遍,他将此归咎为第二帝国的颓废遗产,因为第二帝国未能激发年轻人朴素的公民美德意识。② 不过,这些批评也说明大众的追求与官方和精英并不同步,两者甚至背道而驰。

随着法德矛盾上升并取代从中世纪以来一直居主导地位的法英矛盾,法国人对英国文化的态度也在发生微妙的转变。多个世纪以来,法国人一直对"资产阶级"英国的文化抱有敌意和戒心,这在前文关于猫文化与"法国性"的部分已有探讨。尽管足球、橄榄球等体育项目跟随留英归来的少数精英逐渐传入法国,但由于它们来自英国且富于娱乐性,因而受到主流精英阶层的极力排斥。在极端的"仇英派"看来,英国的体育运动既野蛮又不爱国,甚至使用来自英国的术语 sport、rubgy、football 都是不可接受的。《19世纪拉鲁斯词典》尽管认为英语单词 sport 源自古法语 desport,但仍表示这些词语"显然腐蚀了我们的语言,只可惜没有海关能阻止它们从边境进入"。③ 普法战争后,面对德国的强势崛起,英法在外交上逐渐趋近并走向结盟。同时,日益资产阶级化的法国人也逐渐放松了对英国文化的抵触心理,学习英国的呼声越来越大。甚至激烈反对英国文化帝国主义的民族主义者帕斯卡尔·格鲁塞(Paschal Grousset)也认为:"盎格鲁-撒克逊种族的扩张,他们

---

① *Le Temps*,16 Mai 1875,p. 2. 转引自 Richard Holt,*Sport and Society in Modern France*,p. 53。

② Napoléon Laisné,*Nouvelles Observations sur l'enseignement de la gymnastique*,Paris:Picard-Bernheim,1886,p. 8.

③ Richard Holt,"Le destin des « sports anglais » en France de 1870 à 1914:imitation,opposition,séparation",pp. 617-618;Pierre Larousse,*Grand Dictionnaire universel du XIX e siècle*,t. 14,Paris:Administration du Grand Dictionnaire universel,1875,p. 1031.

的工业活动和殖民地的繁荣,真正的根源在于他们自幼养成的阳刚之气。"①在以皮埃尔·德·顾拜旦为代表的亲近英国的人士看来,英国体育代表了现代性,盎格鲁-撒克逊国家的强大都是通过、也只能通过体育运动来实现。因此,顾拜旦极力主张学习英国的体育教育,以培养法国人的男性气概,而当时法国的体操却以培养严明的纪律作为目标。②"亲英派"尤其钦佩英国体育的竞争原则(这是法国体操所不具备的,而竞争也是世界商业和政治生活的主导原则),认为其有助于把青少年培养成优秀的竞争者,这既包括学会如何胜出,也包括如何面对失败,关键在于参与和兴趣,并从竞争中取得进步。同时,他们批评法国体操死气沉沉,比在洋葱地里散步还要无聊。③

　　法国精英阶层尽管希望借鉴英国体育的原则,却并不愿意照搬英国的体育运动。他们希望在法国性、大众娱乐性、国家需要之间找到最佳的结合点。其中一个选项是复兴法国古老的游戏并使之现代化,比如老式网球、槌球等,但这样做的难度很大,而且很难在现代社会重建游戏的群众基础。拳击、足球、橄榄球则太"英国",法国统治精英还需要时间来接受。1890年前后,法国人发现了一个完美契合他们需要的项目:自行车运动。尽管自行车并非由法国人发明,但大众化的自行车运动却于19世纪末在法国率先流行开来,英国则在同一时期禁止了自行车赛。因此,自行车赛被视为具有现代性、娱乐性的"法国"的运动。报刊媒体很快介入进来,创造了延续至今的"环法自行车赛"(Le tour de France)。

　　"环游法国"是一个原本就植根于法兰西民族集体记忆中的概念,它主要有三个来源。其一,1564—1566年,查理九世对法国进行了为期两年的巡察,由此开启了巡游法国的政治传统。19世纪,通过对全国进行检视来强化民族认同的思想十分突出,包括在历史学界。1833年,儒勒·米什莱写作《法兰西图景》(Tableau de la France)时,便从首都巴黎出发,在环绕法国巡视一圈(途中专门为圣女贞德绕道奥尔良后),重新回到巴黎。其二,普法战争后极为流行的爱国主义童蒙读物《两个小孩环游法国》(Le tour de la France par deux enfants,林纾颇得神韵地译作《爱国二童子传》)讲述了两

---

① Daryl Philippe, *La renaissance physique*, Paris: Hetzel, 1888, p. 20. Daryl Philippe是格鲁塞的笔名。

② Pierre de Coubertin, *Les Batailles de l'éducation physique: Une campagne de vingt-et-un ans (1887-1908)*, pp. 6-7 & 16.

③ Richard Holt, *Sport and Society in Modern France*, pp. 63 & 618.

个来自被割让给德国的洛林地区的孤儿通过探索祖国的山川和历史,重新找到民族归属感的故事。其三,从中世纪开始,法国便有手工业行会学徒在法国各地巡游学习技艺的传统,1840 年乔治·桑(George Sand)的小说《环游法国的学徒》(*Le Compagnon du Tour de France*)便取材于此。最初的两届环法自行车赛正是沿着学徒的环游路线行进的。①

报刊媒体铺天盖地的报道,把环法自行车赛变成一场以国家历史空间为背景、全体法国人民共同参与的盛大国家仪式。随着山地赛段的加入,漫画家们把比利牛斯山、阿尔卑斯山的崇山峻岭描绘成可怕的泰坦巨人,等待民族英雄们去征服。时至今日,法国人哪怕不在比赛现场,也依然能像 100 多年前一样,跟随媒体的报道和运动员的车轮,完成对祖国自然山川和人文历史的巡礼。可以说,环法自行车赛既是法兰西民族阳刚之气的标志,也象征着法国人民对其历史和领土的爱恋。

广大受众的喜好对体育运动的传播起到了最终的决定作用。随着时间的推移,以现代足球为代表的更加大众化和娱乐化的运动项目逐渐在法国扩散开来。在英国,19 世纪 50 年代成立了第一批足球俱乐部,1863 年成立了全国性的足球协会,1885 年有了全国性的职业锦标赛。法国最早的现代足球俱乐部是 1872 年由英国侨民创立的勒阿弗尔竞技俱乐部。其后 20 年,法国足球仍然发展缓慢。1887—1891 年在巴黎等地成立的几家俱乐部仍然是英国人和苏格兰人的。直到 1892 年,第一家真正意义上的法国足球俱乐部"法兰西俱乐部"(Le Club français)才宣告成立。随后法国足球的发展有所加快。到 1894 年,足球俱乐部加入了由顾拜旦主持的法国田径运动协会联合会,该联合会还举办了第一届"全国性"的足球比赛,尽管只有六家巴黎俱乐部参加。到 1900 年时,法国的足球协会已拥有 350 支注册球队。其后得到长足发展,到 1911 年,足球俱乐部数量达到大约 2000 家。不过,更大的发展还要等到一战之后。②

通过足球运动获得的身份归属与自行车运动有所不同,这是由它们不同的组织方式决定的。自行车运动主要是个人化的运动。相比之下,足球

---

① Christophe Campos, "Beating the Bounds: The Tour de France and National Identity", in Hugh Dauncey et Geoff Hare (eds.), *The Tour de France*, *1903-2003*: *A Century of Sporting Structures*, *Meanings*, *and Values*, London: Frank Cass, 2003, pp. 148-173;乔治·维伽雷罗:《环法自行车赛》,皮埃尔·诺拉主编:《记忆之场:法国国民意识的文化社会史》,黄艳红等译,南京:南京师范大学出版社,2015 年,第 229—274 页。

② Geoff Hare, *Football in France*: *A Cultural History*, Oxford: Berg, 2003, pp. 15-17; Richard Holt, *Sport and Society in Modern France*, pp. 65-70.

具有明显的团体性质,俱乐部是足球运动的基本组织单位,而且足球运动的受欢迎程度远非自行车运动可比。无论是过去还是现在,包括法国在内的西欧足球俱乐部大体都是以社区为基础创立的。在现代职业球员转会制度诞生以前,这种社区性既包括俱乐部的球员,也包括俱乐部的支持者即球迷。即使在转会制度使球员来源多元化之后,球迷的社区性仍未改变,表现为一个社区的球迷往往只支持本社区的球队,球队实力的强弱与否对此并无影响。因此,在西欧,哪怕是很小的足球俱乐部,也总是有代代传承的本地社区球迷。以本社区的球队为中心,形成了一个相当牢固的社区共同体。足球俱乐部由此成为社区认同的重要纽带,每周的赛事充当了身份认同的仪式。这在原子化的现代城市社会尤其珍贵。

不过,法国的足球发展路径不同于西欧其他国家,这是由法国的经济和社会发展模式所决定的。在英国,圈地运动和工业革命在 19 世纪造就了多个大型工业城市,包括伯明翰、利物浦、谢菲尔德、曼彻斯特等。大量农民涌入城市成为产业工人并建立起工人社区,他们构成了英国足球发展的社会基础。而一方面,法国没有圈地运动,19 世纪的工业革命尽管也带来了可观的城市化和人口迁移,但其规模远逊于英国。进入城市的法国工业人口与其他劳动人口混合居住,而不是像英国那样形成单独的工人社区。另一方面,法国地方的工业化催生了众多分散、产业单一的小城镇。这就决定了在相当长的时间里(从 19 世纪末到二战后的一二十年),由家族企业主导的城镇足球俱乐部比城市俱乐部组织更严密,也更具优势。在 20 世纪 70 年代巴黎圣日尔曼俱乐部(PSG)崛起之前,巴黎这样的大城市一直被视为"足球荒漠",法国最成功的俱乐部是索肖、圣埃蒂安这样的小城镇球队。尽管这种结构导致法国足球的观众人数无法与英国、意大利、德国相比,足球运动员也不像拳击、网球、自行车运动员那样拥有全国性的明星形象,但它却帮助法国构建了多元化的地方认同。①

二战以后,"黄金三十年"持续快速的经济发展加快了法国大城市的扩张和人口迁移,去殖民化和新时代的移民政策则使法国人口空前地多元化,给法国人的身份认同带来前所未有的挑战。20 世纪 80 年代以来,足球的商业化、大城市俱乐部的崛起、法国国家足球队的成功,为缓解或解决这些问题提供了宝贵的契机。首先,法国足球俱乐部日益向大城市集中,其发展模式也逐渐向英国、德国、意大利的俱乐部靠近,成为新移民

---

① Geoff Hare, *Football in France: A Cultural History*, pp. 37-60.

融入城市社会的重要纽带。其次,著名移民运动员(如以齐达内、亨利、姆巴佩等为代表的移民后裔球员)在职业生涯和商业上取得巨大成功,为移民群体提供了真实可见的上升渠道,促进了他们对法国的认同。最后,1998 年法国国家足球队夺得世界杯后取得的连续成功,被法国人称作"黑人、白人、北非移民后裔"(Black,Blanc,Beur)的胜利,表明足球带来的社会认同是双向的:它既给移民提供了榜样和归属感,也促进了国民对移民群体的认可。

结　论

　　从游戏到休闲的发展是法国现代文明演进的一面镜子,它可以从一个侧面反映法国从传统农业社会向现代城市工商业社会转型的过程,以及法国社会和文化在其间发生的变化。在中世纪的法国社会,游戏在人们的日常生活中扮演着重要的角色,但在近代城市化的过程中,游戏的地位却显著下降。这背后的原因既有社会结构的变化,即乡村集体型社会结构向城市原子化社会结构的转变;也有由此带来的世界观的变化,特别是农业社会所特有的与自然环境紧密相关的各种恐惧消失了。在此背景下,游戏不再具有维系群体联系的社群和宗教功能,因而不再具备存在的价值和意义。在强调工作价值的现代工商业社会,游戏必须变成以恢复工作所需的精力和体力为宗旨的休闲,才能继续存在。

　　但现代休闲的诞生和游戏的休闲化并非一蹴而就,而是一个长期的历史过程。17—19世纪,法国精英不断谴责大众游戏扰乱社会生产和社会秩序,并持续压缩每年的节日天数,增加工作天数。而就在精英们谴责大众游戏的同时,以凡尔赛宫廷为中心的法国贵族却享受着"消闲"的特权,并以此作为他们高人一等的标志。大革命以后,上流社会仍然设法将自己的休闲与大众阶级"区隔"开来。直到19世纪中晚期,法国人才逐渐认识到游戏和休闲的社会价值,包括对社会生产、家庭伦理、国家利益(如兵源)的促进作用。在此背景下,大众的休闲权利得到了认可,法国的现代休闲文化开始蓬勃发展。

　　可以说,一方面,游戏和休闲的发展既是近代法国社会演进的结果,另一方面,它又反过来促进了近代法国文明的进步,包括增进人的独立和自由、传播平等的思想、扩散平等的实践等。但以反思性的视角观之,也可以认为,人在这过程中失去了一些弥足珍贵的东西,比如传统社会中人与人、人与社区、人与自然之间的紧密联系。

　　通过游戏和休闲的发展,也让我们从一个特殊的视角观察到法国文化的特殊性,特别是法国文化与以资产阶级工商业为基础的盎格鲁—撒克逊文化的不同,以及出现这种差异的历史和文化原因。这是以戴高乐主义为代表的现代法国政治思想的文化基础。从中国的视角来看,深入了解法国文化在西方文化中的这种特殊性无疑是非常重要的。

本书的研究还存在一些未尽之义,比如游戏和休闲在现代社会中的地位和作用。在 19 世纪法国人承认大众休闲权利的过程中,以马克思主义为代表的社会主义思想对资本主义剥削制度的批判无疑起到了重要的推动作用。马克思主义甚至突破了以工作为中心的社会伦理,把休闲的价值提升到了解决异化问题、还人之为人的高度。在这方面,游戏和休闲的历史给予了我们有益的启示。传统的游戏能够有效地连结人与人、人与社区、人与自然的关系,这对现代休闲(如户外旅行和大型体育赛事)具有重要的借鉴意义。一些休闲活动(如参观艺术展)则可以增进人的审美体验。这些都有助于实现现代人的自我价值和社会价值,值得进行更深入地挖掘。

参考文献

第一部分　原始资料

档案

"Arrêt du Parlement de Paris Relatif à la Fête des Innocents dans la Ville de Tournay, 1499", in *Bibliothèque de l'École des Chartes*, t. 3, Paris：J. B. Dumoulin, 1842, pp. 568-577.

Archives historiques et statistiques du départment du Rhône, t. 11, Lyon：J. M. Barret, 1829.

Bestiaire d'amour, Oxford, Bodleian Library, Ms Douce 308.

Chronique d'Enguerrand de Monstrelet：l'Années 1380-1432, BNF, Ms. Fr. 20360.

Codex Manesse, Universitätsbibliothek Heidelberg, MS Cod. Pal. Germ. 848.

Compte-rendu des séances de la commission royale d'Histoire, ou recueil de ses Bulletins, t. v, Bruxelles：Uayez, 1842.

Description des tournois faits l'an 1519 à Chambly et à Bailleul-sur-Cirches, BNF Ms. Fr. 1436.

Ermengaud, Matfre, *Le Breviari d'amor*, London：The British Library, Ms. Royal 19. C. I.

Le pas des armes de Sandricourt, Bibliothèque de l'Arsenal, Ms. Fr. 3958.

Les triomphes de l'Abbaye des Conards avec une notice sur la Fête des Fous, Paris：Librairie des Bibliophiles, 1874.

Livre d'heures de la famille Ango, BNF, nouv. acq. lat. 392.

Procez et amples examinations sur la vie de Caresme-prenant, Paris, 1605.

Ravaisson, François (ed.), *Archives de la Bastille*, t. IX « règne de

Louis XIV (1687 à 1692) »，Paris：Durand et Pédone-Lauriel，1877.

Recueil des chevauchées de l'asne faites à Lyon en 1566 et 1578，Lyon：N. Scheuring，1862.

Roman d'Alexandre，Bodleian Library，University of Oxford，MS Bodley 264.

Résolution sur le Jeu de Hazard Faite en Sorbonne le 25 Juin 1697，Paris：Jean Boudot，1698.

日记和回忆录

夏多布里昂：《墓畔回忆录》，程依荣等译，上海：东方出版社，2005 年。

"Registre journal de Henri IV et de Louis XIII"，in MM. Michaude & Poujoulat（eds.），*Nouvelle collection des mémoires pour servir à l'histoire de France*，deuxième partie du tome premier，Paris：l'Éditeur du Commentaire Analytique du Code Civil，1837.

Bassompierre，François de，*Journal de ma vie：mémoires du maréchal de Bassompierre*，t. 1，Paris：Veuve Jules Renouard，1870.

Beauvais-Nangis，Nicolas de Brichamcau de，*Mémoires du marquis de Beauvais-Nangis et Journal du procès du marquis de la Boulaye*，Paris：Veuve Jules Renouard，1862.

Campan，Mme，*Mémoires sur la vie privée de Marie-Antoinette*，t. 1. Londres：Henri Colburn，1823.

Fléchier，Esprit，*Mémoires de Esprit Flechier sur les Grands-Jours tenus à Clermont en 1665-1666*，Paris：Porquet，1844.

Gouberville，Gilles de，"Le journal du sire de Gouberville"，in Eugène de Beaurepaire（ed.），*Mémoires de la société des antiquaires de Normandie*，t. 31 & 32，Caen：Henri Delesques，1892 & 1895.

Héroard，Jean，*Journal sur l'enfance et la jeunesse de Louis XIII*，2 vols，Paris：Didot，1868.

Lalanne，Ludovic（ed.），*Journal d'un bourgeois de Paris sous le règne de François Premier（1515-1536）*，Paris：Veuve Jules Renouard，1854.

Lebeuf，Jean，*Mémoires concernant l'histoire civile et ecclésiastique d'Auxerre*，t. 4，Paris：Didron，1855.

L'Estoile，Pierre de，"Mémoires et journal de Pierre de L'Estoile， règne de Henri Ⅳ ", in *Nouvelle collection des mémoires pour servir à l'histoire de France*, Deuxième série, t. 1, Paris: L'Éditeur du Commentaire Analytique du Code Civil, 1837.

——*Mémoires-journaux 1574-1611*, t. 7, Paris: Tallandier, 1879.

——*Registre-journal d'un curieux etc. pendant le règne de Henri III (1574-1589)*, Paris: Didier, 1854.

Louis ⅩⅣ, *Mémoires de Louis ⅩⅣ pour l'instruction du Dauphin*, t. 2, Paris: Didier, 1860.

Luynes, Duc de, *Mémoires du duc de Luynes sur la Cour de Louis ⅩⅤ: 1735-1758*, t. 5, Paris: Didot, 1861.

Ménétra, Jacques-Louis, *Journal de ma vie*, Paris: Montalba, 1982.

Orléans, Elisabeth Charlotte de, *The Letters of Madame: the Correspondence of Elisabeth-Charlotte of Bavaria*, v. 1, trans. & ed. by G. S. Stevenson, New York: Appleton, 1924.

——*The Letters of Madame: the Correspondence of Elisabeth-Charlotte of Bavaria*, v. 2, trans. & ed. G. S. Stevenson, New York: Appleton, 1925.

Platter, Félix & Platter, Thomas, *Félix et Thomas Platter à Montpellier*, 1552-1559--1595-1599, Montpellier: Camille Coulet, 1892.

Platter, Thomas, *Description de Paris*, trad. L. Sieber, Paris, 1896.

Saint-Simon, Louis de Rouvroy de, *Mémoires complets et authentiques du duc de Saint-Simon sur le siècle de Louis ⅩⅣ et la Régence*, t. 1, Paris: L. Hachette, 1856.

——*Mémoires complets et authentiques du duc de Saint-Simon sur le siècle de Louis ⅩⅣ et la Régence*, t. 10, Paris: L. Hachette, 1856.

——*Mémoires complets et authentiques du duc de Saint-Simon sur le siècle de Louis ⅩⅣ et la Régence*, t. 12, Paris: L Hachette, 1857.

——*Mémoires complets et authentiques du duc de Saint-Simon sur le siècle de Louis ⅩⅣ et la Régence*, t. 13, Paris: L Hachette, 1856.

——*Mémoires complets et authentiques du duc de Saint-Simon sur le siècle de Louis ⅩⅣ et la Régence*, t. 2, Paris: L. Hachette, 1856.

——*Mémoires complets et authentiques du duc de Saint-Simon sur le siècle de Louis* XIV *et la Régence*，t. 3，Paris：L. Hachette，1856.

——*Mémoires complets et authentiques du duc de Saint-Simon sur le siècle de Louis* XIV *et la Régence*，t. 8，Paris：L. Hachette，1856.

Sévigné，Madame de et al.，*Lettres de Madame de Sévigné*，*de sa famille et de ses amis*，t. 1，Paris：L. Hachette，1862.

——*Lettres de Madame de Sévigné*，*de sa famille et de ses amis*，t. 3，Paris：L. Hachette，1862.

——*Lettres de Madame de Sévigné*，*de sa famille et de ses amis*，t. 4，Paris：L. Hachette，1862.

——*Lettres de Madame de Sévigné*，*de sa famille et de ses amis*，t. 5，Paris：L. Hachette，1862.

——*Lettres de Madame de Sévigné*，*de sa famille et de ses amis*，t. 6，Paris：L. Hachette，1862.

Visconti，Primi，*Mémoires sur la cour de Louis* XIV，traduits par Jean Lemoine，Paris：Calmann-Lévy，1908.

其　他

保兰·帕里编著：《列那狐的故事》，陈伟译，南京：译林出版社，2009 年。

保罗·拉法格、查尔斯·克尔：《懒惰的权利以及其他》，陈苍多译，台北：唐山出版社，2016 年。

伏尔泰：《哲学通信》，高达观等译，上海：上海人民出版社，2005 年。

格林兄弟：《格林童话全集》，魏以新译，北京：人民文学出版社，2003 年。

杰弗里·乔叟：《坎特伯雷故事》，方重译，北京：人民文学出版社，2004 年。

拉伯雷：《巨人传》，鲍文蔚译，北京：人民文学出版社，1998 年。

拉伯雷：《巨人传》，成钰亭译，上海：上海译文出版社，1981 年。

卢梭：《忏悔录》，黎星、范希衡译，北京：人民文学出版社，1992 年。

卢梭：《论语言的起源兼论旋律与音乐的模仿》，吴克峰、胡涛译，北京：北京出版社，2009 年。

玛·阿希-季浩：《狐狸列那的故事》，严大椿、胡毓寅译，上海：少年儿童出版社，1997 年。

玛特·季诺：《列那狐的故事》，尹丹编译，北京：中国妇女出版社，

2018 年。

蒙田:《蒙田随笔全集》,潘丽珍等译,南京:译林出版社,1996 年。

圣多玛斯·阿奎那:《神学大全》,周克勤等译,台湾:中华道明会、碧岳学社,2008 年。

维克多·雨果:《悲惨世界》,李丹、方于译,北京:人民文学出版社,2003 年。

Anjou, René de, "De la forme de la manière des tournois à plaisance", in J. M. Gassier, *Histoire de la Chevalerie Française*, *ou Recherches Historiques sur la Chevalerie*, *depuis la Fondation de la Monarchie jusqu'à Napoléon*, Paris: Germain Mathiot, 1814, pp. 290-332.

——*Traittié de la forme et devis comme on fait les tournoyz*, XV siècle, Paris, BNF, Ms. Fr. 2695.

Aubignac, Abbé de, *Pratique du théâtre*, Amsterdam: Jean Frederic Bernard, 1715.

Barbazan, Étienne, *Fabliaux et Contes des Poètes François des XIe, XIIe, XIIIe, XIVe et XVe Siècles*, t. 1, Paris: B. Warée oncle, 1808.

Blanc, Louis, *Histoire de la Révolution de 1848*, t. 1, Paris: C. Marpon et E. Flammarion, 1880.

Bodin, Jean, *Les six livres de la république*, Gabriel Cartier, 1608.

Bonald, Cardinal de, *Instruction pastorale et mandement du carême de 1842*, *sur la sanctification du dimanche*, Lyon: Antoine Perisse, 1842.

Bonnet, Jules (ed.), *The Letters of John Calvin*, v. 1, Philadelphia: Presbyterian Board of Publication, 1855.

Bruscambille, *Les Nouvelles et plaisantes imaginations de Bruscambille*, *en suitte de ses Fantaisies*, Bergerac: Martin la Babille, 1615.

Buffon, *Oeuvres complètes*, t. 2, Paris: Garnier Frères, 1853.

Bus, Gervais du, *Le Roman de Fauvel*, Paris: Firmin Didot, 1914-1919.

Callière, Jacques de, *La fortune des gens de qualité et des gentilshommes particuliers*, Paris: Estienne Loyson, 1663.

Calvin, Jean, *Des scandales*, *édition critique par Olivier Fatio*,

Genève: Droz, 1984.

Campardon, Emile, *Les comédiens du roi de la troupe française pendant les deux derniers siècles: documents inédits recueillis aux Archives nationales*, Paris: H. Champion, 1879.

Castiglione, Balthazar, *Le Parfait Courtisan*, trad. Gabriel Chapuis, Paris: Nicolas Bonfons, 1585.

Chauveau, Léopold, *Le roman de renard. Version moderne*, Paris: Payot, 1924.

Cholakian, Rouben and Skemp, Mary (eds. & trans.), *Marguerite de Navarre: Selected Writings-A Bilingual Edition*, Chicago: University of Chicago Press, 2008.

Chrysostome, Saint Jean, *Oeuvres Complètes*, t. 7, traduit par M. Jeannin, Bar-le-Duc: L. Guérin, 1865.

Contat, Nicolas, *Anecdotes typographiques où l'on voit la description des coutumes, moeurs et usages singuliers des Compagnons imprimeurs*, ed. Giles Barber, Oxford: Oxford Bibliographical Society, 1980.

Cordier, Mathurin, *Les colloques de Mathurin Cordier traduits de latin en françois*, Lyon, 1610.

Costar, Pierre, *Apologie de Mr. Costar à Monsieur Ménage*, Paris: A. Courbe, 1657.

Coubertin, Pierre de, *Les Batailles de l'éducation physique: Une campagne de vingt-et-un ans (1887-1908)*, Paris: l'Éducation physique, 1909.

Daneau, Lambert, *Brieve remonstrance sur les jeux de sort ou de hazard, et principalement de Dez et de Cartes...*, Genève, 1574.

——*Deux Traitez Nouveaux Très Utiles pour Ce Temps, le Premier Touchant les Sorciers, le Seconde Contient une Brève Remonstrance sur les Jeux de Cartes et de Dez*, Genève: Jacques Baumet, 1579.

Diderot et d'Alembert, *Encyclopédie, ou dictionnaire raisonné des sciences, des arts et des métiers*, t. 9, Neufchastel: Samuel Faulche, 1765.

Diderot, Denis et al. (eds.), *Encyclopédie, ou Dictionnaire raisonné des sciences, des arts et des métiers*, t. 3, Paris: Briasson, 1753.

Diderot, Denis, *Œuvres inédites de Diderot: Le neveu de Rameau. Voyage de Hollande*, Paris: J. L. J. Brière, 1821.

Érasme de Rotterdam, *La civilité puérile*, trad. Alcide Bonneau, Paris: Isidore Liseux, 1877.

Eschenbach, Wolfram von, *Parzival and Titurel*, trans. Cyril Edwards, Oxford: Oxford University Press, 2006.

Faret, Nicolas, *L'Honneste Homme ou l'Art de Plaire à la Court*, Paris: Toussaincts du Bray, 1631.

Fourier, Charles, *Dernières Analogies*, Paris: Phalanstérienne, 1850.

Froissart, Jean, *Chroniques*, The British Library, Harley MS 4379.

Frémont, E. L. (ed.), *Dialogues choisis d'erasme*, *de Cordier et de Petrarque*, *latin-français*, Paris: Jules Delalain et cie, 1838.

Fénelon, François, *Œuvres complètes de François de Salignac de La Mothe Fénelon*, t. v, Paris: Briand, 1810.

Garin, François, *La Complainte de François Garin*, Lyon: Presses universitaires de Lyon, 1978.

Gaume, Mgr Jean-Joseph, *La Profanation du dimanche*, Paris: Saint-Rémi, 1850.

Gay, Jean, *Les Chats*, *extraits de pièces rares et curieuses en vers et en prose*, Paris: L'auteur, 1866.

Gerson, Jean, *Contre la fête des fous*, in *Oeuvres completes*, t. 7, Paris, New York: Desclee, 1961.

——*Jean Gerson: Early Works*, trans. Brian Patrick McGuire, New York-Mahwah: Paulist Press, 1998.

Gibon, Fénelon, *Les Bienfaits du dimanche*, Paris: Delhomme et Briguet, 1891.

Giraud, Mad H., *Le roman de Renart*, *joyeuses aventures des compères Renart et Ysengrin*, Paris: Delagrave, 1951.

Goldschmidt, Moritz, (ed.), *Sone von Nausay*, Tübingen: Litterarischer Verein in Stuttgart, 1899.

Gougenot, Nicolas, *La comédie des comédiens*, Paris: Pierre David, 1633.

Gouyn, O., *Le mespris et contennement de tous jeux de sort*, Paris: Charles L'Angelier, 1550.

Henri, Villetard (ed.), *Office de Pierre de Corbeil*, Paris:

Alphonse Picard & Fils, 1907.

Honoré, Oscar, *Le Cœur des bêtes*, Paris: Humbert, 1863.

Hugo, A., *France pittoresque ou description pittoresque, topographique et statistique des départements et colonies de la France*, Paris, 1835.

Humbert, Henry, *Combat à la Barriere, Faict en Cour de Lorraine le 14 Febvrier, en l'Année Présente 1627*, Nancy: Sebastien Philippe, 1627.

La Bruyère, Jean de, *Oeuvres de La Bruyére*, Paris: A. Belin, 1818.

La Marinière, *La maison des jeux academiques*, Paris: Estienne Loyson, 1665.

La Mothe Fénelon, Salignac de, *Œuvres complètes de François de Salignac de La Mothe Fénelon*, t. v, Paris, 1810.

Lafargue, Paul, *Le Droit à la paresse*, Paris: Arthème Fayard, 1994.

Laisné, Napoléon, *Nouvelles Observations sur l'enseignement de la gymnastique*, Paris: Picard-Bernheim , 1886.

Lamare, Nicolas de, *Traité de la police*, t. 1, Amsterdam: Aux Dépens de la Compagnie, 1729.

Lamartine, Alphonse de, *Cours familier de Littérature*, t. 3, Paris: chez l'auteur, 1857.

Leber, Constant (ed.), *Collection des meilleurs dissertations, notices et traités particuliers relatifs à l'histoire de France*, t. 10, Paris: J.-G. Dentu, 1838.

——*Collection des meilleurs dissertations, notices et traités particuliers relatifs à l'histoire de France*, t. 20, Paris: J.-G. Dentu, 1838.

——*Collection des meilleurs dissertations, notices et traités particuliers relatifs à l'histoire de France*, t. 8, Paris: J.-G. Dentu, 1826.

——*Collection des meilleurs dissertations, notices et traités particuliers relatifs à l'histoire de France*, t. 9, Paris: J.-G. Dentu, 1826.

Lettenhove, M. le Baron Kervyn de (ed.), *Oeuvres de Froissart publiées avec les variantes des divers manuscrits*, t. xiv, Brussels: Victor Devaux, 1872.

Liechtenstein, Ulrich von, *Frauendienst* (ed.) Reinhold Bechstein, 2 vols. Leipzig: Brockhaus, 1888.

——*The Service of Ladies*, trans. J. W. Thomas, Woodbridge: The Boydell Press, 2004.

Malgaigne, J. -F. (ed.), *Oeuvres complètes d'Ambroise Paré*, t. 3, Paris: J. -B. Baillière, 1840.

Marcellus, Comte de, *Chateaubriand et son temps*, Paris: Michel Lévy Frères, 1859.

Marivaux, Pierre de, *La vie de Marianne*, Paris: Charpentier, 1842.

Menestrier, Claude-François, *Traité des tournois, joustes, carrousels, et autres spectacles publics*, Lyon: Jacques Muguet, 1669.

Mercier, Louis-Sébastien, *Tableau de Paris*, Paris: Pagnerre, 1853.

——*Tableau de Paris*, t. 2, Neuchatel: Samuel Fauche, 1781.

Meyer, Paul (éd.), *L 'histoire de Guillaume le Maréchal, Comte de Striguil et de Pembroke, Régent d'Angleterre de 1216 à 1219*, t. 3, Paris: Renouard, 1901.

Michelet, Jules, *Le Peuple*, Paris: Hachette, 1846.

Moncrif, Paradis de, *Histoire des chats*, Paris: Sansot, 1909.

——*Les chats*, Paris: Gabriel-François Quillau, 1727.

Mons, Gilbert of, *Chronicle of Hainaut*, trans. Laura Napran, Woodbridge: The Boydell Press, 2005.

Montaigne, Michel de, *Essais*, livre Ⅲ, Paris: Abel l'Angelier, 1595.

Montesquieu, *Oeuvres complètes de Montesquieu*, Paris: Didot, 1838.

Méon, M. (ed.), *Nouveau Recueil de Fabliaux et Contes Inédits des Poètes Français des Ⅻe, ⅩⅢe, ⅪⅤe et ⅩⅤe Siècles*, Paris: Chasseriau, 1823.

Méré, Antoine Gombauld de, *Oeuvres posthumes de monsieur le chevalier de Meré*, La Haye: Meindert Uytwerf, 1701.

Navarre, Marguerite de, *Selected Writings: A Bilingual Edition*, trans. Rouben Charles Cholakian & Mary Skemp, Chicago: University of Chicago Press, 2008.

Noel, François & Planche, Joseph, *Éphémérides politiques, littéraires et religieuses*, Paris: Le Normant, 1803.

Nouvelles règles pour le jeu de mail, s. n. , Paris, 1717.

Parisiensis, Matthaei, *Chronica Majora*, v. 5, ed. Henry Richards Lauard, London: Longman, 1880.

Pasquier, Etienne, *Les œuvres d'Estienne Pasquier*, t. 1, Amsterdam: Aux depens de la compagnie des librairies associez, 1723.

Pasquier, Nicolas, *Le Gentilhomme*, Paris: Champion, 2003.

Pecquet, Antoine, *Discours sur l'emploi du loisir*, Paris: Nyon Fils, 1739.

Perrault, Charles, *Grisélidis, nouvelle, avec le conte de Peau d'asne, et celuy des Souhaits ridicules*, Paris: J.-B. Coignard, 1694.

——*Histoires, ou Contes du temps passé, avec des moralitez*, Paris: C. Barbin, 1697.

Philippe, Daryl, *La renaissance physique*, Paris: Hetzel, 1888.

Pluvinel, Antoine de, *L'instruction du roy en l'exercice de monter à cheval*, Amsterdam: Jean Schipper, 1629.

Poulot, Denis, *Le Sublime ou le travailleur comme il est en 1870 et ce qu'il peut être*, Paris: Librairie Internationale, 1870.

Proudhon, P.-J., *De la célébration du dimanche*, Paris: Garnier Frères, 1850.

Rabelais, François, *Le quart livre des faicts et dicts heroiques du bon Pantagruel*, Paris: Michel Fezandat, 1552.

——*Oeuvres de maitre François Rabelais, avec des remarques historiques et critiques de Mr. Le Duchat*, t. 1, Amsterdam: Jean Frederic Bernard, 1741.

——*Oeuvres de Rabelais, édition Variorum*, t. 6, Paris: Dalibon, 1823.

Rapin, René, *Reflexions sur la poetique de ce temps et sur les ouvrages des poetes anciens & modernes*, Paris: Claude Barbin, 1675.

Reimes, Philippe de, *Roman de la Manekine*, Paris: Maulde et Renou, 1840.

Rigault, Hippolyte, *Conversations littéraires et morales*, Paris: Charpentier, 1859.

Rotterdam, Érasme de, *La civilité puérile*, traduit par Alcide Bonneau, Paris: Isidore Liseux, 1877.

Saint-Sorlin, Desmarets de, *Les jeux de cartes des roys de France, des reines renommées, de la géographie, et des fables*, Paris: Florentin

Lambert，1664.

Sarrasin，"Le Roman de Hem"，in Francisque Michel，*Histoire des Ducs de Normandie et des Rois d'Angleterre*，Paris：Jules Renouard，1840，pp. 213-384.

Sauveur，Lambert，*Petites causeries：suivies de devoirs et traductions pour les classes*，New York：F. W. Christern，1875.

Scarron，Paul，*Le roman comique*，t. Ⅰ，Paris：P. Jennet，1857.

Schoonebeeck，Adriaan，*Histoire de tous les ordres militaires ou de chevalerie*，seconde partie，Amsterdam：H, Desbordes，1699.

Schroeder，Henry J.（ed. & trans.），*Canons and Decrees of the Council of Trent*，St. Louis：B. Herder，1941.

Segrais，Jean Regnault de，*Oeuvres de Monsieur de Segrais*，t. 2，Paris：Durand，1755.

Sorel，Charles，*La maison des jeux*，Paris：Antoine de Sommaville，1657；réimpr. Genève：Slatkine，1977.

——*Le Berger Extravagant où parmy des Fantasies Amoureuses On Void les Impertinences des Romans & de la Poésie*，troisiesme partie，Rouen：Jean Osmont，1646.

Strubel，Armand（ed.），*Le roman de Renart*，Paris：Gallimard，1998.

Theodore P. Fraser，*Le Duchat*，*First Editor of Rabelais*，Genève：Droz，1971.

Thiers，Jean Baptiste，*Traité des jeux et des divertissemens qui peuvent être permis，ou qui doivent être défendus aux chrétiens selon les règles de l'Eglise et le sentiment des Pères*，Paris：Antoine Dezallier，1686.

Tilliot，Lucotte Du，*Mémoires pour servir à l'histoire de la fête des foux*，Lausanne：Marc-Michel Bousquet，1741.

Toussenel，Alphonse，*Les Juifs，rois de l'époque：Histoire de la féodalité financière*，t. 1，Paris：Gabriel de Gonet，1847.

——*L'esprit des bêtes：zoologie passionnelle：mammifères de France*，Paris：E. Dentu，1858.

Tremblay，Jean Frain Du，*Conversations morales sur les jeux et les divertissemens*，Paris：André Pralard，1685.

Trollope，Frances Milton，*Paris and the Parisians in 1835*，2 vols，

London：Richard Bentley，1835-1836.

Troyes, Christian von, *Erec und Enide*, Halle：Niemeyer, 1890.

Vives, Juan Luis, *Les Dialogues de Jan Loys Vives*：*pour l'exercitation de la langue Latine*，Lyon：Gabriel Cotier, 1560.

——*Tudor School-boy Life*：*The Dialogues of Juan Luis Vives*, trad. Foster Watson, London：J. M. Dent & Company, 1908.

Voltaire, *La Henriade*, Londres：Hierome Bold Truth, 1730.

——*Le Temple du goût*, Amsterdam：Jaques Desbordes, 1733.

——*Lettres philosophiques*, t. 2, Paris：Hachette, 1917.

——*Oeuvres complètes*, t. 2, Paris：Firmin Didot Frères, 1870.

——*Œuvres complètes*, t. 4, Basle：Jean-Jaques Tourneisen, 1786.

第二部分　专著

阿莱特·法尔热:《蒙让夫人的反抗:启蒙时代一对工匠夫妇的生活》,杨书童译,北京:生活·读书·新知三联书店,2023年。

阿兰·科尔班主编:《身体的历史》1—3,张竝、杨剑等译,上海:华东师范大学出版社,2013年。

阿龙·古列维奇:《中世纪的文化范畴》,庞玉洁、李学智译,杭州:浙江人民出版社,1992年。

阿伦·古雷维克:《巴赫金及其狂欢理论》,简·布雷默等编:《幽默文化史》,北塔等译,北京:社会科学文献出版社,2001年。

埃马纽埃尔·勒华拉杜里:《蒙塔尤:1294—1324年奥克西坦尼的一个山村》,许明龙、马胜利译,北京:商务印书馆,1997年。

埃马纽埃尔·勒华拉杜里:《罗芒狂欢节:从圣烛节到圣灰星期三,1579—1580》,许明龙译,北京:商务印书馆,2013年。

爱德华·汤普森:《共有的习惯》,沈汉、王加丰译,上海:上海人民出版社,2002年。

安德列·劳克:《懒惰的历史》,缪伶超译,上海:上海书店出版社,2015年。

巴尔扎克:《人间喜剧》第二卷,许渊冲等译,北京:人民文学出版社,1994。

贝纳德·马尔尚:《巴黎城市史(19—20世纪)》,谢洁莹译,北京:社会科学文献出版社,2013 年。

彼得·伯克:《欧洲近代早期的大众文化》,杨豫、王海良等译,上海:上海人民出版社,2005 年。

蔡丰明:《游戏史》,上海:上海文艺出版社,2007 年。

陈杰:《十七世纪法国的权力与文学:以黎塞留主政时期为例》,上海:复旦大学出版社,2018 年。

丹尼尔·罗什:《启蒙运动中的法国》,杨亚平等译,上海:华东师范大学出版社,2011 年。

蒂莫西·布莱宁:《企鹅欧洲史·追逐荣耀:1648—1815》,吴畋译,北京:中信出版社,2018 年。

菲利浦·阿利埃斯、乔治·杜比主编:《私人生活史》1—5,洪庆明等译,哈尔滨:北方文艺出版社,2009 年。

菲利浦·阿利埃斯:《儿童的世纪:旧制度下的儿童和家庭生活》,沈坚、朱晓罕译,北京:北京大学出版社,2013 年。

黄艳红:《法国旧制度末期的税收、特权和政治》,北京:社会科学文献出版社,2016 年。

霍恩比:《牛津高阶英汉双解词典》第 9 版,李旭影等译,北京:商务印书馆,2018 年。

卡洛·金斯伯格:《夜间的战斗:16、17 世纪的巫术和农业崇拜》,朱歌姝译,上海:上海人民出版社,2005 年。

劳伦斯·斯通:《贵族的危机:1558—1641 年》,于民、王俊芳译,上海:上海人民出版社,2011 年。

雷古娜·佩尔努:《法国资产阶级史》,康新文等译,上海:上海译文出版社,1991 年。

李道增:《西方戏剧·剧场史》,北京:清华大学出版社,1999 年。

李屏:《中国传统游戏研究:游戏与教育关系的历史解读》,太原:山西教育出版社,2012 年。

理查德·桑内特:《肉体与石头:西方文明中的身体与城市》,黄煜文译,上海:上海译文出版社,2006 年。

林·亨特:《法国大革命时期的家庭罗曼史》,郑明萱、陈瑛译,北京:商务印书馆,2008 年。

吕西安·费弗尔:《16 世纪的不信教问题:拉伯雷的宗教》,赖国栋译,上海:上海三联书店,2011 年。

罗伯特·达恩顿:《屠猫狂欢:法国文化史钩沉》,吕健忠译,北京:商务印书馆,2017年。

马克·布洛赫:《封建社会》,张绪山译,北京:商务印书馆,2004年。

马克斯·韦伯:《新教伦理与资本主义精神》,康乐、简惠美译,桂林:广西师范大学出版社,2007年。

玛丽·霍林斯沃斯:《红衣主教的帽子》,张立群译,上海:上海人民出版社,2007年。

迈耶·夏皮罗:《印象派:反思与感知》,沈语冰、诸葛沂译,南京:江苏凤凰美术出版社,2023年。

米哈伊尔·巴赫金:《弗朗索瓦·拉伯雷的创作与中世纪和文艺复兴时期的民间文化》,李兆林、夏忠宪等译,石家庄:河北教育出版社,1998年。

米歇尔·福柯:《规训与惩罚:监狱的诞生》,刘北成、杨远婴译,北京:生活·读书·新知三联书店,1999年。

米歇尔·芒松:《永恒的玩具》,苏启运、王新连译,天津:百花文艺出版社,2004年。

米歇尔·沃维尔:《死亡文化史》,高潜翰、蔡锦涛译,北京:中国人民大学出版社,2004年。

娜塔莉·泽蒙戴维斯:《法国近代早期的社会与文化》,钟孜译,北京:中国人民大学出版社,2011年。

诺贝特·埃利亚斯:《文明的进程:文明的社会起源和心理起源的研究》,王佩莉、袁志英译,上海:上海译文出版社,2009年。

皮埃尔·比恩鲍姆:《牲人祭:近代早期欧洲的犹太人想象》,唐运冠译,杭州:浙江大学出版社,2017年。

皮埃尔·罗桑瓦龙:《公民的加冕礼:法国普选史》,吕一民译,上海:上海人民出版社,2005年。

乔治·杜比主编:《法国史》1—3,吕一民、沈坚、黄艳红等译,北京:商务印书馆,2010年。

让-克里斯蒂安·珀蒂菲斯:《十九世纪乌托邦共同体的生活》,梁志斐、周铁山译,上海:上海人民出版社,2007年。

让-皮埃尔·里乌等主编:《法国文化史》1—4,杨剑等译,上海:华东师范大学出版社,2011年。

萨拉·梅萨:《法国资产阶级:一个神话》,郭科、任舒怀译,杭州:浙江大学出版社,2018年。

沈坚:《近代法国工业化新论》,北京:中国社会科学出版社,1999 年。

王永平:《游戏、竞技与娱乐:中古社会生活透视》,北京:中华书局,2010 年。

威廉·乔丹等:《企鹅欧洲史·中世纪盛期的欧洲》,傅翀、吴昕欣译,北京:中信出版社,2019 年。

韦明铧:《闲敲棋子落灯花:中国古代游戏文化》,昆明:云南人民出版社,2007 年。

约翰·赫伊津哈:《游戏的人:文化的游戏要素研究》,傅存良译,北京:北京大学出版社,2014 年。

詹·乔·弗雷泽:《金枝——巫术与宗教之研究》,徐育新、汪培基等译,北京:大众文艺出版社,1998 年。

郑传寅、黄蓓:《欧洲戏剧史》,北京:北京大学出版社,2008 年。

朱迪斯·M.本内特等:《欧洲中世纪史》,杨宁、李韵译,上海:上海社会科学院出版社,2007 年。

Adams, Christine, *A Taste for Comfort and Status: A Bourgeois Family in Eighteenth-century France*, University Park: The Pennsylvania State University Press, 2000.

Anders, Jody (ed.), *A Cultural History of Theatre in the Middle Ages*, London: Bloomsbury, 2017.

Arcangeli, Alessandro, *Recreation in the Renaissance: Attitudes Towards Leisure and Pastimes in European Culture, 1350-1700*, New York: Palgrave Macmillan, 2003.

Ariès, Philippe & Margolin, Jean Claude (ed.), *Les Jeux à la Renaissance*, Paris: Vrin, 1982.

Ariès, Philippe, *L'enfant et la vie familiale sous l'Ancien Régime*, Paris: Seuil, 1973.

Barbat, L., *Histoire de la ville de Châlons-sur-Marne et de ses monuments depuis son origine jusqu'à l'époque actuelle*, Châlons-sur-Marne: T. Martin, 1855.

Barber, Richard & Barker, Juliet, *Tournaments: Jousts, Chivalry and Pageants in the Middle Ages*, New York: Weidenfeld & Nicolson Press, 1989.

Barker, Juliet, *The Tournament in England: 1100-1400*, Wolfeboro,

New Hampshire: Boydell Press, 1986.

Barnett, Graham Keith, *Histoire des bibliothèques publiques en France de la Révolution à 1939*, trad. Thierry Lefèvre, Yves Sardat, Éditions du Cercle de la Librairie, 1987.

Barthélemy, Anatole de, *Recherches historiques sur quelques droits et redevances bizarres au Moyen-age*, in *Revue de Bretagne et de Vendée*, t. VI, Nantes: Bureaux de Rédaction et d'Abonnement, 1859.

Baschet, Armand, *Les comédiens italiens à la cour de France sous Charles IX, Henri III, Henri IV et Louis XIII*, Paris: E. Plon, 1882.

Bean, Sara, *Laughing Matters: Farce and the Making of Absolutism in France*, New York: Cornell University Press, 2007.

Beck, Robert, *Histoire du dimanche de 1700 à nos jours*, Paris: l'Atelier, 1997.

Belmas, Elisabeth, *Jouer autrefois, essai sue le jeu dans la France moderne XIVe-XVIIIe siècle*, Seyssel: Champ Vallon, 2006.

Bluche, François, *Louis XIV*, trans. Mark Greengrass, Oxford: Basil Blackwell Ltd, 1990.

Bobis, Laurence, *Une histoire du chat: de l'antiquité à nos jours*, Paris: Fayard, 2000.

Bohanan, Donna, *Crown and Nobility in Early Modern France*, New York: Palgrave, 2001.

Borsay, Peter, *A History of Leisure: The British Experience Since 1500*, New York: Palgrave Macmillan, 2006.

Bouissounouse, J., *Jeux et Travaux d'après un Livre D'heures du Xvᵉ Siècle*, Genève: Slatkine Reprints, 1977.

Boulenger, Jacques, *Rabelais à Travers les Ages*, Paris: Le Divan, 1925.

Boulton, D'Arcy Jonathan Dacre, *The Knights of the Crown: The Monarchical Orders of Knighthood in Later Medieval Europe, 1325-1520*, Woodbridge: Boydell Press, 1987.

Boutier, Jean, Dewerpe, Alain & Nordman, Daniel, *Un Tour de France royal: Le voyage de Charles IX (1564-1566)*, Paris: Aubier Montaigne, 1984.

Brown, Howard G. , *Ending the French Revolution: Violence, Justice, and Repression from the Terror to Napoleon*, Charlottesville: University of Virginia Press, 2006.

Bumke, Joachim, *Courtly Culture: Literature and Society in the High Middle Ages*, trans. Thomas Dunlap , Berkeley: University of California Press, 1991.

Cabantous, Alain, *Le Dimanche, une histoire. Europe occidentale (1600-1830)*, Paris: Seuil, 2013.

Caillois, Roger, *Man, play, and games*, trans. Meyer Barash, Champaign: University of Illinois Press, 2001.

Carré, Henri, *Jeux, sports et divertissements des rois de France*, Paris: Gallimard, 1937.

Chambers, E. K. , *The Medieval Stage*, 2 volumes, London: Oxford University Press, 1903.

Champfleury, *Les chats*, Paris: J . Rothschild, 1869.

——*The Cat Past And Present*, trans. Cashel Hoey, the Echo Library, 2005.

Chazaud, A. M. , *La Chronique du Bon Duc Loys de Bourbon*, Paris: Renouard, 1876.

Clare, Lucien, *La quintaine, la course de bague et le jeu des têtes: étude historique et ethno-linguistique d'une famille de jeux équestres*, Paris: Centre Nationale de la Recherche Scientifique, 1983.

Clephan, R. Coltman, *The Mediaeval Tournament*, New York: Dover, 1995.

Clément-Hemery, Albertine, *Histoire des fêtes civiles et religieuses, des usages anciens et modernes*, Paris: J. Albert Mercklein, 1834.

Collins, Hugh E. L. , *The Order of the Garter, 1348-1461. Chivalry and Politics in Late Medieval England*, Oxford: Oxford University Press, 2000.

Coontz, Stephanie, *Marriage, a History: How Love Conquered Marriage*, New York: Penguin Books, 2005.

Corbin, Alain et al. , *L'avènement des loisirs (1850-1960)*, Paris: Aubier, 1995.

Cowart, Georgia, *The Triumph of Pleasure: Louis XIV and the Politics of Spectacle*, Chicago: University of Chicago Press, 2008.

Crane, Susan, *The Performance of Self: Ritual, Clothing, and Identity During the Hundred Years War*, Philadelphia: University of Pennsylvania Press, 2002.

Croix, A., & Quéniart, J., *Histoire culturelle de la France, t. 2, De la Renaissance à l'aube des Lumières*, Paris: Seuil, 1997.

Crouch, David, *Tournament*, London: Hambledon, 2005.

——*William Marshal: Knighthood, War and Chivalry, 1147-1219*, 2nd edition, London: Longman, 2002.

Daniell, Christopher, *Death and Burial in Medieval England: 1066-1550*, London: Routledge, 1997.

Dauncey, Hugh, et Hare, Geoff (eds.), *The Tour de France, 1903-2003: A Century of Sporting Structures, Meanings, and Values*, London: Frank Cass, 2003.

Davis, N. Z. and Farge, Arlette (eds.), *A History of Women in the West III: Renaissance and Enlightenment Paradoxes*, Cambridge: The Belknap Press of Harvard University Press, 1993.

Davis, N. Z., *Society and Culture in Early Modern France*, Stanford: Stanford University Press, 1975.

Dillon, Emma, *The Sense of Sound Musical Meaning in France, 1260-1330*, Oxford: Oxford University Press, 2012.

Duby, Georges, *Guillaume le Maréchal ou le Meilleur Chevalier du Monde*, Paris: Fayard, 1984.

——*The Chivalrous Society*, trans. Cynthia Postan, Berkeley and Los Angeles: University of California Press, 1977.

Elias, Norbert and Dunning, Eric (eds.), *Quest for Excitement: Sport and Leisure in the Civilizing Process*, Oxford: Blackwell, 1986.

Elias, Norbert, *The Court Society*, Dublin: University College Dublin Press, 2006.

Engels, Donald, *Classical Cats: The Rise and Fall of the Sacred Cat*, London: Routledge, 1999.

Febvre, Lucien, *Le problème de l'incroyance au XVIe siècle: la religion de Rabelais*, Paris, Albin Miche, 1942.

Fedden, Katharine, *Manor Life in Old France: From the Journal of the Sire de Gouberville for the Years 1549-1562*, New York: Columbia University Press, 1933.

Federici, Ferdinand & Farge, Arlette, *Flagrants délits sur les Champs Élysées. Les dossiers de police du gardien Federici（1777-1791）*, Paris: Mercure de France, 2008.

Foisil, Madeleine, *Le sire de Gouberville: un gentilhomme normand au XVIe siècle*, Paris: Flammarion, 2001.

Foucart-Walter, Elisabeth & Rosenberg, Pierre, *The Painted Cat: The Cat in Western Painting from the Fifteenth to the Twentieth Century*, New York: Rizzoli, 1988.

Frazer, J. G., *The Golden Bough: A Study in Magic and Religion*, Third Edition, London: Macmillan and Co., Limited, 1919.

Fugelso, Karl, and Robinson, Carol L. (eds.), *Medievalism in Technology Old and New (Studies in Medievalism*, Volume XVI)*, Cambridge: D. S. Brewer, 2008.

Gaignebet, Claude, *Le carnaval: essais de mythologie populaire*, Paris: Payot, 1974.

Gassier, J. M., *Histoire de la chevalerie Française, ou recherches historiques sur la chevalerie, depuis la fondation de la monarchie jusqu'à Napoléon-le-Grand*, Paris: Germain Mathiot, 1814.

Gieseler, J. C. I., *Text-book of Ecclesiastical History*, v. 2, Philadelphia: Carey, Lea, and Blanchard, 1836.

Gosselin, E., *Recherches sur les origines et l'histoire du théâtre à Rouen avant Pierre Corneille*, Rouen: E. Cagniard, 1868.

Grussi, Olivier, *La vie quotidienne des joueurs sous l'Ancien Régime à Paris et à la cour*, Paris: Hachette, 1985.

Grève, Marcel De, *L'interprétation de Rabelais au XVIe siècle*, Genève: Librairie E. Droz, 1961.

Gurevich, Aron, *Medieval Popular Culture: Problems of Belief and Perception*, trans. J. M. Bak and P. A. Hollingsworth, Cambridge: Cambridge University Press, 1988.

Gurr, Andrew, *The Shakespearean Stage 1574-1642*, Cambridge: Cambridge University Press, 1992.

Hare, Geoff, *Football in France: A Cultural History*, Oxford: Berg, 2003.

Harris, Max, *Sacred Folly: A New History of the Feast of Fools*, New York: Cornell University Press, 2011.

Heers, Jacques, *Fêtes des fous et carnavals*, Paris: Fayard, 1983.

——*Fêtes, jeux et joutes dans les sociétés d'Occident à la fin du Moyen Age*, Paris: Montréal, 1971.

Henke, Robert (ed.), *A Cultural History of Theatre in the Early Modern Age*, London: Bloomsbury, 2017.

Hewitt, John, *Ancient Armour and Weapons in Europe*, v. 1, Oxford and London: John Henry and James Parker, 1855.

Holt, Richard, *Sport and Society in Modern France*, London: Palgrave Macmillan, 1981.

Howe, Alan et al., *Le théâtre professionnel à Paris: 1600-1649*, Paris: Centre historique des Archives nationales, 2000.

Huguenin, J. F., *Les chroniques de la ville de Metz 900-1552*, Metz: S. Lamort, 1838.

Jusserand, Jean Jules, *Les Sports et Jeux d'Exercise dans l'Ancienne France*, Paris: Librairie Plon, 1901.

Kete, Kathleen, *The Beast in the Boudoir: Petkeeping in Nineteenth-Century Paris*, Berkeley: University of California Press, 1994.

Kinser, Samuel, *Rabelais's Carnival: Text, Context, Metatext*, Berkeley: University of California Press, 1990.

Knecht, R. J., *Renaissance Warrior and Patron: The Reign of Francis I*, Cambridge: Cambridge University Press, 1994.

Knight, Alan E., *Aspects of Genre in Late Medieval French Drama*, Manchester: Manchester University Press, 1983.

Kolve, Verdel A., *The Play Called Corpus Christi*, Stanford: Stanford University Press, 1966.

Kors, Alan C. and Peters, Edward(eds.), *Witchcraft in Europe*, 1100-1700: A Documentary History*, Philadelphia: University of Pennsylvania Press

Philadelphia, 1972.

La Gournerie, Eugène Maillard de, *Histoire de François Ier et de la Renaissance*, Tours: Mame et Cie, 1847.

Ladurie, Emmanuel Le Roy, *Carnival in Romans: Mayhem and Massacre in a French City*, trans. Mary Feeney, London: Phoenix, 2003.

——*The French Peasantry 1450-1660*, trans. Alan Sheridan, California: University of California Press, 1987.

Landier, Hubert, *À la recherche du temps choisi, à propos du travail du dimanche*, rapport pour l'Institut du Commerce et de la Consommation, 1991.

Le Goff, Jacques et Schmitt, Jean-Claude (eds.), *Le charivari: actes de la table ronde organisée à Paris, 25-27 Avril 1977*, Paris: École des Hautes Études en Sciences Sociales, 1981.

Le Goff, Jacques, *Time, Work and Culture in the Middle Ages*, trans. by Arthur Goldhammer, Chicago: University of Chicago Press, 1980.

Loux, Françoise, *Le corps dans la société traditionnelle. Pratiques et savoirs populaires*, Paris: Berger-Levrault, 1979.

Luge, Siméon, *La France pendant la guerre de cent ans*, Paris: Hachette, 1890.

MacDonogh, Katharine, *Reigning Cats and Dogs: A History of Pets at Court Since the Renaissance*, New York: St. Martin's Press, 1999.

Manning, Aubrey and Serpell, James (eds.), *Animals and Human Society: Changing Perspectives*, London: Routledge, 1994.

Marie-Christine Moine, *Les Fêtes à la Cour du Roi Soleil: 1653-1715*, Paris: Fernand Lanore, 1984.

Maza, Sarah, *The Myth of the French Bourgeoisie: An Essay on the Social Imaginary, 1750-1850*, Cambridge: Harvard University Press, 2005.

Mazouer, Charles, *Le théâtre français de l'âge classique*, t. 1, Paris: Champion, 2006.

McManners, John, *Church and Society in Eighteenth-Century France*, v. 2, Oxford: Clarendon Press, 1998.

Mehl, Jean-Michel, *Des jeux et des hommes dans la société*

médiévale, Paris: Honoré Champion, 2010.

——*Les jeux au royaume de France: du XIIIe au début du XVIe siècle*, Fayard, 1990.

Michalski, Sergiusz, *The Reformation and the Visual Arts: The Protestant Image Question in Western and Eastern Europe*, London: Routledge, 1993.

Milling, Jane and Thomson, Peter (eds.), *The Cambridge History of British Theatre: volume 1, Origins to 1660*, Cambridge: Cambridge University Press, 2004.

Mills, Charles, *The History of Chivalry, or Knighthood and Its Times*, v. 1, London: Longman and Co., 1825.

Moffat, Ralph Dominic, *The Medieval Tournament: Chivalry, Heraldry and Reality: an Edition and Analysis of Three Fifteenth-century Tournament Manuscripts*, doctoral dissertation of University of Leeds, 2010.

Moine, Marie-Christine, *Les Fêtes à la cour du Roi Soleil: 1653-1715*, Paris: Fernand Lanore, 1984.

Muchembled, Robert, *A History of Violence: From the End of the Middle Ages to the Present*, Cambridge: Polity Press, 2012.

——*La violence au village: sociabilité et comportements populaires en Artois du XVe au XVIIe siècle*, Paris: Brépols, 1989.

——*Popular Culture and Elite Culture in France 1400-1750*, trans. Lydia Cochrane, Louisiana: Louisiana State University Press, 1985.

Muir, Edward, *Ritual in Early Modern Europe*, Cambridge: Cambridge University Press, 2005.

Munby, Julian, Barber, Richard & Brown, Richard, *Edward III's Round Table at Windsor*, Woodbridge: The Boydell Press, 2007.

Painter, Sidney, *William Marshal: Knight-Errant, Baron and Regent of England*, Baltimore: John's Hopkins Press, 1933.

Pardailhé-Galabrun, Annik, *The Birth of Intimacy: Privacy and Domestic Life in Early Modern Paris*, trans. by Jocelyn Phelps, Cambridge: Polity Press, 1991.

Pederson, Ryan Anders, *Noble Violence and the Survival of*

Chivalry in France, *1560-1660*, doctoral dissertation of State University of New York at Binghamton, 2007.

Perrot, Jean-Claude, *Une histoire intellectuelle de l'économie politique*, *XVIIe - XVIIIe siècles*, Paris: EHESS, 1992.

Rey-Flaud, Henri, *Pour une dramaturgie du Moyen Age*, Paris: PUF, 1980.

Schmitt, Jean-Claude, *Ghosts in the Middle Ages: The Living and the Dead in Medieval Society*, trans. Teresa Lavender Fagan, Chicago: University of Chicago Press, 1998.

Seifert, Lewis C. , *Fairy Tales, Sexuality, and Gender in France 1690-1715: Nostalgic Utopias*, Cambridge: Cambridge University Press, 1996.

Shusterman, Noah, *Religion and the Politics of Time: Holidays in France from Louis XIV through Napoleon*, Washington: The Catholic University of America Press, 2010.

Stanesco, Michel, *Jeux d'errance du chevalier médiéval: aspects ludiques de la fonction guerrière dans la littérature du Moyen Âge flamboyant*, Leiden: E. J. Brill, 1988.

Strong, Roy C. , *Art and Power: Renaissance Festivals*, *1450-1650*, Berkeley: University of California Press, 1984.

Tuchman, Barbara Wertheim, *A Distant Mirror: The Calamitous 14th Century*, New York: Alfred A. Knopf, 1978.

Turcot, Laurent, *Le promeneur à Paris au XVIIIe siècle*, Paris: Le Promeneur, 2008.

Van den Neste, Évelyne, *Tournois, joutes, pas d'armes dans les villes de Flandre à la fin du Moyen Age* (*1300-1486*), Paris: École des Chartes, 1996.

Van Gennep, Arnold, *Coutumes et croyances populaires en France*, Paris: Le Chemin vert, 1980.

Veenstra, J. R. , *Magic and Divination at the Courts of Burgundy and France: text and context of Laurens Pignon's Contre les Devineurs* (*1411*), Leiden: Brill, 1997.

Verlag, Wilhelm Fink, *Tennis: a cultural history*, trans. Heiner

Gillmeister，London：Leicester University Press，1997.

Viala，Alain（ed.），*Le théâtre en France*，Paris：PUF，2009.

Vigarello，Georges，*Du Jeu Ancien au Show Sportif：La Naissance d'un Mythe*，Paris：Seuil，2002.

Vivanco，Laura，*Death in Fifteenth-Century Castile：Ideologies of the Elites*，London：Tamesis，2004.

Vocelle，Laura，*Revered and Reviled：A Complete History of the Domestic Cat*，Great Cat Publications，2016.

Vries，Jan De，*The Industrious Revolution：Consumer Behavior and the Household Economy，1650 to the Present*，Cambridge：Cambridge University Press，2008.

Walker-Meikle，Kathleen，*Cats in Medieval Manuscripts*，London：The British Library，2011.

——*Medieval Pets*，Woodbridge，The Boydell Press，2012.

White，Claire，*Work and Leisure in Late Nineteenth-century French Literature and Visual Culture：time，politics and class*，Basingstoke：Palgrave Macmillan，2014.

Whitrow，G. J.，*Time in History：Views of Time from Prehistory to the Present Day*，Oxford：Oxford University Press，1988.

Wiley，W. L.，*The Early Public Theatre in France*，Cambridge：Harvard University Press，1960.

Wolloch，Nathaniel，*The Enlightenment's Animals：Changing Conceptions of Animals in the Long Eighteenth Century*，Amsterdam：Amsterdam University Press，2019.

Zegura，Elizabeth Chesney（ed.），*The Rabelais Encyclopedia*，Westport，CT：Greenwood Press 2004.

第三部分　论文

安东尼·瓦尔:《德国视野中的巴赫金》,米慧译,《俄罗斯文艺》2011 年第 2 期,第 18—25 页。

陈杰:《十七世纪法国职业文人剧作家的诞生》,《外国文学评论》2016 年第 4 期,第 180—192 页。

——《专属剧院的诞生与十七世纪法国戏剧的职业化进程》,《外国文学评论》2019 年第 2 期,第 200—216 页。

洪庆明:《路易十四时代的文化控制策略》,《史林》2011 年第 6 期,第 155—165 页。

黄艳红:《法国革命史中的"资产阶级"概念辨析》,《史学理论研究》2013 年第 3 期,第 4—8 页。

凌建侯:《狂欢理论与史学考证》,《俄罗斯文艺》2008 年第 1 期,第 59—65 页。

——《史学视野中的巴赫金狂欢理论》,《西北师大学报(社会科学版)》2008 年第 4 期,第 14—20 页。

刘慧梅、贾胜枝:《休闲何以定义自我? ——休闲与个体、社会和文化认同》,《浙江大学学报(人文社会科学版)》2020 年第 1 期,第 194—203 页。

刘景华、张松韬:《用"勤勉革命"替代"工业革命"? ——西方研究工业革命的一个新动向》,《史学理论研究》2012 年第 2 期,第 79—89 页。

马丁:《欧洲宗教改革与瑞士钟表业的崛起》,《世界历史》2020 年第 2 期,第 45—60 页。

庞冠群:《从社会史到文化史:法国资产阶级研究范式的变迁》,《天津社会科学》2010 年第 1 期,第 136—144 页。

乔治·维伽雷罗:《环法自行车赛》,皮埃尔·诺拉主编:《记忆之场:法国国民意识的文化社会史》,黄艳红等译,南京:南京师范大学出版社,2015 年,第 229—274 页。

尚洁:《近代早期威尼斯狂欢节与贵族政治》,《武汉大学学报(人文科学版)》2012 年第 3 期,第 105—111 页。

夏忠宪:《深深植根于民间文化的创见》,《文学评论》2005 年第 3 期,第 54—60 页。

阎真:《历史和逻辑的双重缺失——巴赫金狂欢理论批判》,《湖南大学学报(社会科学版)》2011 年第 2 期,第 78—82 页。

——《文化史的虚构——巴赫金"狂欢"理论的七大缺失》,《文艺研究》2006 年第 12 期,第 52—60 页。

——《想象催生的神话——巴赫金狂欢理论质疑》,《文学评论》2004 年第 3 期,第 56—62 页。

张弛、吕一民:《法国革命时期的财产观念、政治权利与资产阶级的自我认同》,《史学集刊》2015 年第 1 期,第 71—80 页。

张德明:《绍兴社戏的当代传承及其文化功能》,《浙江艺术职业学院学报》2012 年第 4 期,第 109—112 页。

赵勇:《民间话语的开掘与放大——论巴赫金的狂欢化理论》,《外国文学研究》2002 年第 4 期,第 1—9 页。

Allen,R. C. and Weisdorf,J. L. , "Was there an 'industrious revolution' before the industrial revolution? An empirical exercise for England,c. 1300-1800", *Economic History Review*, Vol. 64, No. 3 (Aug. 2011), pp. 715-729.

Ashley, Kathleen, " The Moving Subjects of Processional Performance", in Kathleen Ashley and Wim Hosken (eds.), *Moving Subjects: Processional Performance in the Middle Ages and the Renaissance*, Amsterdam: Rodopi B. V, 2001, pp. 7-34.

Beck,Robert,"Paraître dominical et jeu des apparences dans les villes françaises de la fin du XVIIIe siècle à celle du Second Empire", in Isabelle Paresys (ed.), *Paraître et apparences en Europe occidentale du Moyen Âge à nos jours*, Villeneuve d'Ascq: Presses Universitaires du Septentrion, 2008, pp. 59-72.

——"Esprit et genèse de la loi du 13 juillet 1906 sur le repos hebdomadaire", *Histoire, économie & société*, 2009/3 (28e année), pp. 5-15.

Benson, Larry D. , "The Tournament in the Romances of Chrétien de Troyes & L'histoire de Guillaume le maréchal", in Theodore M. Andersson and Stephen A. Barney (eds.): *Contradictions: from Beowulf to Chaucer: selected studies of Larry D. Benson*, Aldershot, G. B.: Scolar Press, 1995, pp. 2-24.

Blaisdell, John D. , "A Most Convenient Relationship: the Rise of the Cat as a Valued Companion Animal", *Between the Species*, Fall 1993, pp. 217-230.

Bouneau, Christophe, "Le rôle de la Compagnie des chemins de fer du Midi dans les trajectoires d'innovation des aires touristiques du Grand Sud-Ouest de 1852 à 1937", *Sud-Ouest européen*, 39, 2015, pp. 13-29.

Burke, Peter, "The Invention of Leisure in Early Modern Europe", *Past & Present*, No. 146 (Feb. , 1995), pp. 136-150.

——"The Invention of Leisure in Early Modern Europe: Reply", *Past & Present*, No. 156 (Aug. , 1997), pp. 192-197.

Cherewatuk, Karen, "Sir Thomas Malory's 'Grete Booke'", in D. Thomas Hanks Jr & Jessica Gentry Brogdon (eds.), *The Social and Literary Contexts of Malory's Morte Darthur*, Cambridge: D. S. Brewer, 2000, pp. 42-67.

Clark, Gregory & Werf, Ysbrand Van Der, "Work in Progress? The Industrious Revolution", *The Journal of Economic History*, Vol. 58, No. 3(Sep. , 1998), pp. 830-843

Claude, Gauvard & Altan, Gokalp, "Les conduites de bruit et leur signification à la fin du Moyen Âge: le charivari", *Annales, Économies, Sociétés, Civilisations*, 29e année, N. 3, 1974. pp. 693-704.

Cohen, Esther, "Animals in Medieval Perceptions: the Image of the Ubiquitous Other", in Aubrey Manning and James Serpell (ed.), *Animals and Human Society: Changing Perspectives*, London: Routledge, 1994, pp. 59-80.

Cooper, Richard, "'Charmant mais Très Obscène': Some French Eighteenth-century Readings of Rabelais", in Giles Barber and C. P. Courtney (eds.), *Enlightenment Essays in Memory of Robert Shackleton*, Oxford: Voltaire Foundation, 1988, pp. 39-60.

Davis, N. Z. , "The Reasons of Misrule: Youth Groups and Charivaris in Sixteenth-Century France", *Past & Present*, No. 50 (Feb. , 1971), pp. 41-75.

Dunham, Arthur L. , "How the First French Railways Were Planned", *The Journal of Economic History*, Vol. 1, No. 1 (May, 1941), pp. 12-25.

Fassler, Margot, "The Feast of Fools and Danielis Ludus: Popular Tradition in a Medieval Cathedral Play", in Thomas Forrest Kelly (ed.), *Plainsong in the Age of Polyphony*, Cambridge: Cambridge University Press, 1992, pp. 65-99.

Forget-Decloquemont, Françoise, "La choule à Tricot", in Centre D'études Mongoles et Sibériennes (ed.), *Jeux rituels: dédiées à la mémoire d'Eric de Dampierre et en hommage à sa vision de la recherche*,

Paris: Klincksieck, 2000, pp. 277-316.

Green, John A. , "French Reaction to Shakespeare", *BYU Studies Quarterly*, Vol. 8: Iss. 2, 1968, pp. 147-157.

Grinberg, Martine & Kinser Sam, "Les combats de Carnaval et de Carême: Trajets d'une métaphore", *Annales. Histoire, Sciences Sociales*, 38e Année, No. 1 (Jan. -Feb. , 1983), pp. 65-98.

Grinberg, Martine, "Carnaval et société urbaine XIV e-XVI e siècles: le royaume dans la ville", *Ethnologie Française*, nouvelle serie, t. 4e, No. 3e (1974), pp. 215-244.

Guillot, Catherine, "Richelieu et le Théâtre", *Transversalités*, 2011/1 N° 117, pp. 85-102.

Hindman, Sandra, "Pieter Bruegel's Children's Games, Folly, and Chance", *The Art Bulletin*, Vol. 63, No. 3 (Sep. , 1981), pp. 447-475.

Holt, Richard, "Le destin des « sports anglais » en France de 1870 à 1914: imitation, opposition, séparation", *Ethnologie Française*, 2011/4 (Vol. 41), pp. 617-618

J. Lough, "The Earnings of Playwrights in Seventeenth-Century France", *The Modern Language Review*, Vol. 42, No. 3 (Jul. , 1947), pp. 321-336.

Jean-Aubry, Georges, "Le théâtre de M. Remy de Gourmont", *La Grande Revue*, 18e année, n°7, 10 avril 1914, pp. 474-487.

Jusserand, Jean Jules, *Shakespeare in France Under the Ancien Régime*, London: T. F. Unwin, 1899.

Kaplan, Zvi Jonathan, "A Socialist Drumont? Alphonse Toussenel and the Jews", *Jewish History*, Vol. 29, No. 1 (March 2015), pp. 39-55.

Kaufmann, Thomas DaCosta, " Arcimboldo and Propertius: A Classical Source for Rudolf II as Vertumnus ", *Zeitschrift für Kunstgeschichte*, 48. Bd. , H. 1 (1985), pp. 117-123.

Kinser, Samuel, "Why Is Carnival So Wild?", in Konrad Eisenbichler and Wim Hiisker (eds.), *Carnival and the Carnivalesque: The Fool, the Reformer, the Wildman, and Others in Early Modern Theatre*, Amsterdam: Rodopi, 1999, pp. 43-87.

Klapisch-Zuber, Christiane, "La lutte pour la culotte, un topos iconographique des rapports conjugaux (XV e-XIX e siècles)", *Clio. Femmes, Genre, Histoire*, Vol. 34, 2011, pp. 203-218.

La Marche, Olivier de, "Les mémoires de messire Olivier de la Marche", in M. Petitot (ed.), *Collection complète des mémoires relatifs à l'histoire de France*, Paris: Foucault, 1825, pp. 299-391.

Lalou, Élisabeth, "Le Roman de Fauvel ou le miroir déformant", in Frédérique Lachaud, Lydwine Scordia (ed.), *Le Prince au miroir de la littérature politique de l'Antiquité aux Lumières*, Rouen: Publications des Universités de Rouen et du Havre, 2007, pp. 217-228.

Le Goff, Jacques, "Jésus a-t-il ri?", *L'histoire*, No. 158 (sept. 1992), pp. 157-161.

Lefranc, Abel, "Les plus anciennes mentions du «Pantagruel» et du «Gargantua»", *Revue des études Rabelaisiennes*, t. III, Paris: Honoré Champion, 1905, pp. 216-221.

——"Rabelais, les Sainte-Marthe et l'« enraigé » Putherbe", *Revue des études Rabelaisiennes*, t. IV, Paris: Honoré Champion, 1906, pp. 335-345.

MacDonogh, Katharine, "A Woman's Life: The Role of Pets in the Lives of Royal Women at the Courts of Europe from 1400-1800", in Hengerer, Mark and Weber, Nadir (eds.), *Animals and Courts: Europe, c. 1200-1800*, Berlin: De Gruyter, 2000, pp. 323-342.

Marfany, Joan-Lluís, "Debate the Invention of Leisure in Early Modern Europe", *Past & Present*, No. 156 (Aug. , 1997), pp. 174-191.

Maza, Sarah, "Bourgeoisie", in William Doyle, ed. , *The Oxford Handbook of the Ancien Régime*, Oxford: Oxford University Press, 2012, pp. 129-131.

McGowan, Margaret M. , "Dance in Sixteenth and Early Seventeenth Century France", in Jennifer Nevile (ed.), *Dance, Spectacle, and the Body Politick, 1250-1750*, Bloomington: Indiana University Press, 2008, pp. 94-113.

Murray, M. A. , "Witches' Familiars in England", *Man*, Vol. 18 (Jul. , 1918), pp. 101-104.

Ogilvie, Sheilagh, "Consumption, Social Capital, and the 'Industrious Revolution'in Early Modern Germany", *The Journal of Economic History*, Vol. 70(June 2010), pp. 287-325

Regalado, Nancy Freeman, "Performing Romance: Arthurian Interludes in Sarrasin's Le roman du Hem (1278)", in Evelyn Birge Vitz, Nancy Freeman Regalado, Marilyn Lawrence (eds.), Performing Medieval Narrative, Cambridge: D. S. Brewer, 2005, pp. 103-119.

Reid, Dylan, "Carnival in Rouen: A History of the Abbaye des Conards", *The Sixteenth Century Journal*, Vol. 32, No. 4 (Winter, 2001), pp. 1027-1055.

——"The Triumph of the Abbey of the Conards: Spectacle and Sophistication in a Rouen Carnival", in Joëlle Rollo-Koster (ed.), *Medieval and Early Modern Ritual: Formalized Behavior in Europe, China and Japan*, Leiden, Boston, and Cologne: Brill, 2002, pp. 147-173.

Rossiaud, Jacques, "Fraternités de jeunesse et niveaux de culture dans les villes du Sud-Est à la fin du Moyen Âge", *Cahiers d'Histoire*, No. 21 (1976), pp. 67-102.

Schwartz, Robert et al., "Spatial History: Railways, Uneven Development, and Population Change in France and Great Britain, 1850-1914", *Journal of Interdisciplinary History*, Volume 42 (Number 1, Summer 2011), pp. 53-88.

Simon, Maryse, "Les métamorphoses diaboliques: Croyances et controverses", in Antoine Follain et Maryse Simon (eds.), *Sorcellerie savante et mentalités populaires*, Strasbourg: Presses universitaires de Strasbourg, 2013, pp. 89-116.

Turcot, Laurent, "Le corps de la ville, le corps du promeneur (XVIIe-XVIIIe siècles)", in Sylvie Miaux (ed.), *Corps urbains, Mouvement et mise en scène*, Paris: L'Harmattan, 2009, pp. 131-140.

Valcke, Juliette, "La Satire Sociale dans le Répertoire de la Mère Folle de Dijon", in Konrad Eisenbichler and W. Hiisken (eds.), *Carnival and the Carnivalesque: The Fool, the Reformer, the Wildman, and Others in Early Modern theatre*, Amsterdam: Rodopi, 1999, pp.

147-162.

Vergeade, Suzanne, "Un aspect du voyage en chemin de fer: le voyage d'agrément sur le réseau de l'Ouest des années 1830 aux années 1880", *Histoire, économie et société*, 1990, 9 année, n°1, pp. 113-134.

Vickers, Brian, "Leisure and idleness in the Renaissance: the ambivalence of otium", *Renaissance Studies*, Vol. 4, No. 1 (March 1990), pp. 1-37; Vol. 4, No. 2 (June 1990), pp. 107-154.

Voth, Hans-Joachim, "The Longest Years: New Estimates of Labor Input in England, 1760-1830", *The Journal of Economic History*, Vol. 61, No. 4(2001), pp. 1065-1082.

——"Time and Work in Eighteenth-Century London", *The Journal of Economic History*, Vol. 58, No. 1 (1998), pp. 29-58.

Vries, Jan De, "The Industrial Revolution and the Industrious Revolution", *Journal of Economic History*, Vol. 54, No. 2 (1994), pp. 249-270.

Wiley, W. L., "A Royal Child Learns to Like Plays: The Early Years of Louis XIII", *Renaissance News*, Vol. 9, No. 3 (Autumn, 1956), pp. 135-144.

——"The Hôtel de Bourgogne: Another Look at France's First Public Theatre", *Studies in Philology*, 70 (1973), pp. 1-114

第四部分 其他

《拉鲁斯法汉双解词典》,薛建成等编译,北京:外语教学与研究出版社,1999年。

《马克思恩格斯文集》第1卷,北京:人民出版社,2009年。

《汉语大词典》编辑委员会、汉语大词典编纂处编纂:《汉语大词典》卷五,上海:汉语大词典出版社,1990年。

马克思:《1844年经济学哲学手稿》,中共中央马克思、恩格斯、列宁、斯大林著作编译局编译,北京:人民出版社,2014年。

中国社会科学院语言研究所词典编辑室编:《现代汉语词典》(第7版),北京:商务印书馆,2017年。

Dictionnaire de l'Académie Françoise, nouvelle édition, t. 1,

Nismes: Pierre Beaume, 1778.

Furetière, Antoine, *Dictionaire Universel: Contenant generalement tous les Mots françois*, t. 1, La Haye: Arnout et Reinier Leers, 1694.

Larousse, Pierre, *Grand Dictionnaire universel du XIXe siècle*, t. 14, Paris: Administration du Grand Dictionnaire universel, 1875.

——*Grand dictionnaire universel du XIXe siècle*, t. 15, Paris: Administration du grand dictionnaire universel, 1876.

Le dictionnaire de l'Académie Françoise, dedié au Roy, t. 1, Paris: Jean Baptiste Coignard, 1694.

Moisy, Henri, *Dictionnaire de patois normand*, Caen: Henri Delesques, 1887.

Valcke, Juliette, *La société joyeuse de la Mère Folle de Dijon: Histoire (XVe-XVIIe s.) et édition du répertoire*, thèse de doctorat, Université de Montréal, 1997.

图书在版编目(CIP)数据

近代法国城市化进程中的游戏和休闲研究 / 唐运冠
著. -- 杭州 : 浙江大学出版社，2025. 5. -- ISBN 978-
7-308-26271-2

Ⅰ. F299.565.1；K565.03

中国国家版本馆 CIP 数据核字第 2025AC7039 号

近代法国城市化进程中的游戏和休闲研究

唐运冠　著

责任编辑	蔡　帆
责任校对	潘丕秀
封面设计	周　灵
出版发行	浙江大学出版社
	（杭州市天目山路 148 号　邮政编码 310007）
	（网址：http://www.zjupress.com）
排　　版	大千时代（杭州）文化传媒有限公司
印　　刷	杭州宏雅印刷有限公司
开　　本	710mm×1000mm　1/16
印　　张	21.5
字　　数	374
版 印 次	2025 年 5 月第 1 版　2025 年 5 月第 1 次印刷
书　　号	ISBN 978-7-308-26271-2
定　　价	86.00 元